KB050622

산업보안
조사론

한국산업보안연구학회

박영사

안녕하십니까, 한국산업보안연구학회 7대 회장 박준석입니다.

4차산업혁명시대, 新보호무역주의, 경제갈등과 무역전쟁 등 역동적으로 변화해나가는 지금 우리나라는 경제안보와 경제발전에 있어서 무엇보다도 중요한 시기를 맞이하고 있습니다. 예측이 어렵고 각종 위험이 만연하는 현 시대 상황에 정부, 대·중소기업, 유관단체, 대학, 학계 등 산－학－관이 첨단기술 및 산업기술을 보호하기 위한 노력을 다방면으로 이루어오고 있습니다.

산업보안조사는 국가핵심기술과 산업기술의 보호를 위한 필수불가결한 핵심 요소입니다. 다방면으로 기술유출 행위는 끊이지 않고 있으며, 기술유출에 대하여 예방·대비뿐만 아니라 대응·복구로써 산업보안조사는 기술보호의 밑거름이 되는 중요한 역할을 하고 있습니다.

지난 2019년 한국산업보안연구학회는 『산업보안학』의 발간을 통하여 개론으로서 대중에게 산업보안의 중요성을 널리 알리며 사회 각 분야의 정책 수립과 산업보안의 정체성을 확립하기 위한 학술적 영역 구축의 토대를 마련하였습니다.

산업보안조사론은 각론으로서 현장의 산업보안관리자뿐만 아니라 대학·연구기관·정부부처·검찰·경찰·군 등에 실질적으로 도움이 될 것이며, 산업보안의 조사방법론을 최초로 소개하고 경제안보와 경제발전의 초석이 되는 자료로 거듭날 것입니다. 또한, 대학교·자격증·국가직무능력표준(NCS) 등 산업보안의 학문적 영역을 넓혀 전문 대학·대학원의 설립과 하나의 필수·교양과목으로 선정될 수 있는 기초자료로 명실상부하게 산업보안학의 학문적 토대를 이루어나갈 것입니다.

산업보안조사론은 총 9장으로, 제1장 산업보안조사, 제2장 기술침해와 산업보안조사, 제3장 행정조사기본법, 제4장 외국의 행정조사법제와 조사, 제5장 민간기업의 산업보안조사, 제6장 외국의 산업보안조사 절차와 방법, 제7장 산업보안조사와 디지털 포렌식, 제8장 보안조사관의 자격과 민간조사제도, 제9장 산업보안조사의 개선 및 발전방안으로 구성되어 융·복합 학문으로서의 산업보안의 조사에 대한 학술적이고 실무적인 내용을 포함하고 있습니다.

이에 본서를 통하여 산업보안조사에 대한 학문적 기반을 다지고 정부부처와 수사기관, 민간기업 등의 실무자분들에게 도움이 되기를 기대합니다. 나아가 전문 대학·대학교·대학원에서도 학과 개설의 증가를 통하여 인재 육성, 산업보안 조사전문가 양성에 기여할 수 있기를 바랍니다.

그간 산업보안조사론 발간을 위하여 노력하여 주신 한국산업보안연구학회 편집 및 발간위원회 여러분께 감사의 말씀을 드리며, 많은 고견을 주신 역대 회장님과 자문을 주신 국가정보원 산업기밀보호센터 관계자 분들, 박영사 안상준 대표님, 그리고 발간에 힘써 주신 모든 관계자분들께도 감사드립니다.

코로나19 환경 속에서 국가와 국민의 안전을 위하여 현장에 계신 모든 분들에게 심심한 노고를 드리면서 발간사를 갈음하고자 합니다.

부족하지만 많은 격려와 자문 부탁드립니다.

늘 고맙습니다.

2020년 7월
한국산업보안연구학회 7대 회장
용인대학교 교수 **박준석**

『산업보안조사론』은 산업보안조사에 관련된 법령과 제도, 이론과 실제, 그리고 절차와 방법 등을 연구한 결과물이다. 산업보안조사란 산업기술과 국가핵심기술에 관련한 비밀이 직·간접으로 유출되는 것을 예방하기 위한 종합적 대책과, 기술이 유출된 경우 추가적 기술유출의 차단과 원상회복 등의 전략수립에 필요한 조사를 의미한다. 또한 산업보안조사는 국가핵심기술과 산업기술의 유출 등이 국민경제와 국가안보에 미치는 피해가 크다는 점을 고려하여, 즉각적이고 능동적 대처를 하기 위한 행정적 조치 및 조사이다.

「산업기술의 유출방지 및 보호에 관한 법률」은 제15조에 기술침해행위에 대한 조사와 함께 제17조에서 산업기술보호를 위한 실태조사를 규정하고 있다. 「방위산업기술보호법」에서는 방위산업기술 보호를 위하여 대상기관의 방위산업기술 보호체계의 구축·운영에 대한 실태조사를 실시할 수 있다. 「중소기술보호법」에서는 중소기업기술에 대하여 실태조사와 해외 기술유출에 관한 조사를 할 수 있도록 규정하고 있다.

산업보안조사는 전통적 의미의 행정조사와 형사적 제재를 위한 수사 전 단계로서의 조사, 그리고 형사처벌 절차로서의 수사를 위한 조사 단계로 구성되어 있다. 그 가운데 『산업보안조사론』은 행정조사와 수사 전 단계의 조사를 연구의 대상으로 하고 있다. 산업보안조사의 주체는 산업통상자원부, 국가정보원, 경찰, 검찰, (사)한국산업기술보호협회, 법령에 의하여 위임을 받은 외부전문기관 등이다. 기업차원의 산업보안조사는 특별감사나 보안점검 등의 형식으로 감사실 등에서 실시하고 있다. 국내외의 대형 로펌과 회계 법인에서도 보안조사와 관련한 업무를 지원하고 있다.

「산업기술보호법」에서 규정한 산업보안조사의 적용대상은 산업기술과 국가핵심기술을 보유하거나 관련 연구를 수행하는 기업·연구자·대학·R&D연구기관 등이다. 『산업보안조사론』은 조사의 주체인 정부부처와 관련기관, 조사의 객체이자 대상인 기업과 R&D 연구기관, 그리고 산업보안을 전공하는 대학생과 대학원생 등을 대상으로 집필되었다. 융·복합 학문의 특성을 반영한 『산업보안조사론』은 이론과 제도뿐만 아니라 실제 현장에서의 적용 가능한 보안조사의 방법들을 제시하고자 노력하였다. 그러한 전문적 내용을 공동 집필하기 위하여 기존의 연구 성과가 있는 전문가들을 초빙하였다.

실무경험을 겸비한 산업보안연구자, 산업보안 관련 국가정보기관 유경험자, 기업보안 현장의 실무자 등이 『산업보안조사론』의 집필에 적극 참여하였다. 전체 9장으로 구성되었으며, 필자의 양해를 얻어 책의 일부 내용에 기존의 연구 성과물들도 포함하였다. 수많은 집필회의와 공동 연구작업에 적극 참여해주신 집필진 여러분께 감사를 드린다. 그리고 자료의 제공, 법령검토, 현장의 실무경험 등을 함께 공유하여 주신 국가정보원, 산업통상자원부, (사)한국산업기술보호협회, (사)한국산업보안연구학회 등 관계자 여러분에게 진심으로 감사를 드린다.

특히 『산업보안조사론』의 집필과정에서 산업보안조사의 경험이 많은 국가정보원 산업기밀보호센터의 전·현직관계자 여러분들의 자문과 조언을 받았다. 『산업보안조사론』이 현장에서 바로 적용할 수 있는 지침서로 거듭날 수 있도록 집필자들에게 혜안을 주신 데 대하여 감사드린다. 향후 부족한 내용은 계속 보완하고자 한다. 또한 변화하는 산업기술과 국가핵심기술 그리고 R&D 연구기관들의 현황과 산업보안조사를 둘러싼 국내외 현황도 반영하고자 한다. 어려운 출판 여건에도 불구하고, 『산업보안조사론』을 더 훌륭하게 만들어주신 박영사의 임직원 여러분에게 감사드린다.

『산업보안조사론』이 정부부처와 수사기관, 기업의 임직원과 보안실무자, 국가 R&D 기관과 연구자, 대학생과 대학원생, 그리고 산업보안에 관심이 많은 국민들에게 도움이 되기를 기대한다. 또한 『산업보안조사론』이 산업기술과 국가핵심기술을 보호하고, 기업과 산업의 발전에 기여하여, 대한민국의 국민경제와 국가안전보장에 조금이나마 기여하기를 바란다.

2020년 7월
『산업보안조사론』 편집 및 발간위원회 위원장
인하대학교 교수 **김민배**

차례
Contents

제3장   행정조사기본법

제6장	외국의 산업보안조사 절차와 방법

제9장   산업보안조사의 개선 및 발전방안

제1장

산업보안조사

01장 | 산업보안조사

산업보안조사의 개념은 입법적으로 정의된 것이 없다. 따라서 산업보안조사가 무엇인가에 대해서는 학문적으로 규명하여야 할 사항이기도 하다. 본 장에서 산업기술·보안·조사의 개념 등을 살펴본 후 산업보안조사의 개념을 새롭게 정의하고 있다. 그리고 산업보안조사의 형식과 특징을 설명한다.

한편 산업보안조사의 대상으로서 산업기밀 유출사건, 회계 부정사건, 지식재산권 침해사건, 자산 손실사건, 컴퓨터시스템 침해사건 등을 설명하고 있다. 이것은 조사 대상에 대한 예시적 사례로서, 법적 시각에서 보면 산업기술이나 국가핵심기술의 유출과 관련한 사전 혹은 사후적 조사를 의미한다고 할 수 있다. 다른 시각에서 보면 기업, 연구자, 임직원 등이 산업보안조사의 대상이 된다. 동시에 모든 기업이 아닌, 6천여 개의 산업기술과 69개의 국가핵심기술을 보유한 기업과 연구기관 등이 대상이라고 할 수 있다.

산업보안조사의 근거는 산업기술보호법 제17조에 의한 실태조사와 제15조에 의한 기술침해행위의 조사다. 제17조에 의한 실태조사는 행정조사기본법에 기초한 방식과 절차로 실시하게 된다. 그러나 제15조에 의한 조사는 조세범처벌법이나 독점금지법 위반사건에서 정한 절차와 유사한 성격의 방법을 사용한다. 동시에 제15조는 형사적 처벌을 전제로 하고 있으므로, 적법절차와 법률유보의 원칙 등을 준수하여야 한다.

1. 산업보안조사의 개념

1) 산업기술의 개념

산업기술의 유출방지 및 보호에 관한 법률(이하 '산업기술보호법')은 산업기술의 부정한 유출을 방지하고 산업기술을 보호함으로써 국내산업의 경쟁력을 강화하고 국가의 안전보장과 국민경제의 발전에 이바지함을 목적으로 하고 있다. 그리고 산업기술 등의 유출을 방지하기 위하여 실태조사, 조치 및 조사, 수출금지, 원상회복 등 다양한 수단을 규정하고 있다.[1]

산업기술보호법 제15조가 2019년도 8월에 개정되어 과거의 산업기술유출 방지를 위한 '조치'를 넘어 '조사와 조치'를 할 수 있는 법적 근거가 추가로 마련되었다. 산업기술침해 행위의 우려가 있거나 침해행위가 발생한 경우 산업통상자원부장관과 정보수사기관의 장은 행정조사를 실시하여야 하도록 법 조항이 추가되었다. 즉, 산업기술보호법은 기존의 제17조와 시행령 제22조에 의한 실태조사는 물론 제15조에 의해 산업기술침해 신고에 대해 조사를 하도록 개정되었다.[2]

일반적으로 산업보안조사(Industrial Security Investigation, 産業保安調査)란 산업기술과 보안 그리고 조사가 합성된 개념을 의미한다. 따라서 산업보안조사의 개념에 대하여 정의하기 위해서는 산업기술보호법상의 산업기술과 보안 그리고 조사가 지닌 각각의 의미를 파악하여야 한다. 이를 토대로 현행 산업기술보호법에서 규정한 산업보안조사의 의미를 정리할 필요가 있다.

---

1 (사)한국산업보안연구학회, 산업보안학, 박영사, 2019 ; 김민배 외, 산업기술의 유출 방지 및 보호지원에 관한 비교법적 연구, 인하대학교, 2004 ; 김민배 외, 산업기술 유출방지 및 보호에 관한 법률의 제도적 정착을 위한 연구 보고서, 산업자원부 한국산업기술재단, 2018; 김민배 편역, 기술정보 등의 적절한 관리의 나아갈 방향에 관한 연구회 보고서, 명문미디어 아트팩, 2009 ; 김민배, 산업기술보호법, 명문, 2011. 참조.
2 조용순, '산업기술의 유출방지 및 보호에 관한 법률 2019년 개정 주요내용', 『2019 한국산업보안연구학회 추계 학술대회 자료집』, 2019. 10. 참조.

현행 법률에서 산업기술에 대한 정의는 산업기술보호법 제2조[3]에 규정되어 있다. 즉, "산업기술"이라 함은 제품 또는 용역의 개발·생산·보급 및 사용에 필요한 제반 방법 내지 기술상의 정보 중에서 행정기관의 장이 산업경쟁력 제고나 유출방지 등을 위하여 이 법 또는 다른 법률이나 이 법 또는 다른 법률에서 위임한 명령에 따라 지정·고시·공고·인증하는 기술을 말한다. 구체적으로 산업기술이란 국가핵심기술, 첨단기술, 신기술, 전력기술, 건설기술, 보건신기술, 핵심 뿌리기술 등을 포괄하는 개념이다.

그런데 산업기술보호법은 산업기술 중에서도 국가핵심기술의 보호에 더 큰 중점을 두고 있다. 산업기술보호법 제2조 2에서 '국가핵심기술'이라 함은 국내외 시장에서 차지하는 기술적·경제적 가치가 높거나 관련 산업의 성장잠재력이 높아 해외로 유출될 경우에 국가의 안전보장 및 국민경제의 발전에 중대한 악영향을 줄 우려가 있는 기술로서 제9조의 규정에 따라 지정된 것을 말한다고 규정하고 있다. 결국 산업보안조사에서 말하는 산업기술이란 산업기술보호법상에서 규정한 69개의 국가핵심기술을 포괄하는 6천여 종류의 산업기술을 일컫는 개념이라고 할 수 있다.[4] 그리고 산업보안조사의 대상도 이들 기술을 중심으로 실시하

---

3 산업기술보호법 제2조. "산업기술"이라 함은 제품 또는 용역의 개발·생산·보급 및 사용에 필요한 제반 방법 내지 기술상의 정보 중에서 행정기관의 장(해당 업무가 위임 또는 위탁된 경우에는 그 위임 또는 위탁받은 기관이나 법인·단체의 장을 말한다)이 산업경쟁력 제고나 유출방지 등을 위하여 이 법 또는 다른 법률이나 이 법 또는 다른 법률에서 위임한 명령(대통령령·총리령·부령에 한정한다. 이하 이 조에서 같다)에 따라 지정·고시·공고·인증하는 다음 각 목의 어느 하나에 해당하는 기술을 말한다.
　가. 제9조에 따라 고시된 국가핵심기술
　나. 「산업발전법」 제5조에 따라 고시된 첨단기술의 범위에 속하는 기술
　다. 「산업기술혁신 촉진법」 제15조의2에 따라 인증된 신기술
　라. 「전력기술관리법」 제6조의2에 따라 지정·고시된 새로운 전력기술
　마. 「환경기술 및 환경산업 지원법」 제7조에 따라 인증된 신기술
　바. 「건설기술 진흥법」 제14조에 따라 지정·고시된 새로운 건설기술
　사. 「보건의료기술 진흥법」 제8조에 따라 인증된 보건신기술
　아. 「뿌리산업 진흥과 첨단화에 관한 법률」 제14조에 따라 지정된 핵심 뿌리기술
　자. 그 밖의 법률 또는 해당 법률에서 위임한 명령에 따라 지정·고시·공고·인증하는 기술 중 산업통상자원부장관이 관보에 고시하는 기술
4 산업기술의 종류는 매년 해당 고시에 따라 그 수가 다르다. 보통 4천 개에서 6천 개의 기술이 산업기술에 해당한다. 141개의 방위산업기술도 같은 차원에서 산업기술 혹은 국가핵심기술의 범주에 포함할 수 있다. 다만 여기에서는 산업기술보호법이 주된 검토대상이므로 방위산업기술보호법은 필요한 범주에서만 다루고 있다.

게 된다.

산업기술보호법상 보안조사에서 유의하여야 할 점은 그것이 지닌 실질적인 의미이다. 산업보안조사에는 1차적으로는 정책수립 등에 필요한 행정조사 성격으로서 제17조 실태조사의 의미를 가지고 있다. 그러나 중요한 것은 제15조의 기술침해행위에 대한 조사 및 조치와 관련한 조사는 행정조사법상 조사의 의미와는 성격이 다르다. 산업기술보호법상의 기술침해행위에 대한 조사는 형벌에 의한 처벌과 제재를 전제로 하고 있다. 따라서 산기법은 물론, 형법상의 업무방해죄, 배임죄, 횡령죄, 절도죄 등의 적용대상이 될 수 있다. 제15조에 의한 조사는 단순한 행정조사가 아니라 일정한 시점부터 형사적 처벌을 위한 경찰과 검찰의 수사와 직결되게 된다.

2) 보안의 개념

보안에 대한 사전적 의미는 다음과 같다. 보안(保安, security)이란 안전을 유지하는 일 혹은 사회의 안녕과 질서를 유지하는 것이다. 개념적으로는 '잘 지켜 원래대로 보존되게 함'이라는 뜻을 나타내는 '보호(保護)' 또는 '안전을 유지함'이라는 뜻을 나타내는 '보안(保安)'을 사용한다.[5]

산업보안조사에서 사용하는 보안도 그 맥락은 사전적 의미와 같다. 부정경쟁방지 및 영업비밀보호에 관한 법률(약칭 : 부정경쟁방지법) 제2조 2호에서는 "영업비밀"이란 공공연히 알려져 있지 아니하고 독립된 경제적 가치를 가지는 것으로서, 비밀로 관리된 생산방법, 판매방법, 그 밖에 영업활동에 유용한 기술상 또는 경영상의 정보를 말한다고 규정하고 있다.

그런데 보안업무규정 제2조 1호에서 사용하는 '비밀'이란 그 내용이 누설될 경우 국가안전보장에 해를 끼칠 우려가 있는 국가 기밀로서 보안업무규정에 관한 대통령령에 따라 비밀로 분류된 것을 말한다. 국가안전보장에 관련되는 인원·문서·자재·시설 및 지역을 관리하는 사람과 관계 기관의 장은 관리 대상에 대하여 보안책임을 지도록 하고 있다.[6] 보안이란 비밀의 생성, 분류, 관리 그리고 폐기

---

5 https://www.korean.go.kr/front/mcfaq/mcfaqView.do?mn_id=&mcfaq_seq=2520&pageIndex=1
6 보안업무규정 제3조(보안책임).

가 핵심적 내용이라고 할 수 있다.

보안업무규정에 의하면 비밀은 그 중요성과 가치의 정도에 따라 다음과 같이 구분한다. Ⅰ급 비밀은 "누설될 경우 대한민국과 외교관계가 단절되고 전쟁을 일으키며, 국가의 방위계획·정보활동 및 국가방위에 반드시 필요한 과학과 기술의 개발을 위태롭게 하는 등의 우려가 있는 비밀", Ⅱ급 비밀은 "누설될 경우 국가 안전보장에 막대한 지장을 끼칠 우려가 있는 비밀", 그리고 Ⅲ급 비밀은 "누설될 경우 국가안전보장에 해를 끼칠 우려가 있는 비밀"을 말한다.[7] 비밀보호를 위해 각급기관의 장은 비밀의 분류·취급·유통 및 이관 등의 모든 과정에서 비밀이 누설되거나 유출되지 아니하도록 보안대책을 수립하여 시행하여야 한다.[8]

산업보안조사에서 말하는 '보안'의 대상은 산업기술보호법상 산업기술과 국가 핵심기술에 관련된 비밀, 보안업무규정상의 비밀, 부정경쟁방지법상 영업비밀 등을 포괄하는 개념이라고 할 수 있다. 특히, 산업보안이란 산업기술과 국가핵심기술에 관련한 비밀이 직접 또는 간접으로 유출되는 것을 예방하거나 기술이 유출된 경우 추가적 유출방지나 원상회복 등을 행하기 위한 종합적인 대책과 전략을 내포한다고 할 수 있다.

3) 조사의 개념

산업보안조사에서 말하는 조사에는 행정조사기본법에서 말하는 조사(산업기술보호법 제 17조 실태조사)와 행정조사법의 적용을 배제하는 조사(산업기술보호법 제 15조와 동법 시행령 22조 산업기술 침해신고)의 개념이 내포되어 있다. 행정조사기본법 제2조 1호에서 말하는 '행정조사'란 행정기관이 정책을 결정하거나 직무를 수행하는 데 필요한 정보나 자료를 수집하기 위하여 현장조사·문서열람·시료채취 등을 하거나 조사대상자에게 보고요구·자료제출요구 및 출석·진술요구를 행하는 활동을 말한다. 그리고 산업보안조사의 경우에도 행정조사기본법상 제4조(행정조사의 기본원칙), 제5조(행정조사의 근거) 및 제28조(정보통신 수단을 통한 행정조사)가 적용된다. 또한 산업기술보호법 제 제17조(산업기술보호를 위한 실태조사)는 행정조사법상의 행정

---

7 보안업무규정 제4조(비밀의 구분).
8 보안업무규정 제5조(비밀의 보호와 관리 원칙).

조사와 같다. 즉, 산업통상자원부장관은 필요한 경우 대상기관의 산업기술의 보호 및 관리 현황에 대한 실태조사를 실시할 수 있다. 그리고 실태조사를 위하여 산업기술을 보유하고 있는 대상기관 및 관련 단체에 대하여 관련 자료의 제출이나 조사업무의 수행에 필요한 협조를 요청할 수 있다. 이 경우 그 요청을 받은 자는 특별한 사유가 없는 한 이에 응하여야 한다. 실태조사의 대상·범위·방법 등에 관하여 필요한 사항은 대통령령으로 정한다.[9]

그러나 산업기술보호법상의 조사를 산업기술보호법 제15조의 기술침해행위 조사에 대해서도 그대로 적용하는 것은 한계가 있다. 행정조사기본법 제3조(적용 범위)에서는 행정조사에 관하여 다른 법률에 특별한 규정이 있는 경우 혹은 행정 조사를 한다는 사실이나 조사내용이 공개될 경우 국가의 존립을 위태롭게 하거나 국가의 중대한 이익을 현저히 해칠 우려가 있는 국가안전보장·통일 및 외교에 관한 사항에 대하여는 행정조사기본법을 적용하지 아니한다.[10]

---

9 제22조(산업기술보호를 위한 실태조사) ①산업통상자원부장관은 법 제17조제1항에 따라 다음 각 호의 사항에 관하여 실태조사를 할 수 있다. <개정 2008. 2. 29., 2012. 1. 25., 2013. 3. 23., 2015. 4. 28.>
　1. 대상기관이 보유하고 있는 산업기술의 보호와 관리 현황
　2. 법 제13조제1항에 따른 산업통상자원부장관의 개선권고의 이행 현황
　3. 대상기관의 보안취약점 점검
　② 제1항에 따른 실태조사는 2년마다 실시할 수 있다. 다만, 산업통상자원부장관이 국가핵심기술의 보호현황을 파악하거나 국가핵심기술을 지정·변경 또는 해제하기 위하여 필요하다고 인정하는 경우에는 따로 실태조사를 실시할 수 있다. <개정 2008. 2. 29., 2012. 1. 25., 2013. 3. 23.>
　③ 산업통상자원부장은 실태조사를 위하여 서면 또는 정보통신망 등의 방법으로 설문조사를 실시하거나 소속 공무원으로 하여금 방문하여 조사하게 할 수 있다. <개정 2008. 2. 29., 2013. 3. 23.>

10 제3조(적용범위) ① 행정조사에 관하여 다른 법률에 특별한 규정이 있는 경우를 제외하고는 이 법으로 정하는 바에 따른다.
　② 다음 각 호의 어느 하나에 해당하는 사항에 대하여는 이 법을 적용하지 아니한다. <개정 2016. 5. 29.>
　1. 행정조사를 한다는 사실이나 조사내용이 공개될 경우 국가의 존립을 위태롭게 하거나 국가의 중대한 이익을 현저히 해칠 우려가 있는 국가안전보장·통일 및 외교에 관한 사항
　2. 국방 및 안전에 관한 사항 중 다음 각 목의 어느 하나에 해당하는 사항
　　가. 군사시설·군사기밀보호 또는 방위사업에 관한 사항
　　나. 「병역법」·「예비군법」·「민방위기본법」·「비상대비자원 관리법」에 따른 징집·소집·동원 및 훈련에 관한 사항
　3. 「공공기관의 정보공개에 관한 법률」 제4조제3항의 정보에 관한 사항
　4. 「근로기준법」 제101조에 따른 근로감독관의 직무에 관한 사항
　5. 조세·형사·행형 및 보안처분에 관한 사항

산업보안조사는 행정조사기본법 제3조의 1호인 '행정조사를 한다는 사실이나 조사내용이 공개될 경우 국가의 존립을 위태롭게 하거나 국가의 중대한 이익을 현저히 해칠 우려가 있는 국가안전보장·통일 및 외교에 관한 사항'과 관련된다. 특히 산업기술보호법은 '산업기술의 부정한 유출을 방지하고 산업기술을 보호함으로써 국내산업의 경쟁력을 강화하고 국가의 안전보장과 국민경제의 발전에 이바지함을 목적'으로 하고 있다.

산업기술보호법의 제14조(산업기술의 유출 및 침해행위 금지)는 산업기술과 국가핵심기술의 불법적인 유출방지를 금지하고 있다. 산업기술보호법 제9조에서 국가핵심기술로 지정된 대상기술은 국가안보 및 국민경제에 미치는 파급효과, 관련제품의 국내외 시장점유율, 해당 분야의 연구동향 및 기술 확산과의 조화 등을 종합적으로 고려하여 필요 최소한의 범위 안에서 선정한 것이다. 국가안보 및 국민경제에 영향이 큰 기술을 조사의 대상으로 한다는 점에서 행정조사기본법의 적용 예외에 해당될 가능성이 있다고 볼 수 있다. 물론 법규의 적용과 관련하여 이를 명확히 하기 위해서는 법령의 일부 조항이 개정될 필요가 있다. 구체적으로 산업기술보호법 제15조의 기술침해행위에 대한 조사 및 조치가 행정조사법의 적용 제외대상이라는 점을 규정하는 것이다.

4) 산업보안조사의 정의

산업보안은 '범죄로부터 유·무형의 모든 자산을 지키는 자산보호(asset protection)와 손실방지(loss prevention) 활동', '산업 전반에 걸쳐 핵심 기술이나 기밀정보의 유출을 차단하기 위한 활동뿐만 아니라, 인적·물적 자산의 손실을 예방하거나 최소화하는 일련의 활동'이라고 정의내려 진다.[11] 한편에서는 산업보안을 '기업의

---

6. 금융감독기관의 감독·검사·조사 및 감리에 관한 사항.
7. 「독점규제 및 공정거래에 관한 법률」, 「표시·광고의 공정화에 관한 법률」, 「하도급거래 공정화에 관한 법률」, 「가맹사업거래의 공정화에 관한 법률」, 「방문판매 등에 관한 법률」, 「전자상거래 등에서의 소비자보호에 관한 법률」, 「약관의 규제에 관한 법률」 및 「할부거래에 관한 법률」에 따른 공정거래위원회의 법률위반행위 조사에 관한 사항.
11 이창무(2011), '산업보안의 개념적 정의에 관한 고찰', 『산업보안연구학회논문지』, 2(1) : 73 – 90 ; 최진혁(2010), '산업보안의 제도적 발전방안 연구 : 미국 사례를 중심으로', 『한국경호경비학회지』, 22 : 197 – 230.

가장 높은 수준의 비밀이 도난당하거나 유출당하는 것을 방지하는 활동', '산업활동에 유용한 경영상, 기술상의 모든 정보나 인원·문서·시설·자재·통신·각종의 하드웨어·소프트웨어를 포함한 유무형의 자산을 허락받지 않은 자에게 침해·누설 또는 분실·도난·파괴되지 않도록 보호하고 손실을 최소화하는 일체의 활동'이라고 정의하였다.[12]

현행 산업기술보호법에서 말하는 '산업보안조사'란 정보수사기관의 장이나 행정기관이 산업기술과 국가핵심기술에 관련한 비밀의 유출방지 및 원상회복 등을 하기 위한 정책을 결정하거나 직무를 수행하는 데 필요한 정보나 자료를 수집하기 위하여 현장조사·문서열람·시료채취 등을 하거나 조사대상자에게 보고요구·자료제출요구 및 출석·진술요구 등을 행하는 활동을 의미한다. 즉, 산업보안조사란 산업기술과 국가핵심기술에 관련한 비밀이 직접 또는 간접으로 유출되는 것을 미리 방지하거나 기술이 유출된 경우 추가적 기술유출의 차단과 원상회복 등을 실시하기 위한 종합적 대책과 전략에 필요한 조사를 의미하는 것이다. 구체적으로 산업보안조사에서 말하는 보안의 대상은 보안업무규정상의 비밀과 부정경쟁방지법상 영업비밀을 포괄하는 개념이라고 할 수 있다.

2. 산업보안조사의 형식

1) 특징

산업보안조사는 일반적으로 산업체, 정부출연기관, 대학교 소속연구소, 기업의 R&D센터 등에서 발생하는 다양한 산업기술의 보안사고에 대하여 조사하는 것을 의미한다. 이러한 보안사고 조사는 유형에 따라 접근법이 다르고 조사하는 방법 또한 다르다. 산업보안조사는 우선적으로 그 목적이 기술유출의 추가적 차단이나 금지 그리고 피해를 입은 자산에 대한 중지와 원상회복 등에 있다. 산업기술보호를 위한 산업보안의 조사 대상은 국가핵심기술을 보유한 기업, 연구기

---

12 신현구(2019), 『산업보안관리실무』, 진영사 ; 신현구(2019), '우리나라 산업보안의 연혁적 고찰과 발전방안', 『韓國産業保安研究』 第9卷 第1號, 35－67943.

관, 대학 그리고 연구자 등이다. 이들 대상기관이 기술유출의 방지를 위해 법령을 준수하는가의 여부 그리고 유출이 발생했을 경우 이에 대처하기 위한 조사가 산업보안 조사의 핵심적 내용이다.

산업보안조사는 국가핵심기술의 유출이나 산업기술의 유출 등이 초래하는 피해가 크다는 점을 고려하여, 이에 즉각적 대처를 하기 위한 행정적 조치이자 수단이다.[13] 따라서 산업보안조사는 전통적 의미의 행정조사와 형사적 제재를 위한 수사의 전단계로서의 조사의 개념이 내포되어 있다. 따라서 행정조사와 수사 전 단계로서의 조사의 경계를 어떻게 구분하고, 연계할 것인가 하는 점이 과제이다. 산업보안조사는 기술의 특성상 행정조사의 방식이나 절차와 다르고, 일반적인 범죄수사기법을 그대로 적용할 수 없는 한계가 있다.

산업보안조사는 산업기술보호를 위한 현황과 실태조사 그리고 산업기술 침해행위가 발생한 경우 이에 대처하기 위한 조사를 말하며, 산업기술보호법상의 현황 파악과 실태조사는 행정조사기본법에서 말하는 행정조사와 같은 의미이다. 즉, 정책수립과 행정지원 등에 필요한 조사를 행하는 것이다. 그러나 같은 법 제15조 산업기술 침해행위에 대한 조사는 형사적 처벌과 연계된다는 점에서 행정조사기본법의 특별법적 지위에 있다. 현행 조세범처벌법, 공정거래위원회법 등과 같이 위법행위를 방지하는 동시에 위법행위의 처벌에 필요한 조사를 행하는 것이다. 기술침해행위에 대한 조사의 경우 인지에 기초한 조사와 직권조사 등이 필요하다. 그리고 일정한 단계에서 단순한 행정조사가 아니라 형사적 처벌을 전제로 한 형사적 절차와 연계된다. 따라서 제15조의 기술침해행위에 대한 조사에서 수집된 자료나 증거 등이 수사나 재판절차에서 입증자료로 사용할 수 있는가 하는 점이 과제가 된다.[14] 이에 대하여 산업기술보호법과 시행령 등에서 규정할 필요가 있다.

---

13 산업기술보호법 제15조(산업기술 침해신고 등) ① 국가핵심기술 및 국가연구개발사업으로 개발한 산업기술을 보유한 대상기관의 장은 제14조 각 호의 어느 하나에 해당하는 행위가 발생할 우려가 있거나 발생한 때에는 즉시 산업통상자원부장관 및 정보수사기관의 장에게 그 사실을 신고하여야 하고, 필요한 조사 및 조치를 요청할 수 있다. ② 산업통상자원부장관 및 정보수사기관의 장은 제1항의 규정에 따른 요청을 받은 경우 또는 제14조에 따른 금지행위를 인지한 경우에는 필요한 조사 및 조치를 하여야 한다.

14 김민배, '하자있는 행정조사와 행정행위의 효과 - 일본의 판례와 학설을 중심으로-', 행정법학 제17호, 한국행정법학회, 2019, pp.215 - 247.

2) 실태조사와 산업보안조사

산업기술보호법은 제17조에서 산업기술보호를 위한 실태조사를 규정하고 있다. 구체적으로 산업통상자원부장관은 필요한 경우 대상기관의 산업기술의 보호 및 관리 현황에 대한 실태조사를 실시할 수 있다. 산업통상자원부장관은 실태조사를 위하여 산업기술을 보유하고 있는 대상기관 및 관련 단체에 대하여 관련 자료의 제출이나 조사업무의 수행에 필요한 협조를 요청할 수 있고, 구체적으로 다음과 같은 실태조사를 할 수 있다.

① 대상기관이 보유하고 있는 산업기술의 보호와 관리 현황 ② 산업기술보호법 제13조 제1항에 따른 산업통상자원부장관의 개선권고의 이행 현황 ③ 대상기관의 보안취약점 점검 등이다. 이러한 실태조사는 2년마다 실시할 수 있다. 다만, 산업통상자원부장관이 국가핵심기술의 보호현황을 파악하거나 국가핵심기술을 지정·변경 또는 해제하기 위하여 필요하다고 인정하는 경우에는 따로 실태조사를 실시할 수 있다. 산업통상자원부장은 실태조사를 위하여 서면 또는 정보통신망 등의 방법으로 설문조사를 실시하거나 소속 공무원으로 하여금 방문하여 조사하게 할 수 있다.

산업기술보호법에 의해 실태조사를 요청받은 자는 특별한 사유가 없는 한 이에 응하여야 한다. 만약 규정을 위반하여 관련 자료를 제출하지 아니하거나 허위로 제출한 자는 1천만 원 이하의 과태료에 처한다.

한편 방위산업기술보호법에서도 제12조에 방위산업기술 보호를 위한 실태조사를 할 수 있도록 규정하고 있다. 즉, 방위사업청장은 방위산업기술 보호를 위하여 필요한 경우 대상기관의 방위산업기술 보호체계의 구축·운영에 대한 실태조사를 실시할 수 있다. 방위산업기술 보호를 위한 실태조사의 범위는 다음과 같다.

① 대상기관의 방위산업기술 보호체계 구축·운영 현황 ② 방위산업기술 보호에 필요한 대책 수립·시행 현황 ③ 수출 및 국내 이전 시 방위산업기술 보호에 필요한 대책 수립 현황 ④ 방위산업기술 보호체계의 구축·운영 현황을 파악하기 위하여 실태조사를 할 필요가 있는 사항 등이다.

방위사업청장은 다음의 사항에 대하여 관계 행정기관 및 대상기관의 장에게 자료의 제출을 요구할 수 있고, 이 경우 제출을 요구받은 자는 특별한 사유가 없으면 이에 따라야 한다.

① 보호기반 구축과 보호기술의 연구개발에 관한 사항 ② 방위산업기술의 지정·변경·해제 ③ 수출 및 국내이전 시 보호대책 수립 및 시행 여부 확인 ④ 실태조사 등이다.

그리고 중소기업기술 보안역량 강화를 위한 실태조사를 실시할 수 있다. 중소벤처기업부장관은 중소기업기술에 대한 보안역량 강화를 위하여 다음의 사항에 대한 실태조사를 매년 실시하여야 한다.

① 중소기업기술 보호 수준 및 역량 ② 중소기업의 기술인력 보유 및 관리 실태 ③ 중소기업기술정보의 관리 및 침해 현황 ④ 중소기업기술 보호와 관련한 애로사항 및 취약요인 ⑤ 중소기업기술에 대한 보안역량 강화를 위하여 중소벤처기업부장관이 필요하다고 인정하는 사항 등이다.

중소벤처기업부장관은 제1항에 따른 실태조사를 위하여 중소기업, 관련 기관 및 단체에 대하여 자료의 제출이나 조사업무에 필요한 협조를 요청할 수 있다. 이 경우 그 요청을 받은 자는 정당한 사유가 없으면 이에 따라야 한다. 중소벤처기업부장관은 실태조사를 실시하기 위하여 중소기업 관련 기관·단체, 통계 관련 전문가 등의 의견을 수렴하여 매년 중소기업 실태조사 실시계획을 수립하여야 한다. 실태조사를 실시하는 경우 서면 또는 정보통신망 등을 활용하여 설문조사를 하거나 조사자가 직접 방문하여 조사하게 할 수 있다.

중소벤처기업부장관은 해외에 진출한 중소기업의 기술보호를 위하여 해외 기술유출에 관한 실태조사를 할 수 있다. 이 경우 정보수사기관의 장에게 관련 정보를 요청할 수 있다.

3) 기술침해와 산업보안조사

국가핵심기술 및 국가 연구개발 사업으로 개발한 산업기술을 보유한 대상기관의 장은 산업기술보호법 제14조의 산업기술의 유출 및 침해행위에 해당하는 행위가 발생할 우려가 있거나 발생한 때에는 즉시 산업통상자원부장관 및 정보수사기관의 장에게 그 사실을 신고하여야 하고, 필요한 조사 및 조치를 요청할 수 있다. 국가핵심기술을 외국에서 사용하거나 사용되게 할 목적으로 제

14조 제1호부터 제3호까지의 어느 하나에 해당하는 행위를 한 자는 3년 이상의 유기징역에 처할 수 있으며, 이 경우 15억 원 이하의 벌금을 병과하도록 하고 있다.

한편 중소기업기술 침해행위를 당한 중소기업 및 중소기업자는 그 사실을 중소벤처기업부장관에게 신고하고 필요한 조치를 요청할 수 있다. 신고를 받은 경우 중소기업기술 침해행위 사실을 조사하기 위하여 관련 기관 또는 사업자 등에 자료제출을 요구하거나 소속 공무원으로 하여금 그 사무소·사업장, 그 밖에 필요한 장소에 출입하여 장부·서류, 시설 및 그 밖의 물건을 조사하게 할 수 있다. 조사를 하는 공무원은 그 권한을 표시하는 증표를 지니고 이를 관계인에게 내보여야 한다. 중소기업기술보호법 제8조의2 제4항에 따른 자료를 제출하지 아니하거나 거짓 자료를 제출한 자 또는 관계 공무원의 조사를 거부·방해 또는 기피한 자에게는 1천만 원 이하의 과태료를 부과할 수 있다.

문제는 침해행위에 대한 조사가 행정조사 혹은 수사 둘 중 어디에 해당하는지에 관한 점이다. 산업통상자원부장관이 조사를 하는 경우에는 행정조사의 성격이 강하다. 이것은 조세범 처벌법이나 공정거래 위원회법에서의 조사, 또는 질문조사권과 같은 성격이라고 할 수 있다. 물론 이 경우에도 위법한 사실의 발견 혹은 산업기술의 유출이나 침해행위가 이루어진 것을 알았을 경우 그 때까지의 조사는 유효하다. 중소기업기술 침해행위에 대한 조사도 행정조사의 성격이 강하다. 중소기업기술 침해행위와 관련한 조사의 경우 그 위반에 대해 과태료 규정을 두고 있다는 점도 행정조사의 성격이라는 점을 알려주고 있다.

그런데 행정조사의 자료가 그 이후의 수시 혹은 형사적 처벌과 연계될 경우 문제가 있다. 행정조사를 토대로 조사한 관련 자료를 수사기관에 이관할 때에 그 증거의 유효성에 대해 문제가 될 수 있다. 중소기업기술보호법은 지원적 성격의 법률이고, 형사적 처벌은 비밀유지의무 등에 국한하고 있다. 그러나 산업기술보호법은 행정조사의 결과가 형사적 처벌과 직결된다는 점에서 행정조사기본법과 관련하여 볼 때 특별법적 지위에 있다고 할 수 있다. 따라서 예외적으로 더욱 면밀한 제14조의 운용 관련 규정이 필요하다.

3. 산업보안조사의 특징

1) 산업보안조사의 주체

산업기술보호법 제17조에 의한 실태조사는 산업통상자원부, 국가정보원, 한국산업기술보호협회가 중심이 되어 실시하고 있다. 그리고 산업보안조사는 관련 법령과 위임 및 위탁 규정 등에 의거하여, 외부전문기관 등에 실태조사를 의뢰하는 경우도 있다. 그러나 산업기술보호법 제15조에 의한 기술침해행위에 대해서는 정보수사기관의 장이 조사를 행하도록 규정하고 있다. 실무적으로는 국가정보원, 산업통상자원부 등이 산업보안조사의 주체가 된다. 산업기술이나 국가핵심기술이 방위산업기술과 중첩되는 이중용도(dual use) 경우에는 방위사업청, 군사안보지원사령부 등도 산업보안조사의 주체가 될 수 있다.

산업보안조사의 주체는 산업체 내에서 보안업무를 담당하는 부서가 직접적으로 조사하는 것을 원칙으로 하지만 내부 사정이나 객관성, 역량 등의 문제로 외부 전문업체가 실시하는 경우도 있다. 이러한 업무를 담당하는 전문가들은 보안&위험관리 컨설턴트(security&risk management consultant), 부정조사 전문가(fraud specialists), 포렌식 어카운턴트(forensic accountant), 기업조사 전문가(corporate investigation specialists)라는 타이틀을 사용한다.[15]

기업차원의 산업보안조사는 일부 대기업의 경우 특별감사, 보안점검, 현장실사 등의 형식으로 행하였다. 조사를 하는 실무주체는 구조조정본부, 비서실, 부속실, 감사실 등의 부서이다. 일반적으로 기업주나 최고 경영진의 명령에 의해 자체조사가 실시된다. 국내 일부 대형 로펌과 외국계 회계 법인에서도 보안조사와 관련하여 포렌식 조사 서비스 등을 실시하고 있다. 하지만 조사활동에는 국내법에 저촉되거나 아직은 불허되는 내용이 많아 그 한계가 있다.[16]

국가핵심기술을 보유한 기업이나 연구소 등은 산업기술보호법에서 정한 수준

---

15 Williams, J. (2007). Governability Matters : The private policing of economic crime and the challenge and the challenge of democratic governance. Policing and Society. 15(2), pp.187 – 211.
16 한국산업보안연구학회, 산업보안학, 박영사, 2019, p.325.

의 보안 부서를 운영하고 있으나 중소기업들의 산업보안 수준은 여전히 취약하다. 해외 기업이나 외국계 기업들은 리스크 매니지먼트 차원에서 산업보안 부서를 운영하며 담당임원을 지정하여 산업보안조사 외에 비즈니스 지속계획(BCP : Business Continuity Plan)이나 재난대책(Crisis Management) 등의 임무를 수행하고 있다.

국내의 기업들은 물리적 보안이나 인적 보안에 치중하고 있지만 외국의 산업보안조사[17] 관련 회사들은 정보보안이나 사이버 보안 등에 더 집중하고 있으며, 해외 산업보안조사 기업은 한국에 직접 진출하기보다 필요한 경우 본사나 아시아 그리고 태평양 지역본부 수준에서 한국을 방문하여 조사 활동을 하고 있다. 국내에 국제적 수준의 업무지원이 가능한 산업보안조사 회사가 많지 않으므로 대형 로펌이나 회계법인 그리고 외국계 법인의 포렌식 팀과의 업무제휴가 가장 많은 편이다. 그 중에서도 기업 관련 조사는 대부분 그 증거들이 업무용 컴퓨터나 회사 서버에 보관되어 있으므로 로펌이나 회계법인의 디지털 포렌식 팀의 지원업무가 대부분을 차지하고 있다.

2) 산업보안조사의 범위와 절차

산업보안조사의 범위는 보안사고의 유형별에 따라 다르지만 법적인 문제를 고려하여 일반적으로는 산업체 소속 임직원 또는 하청업체 같은 관련 종사자들로 제한한다. 조사장소 역시 사업장으로 제한하여 실시한다. 조사범위는 사건의 개연성과 실체적 진실을 최대한 입증하여 산업체 내에서의 자체적인 징계 또는 법적 대응단계에 필요한 증거를 수집·제공하는 수준으로 한다. 산업보안조사의 목적이 산업체의 중요한 보안사고 경위에 대한 실체적 진실 규명과 함께 자산의 신속한 회수 그리고 재발방지에 있기 때문이다.

한편 이러한 조사활동을 통해 얻어진 결과를 토대로 조직의 체질을 개선하는 데에도 기여하게 된다. 그러므로 외국계 대기업들은 피해를 입은 금액보다도 더

---

17 Williams, J. (2007). Governability Matters : The private policing of economic crime and the challenge and the challenge of democratic governance. Policing and Society. 15(2), pp.187 – 211.

많은 조사 경비를 사용하여 산업보안조사와 사후 대응책을 마련하는 데 역점을 두고 있다.

산업보안조사의 절차는 보안사고 사안에 따라 다르지만 아주 긴급한 상황을 제외하고는 최고경영자(CEO)나 보안부서의 운영을 담당하는 임원(CSO)의 명에 의해 필요한 법률적인 서류(조사동의서) 등을 준비하여 적법한 절차에 따라 해당 부서나 피조사자들의 동의를 받아 행하여진다. 국내에서는 보안부서가 법무담당 임원의 지휘 아래에 있는 경우가 많기에 법무팀에서 산업보안조사에 필요한 절차를 통보하고, 이를 실시하는 경우가 많다.[18]

3) 산업보안조사의 한계

산업보안조사는 국가사법기관이 행하는 수사와 달리 조사활동에 있어서 여러 가지 제약을 받는다.

첫째, 피조사자들의 공시정보에 대한 접근이 어렵다. 공시정보의 접근 없이는 피조사자에 대한 객관적인 상황을 파악하는 데 어려움이 있다.

둘째, 피조사자에 대한 인터뷰 조사에 있어서 법적 강제성을 띠지 않으므로 피조사자의 자발적인 동의 없이는 민감한 내용에 대한 답변을 들을 수 없다. 일반적으로 혐의 가능성이 있는 피조사자의 경우 더욱 비협조적이므로 인터뷰 시 여러 면에서 세심한 주의가 필요하다.

셋째, 피조사자의 소재 파악이 법으로 금지되어 있어 피조사자의 행방을 직접 찾아서 조사할 수 있는 여건이 아니다.[19]

그리고 기업차원에서의 산업보안조사는 정보수사기관과 달리 기업의 이익을 먼저 고려하여 행하여진다. 그러므로 산업기술보호법의 목적인 국가의 안전보장이나 국민경제의 필요성보다는 기업의 이해를 우선시하게 된다. 산업기술의 수출에 관한 신고나 승인 등의 경우에도 이해관계에 있어 충돌이 일어나고 있다. 산업보안조사의 목적은 산업기술의 유출 방지를 통해 기업의 활동을 보호하는 것이지만 기업의 측면에서는 기술 유출이 자신들의 기업 이미지나 가치에 불리

---

18 한국산업보안학회, 앞의 책, pp.328－329.
19 한국산업보안학회, 앞의 책, p.329.

하다고 판단하기도 한다.

세계적인 기업들조차도 법으로 강제하지 않는 한 자신들의 브랜드 이미지를 보호하기 위하여 국가나 정부기관의 개입을 먼저 요청하지 않으려고 한다. 외국의 경우에도 일부 대기업들은 전직 연방수사요원이나 정보요원들을 대거 스카웃하여 자신들의 문제를 직접 해결하려는 경향이 있다. 그 결과 산업보안 조사역량이나 규모가 수사기관보다 더 크다. 특히, 경제범죄조사에 있어서 포렌식 어카운팅 회사들의 역량은 일부 수사기관보다 더 앞서 있다고 할 수 있다.[20] 국내의 경우 기업들이 그러한 자체 역량을 갖추지 못하였으면서도 이를 회피하려는 상황을 타개하기 위한 정책이 필요하다. 산업보안조사는 기술유출이 발생한 그 기업만을 대상으로 하는 것이 아니라 기술유출로 인해 동종기업이 전멸할 수 있다는 우려에서 확대되는 것이다. 유사한 기술을 보유한 기업이나 관련 생산기업의 보호를 위해서도 정보수사기관에 의한 실태조사와 침해행위에 대한 산업보안조사와 조치가 필요하다.

제2절　산업보안조사와 조사대상[21]

1. 산업기밀유출 사건조사

산업보안 분야에 있어서 기업에 가장 큰 피해를 입히는 경우가 산업기술유출 사고이다.[22] 신기술 개발에 주력한 회사가 오랜 시간 동안 연구비와 인력을 투

---

20 Chung, TJ. (2009). Policing Internet Fraud : A study of the tensions between private and public models of policing fraudulent activity in cyberspace, Lexington : Lambert Academic Publishing.

21 해당 제 2절은 한국산업보안연구학회, 산업보안학, 박영사, 2019, pp.331－334, pp.344－348의 내용을 재인용.

22 ONCIX(2001). CI Reader : An American Revolution into the New Millennium. Office of the National Counterintelligence Executive. [Author(s) unknown despite use of first person singular pronouns ; date of publication unclear.] http://www.ncix.gov/issues/CI_Reader/ index.html

입하여 개발한 제품에 대한 정보를 일순간에 빼앗기는 일이 발생하면 해당 기업과 관련 산업체의 피해가 크다. 한편 경쟁사가 외국회사인 경우에는 국민경제 전체에 미치는 피해가 매우 크게 된다.

미국 NACIC(US National Counter Intelligence Center, 1995)가 분류한 산업스파이 행위 방법을 보면 다양하다. 정보활동 방법은 공개 또는 비공개 공공 데이터베이스 이용, 정보원 채용, 컨설턴트를 통한 민감한 연구 프로젝트 정보수집 등이 있다. 그리고 때에 따라서는 로비스트를 통해 국회의원이나 정부고위층을 소개받아 중요한 정보에 접근하는 방법을 사용한다.[23] 1996년 리포트에 의하면 주로 입찰경쟁, 에너지 정책, 마케팅 기획, 가격 조정, 입법예고, 세금과 금융에 대한 정책, 기술 전수에 대한 규정 및 무기 판매 및 도입과 관련한 부분으로 활용한다. 정보화 시대(NACIC, 2000)에 들어오면서 이러한 공개적인 정보 수집행위는 광고나 전시일정에 대한 질문으로 위장하여 기업에 직접 메일이나 공문을 발송하여 필요한 정보를 얻어내는 방법으로 전환되었다. 또한 온라인상에 있는 연구중심의 토론 그룹 등을 찾아다니면서 정보를 수집하는 행태로 바뀌었다.[24]

2007년 ASIS특별보고서(Trends in Intellectual Property Loss)에 의하면 74%에 이르는 지적재산권 침해사건을 신뢰하는 관계의 임직원, 퇴직한 직원, 계약업체, 납품업자들이 저지른다고 한다.[25] 2007년 의회에 보고된 '중화인민공화국의 군사력'이라는 정기보고서를 보면 중국방위사업체들이 어떻게 해외에서 산업정보를 수집하는지 추측할 수 있다. ① 외국에 직접투자와 조인트벤처 설립으로 기술을 획득하는 방법, ② 학업을 마치고 귀국하는 해외 유학생들을 통하여 획득하는 방법, ③ 국가가 직접 산업스파이를 지원하는 방법 등이 설명되어 있다. 미국 이민국 및 세관 당국은 중국을 미국 기술을 가장 포괄적으로 유출하는 국가로 지목하였다. 2000년 이후 조사에 착수한 불법무기수출 및 기술유출 사건이 400여 건이 넘는다고 하였다.[26] 그 밖에 주요 센서, 항공, 전자, 무기, 에너지 관

23 NACIC Report(1995). http://www.ncix.gov/publications/reports/fecie_all/FECIE_1995.pdf
24 NACIC Report(2000). http://www.ncix.gov/publications/reports/fecie_all/fecie_2000.pdf
25 ASIS(2007). "Trends in Proprietary Information Loss Survey Report." PDF available at http://www.asisonline.org/newsroom/surveys/spi2.pdf
26 CIA – U.S. Central Intelligence Agency (2007). The World Factbook. https://www.cia.gov/library/publications/the－world－factbook/index.html, Downloads of current edition in various

련 물질들 역시 산업스파이들의 침해 대상이다. 최근에 들어서는 바이오테크, 정보전 기술, 생산과정, 핵 시설, 우주공학, 정보통신과 무기 그리고 위의 목록에 속한 모든 것에 대한 방어기술에 주력하는 추세이다.

산업기술유출 조사는 산업보안조사에 있어서 가장 핵심적인 분야라고 할 수 있다. 동시에 가장 어려운 기법들이 동원 되어야 하는 분야이기도 하다. 대부분의 산업기술유출사고는 내부 임직원에 의한 사건이 가장 많다. 경쟁사의 뇌물이나 고액 연봉의 스카웃 제의가 대부분이다. 하지만 기밀유출 담당자 자신이 직접 회사를 설립하기 위해서도 기술유출을 시도하기도 한다.

산업기밀유출사건은 용의자가 대부분 특정되기 때문에 범행 관련자들은 국외도피를 사전에 계획한다. 만약 산업기밀과 함께 범행 용의자가 국외로 도피를 하게 된다면 이미 외국정부나 기업에 기밀이 넘어간 후에 조사가 이루어진다. 이러한 경우 범인에 대해 형사적 처벌과 징벌적 손해배상을 하는 것 외에는 큰 실익이 없는 경우가 많다. 그러므로 예방적 차원의 산업보안조사가 매우 중요하다. 산업기술과 국가핵심기술을 보유한 기업과 연구소 등 산업체의 보안 상태를 점검·유지하여야 할 필요성이 제기되는 이유다.

2. 회계부정 사건조사

산업보안조사 차원에서의 회계 관련 부정행위는 불법적인 방법으로 돈을 획득하는 것을 말하며 대표적으로 임직원들의 부정행위(매출, 비용, 생산, 매입 관련 부정행위)나 횡령, 리베이트, 뇌물수수, 분식회계 등에 관여한 것을 말한다. 일반적인 회계부정사건(자금세탁, 세금포탈, 부정거래, 건강보험사기, 텔레마케팅 사기, 테러리스트지원자금 등) 역시도 조사범위에 해당될 수 있다.

국가사법기관이 행하여 온 범죄현장분석, 물리적 증거수집, 지문판독, 목격자진술 등의 전형적인 수사방법은 회계부정 사건조사에는 한계가 있다. 그러므로 더 높은 수준의 전문적인 수사나 조사기법이 필요하다. 회계부정 사건에 대하여

---

sizes of ZIP files available from https://www.cia.gov/library/ publications/download

서는 회계법인의 포렌식 회계사들이 분쟁조정 및 법률소송지원, 재무재표 분식, 부정조사, 기업 가치평가 및 포렌식 가치평가에 대한 서비스를 제공한다. 그들은 고객이 요구하는 사실 발견 서비스(Value Added Factual Finding Service)를 제공하여 고객의 긍극적인 판단 및 결정을 지원한다.[27]

일반적으로 회계부정 사건조사라 함은 크게 세 가지 범죄에 대한 것으로 ① 회사 임직원과 임직원 이외의 자에 의한 회사 자산의 유용과 횡령이다. ② 내부직원 및 외부인에 의한 부정이다. ③ 경영자에 의한 분식회계·자산횡령·유용이다. 이러한 범죄 유형에 대해서는 포렌식 어카운턴트와 같은 수사기관의 전문성이 중요하다. 산업보안조사 차원의 회계부정 조사를 위해서는 사내 회계사들이나 외부 포렌식 전문가의 도움을 받아 조사에 임하는 것이 필요하다.

포렌식 어카운팅을 이해하기 위해서는 거기에 관련된 샤베인즈 옥슬리법, 미국해외부정방지법(FCPA: Foreign Corrupt Practices Act), SEC Final Rule, 한국 외감법 등의 법률을 잘 이해하고 있어야 한다.[28] 회계부정사건에서 해외 은닉 자금의 추적 및 회수와 관련된 조사업무의 절차는 아래와 같다.[29]

1단계: 대상에 대한 전반적 정보전달 및 위치추적
2단계: 대상의 공시정보 조사
3단계: 자산회수 지원에 대한 구체적인 계획수립
4단계: 대상 자산 및 자금 흐름에 대한 분석을 통하여 구체적인 증거수집
    1. 회계재무기록 검토
    2. 자금흐름분석을 통한 원본자산의 확인
    3. 확인된 자산의 동결
5단계: 확인된 자산의 회수지원
    1. 몰수
    2. 자산의 본국 송금

---

27 딜로이트 안진회계법인, 포렌직 업무의 이해, 새빛에듀넷, 2008, p.26.
28 딜로이트 안진회계법인, 앞의 책, p.118.
29 딜로이트 안진회계법인, 앞의 책, pp.133-137.

3. 지식재산권 침해 사건조사

지적재산권 침해와 관련된 범죄 행위는 음반, 게임, 영화 및 컴퓨터 소프트웨어의 복제에서부터 최첨단 정보통신 기술 그리고 명품 브랜드 등을 복제하여 만든 이른 바 모조품에 이르기까지 다양하다. 지적재산권 소유자에게는 사용, 배포, 출판 그리고 보호받는 콘셉트, 아이디어나 구성에 대한 제작 및 서비스에 대한 독점적인 권리가 있다. 이러한 권리가 침해받았을 경우에 지적재산권을 소유하고 있는 사람은 어떻게, 누가, 무엇을 노리고 훔쳤는지에 대한 조사를 개시 가능하다. 지적재산권 문제는 전 세계 글로벌 기업들의 가장 큰 관심사라고 할 수 있고 이러한 문제에 대처하기 위하여 많은 경비를 사용하고 있다.[30]

미국 IPR 센터에 의하면 이러한 지적재산권 침해사건 조사에는 입체적인 접근이 필요한데 ① 조사의 목적은 위조품을 생산하고 유통하는 범죄조직에 대한 확인·방해·기소·해체에 있다. ② 통상금지의 목적은 위조품이나 해적물들에 대한 집중 단속을 통해 공급망과 시장, 거리에서 자취를 감추게 하는 데 있다. ③ 직무교육과 교류(국내외 법집행 기관들의 긴밀한 네트워크)가 중요하다.[31] 산업보안조사 측면에서도 위의 세 가지 접근법을 응용하여 지적재산권 침해 문제에 대응할 수 있다.

지적재산권에 대한 콘셉트가 너무 복잡하여 소송을 하는 검사나 변호사들 역시 특허 분야 전문변호사가 아닌 한, 변리사의 도움을 받아 진행한다. 지적재산권 문제는 산업기술유출과 밀접한 관계인 경우가 많고 이러한 사실을 증명하기 위해 산업보안조사 부서의 증거 확보가 손해배상청구 소송에 있어서 가장 중요한 역할을 한다.

4. 자산손실 사건조사

모든 산업체들은 내외적으로 절도, 사기, 조직적인 범죄 행위 등으로 기업이 소유하고 있는 여러 종류의 자산에 대한 손실이 있을 수 있다. 이는 주로 내부인이

---

30 지적재산권보호센터(2011), http://www.kaia.or.kr/ippc/ppc_agency01.html
31 미국지적재산권센터(2011), http://www.ice.gov/iprcenter

외부인과 결탁하여 범죄행위를 꾸미는 경우가 많고 이에 대한 보안 문제는 언제나 기업의 중요한 문제로 여겨졌다. 일반적으로 자산손실이라 함은 주로 유형·무형의 물품·재화나 권리와 같은 가치의 구체적인 실체가 손실되는 것을 말한다. 최근에 들어서는 기업이 보유하고 관리하는 네트워크까지도 자산으로 보고 있다.

전세계 기업 77%가 데이터손실 경험이 있다고 알려졌다.[32] 이처럼 모든 산업체는 내외적으로 절도, 사기, 조직범죄 등으로 자산손실 피해를 입을 수 있다. 그리고 이러한 범죄가 증가할 때 자산보호 위주의 경영방침은 아주 중요한 역할을 한다. 자산손실 피해조사에 있어서는 회사의 보안과 운송에 관련된 취약점을 회사소유의 창고에서부터 영업장까지 파악하여야 한다. 왜냐하면 자산의 손실이 주로 야간이나 운송 중에 발생하는 경우가 많기 때문이다. 이러한 조사에 있어서는 평가와 조사, 감시, 위장요원 침투 등의 방법이 동원되며 여기에서 얻은 결과를 토대로 내외적으로 취약한 문제를 경영진에 보고하여 시정 조치를 취하게 하고 또 형사 처벌을 위한 증거로도 사용하게 한다.

자산손실 피해조사에서 가장 어려운 부분은 회사 외부에 대한 조사이다. 일반적으로는 외부고객에 대한 조사로 제한된다. 임직원들은 회사의 구성원으로서 조사에 협조하여야 한다. 그러나 고객은 입장이 다르다. 그러므로 도소매점에서 체포된 현행범이 아니면 직접적인 조사가 어렵다. 그 밖에 주요 조사영역으로는 프렌차이즈 업체에서의 피해조사, 사기로 인한 피해조사, 규정과 운영감사절차에 대한 평가에 있다.

5. 컴퓨터 시스템 침해 사건조사

정보통신기술의 발달로 인해 모든 비즈니스 활동이 컴퓨터 시스템과 인터넷에 의존하여 이루어지고 있다. 이러한 가운데 산업체의 가장 중요한 무형자산인 기업정보와 영업비밀을 저장하는 컴퓨터 운영체제 또는 네트워크 시스템에 대한 침해사고는 외부 침입에 의해 발생할 수 있는 피해 중 가장 치명적이다. 이러한

---

32 구윤희, "전세계 기업 77퍼센트가 데이터손실 경험있다", 아이뉴스24, 2011. 6. 10., http://news.inews24.com/php/news_view.php?g_serial=580853&g_menu=020200

과정은 외부에서 내부의 산업기밀을 훔쳐내기 위한 방법으로 활용하고 있기에 모든 기업들이 대비하고자 정보통신시스템 보호를 위하여 많은 노력을 기울이고 있다.

산업보안조사에 있어서 컴퓨터 시스템 및 네트워크 침입에 대한 조사는 앞에서도 언급한 바, 다른 사건의 조사와 달리 디지털 포렌식 기법을 통해 조사한다. 컴퓨터 시스템이나 네트워크에 대한 외부 침입이 발생한 경우, 아래와 같은 주요 사항 점검을 통하여 시스템 침입을 조사할 수 있다.[33]

가) log에 의하여 생성된 파일 조사

나) last 및 프로세스 로그, 시스템 보안 로그 파일을 조사

다) 검색명령어를 통해 주요 파일의 권한이 변경되었는지를 확인(setuid, setgid)

라) 시스템 명령어 파일이 변경되었는지 확인(ls, dir, passwd 등)

마) 네트워크 모니터링 도구가 불법적으로 이용된 시스템이 있는지 확인(snoop, tcpdump 등)

바) 작업스케줄 프로그램에 의해 불법적으로 실행되는 파일이 있는지 확인(cron, at)

사) 불법적인 서비스가 없는지 확인(services.msc, /etc/inetd.conf)

아) 주요 패스워드 파일이 변경되었는지 확인(sam 파일, /etc/passwd, /etc/shadow)

자) 네트워크 configuration 파일에 불법적인 내용이 없는지 확인(rhosts, /etc/hosts. Equiv)

차) 시스템에 침입자가 사용할 만한 프로그램이 hidden 파일로 존재하는지 확인

카) 동일한 네트워크 상에 연결되어 있는 시스템도 같이 확인(network 공유 폴더, 동일 Domain controller 내 시스템)

---

33 사이버포렌식 전문가 협회, 2010.

제2장

기술침해와 산업보안조사

02장 | 기술침해와 산업보안조사

제1절 기술침해 유형 및 사례

1. 기술침해의 개념(총론)

산업기술유출방지 및 보호에 관한 법률 제14조에 따르면 산업기술 침해행위는 절취·기망·협박 그 밖의 부정한 방법으로 대상기관의 산업기술을 취득하는 행위 또는 그 취득한 산업기술을 사용하거나 공개하는 행위이다. 또한 제34조의 비밀유지의무가 있는 자가 부정한 이익을 얻거나 그 대상기관에게 손해를 가할 목적으로 유출하거나 그 유출한 산업기술을 사용 또는 공개하거나 제삼자가 사용하게 하는 행위 등에 해당한다.

중소기업기술 유출방지법은 제2조에서 중소기업기술 침해행위를 다음과 같이 정의하였다. 곧, 공공연히 알려져 있지 아니하고 합리적인 노력에 의하여 비밀로 관리되는 중소기업기술을 부정한 방법으로 취득·사용 또는 공개하는 행위, 중소기업기술이 부정한 방법으로 취득·사용 또는 공개된 것을 알고서도 그 기술을 취득·사용 또는 공개하는 행위 등이다.

기술침해는 사실상 부정경쟁법에 관한 법률에서 가장 먼저 정의되었는데 동법은 기술을 포함하는 영업비밀에 대한 침해행위를 절취(竊取), 기망(欺罔), 협박, 그 밖의 부정한 수단으로 영업비밀을 취득하는 행위(이하 "부정취득행위") 또는 그 취득한 영업비밀을 사용하거나 공개(비밀을 유지하면서 특정인에게 알리는 것을 포함)하는 행위, 영업비밀에 대해 혹은 영업비밀을 취득한 후에 부정취득행위가 개입된 사실을 알거나 중대한 과실로 알지 못하고 그 영업비밀을 취득하는 행위 또는 그 취득한 영업비밀을 사용하거나 공개하는 행위 등으로 정의하고 있다.

기술침해는 그 수단에 따라서도 구분할 수 있다. 부정한 수단에 의한 기술침해는 부정경쟁방지법의 부정취득행위로 설명할 수 있는데 절취, 기망, 협박, 그밖의 부정한 수단으로 기술을 침해하는 것을 말한다. 내부자에 의한 침해, 해킹, 무단침입 등 전통적인 산업스파이에 의한 기술침해가 해당하며 이러한 침해행위는 산업기술유출방지법 등 법률에 의한 처벌 대상이 된다.

최근에는 법에 의한 처벌을 피하기 위해 합법을 가장하는 경우가 많은데 인력 스카우트나 인수합병이 대표적이다. 특히, 합법을 가장하는 경우는 합법적인 방법 아래 불법적인 의도를 숨기고 있기 때문에 이러한 불법 행위를 찾아내기 위한 조사의 역할이 중요하다. 또한, 사이버상의 기술침해도 증가하고 있는데 기술소유자의 승인 없이 기술정보를 유출하거나 다운로드하여 전송하는 행위, 기술정보를 파괴하거나 변조하는 행위 등이 이에 해당한다. 끝으로 부주의에 의한 기술침해는 본인도 모르는 사이에 발생할 수 있는 기술침해를 말한다.

2. 부정한 수단에 의한 기술침해

1) 기업 내부자 매수(Buying - up Insider of a Company)

경쟁사나 대상 기업의 보안체계나 경비상태가 엄중하여 외부에서 영업비밀을 입수하기에 상당한 위험이 수반되거나 그 기업으로부터의 정보 입수가 1회만으로는 불충분하고 계속적으로 필요한 경우 흔히 상대 기업의 내부 임직원을 매수하는 방법을 사용한다.

일반적으로 매수의 목표(Target)로 선정되는 내부자는 자신이 근무하는 기업에 대해 승진, 연봉 등에 불만이 있거나 또는 허영·사치, 도박, 알코올 중독, 여자관계 등 윤리적 결함이 있는 등 특정한 취약점을 가지고 있어 매수에 넘어가기 쉬운 상황에 있다.

사례 1 첨단 이동통신 중계기 해외유출 사건

첨단 이동통신 중계기 개발업체 A사의 영업총괄 C상무는 미국 경쟁업체 B사의 임원 직위 및 고액연봉 제의에 매수되어 1년 이상 이중으로 급여를 받으면서 이메일·USB를 통해 A사 핵심 기술 및 대일본 프로젝트 추진사항 등 각종 영업비밀을 乙사로 유출한 후 乙사로 전직하였다.

C상무의 산업스파이 행위로 피해업체 A사는 사활을 걸고 진행한 대일본 프로젝트가 무산되어 결국 도산, 검찰은 C상무를 수사·기소하였으며, 재판부는 C상무의 산업스파이 행위에 대해 징역 2년 6개월의 실형을 선고하였다.

사례 2 W사 'PDP 다면취 공법' 대만유출 기도사건

W사 부장인 X씨는 임원 승진에서 탈락한 데 불만을 품고 있던 중 전(前) S사의 직원이었던 재미 대학후배인 Y씨로부터 'PDP 다면취 공법'에 관한 기술매매 제안을 받았다.

그 후 X부장은 대만 디스플레이 제조회사인 Z사에 'PDP 다면취 제조공정' 관련 기술자료 일부를 한화 약 2억 원에 제공하기로 합의하고, 관련 자료를 플로피디스켓에 저장하여 보안이 허술한 회사 뒷문을 통해 자택으로 가져가 보관하고 있다가 Z사로 송부하기 직전에 적발되었으며, 징역 1년의 실형을 선고받았다.

사례 3 H사 자동차 설계도 및 변속기 기술 중국유출 기도사건

H사 기술직 과장인 I씨는 자동차 변속기 설계도면 270여 장과 신차설계도면 3천 여 장을 CD에 담아 해외사업부의 중국 담당직원인 K씨를 통하여 중국 경쟁업체 J사로 넘겼다.

I씨는 H사가 3천여억 원을 투입하여 2년간의 노력 끝에 개발한 핵심기술자료를 10억여 원의 댓가를 받고 넘겼다.

이 사건은 H사 현직 직원이 금전에 매수되어 해외 지사의 직원과 공모한 사건이다.

2) 제삼자 매수(Buying - up a 3rd Party)를 통한 기술침해

목표 대상(Target) 기업에 대한 많은 정보를 소유하고 있는 구성원이나 관련자, 예를 들면 대상 기업의 담당 회계사, 변호사 또는 컨설턴트 등을 통하여 정보를 획득하는 수법을 일컫는 것이다. 이러한 방법은 첨단장비를 사용하여야 하는 부담이 없고 이해관계인을 통하여 간접적으로 관련 종보를 획득하기 때문에 범죄를 입증하기가 쉽지 않다.

특히, 외부기관에 경영컨설팅이나 기술자문을 의뢰하는 경우 기업 스스로 중요자료를 제공하고 협조하여야 하기 때문에 컨설팅·자문업체는 관련 자료를 쉽게 유출시킬 수 있다. 따라서 외부업체에 컨설팅·자문 등을 의뢰할 경우 계약서에 비밀유지의무 및 배상책임 내용을 포함하도록 하고, 기업의 자료 등을 제공할 경우 사전에 보안성을 충분히 검토하여야 한다.

최근에는 국내 대기업에서 근무하다 퇴직한 전직 직원들이 모여 컨설팅업체를 설립한 후, 의도적으로 경쟁사에 영업을 제안하여 전 직장에서 입수한 설계도면 등 정보자료를 넘겨주는 경우도 종종 발생하고 있다.

사례 진로의 영업비밀 누설 및 제공

지난 2003년 (주)진로의 법정관리 신청 관련 분쟁 당시, 국내 최대 법무법인인 김&장이 의뢰인이자 분쟁의 당사자였던 외국계 투자회사 골드만삭스(Goldman Sachs) 측에 과거 의뢰인이었던 (주)진로 측의 영업비밀을 누설, 제공하였다는 의혹이 제기된 사례가 대표적인 경우라고 할 수 있겠다.

3) 정보브로커(Information Broker)를 통한 기술침해

정보 브로커는 각종 정보를 경쟁 인텔리전스(Competitive Intelligence) 기법 등 다양한 방법과 경로를 통하여 수집하고, 이를 분리 및 이용 가능한 유용한 자료로 포장하여 필요한 수요자에게 판매·제공하는 역할을 한다. 경우에 따라 사회의 저명인사를 로비스트나 컨설턴트로 고용하여 이들의 인맥을 이용하여 필요한 정보를 얻기도 한다.

또한, 정보브로커들은 일상적으로 인터넷 데이터베이스를 검색하고 정보기관 또는 기업체 임직원들을 만나거나 기타 정보원들(Informants)을 통해 현안 문제에 대한 정보를 수집한다. 특히 최근에는 전자공학, 화학, 마케팅 등 특정 분야의 전문화된 정보 브로커들도 활동하고 있는 바, 산업스파이는 이러한 정보브로커에게 비용을 지불함으로써 손쉽게 원하는 정보를 얻을 수도 있다.

4) 위장취업을 통한 기술침해

위장취업은 경쟁사나 상대 기업의 영업비밀이나 기술정보를 입수하기 위하여 합법적인 정규직 혹은 임시 직원으로 위장하여 취업하는 방법을 말한다. 주로 전문적인 산업스파이가 행하는 수법이며, 이들이 노리는 정보는 그 기업의 핵심적인 노하우가 보통이지만, 장기간에 걸쳐 경영상의 일상적인 흐름을 수집하여 체계적으로 분석·보고하기도 한다.

선진국의 경우 산업스파이에 의한 위장침투가 빈번히 일어나고 있어서 이를 조사하거나 사실 확인을 위한 자료를 수집하도록 사립탐정(Private Investigator)을 고용하여 대응하고 있기도 한다. 사립탐정은 해당 기업이나 조직의 임직원으로 위장하여 사건들에 대한 발견과 보고를 하고, 특정 기업이나 조직의 영업비밀·기밀사항을 보호하기도 한다.

사례 인도인 M씨, 위장취업 후 조선설계기술 유출사건

인도人 M씨는 국내 대형 조선업체 주요 협력사 A·B사에 위장 취업하여 각 회사에서 보유하고 있는 석유시추선 설계도면, 'LNG선 연료공급장치 설계기술' 등 국가핵심기술을 이메일·USB를 통하여 빼낸 후 인도로 유출하다 적발되었다.

검찰은 M씨를 기술유출 혐의로 구속 기소했으며, M씨는 1심에서 징역 4년을 선고받았으나, 2심에서 집행유예로 감형되어 석방된 후 출국하였다.

5) 해킹(Hacking)

2000년대 이후 인터넷의 급격한 발달로 전산 네트워크가 사회의 핵심 기반으로 자리 잡으면서 해킹(Hacking)도 주요한 기술유출 수단으로 대두되었다. 특히 지난 2000년에 있었던 미국의 마이크로소프트사의 기술유출 사건(Microsoft사의 네트워크)에 침입한 해커가 윈도우(Windows) 및 오피스(Office) 프로그램의 소스코드(Source Code)를 유출한 사건은 컴퓨터 해킹에 의한 산업기술 유출의 전형적인 사건이라고 볼 수 있다.

또한 해킹은 경쟁사의 귀중한 데이터베이스를 간단히 약탈하거나 파괴하는 것을 가능하게 한다. 최근에는 인터넷이 대중·보편화되면서 이메일이나 웹하드뿐만 아니라 메신저 프로그램 등을 이용하거나 심지어는 스테가노그래피(Steganography)[1]와 같은 고난이도의 은닉기법을 활용한 기술유출 사례도 발견되고 있다.

해킹의 가장 기본적인 공격기법은 스피어피싱(Spear Phishing)[2]과 소셜 엔지니어링(Social Engineering) 기법을 이용한 해킹기법으로, 가장메일(지인사칭 등) 또는 스팸메일을 발송하여 악성코드(APT[3] 등)를 통해 관리자 계정을 탈취하거나 핵심기술을 유출하는 것이다.

사례 1 S사 'OO페이' 핵심기술 보유 미국 자회사 L사 해킹사건

> 2015년 'OO페이'의 핵심기술을 보유한 S사의 자회사인 미국의 L사가 중국 해커들에게 해킹을 당한 사건이다. L사는 사건 발생 후 5개월이 지난 후에야 해킹 사실을 알게 되었다. 조사결과 '코도소 그룹' 혹은 '선쇼크 그룹'으로 불리는 해커들이 L사의 컴퓨터 네트워크에 침입하여 마그네틱 보안전송(MST) 기술을 빼내려고 기도했으며, 해커들은 회사 네트워크에 침입은 성공했으나, 결제 관리를 돕는 제작 시스템 등에는 침입하지 못한 것으로 판단되었다.

---

1 스테가노그래피(Steganography)는 전달하려는 정보를 이미지, 오디오 등의 파일에 인간이 감지할 수 없도록 숨겨 상대방에게 전달하는 기술의 총칭이다. 기존의 암호화 방법은 메시지를 암호화하여 정보를 보호하는 반면에 스테가노그래피는 비밀정보를 매체에 은닉하여 그 정보의 존재 자체를 감추는 보안 기술이다.
2 특정한 개인이나 회사를 대상으로 한 피싱(phishing) 공격을 말하며, 공격자가 사전에 공격 성공률을 높이기 위해 공격 대상에 대한 정보를 수집하고 이를 분석하여 피싱 공격을 수행하는 형태이다. 스피어 피싱은 일반적인 해커들에 의해 무작위적으로 이루어지기보다는 금전적 목적이나 산업기술(영업비밀) 및 군사적 정보를 노리는 목적을 가지고 수행된다.
3 지능형지속공격을 의미함 : Advanced Persistent Threat.

사례 2 D사 군함 및 잠수함 설계도면 해킹사건

2016년 4월, 북한이 이지스함 등 군함과 민간 선박 건조분야에서 독보적인 역할을 하는 D사를 해킹하여 4만 건의 내부 자료를 유출한 사건이다.

해킹으로 유출된 자료에는 군사기밀 60여 건과 군함과 잠수함의 설계도 등이 포함되었다. 조사결과 북한은 8월 추가해킹까지 시도하였는데 이로 인해 군함 관련 설계도와 전투체계, 건조기술, 무기체계, 시험·제안서 및 평가 자료 또한 유출된 것으로 밝혀졌다.

사례 3 포털사이트 운영업체 A사, 사이버 기술유출 공격사례

중소기업 A사는 검색, 뉴스 E-mail 등의 정보서비스를 제공하는 소규모 포털사이트 업체이다. A사는 그간 운영하는 포털사이트의 접속 속도가 느려지고 페이지가 다운되는 등 지속적인 서비스 거부 공격을 받았지만 보안에 대한 투자 여력이 없어 미봉책으로 허술하게 사이트를 운영했다.

중국 해커는 이러한 A사의 허술한 보안을 뚫고 포털사이트를 악성코드에 감염시켰다. 악성코드와 해킹을 통해 사이트 이용자들의 개인정보는 물론 포털사이트의 소스코드 등 A사의 산업기술이 유출되었다.

6) 무단침입(Unlawful Entry)

기밀서류나 자료를 절취·복사하거나 도청장치를 설치하는 등의 목적으로 사무실, 공장설비, 전산장비실, 제한구역 등을 허가 없이 침입하는 것을 말한다. 해외 거주지나 투숙 호텔 등에 대한 무단 침입은 출장지의 정부, 제3국 정보기관 또는 외국기업 등에 의하여 이루어지며, 종종 호텔 직원이나 종업원들의 협조를 얻기도 한다. 일부 산업스파이나 특정 기업의 경우 정보수집 대상기업의 네트워크망에 침투할 수 있는 해킹 인력 및 장비를 보유하고서 무단침입을 용이하게 수행하기도 한다.

2007년 D사는 해외 반도체 제조장비 공장 설립을 하고자 중국에 해외지사를 설립하여
운영하면서, 현지 파견 직원의 업무용 노트북을 구매·지원하여 사용토록 하고 있었다.
지사는 주말이 지나고 복귀한 후 사무실 캐비닛에 넣어두었던 직원 업무용 노트북 20
여 대를 모두 도난당한 사실을 확인하였다.
이에 현지신고 및 조사를 실시하였으나 단서를 찾지 못했으며 결국 노트북과 공장설
립에 관한 기술자료 등을 분실처리하였다.

7) 전송자료의 가로채기(Interception of Data Transmission)

암호화되지 않은 사업상·기술상 정보를 전화·팩스·인공위성 등의 통신수단
을 이용해 전송하는 경우, 해당 통신수단에 대한 도·감청을 통해 중요한 정보를
가로채거나 혹은 직접 경쟁사에 영상·음성 도청 장치를 설치해 필요한 정보를
획득하는 방법이다.

전자신호의 가로채기에는 인공위성의 사용이나 도·감청, 그리고 해킹 등 고
도의 컴퓨터 관련 기술이 동원된다. 예를 들면, 감시 컴퓨터(시스템)가 경쟁사의
통화나 데이터 전송기록을 모니터링하다가 특정 단어나 문자를 감지하면 자동으
로 전체 대화의 내용이나 전송 내용을 녹음하거나 기록할 수 있다.

사례 산업 기술에 대한 전자신호 도청

미국 NSA(National Security Agency: 국가안보국)의 전 세계 위성통신 감시·감청망
인 에셜론(Echelon)이 미국 정부의 산업스파이 활동에 사용되었다는 사실이 2000년
유럽의회의 조사에 의해 공개되었다. 당시 미국의 NBC 뉴스에 따르면 미국 빌 클린턴
(Bill Clinton) 행정부가 자국 민간업체의 해외 계약 체결을 돕기 위해 CIA(중앙정보국)
등의 정보기관이 에셜론 등을 통해 산업스파이 활동을 벌여왔다고 한다. 이 사례는
영업비밀·산업기술에 대한 전자신호의 도청이 국가적 단위에서 전략적으로 이루어지
고 있음을 보여주는 단적인 사례이다.

8) 외국인 연구원에 의한 기술침해

기업에서 외국인 과학자를 영입하거나 연구원을 계약에 의해 고용함으로써 선진기술을 도입하거나 첨단기술을 개발하기 위한 수단으로 활용하고 있다. 그러나 일부 외국인 연구원이나 엔지니어가 계약종료 후 출국하는 과정에서 자신이 연구한 자료와 기업의 영업비밀을 무단으로 유출하는 경우가 종종 발생하고 있다. 외국인 연구원에 의한 침해도 전통적인 기업 내부인에 의한 유출로 볼 수 있는데, 일반적으로 연구원들은 자신의 연구개발 결과물에 대하여 자신의 소유라는 인식이 강하고, 자신의 관심분야에 대한 연구자료 소유에 대한 욕구가 크기 때문에 계약 종료 후 외국 기업으로 전직하는 과정에서 무단유출을 기도하고 있는 것이다.

따라서 외국인 연구원이나 엔지니어와의 계약체결 시 비밀유지계약을 체결하고 연구성과물에 대한 소유관계를 분명히 하여야 하며, 자신이 연구하고 있는 자료라 하더라도 무단으로 유출할 경우 범죄행위가 될 수 있음을 알려주는 등 사전에 보안대책을 강구하여야 한다.

3. 합법을 가장한 기술침해 유형

1) 핵심인력 스카우트(Scout)에 의한 전·현직 직원의 기술침해

핵심인력 스카우트(Scout)는 경쟁기업의 핵심 연구자·기술자에 대해 금전적 보상이나 진급 보장을 약속하는 방법으로 영입·고용하여 경쟁기업의 산업기술 등 필요한 정보를 획득하는 방법을 말한다. 기업에서 필요한 특정분야 연구자·기술자 등의 인재를 물색하거나, 헤드헌팅 업체를 이용하여 필요한 인력을 영입하기도 한다. 이 방법은 경쟁기업의 영업비밀·기밀정보를 입수하는 가장 간단한 방법으로서 많이 사용되고 있다.

연구·기술 인력의 영입은 해당 인력 및 관련된 기술이나 정보의 취득이라는 이익 뿐 아니라 경쟁사에게는 인력의 손실이라는 불이익을 초래하게 되므로 상당히 치명적인 손해를 끼칠 수 있다. 또한 스카우트는 외견상 해외 기업으로의 취업이나 이민과 같은 합법적인 형태를 취할 수도 있기 때문에 현실적으로 예방하기 힘들다. 특히, 스카우트는 주로 첨단기술 등 경제적 가치가 있는 분야의 연구·기술 인력으로 전직 경력자나 현직 근무자를 대상으로 하고 있기 때문에 '전·현직 임직원에 의한 기술유출'이 가장 많이 발생하고 있다.

우리나라에서도 기업 간의 경쟁이 치열해지면서 스카우트와 연계된 전·현직 임직원에 의한 기술·정보의 유출 사건이 빈번히 발생하고 있으며, 상대적으로 기술우위 또는 수출상위 제품에 있는 반도체, 디스플레이, 자동차, 스마트폰, 조선, 철강 등의 분야에서 경쟁국 혹은 잠재적 경쟁국의 업체들로부터 상시적으로 연구 및 기술인력의 영입(스카우트) 시도가 이어지고 있는 실정이다.

따라서 기업의 입장에서 인력 스카우트에 의한 전·현직 임직원의 기술유출에 대한 대응방안으로는 입사 및 퇴사 시 보안서약서 작성, 전직(경업)금지 약정 체결, 합리적인 인센티브(Incentive) 제공, 퇴직 전 관리부서 근무 등의 방법이 있다. 다만, 보안서약서와 전지금지 약정의 경우 법령에 명확히 규정되어 있지 않기 때문에 그 내용의 적정성 및 효력 등과 관련하여 법·제도적 고려가 필요하다.

사례 1 L전자 로봇청소기 기술 중국 유출기도 사건

L전자 전직 연구원 K씨, Y씨 등 2명은 로봇청소기의 핵심 기술을 중국 가전회사에 넘긴 혐의로 구속되고, 연구원 A씨는 2013년 2월 중국 가전회사로 옮기는 과정에서 L전자의 '청소로봇 제품규격 통칙' 전산자료를 자신의 휴대전화에 다운로드해 유출한 혐의로 불구속 기소되었다.

이들은 L전자 로봇청소기 개발연구원으로 2010년 중국 가전업체로부터 고액 연봉과 주택, 승용차 등을 받는 조건으로 기술 유출과 관련한 제안을 받았다. 따라서 회사가 12년간 걸쳐 개발한 로봇청소기 핵심 기술을 회사 컴퓨터로부터 자신들의 노트북에 저장한 후 회사 보안 시설을 통과하는 방법으로 유출하고, 퇴사 후 중국 가전회사의 로봇 청소기 기술 연구원으로 취업하였다.

이는 전형적인 전·현직 직원의 이직을 통한 기술유출 사건으로, 무려 12년이나 걸려 개발한 회사의 핵심기술을 빼돌린 사건이라 비난 가능성이 높다.

사례2 P사 OLED 핵심기술 유출 후 중국 업체 전직사건

OLED(유기발광다이오드) 디스플레이 패널 관련 핵심 기술을 빼돌려 중국 등 경쟁업체로 이직한 직원 7명이 적발되었다. 이들 중 고액의 연봉과 정착금을 지원받고 중국 업체로 이직하면서 기술을 해외로 유출한 A씨와 B씨 등 2명은 구속됐다.

A씨는 지난 2014년 P사에서 수년간 중국 영업 업무를 담당하다 알게 된 중국인 조선족에게서 "중국 경쟁 업체로 이직해 기술을 빼내오면 국내 연봉의 2.5배를 주겠다"는 제의를 받고 승낙했다. 이어 A씨는 같은 업체에서 근무하던 개발부 직원 피의자 B씨에게 이직을 권유하면서 핵심기술 자료를 빼내 제품을 개발하도록 한 혐의다.

유출된 기술 자료는 OLED 디스플레이 패널의 화면 터치 센스용 화학제품 배합비율 기술 자료와 OLED 보호막 제조 기술 자료로 국내 최초로 국산화에 성공한 첨단기술이다.

2) 기업 인수합병(M&A, Mergers and Acquisitions)을 통한 기술침해

기업 인수합병(M&A)은 ① 당사자 일방이 기술의 소유권을 이전하는 계약이나 ② 둘 이상의 회사를 하나의 회사로 합병하는 것을 말한다. 기업 인수합병은 특정 기업이 외적 성장을 위한 발전을 위해 다른 기업의 경영권을 인수할 목적으로 소유지분을 확보하는 제반과정으로 합법적인 수단이라고 할 수 있다. 이러한 인수합병의 발전 배경은 기존 기업의 내적 성장한계를 극복하고 신규사업 참여에 소요되는 기간과 투자비용의 절감, 경영상의 노하우나 숙련된 전문인력 및 기업의 대외적 신용확보 등 경영 전략적 측면에서 찾을 수 있다. 최근에는 경제적 가치가 월등히 높은 첨단기술을 보유한 기업에 대한 외국인 투자도 증가하고 있다.

그러나 일부 해외 경쟁기업은 인수합병한 기업과의 공존성장이 아니라 대상기업이 가지고 있는 첨단 핵심기술이나 기술적 노하우를 노리고 인수합병하여 필요한 기술과 인력만 유출한 후 재매각 또는 청산하는 등 수법으로 악용하는 경우도 있는데, 이처럼 합법적인 M&A를 가장하여 대상기업의 기술자료를 입수하는 행위는 그 불법성을 입증하기가 쉽지 않다.

우리나라는 산업기술이 세계적 수준으로 성장하면서 해외 경쟁기업들이 기업·

연구기관·대학 등에서 개발한 첨단산업기술을 부정한 수단으로 유출하려는 시도가 증가함에 따라, 2006년 10월 「산업기술의 유출방지 및 보호에 관한 법률」을 제정하여 국가핵심기술의 수출 및 보유기업에 대한 기업 인수합병[4]을 제한하는 등 첨단산업기술 보호를 통해 국가안전 및 국민경제의 안정을 도모하고 있다.

또한, 우리나라는 1988년 '외국인투자촉진법'을 제정하여 외국인투자를 촉진해오고 있다. 따라서 외국인은 법률에 특별한 규정이 있는 경우 외에는 제한을 받지 않고 국내에서 외국인투자업무에 제한을 받지 않는다(법 제4조1항). 그러나 예외적으로 ① 국가의 안전과 공공질서의 유지에 지장을 주는 경우 ② 국민의 보건위생 또는 환경보전에 해를 끼치거나 미풍양속에 현저히 어긋나는 경우 ③ 대한민국의 법령을 위반하는 경우 등에는 외국인투자를 제한하고 있다(법 제4조2항). 미국은 2007년 7월 액슨–플로리오 법(Exon-Florio Act)을 개정한 「외국인투자 및 국가안보에 관한 법률(Foreign Investment and National Security Act of 2007)」("FINSA")을 제정하여 국가안보에 영향을 미칠 수 있는 사회·경제 기반산업에 대한 외국자본의 인수를 통제하고 있다. 2018년에는 외국인투자위험조사현대화법("FIRRMA")를 제정하여 외국인투자와 미국기업 인수합병에 대한 심사를 강화하였다.

사례 1 중국 비오이사, 국내 하이디스 인수합병 사례

하이디스(HYDIS)는 1989년 현대전자 LCD 사업부로 시작해 2001년 현대전자로부터 분사되었다. 당시 하이디스는 광시야각기술(FFS)을 보유한 촉망받는 LCD 제조업체로 손꼽히고 있었다. 하이디스는 2002년 부도난 현대전자(하이닉스)를 분리 매각하는 과정에서 중국 기업 BOE그룹에 매각됐다. BOE그룹은 기술을 공유한다는 명분으로 양사의 전산망을 통합해 기술을 유출했고, 인수 7개월 뒤인 2003년 6월 중국에서 하이디스 기술로 LCD를 생산하기 시작했다. 2008년 검찰 수사 결과 BOE그룹은 하이

---

4 산업기술의 유출방지 및 보호에 관한 법률, 제14조(산업기술의 유출 및 침해행위의 금지) 제6항 국가핵심기술을 외국에서 사용하거나 사용되게 할 목적으로 제11조의2제1항에 따른 승인을 받지 아니하거나 거짓이나 그 밖의 부정한 방법으로 승인을 받아 해외인수·합병등을 하는 행위. 제6의2항 국가핵심기술을 외국에서 사용하거나 사용되게 할 목적으로 제11조의2제5항 및 제6항에 따른 신고를 하지 아니하거나 거짓이나 그 밖의 부정한 방법으로 신고를 하고서 해외인수·합병등을 하는 행위.

디스 기술 자료 4331건을 유출한 것으로 밝혀졌다. 특히 기술이전 계약 내용에 포함되지 않은 액정표시장치(LCD) 패널 제조기술 제공 등의 업무상 배임행위 혐의로 BOE하이디스의 전 대표와 개발센터장이 불구속 기소되었다. 그 후 BOE는 하이디스를 대만 기업 이잉크(E-ink)에 재매각했으며, 대만 이잉크사 역시 하이디스의 광시야각기술(FFS)에 대한 원천기술과 특허를 확보한 후 투자를 하지 않아 결국 부실기업으로 전락시켜 청산함으로써 외국자본에 의한 '먹튀' 논란이 끊이지 않고 있다.

사례 2 중국 상하이자동차, 국내 쌍용자동차 인수합병 사례

중국 상하이자동차는 국내 쌍용자동차를 인수합병 한 후 '최대 주주'라는 지위를 활용해 쌍용자동차의 인력과 산업기술을 해외로 유출하였다. 여기에는 디젤 하이브리드차의 엔진과 변속 등 각 기능을 제어해 연비와 성능을 최적화하는 핵심 기술인 하이브리드 자동차 중앙통제장치(HCU) 기술(2007년 국가핵심기술 지정)도 포함되었다.

이에 국내 언론과 쌍용자동차 직원(노조)들은 상하이차에 인수된 이후에 지속적으로 쌍용차의 국가핵심 기술이 중국(상하이차)으로 유출된 것에 관한 문제를 제기하고, 그에 따라 검찰이 2008년 초부터 2차례에 걸쳐 쌍용차에 대한 압수수색을 포함해 장기간의 수사를 거쳤다. 이후 상하이차의 중국 임원을 포함한 쌍용차 연구소 상무 등이 국가보조금을 받아 개발한 HCU기술 등을 조직적으로 중국(상하이차)에 유출하고 하이브리드 차량과 관련한 현대자동차 주요 기술도 부정하게 유출한 것으로 기소하였다.

결국 상하이자동차는 2004년 쌍용자동차를 인수하면서 설비 투자와 고용 유지 등을 약속했지만 단 한 푼도 투자를 하지 않은 채 핵심 기술과 연구원들만 빼간 뒤 2009년 한국에서 철수하였으며, 그 후 쌍용자동차는 2011년 인도 마힌드라 그룹에 인수되었다.

3) 위장업체 설립을 통한 기술침해

합법적인 형태를 갖추어 연구개발 전문 벤처기업 또는 연구소를 설립한 후, 공개적으로 경쟁기업의 연구·기술자를 모집하거나 스카우트하여 기술을 유출하는 수법이다. 위장업체 설립은 합법적인 형식을 취하고 있으나 사실상 그 설립 목적이 경쟁기업의 기술을 입수하는 데 목적이 있다. 또한 인력과 기술정보를 동시에 확보할 수 있다는 장점이 있다.

대부분의 경우 내국인보다 외국인이 회사의 지분을 다수 차지하고 있으며, 특히 정부의 외자유치 정책에 편승하여 합법적으로 국내에서 활동하는 방법으로 활용되고 있다. 이들 위장업체는 국내에서 선발한 핵심인력을 통해 첨단기술을 축적하고 이 축적된 기술을 바탕으로 해외에서 짝퉁 또는 유사한 모델을 개발하여 판매함으로써 국내 기업의 경쟁력을 떨어뜨리는 결과를 초래하기도 한다.

또 해외 경쟁기업이 국내 대기업과 거래하고 있는 협력사와 공모하여 협력사가 국내에 제삼자 명의로 위장업체를 설립 후 대기업과 공동 개발하는 장비와 동일한 장비를 제조토록 한 후 수입하는 형식으로 기술을 유출하는 경우도 있다. 최근에는 대기업과 거래관계에 있는 협력사가 친인척 명의로 위장업체를 설립한 후 대기업과의 스마트폰 부품제조 장비 공동개발을 위해 제공받은 자료와 개발한 장비의 제조도면 등을 유출하여 동일·유사 장비를 제조한 후 해외 경쟁업체로 수출하다 적발되는 사례도 있다.

사례 S사 협력업체 A사, 스마트폰 패널 장비제조 기술 중국 유출 사건

S사 스마트폰의 곡면(曲面) 화면인 '엣지 패널'의 핵심 기술을 중국 업체에 넘긴 혐의로 협력업체 A사 대표 등이 재판에 넘겨졌다. 해당 업체는 S사가 6년간 1500억 원을 투자해 개발한 기술을 155억 원을 받고 유출한 것으로 조사됐다.

검찰은 '산업기술의 유출 방지 및 보호에 관한 법률' 위반, '특정경제범죄 가중처벌 등에 관한 법률' 위반(배임) 등의 혐의로 A사 대표와 설계팀장 등 3명을 구속 기소하고 직원 등 8명을 불구속 기소했다. A사 대표 등은 S사로부터 받은 '플렉서블 OLED 패널 3D 래미네이션' 관련 설비 사양서, 패널 도면 등을 자신들이 설립한 위장 업체인 B사에 유출한 뒤 일부 자료를 중국 업체 2곳에 넘긴 혐의를 받고 있다. 또한 S사의 기술 자료와 도면 등으로 B사에서 3D 래미네이션 설비 24대를 제작해 중국 업체에 16대를 수출하고 8대를 수출하려한 혐의도 받고 있다.

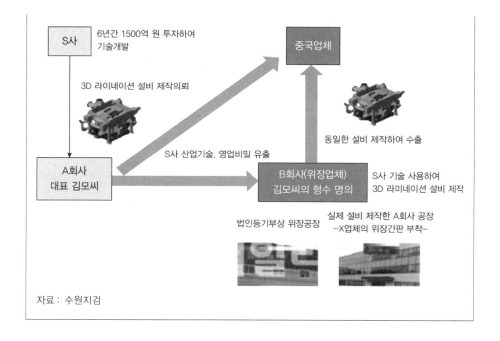

S사   6년간 1500억 원 투자하여
기술개발

3D 라이네이션 설비 제작의뢰

중국업체

A회사
대표 김모씨

S사 산업기술, 영업비밀 유출

동일한 설비 제작하여 수출

B회사(위장업체)
김모씨의 형수 명의

S사 기술 사용하여
3D 라미네이션 설비 제작

법인등기부상 위장공장

실제 설비 제작한 A회사 공장
-X업체의 위장간판 부착-

자료 : 수원지검

4) 협력업체 등을 통한 기술침해

경쟁기업은 대기업의 첨단기술을 노리고 있지만, 대기업은 체계적으로 보안
시스템을 구축하고 첨단기술에 대한 보안관리를 강화하고 있어 직접적인 수단에
의한 기술유출이 어렵다. 이에 따라 경쟁기업은 ① 공동연구개발 등을 수행하고
있는 협력업체가 모기업의 기술을 유출하여 자사에 제공하도록 유도하는 수법과
② 경쟁업체가 모기업으로부터 제공받아 보유하고 있는 협력업체의 기술 자료
를 직접 탈취하는 수법을 사용하고 있다.

협력업체들은 대부분 데이터·설계도면·샘플 등을 모기업에게 제공받아 소재·
부품·장비 등의 제품을 공동개발하고 있기 때문에, 경쟁업체는 협력업체를 공략
함으로써 모기업에서 제공한 데이터 및 공동개발 제품정보 등을 손쉽게 입수할
수 있다.

협력업체로부터 직접적인 수법으로 기술을 유출하는 유형은 도청, 해킹 또는
핵심인력을 영입하는 등의 수법을 사용하고 있으며, 모기업과 소재·부품·장비
등의 협력관계에 있는 협력사를 자사의 협력사업에 참여시키거나 협력사의 제품
을 대량 구매하는 조건으로 대기업의 기술을 직접 유출하여 제공하도록 유도하

는 수법의 유형도 있다.

협력업체를 이용한 기술유출이 증가하고 있는 원인은 다음과 같다. ① 협력업체는 대부분 중소기업으로 대기업에 비해 상대적으로 보안시스템이 잘 구축되어 있지 않아 보안이 취약하다. ② 협력업체는 모기업에서 제공한 데이터 및 도면 등 기술자료를 공유하거나 보관하고 있어, 협력업체를 통해서도 모기업의 핵심기술을 확보할 수 있다. ③ 협력업체를 통해서 모기업의 핵심기술을 간접적으로 유출할 경우 정보수사기관의 직접적인 추적을 피할 수 있다.

사례 1 현대·기아차의 자동차 신차 설계도면 해외 유출사건

신차 설계도면 등 영업비밀을 유출한 혐의로 현대·기아차 협력업체 전직 직원 K씨와 자동차 설계용역업체 대표 G씨가 구속되었다. 유출에 가담한 협력업체 직원 B씨 등 20명은 불구속 입건되었다. 이들은 중국의 자동차 제조업체인 A사가 발주한 신차 개발 프로젝트를 진행하는 과정에서 현대·기아차가 보유한 기술과 영업비밀을 활용하였다.

K씨는 현대·기아차 협력업체인 B사에서 일하다 퇴직한 뒤 중국 A사의 신차 개발 프로젝트를 진행하던 C사에 근무하면서 현대·기아차의 신차 설계도면을 불법으로 활용한 혐의이다. 과거에 근무했던 B사의 직장동료 9명에게서 이메일과 메신저 등을 통해 현대·기아차가 개발 중이던 130여 건의 신차 범퍼와 지붕 부분 설계도면 및 영업비밀을 전달받는 수법을 사용하였다.

C사의 설계용역업체인 D사의 대표이사 G씨도 2014년 2~10월 현대·기아차의 설계도면과 영업비밀 등 70여 건을 빼돌린 것으로 조사되었다. D사가 현대·기아차와 일하면서 확보한 설계도면을 폐기하지 않고 C사 전산망에 올려 신차 개발 담당자들과 공유하는 방식을 취하였다. 이들이 빼돌려 활용한 자료는 당시 현대·기아차가 개발 중이던 신차 6종을 포함해 총 30종에 이르는 자동차의 외장·차체 관련 3D 설계도면이며, C사는 결과물을 중국 업체(A사)에 넘겼다. 이 사건은 협력업체 직원과 용역회사 직원에 의한 기술유출 사건이다.

사례2 S전자 협력업체에 의한 기술유출

S전자 협력업체 대표인 A씨는 S전자 현직 직원이자 고등학교 후배인 B씨에게 부탁하여 냉장고 개발 핵심기술 파일 2개를 전달받았다. 또한 A씨는 S전자 부장으로 있다가 퇴직 후 중국 가전업체 고문으로 있던 C씨에게 중국 업체와의 기술자문 계약금의 10%를 보장하기로 약속하고 파일 118개를 전달받았다. A씨는 이 파일들을 이용해 중국 가전업체와 1년에 24억원을 받기로 기술자문 계약을 체결한 뒤 2억 4,000만 원을 수령했다. A씨는 이 계약에 따라 홍콩에 현지법인을 설립하고 중국 가전회사에 기술지원을 하려다 검거되어 기소되었다.

재판부는 기소된 S전자 협력업체 대표 A씨에게 징역 1년 6개월의 실형을 선고하고 법정구속했다. 또한 A씨에게 기술 파일을 전달한 혐의(업무상 배임)로 기소된 S전자 전 직원 B씨(40)에게는 징역 10개월에 집행유예 2년을 선고했다.

사례3 반도체 검사장비 협력업체 A사에 의한 유출

2012년 이스라엘 A사 한국지사 직원 5명은 삼성과 LG에 디스플레이 검사장비를 납품하면서 삼성과 LG에서 개발한 차세대 디스플레이 패널 아몰레드(AMOLED), 화이트올레드(WHITE‒OLED)의 회로도 등을 이스라엘 본사 및 중국·대만 지사 등 해외 경쟁사와 공유하는 등 국외로 불법 유출했다.

A사는 삼성과 LG에 납품한 '광학검사 장비' 운용·기술 등을 지원하면서, 삼성에서 세계 최초로 상용화에 성공한 대형 OLED TV 패널기술 등 다수의 국가핵심기술 자료를 몰래 촬영하여 저장하였다가 신용카드형 USB메모리 또는 USB를 신발·벨트 등에 숨겨서 반출하는 수법으로 불법 유출하였다. 그러나 2018년 최종심에서 A사 직원 5명은 불법 기술유출이 사실임에도 불구하고 6년여의 재판 끝에 기술유출은 업무지원을 위한 것이라는 주장과 해외유출 혐의가 명확하지 않다는 결론에 따라 무죄가 선고되었다. 이 사건을 계기로 협력업체에 대한 보안관리 강화 등 기술유출의 경각심을 가지게 되었다.

5) 수출을 위장한 기술침해

「산업기술의 유출방지 및 보호에 관한 법률」은 "국가로부터 연구개발비를 지원받아 개발한 국가핵심기술을 보유한 대상기관이 해당 국가핵심기술을 외국기업 등에 매각 또는 이전 등의 방법으로 수출하고자 하는 경우에는 산업통상자원부장관의 승인을 얻어야 한다."고 규정하고, "국가연구개발비를 지원받지 않고 개발한 국가핵심기술을 보유·관리하고 있는 대상기관이 국가핵심기술의 수출을 하고자 하는 경우에는 산업통상자원부장관에게 사전에 신고를 하여야 한다."고 규정하여 사전에 승인 또는 신고절차를 거치도록 하고 있다. 따라서 승인대상 국가핵심기술을 승인을 얻지 아니하거나 부정한 방법으로 승인을 얻어 수출을 한 경우, 그리고 신고대상 국가핵심기술을 신고하지 아니하거나 허위로 신고하고 수출한 경우에는 불법적인 기술유출에 해당한다.

또한, 「대외무역법」은 국제수출통제체제의 원칙에 따라 국제평화 및 안전유지와 국가안보를 위하여 수출허가 등 제한이 필요한 물품 등(대통령령으로 정하는 기술 포함)으로 지정·고시된 경우 수출허가를 받고 수출해야 한다. 따라서 허가를 받지 않거나 부정한 방법으로 허가를 받아 수출한 경우에는 불법적인 기술유출에 해당한다고 볼 수 있다.

사례 방산업체의 포탄기술 미얀마 유출사건(2014)

방산업체 K사의 대표 A는 2010년 9월 정부의 허가 없이 미얀마 국방산업국 D국장과 6종의 포탄 생산설비·기술을 수출하는 계약을 체결하였다. 이후 A는 기술고문 B와 미얀마 현지공장 책임자를 고용해 2013년 12월까지 미얀마에 포탄 시제품을 생산할 수 있는 기계·소재와 포탄도면, 공정도 등을 허가받지 않고 불법 수출하여 제공했다. 그 후 A와 B·C는 불법 수출한 기계를 활용하여 미얀마 현지에 포탄제조 공장을 설립하고 시제품을 생산하다가 적발되었다.

이 사례는 대외무역법을 위반하여 정부의 통제나 허가 없이 사리사욕을 위해 대량살상무기 제조설비 및 기술을 국외로 불법 유출한 사건이다.

4. 부주의에 의한 기술유출 유형

1) 기술거래 및 기술이전 과정에서의 기술침해

기술거래 및 기술이전은 기술을 독자적으로 개발하는 데 필요한 시간과 자원을 별도로 투입하지 않고 필요한 기술을 획득하는 방법이다. 기술이전을 받는 기관은 기술유출 유인이 높은 데 반해 기술유출 사고 발생 시 국가 간 법률차이 등의 문제로 피해보상을 받는 데 어려움을 겪을 수 있다.

기술거래는 기술을 도입하고자 하는 자와 기술을 이전하고자 하는 자 간에 매매, 교환, 임대차, 증여 등의 원인으로 기술 양수·도 계약, 라이선스 계약, 노하우 실시권 계약, 기술 용역계약 등을 통하여 기술이 이동하는 것(기술거래에 대한 기술성, 시장성 등의 타당성, 국내외 적격 파트너의 물색, 기술이전 관련 협상과 계약관련의 자문 등 기술이전을 원활히 하려는 전반적인 활동)을 말한다. 기술이전은 축적된 고도의 기술을 다른 쪽에 이행함으로써 이루어지는 기술개발 형태로 기업이나 지역 간에 이루어지는 국내 기술이전도 포함되나, 일반적으로는 국제적 이전을 가리킨다. 이전되는 기술은 중간생산물, 기계설비, 인적 능력, 생산유통체계, 마케팅 시스템 등 그 형태가 다양하다. 이전방법도 라이선싱 협정, 특허의 사용 허가, 경영계약 및 컨설팅 서비스 등의 기술계약에 그치지 않고, 그 기능까지도 포함하는 일괄이전이 특징이며, 다국적기업의 직접투자에 의한 이전도 있다. 기술이전 시 주요 보호대책으로는 ① 기술이전 대상기관과 '제삼자 기술이전 금지협약'을 체결 ② 기술이전과 관련된 핵심자료의 비밀관리, 기밀취급자의 인사관리, 출입제한구역 설정, 관련자와 비밀준수의무 계약체결 등 보호조치 이행사항 계약서 명기 등이 있다.

이와 같은 기술거래 및 기술이전을 위한 계약 과정에서 계약 내용을 충분히 검토하지 않아 의도하지 않은 기술이 이전되어 버리는 경우가 발생할 수 있으므로 기술거래 및 이전의 범위, 계약의 변경·해지 등 계약조건을 꼼꼼히 점검하여야 한다.

2) 투자유치 과정에서의 기술침해

투자유치는 기업 활동에 있어 외부로부터 자본을 유입하는 것으로, 투자유치계약서에는 투자의 목적이나 투자한 자금의 상환방법 등이 구체적으로 명시된다.

투자유치계약서를 작성하기 위해서는 기본적으로 투자금의 규모나 수익률의 배분 등 중요한 항목이 확정되어야 한다. 즉 투자 과정에서 발생할 수 있는 중요사항 등을 투자자와 사업자가 사전에 명확히 규정짓는 일이 필요하다.

대상기업은 투자유치를 위한 활동과정에서 투자유치에 열중한 나머지 계약협상과정 또는 투자자의 공장시찰 및 견학과정에서 핵심시설을 공개하거나 지나치게 많은 기술정보를 제공하여 기업스스로 기술을 유출하는 경우가 많으므로 주의하여야 한다. 따라서 대상기업은 투자유치 과정 전반에 걸쳐 사전에 보안대책을 강구하고, 투자유치 계약체결 시 기술정보 제공 범위, 비밀유지의무 및 손해배상내용, 계약의 해지·종료에 따른 보안대책 등을 점검하여야 한다.

3) 기술전수 과정에서의 기술침해

기술개발 또는 제품생산을 위해 위·수탁계약을 체결하는 경우 일반적으로 위탁자가 수탁자에 비해 기술수준이 높은 경우가 많기 때문에 위탁자가 수탁자에게 기술개발 및 제품생산에 필요한 원재료의 공급 및 기술지도를 제공하는 것이 보통이다. 이 경우 위탁자가 생산공정 및 설비, 기술지도 등 전 과정에서 계약내용보다 많은 기술을 제공하여 기술유출이 일어날 가능성이 많다.

기술전수는 필요한 범위 내에서만 제공하고, 중요한 제품공정은 본사에서 직접 직원을 파견하는 등 기술보호를 위한 사전 대책을 강구하여야 한다.

4) 공동연구 또는 연구교류 과정에서의 기술침해

외국기업 또는 국외 연구기관과 공동·위탁 연구하는 경우 의도하지 않게 연구개발의 성과가 국외로 유출되어 국가적인 손실이 발생할 가능성이 높다. 따라서 연구책임자는 국제공동연구를 수행할 경우 제공되거나 그 결과로서 발생되는 중요 정보에 대해서 적절한 보호대책을 강구하여야 한다.

국제공동연구를 진행할 경우 협약서에는 ① 국제공동연구를 위해 제공한 자사의 특허나 노하우 처리 ② 정보 등의 제공과 비밀유지 의무 ③ 연구의 역할분담 또는 연구비용 분담 중단의 경우 처리 ④ 연구개발 기간의 설정 ⑤ 연구개발

성과물 귀속 ⑥ 특허권의 출현 등에 관한 처리 ⑦ 특허권의 실시(제삼자에 대한 실시허
락 등) ⑧공동연구 종료 후 이용특허권의 처리 등 중요한 내용이 빠지지 않도록
각별히 유의할 필요가 있다.

또한, 공동연구개발, 연구교류 등의 목적으로 외국인 유치과학자나 연수생을
유치하는 경우 이들에 대한 보안관리를 소홀히 하여 연구결과나 산업기술이 유출
되는 경우가 발생한다. 이러한 기술침해를 방지하기 위해서 고용계약서에 보안규
정 준수의무, 비밀유지의무, 연구결과물에 대한 소유권 등을 명확하게 하고, 계약
종료 시 연구정보 및 자료를 회수하는 등의 보안대책을 강구하여야 한다.

5) 전시회 참석 시 발생할 수 있는 기술침해

해외 전시회는 기업홍보는 물론 시장동향 파악, 기술정보 교류, 바이어 발굴,
수출판로 개척의 장으로서 해외마케팅의 주요 수단으로 활용되고 있다. 그러나
해외 전시회 과정에서 뜻하지 않게 다른 사람의 기술을 침해하거나 본인의 기술
이 침해당할 수 있고 국제특허 소송에 휘말릴 가능성도 있다. 이를 방지하기 위
해서는 사전에 전시제품과 기술내용에 따른 기술·특허 침해 여부를 면밀히 살
펴보고 기술침해 방지를 위한 보안대책 등을 강구하여야 한다.

무엇보다 전시회에 참가해서 어떤 활동을 할 것인가, 어느 시장·브랜드·바
이어 등을 접촉하고 싶은가 등을 고려하여 구체적인 목표를 설정하고 전시품목
을 선정하여야 한다. 특히, 기술침해를 방지하기 위해서는 전시 기대효과 분석
과 관련부서의 협의를 거쳐 전시회 제품 대상을 선정한 후 전시회 출품 제품의
선행기술, 핵심기술 등 공개할 기술의 범위를 결정하도록 한다. 또한 개발 중인
제품 공개로 경쟁사에 핵심 정보를 제공할 가능성이 있는지 등을 검토하여야 한
다. 특히, 사전에 전시회 주체 기관에 자료를 제공할 경우 비밀유지서약서 등 보
안대책을 미리 강구하여야 한다.

TIP 기업의 전시회 참가목표

기업의 특성에 따라 다양한 목표를 설정할 수 있으나, 기본적으로 정리한 목록은 다음과 같다.

① 수출상담, 계약을 통한 매출증대

② 기존거래처 강화 및 신규거래처 확보

③ 사업파트너 발굴 및 투자유치

④ 신제품 소개 및 홍보

⑤ 시장 동향조사

⑥ 기업의 브랜드이미지 강화

⑦ 신기술 및 산업동향 정보수집 등

6) 학술세미나, 학술지 게재, 언론보도 등을 통한 공개유출

연구개발 성과물이 대외적으로 공개되었을 경우 사실상 그 가치의 보호가 불가능하거나 매우 어렵게 될 수 있다. 따라서 연구개발 결과나 성과물이 외부로 반출되거나 대외에 제공되어 학술세미나, 학술지 게재, 언론보도 등을 통해 무단으로 공개되지 않도록 보안에 각별히 유의해야 한다.

따라서 연구개발결과 공개 시 보호조치는 ① 연구책임자는 연구개발 성과물 반출·대외제공·발표가 있기 전에 기관의 장 및 연구개발 보호관리 부서와 협의하여 보안대책을 강구한다 ② 연구책임자는 연구개발 성과물 반출·대외제공·발표 이전에 보안성 검토를 실시하고, 이를 대상기관의 장에게 보고한다. ③ 대상기관의 장은 보안성 검토의 적절성을 점검하고, 보안성 검토결과 문제가 발생하였거나 보안성 검토 자체의 문제점이 발견된 경우에는 연구개발 성과물 반출·대외제공·발표를 제한한다.

1. 기술침해 주체로서의 산업스파이

앞에서와 같이 기술침해를 부정한 수단, 합법적인 수단 등 유형과 방법으로 살펴보는 것도 중요하지만, 기술침해를 일으키는 주체이자 궁극적인 조사 대상으로서 산업스파이를 거꾸로 들여다보는 것도 산업보안조사의 발전방안 마련 차원에서 더욱 의미가 있다.

스파이(Spy, Spying, Espionage)는 "소유자가 비밀리에 숨긴 정보를 입수하는 활동(spying, espionage) 또는 그러한 활동에 종사하는 자(spy)"[5] 또는 "한 국가나 단체의 비밀이나 상황을 몰래 알아내어 경쟁 또는 대립 관계에 있는 국가나 단체에 제공하는 사람"[6] 등으로 정의하고 있다. 스파이는 간첩(間諜)이라고도 하며, 목적달성을 위해서는 합법·불법을 가리지 않고 목표물의 취약점을 공략하거나 보안정책을 무력화하기 위한 수단과 방법을 다양하게 사용하고 있다.

국력이 정치, 군사, 외교 등에 의해 좌우되던 과거 시대에는 스파이의 주요 임무가 주로 적국 또는 경쟁국의 정치, 군사정보를 수집하는 것이었으나, 동서냉전 종식 이후 현재 시대에는 국력의 개념이 과학·기술에 바탕을 둔 국가 경쟁력으로 바뀌었다. 따라서 스파이의 주요 임무도 자연스럽게 경쟁국의 경제·산업분야에 대한 정보 수집으로 바뀌게 되었다.

이렇게 경쟁국가 또는 경쟁기업의 경제·산업정보를 전문적으로 수집하는 스파이는 그 활용 주체에 따라 경제스파이(economic espionage) 또는 산업스파이(Industrial espionage)라고 구분하기도 한다. 먼저, 경제스파이는 "경제적 경쟁력을 높이기 위한 목적으로 국가가 지시, 지원 또는 조정하는 첩보수집 활동"[7]으로 정의하여 국가를 활용주체로 보았다. 그리고 산업스파이는 "경쟁하는 상대 기업이 가진 경영이나 기술, 생산, 판매 따위에 관한 정보를 알아내기 위하여 쓰는 사람이

---

5 21세기 정치학대사전, 네이버, 2019.
6 국어사전, 네이버, 2019.
7 이윤호, 현대사회와 범죄의 이해, 삼경문화사, 2004, p.303.

나 그런 정보를 관계 기업에 파는 일이 직업인 사람"[8] 또는 "이해가 상반하는 국내외 경쟁기업의 최신 산업정보를 입수하거나 교란시키는 공작 등을 전문으로 하는 사람[9]"으로 정의하여 기업을 활용주체로 보았다.

반면에 경제스파이와 산업스파이를 동의어적인 관점으로 보기도 한다. 경제적 목적으로 산업비밀 등을 비밀리에 입수하기 위하여 상대국의 기업을 대상으로 스파이 활동이 전개될 때 이를 통상 산업스파이 또는 경제스파이라고 한다. 산업스파이란 "상대국 기업이 소유하고 있는 물품의 제조방법, 기타 산업상·영업상 유용한 기술이나 경영정보 등 산업체의 업무에 관한 영업비밀을 부정하게 입수하거나 정탐하는 일체의 행위[10]"로 정의하기도 한다. 산업스파이의 활용 주체를 현실적으로 정확하게 밝혀내기는 어려우므로 경제스파이와 산업스파이의 구분에 대한 실익은 없다고 본다.

미국은 「경제스파이법」 제1831조에 "누구든지 범죄행위를 통하여 외국의 정부, 정부기관 또는 정부 관리를 이롭게 하기 위하여 또는 이롭게 함을 알면서도 고의로 자국의 영업 비밀을 유출하는 행위"를 처벌대상으로 하고 있으며, FBI도 산업스파이 행위를 "경제적인 가치가 있는 정보를 얻기 위하여 미국의 정부, 기업, 단체, 개인 등을 대상으로 외국 정보기관에 의해 주도적으로 행하여지는 혹은 외국 정보기관의 지원 하에 행하여지는 불법적인 정보활동"으로 규정하면서 이러한 행위를 하는 자를 경제스파이 또는 산업스파이라고 한다.

우리나라는 「국가정보원법」 제3조에 따른 여러 활동 중 하나인 방첩(防諜)에 관한 업무의 수행과 이를 위한 기관 간 협조 등에 관한 사항을 규정하기 위하여 '방첩업무규정'(대통령령)을 제정하고 있다. 방첩활동은 외국 정부·단체 또는 외국인이 직접 하거나 내국인을 이용하여 하는 정보 수집활동 등 국가안보와 국익에 반하는 외국의 정보활동을 찾아내고 그 정보활동을 견제·차단하기 위한 모든 대응활동으로 규정하고 있다.[11]

이러한 방첩활동 중 경제·산업분야의 스파이를 견제·차단하는 활동을 경제

---

8 국어사전, 네이버, 2019. 6.
9 두산백과, 네이버 지식백과, 2019. 6.
10 한상훈, 산업스파이에 대한 형사법적 대응방안, 한국형사정책연구원, 2000. 12., pp.33 – 34.
11 방첩업무규정 [대통령령 제29289호, 2018. 11. 20. 일부개정]

방첩활동 또는 산업스파이 대응활동이라고 부르며, 특히 산업기술의 부정한 유출을 방지하고 산업기술을 보호하기 위하여 「산업기술의 유출방지 및 보호에 관한 법률」 제정하여 국가핵심기술 등 보호에 중점을 두고 있다.

이러한 국내외 정의와 상황을 반영하여 국가정보원은 산업스파이의 개념을 "경쟁국이나 기업이 비밀로 관리하는 중요 경제 및 산업정보를 부정한 목적과 수단으로 정탐하고 유출하는 일체의 행위를 하는 사람"으로 정의[12]하고 있다.

이러한 스파이 활동을 통해 상대 국가나 기업의 비밀정보를 부정한 수단과 목적으로 유출·사용하는 행위 등은 범죄에 해당되지만, 스파이 행위 자체는 국제법상 명백하게 금지되어 있지 않기 때문에 적국 또는 경쟁국의 스파이를 적발할 경우 각 국가의 국내법에 의해서 처벌할 수 밖에 없다. 따라서 산업스파이는 스파이 행위를 자행한 후에 본국 또는 제3국으로 도피하였다가 다시 그 행위지 국가로 귀국한 경우에 과거의 행위로 처벌될 수 있다.[13]

일반적으로 스파이는 자신의 목표를 달성하기 위하여 신분을 위장하여 활동하는데 주로 외교관, 신문방송 등 언론기자, 작가(소설가, 시인 등), 문화·예술인 등 직업을 선호한다. 이런 직업들은 외국 출입이 자유롭고 대인관계 접촉이 자연스러워 제삼자의 눈에 이상하게 보이지 않는다는 공통점이 있다. 그러나 산업스파이는 수집목표가 경쟁기업의 첨단기술이므로 주로 첨단기술 보유기업 또는 산업공단 주변의 식당이나 주점, 고급술집 경영자, 기업내부에 근무할 수 있는 청소부, 연구원 또는 엔지니어, 컨설턴트, 유학생 또는 교환교수, 변호사 또는 변리사 등으로 다양하고 치밀하게 위장하기도 한다.

2. 산업스파이의 정보수집 방법

산업스파이는 목적달성을 위해서라면 합법·불법적인 수단과 방법을 가리지 않고 정보를 수집하며, 주요 수집방법은 다음과 같다.[14]

---

12 국가정보원, 홈페이지, 2019. 6.
13 문규석, 국제법상 산업스파이에 관한 연구, 성균관법학 제17권 제3호, 성균관대학교, 2005. 12.
14 지식경제부, 산업보안실무, 2010. 11.

표 2-1 합법적인 정보수집 방법

	수집방법	내 용
1	퇴직인력 채용 수집	경쟁사에서 퇴직한 연구원·기술자를 채용하여 정보 수집
2	채용과정 면담 수집	신입·경력사원 채용을 위해 면접할 경우 경쟁사 현직 또는 퇴직 지원자에게 원하는 질문을 하여 정보수집
3	세미나, 박람회 등에서의 접촉수집	− 무역박람회나 세미나, 협회 등에 직원을 보내어 경쟁사의 기술자 등을 접촉하여 기업기밀 수집 − 경쟁사의 팸플릿을 분석하여 정보를 수집하기도 함
4	구인광고를 이용한 경쟁사 임직원 면담수집	− 경쟁사 인사 불만자 등의 지원을 유인하여 면담을 통해 정보수집 − 구인계획이 없음에도 정보수집 차원에서 구인광고 활용
5	컨설턴트, 자문역 등을 활용한 수집	경쟁사의 정보입수를 위해 컨설턴트나 고문, 자문역 등을 활용하여 정보수집
6	소재, 부품, 장비 등의 공급자를 통한 정보수집	경쟁사가 제조하는 제품정보 또는 기술을 입수하기 위하여 공급업체를 통해 정보수집
7	경쟁사 구인광고 분석	경쟁사의 구인광고 등을 통해 경영 및 개발정보 수집
8	전문 조사업체 의뢰	기업조사를 전문으로 하는 업체에 조사를 의뢰하여 수집
9	은행 담보용 서류입수	담보대출 시 은행에 제출한 사업계획서 등을 입수 수집
10	공장견학을 통한 정보수집	고객, 투자자로 위장하여 경쟁사 공장견학 시 제조공정, 설비 및 배치, 기술정보 등 중요정보 입수
11	제품 역분해를 통한 정보수집	경쟁사의 제품을 구입하여 분해 또는 자료를 분석하여 필요한 정보를 수집
12	항공사진 촬영 수집	위치정보, 시설의 규모와 구조 등 상업용 항공사진으로 분석하여 필요한 정보 수집
13	경쟁사 폐기물 수집	− 경쟁사의 폐기물을 통해 정보를 수집하는 방법 − 경쟁사의 구내에 들어가 수집하는 경우 불법이나 쓰레기 운반차에서 폐기물을 획득하여 얻은 정보는 합법임

표 2-2 불법적인 정보수집 방법

	수집방법	내 용
1	절도, 절취 수법	-경쟁사의 PC·노트북, 자료 등 절도를 통한 수집방법 -경쟁사 사무실 또는 임직원의 숙소 등에 잠입하여 노트북 또는 자료 복사·절취 수집
2	공갈 및 협박 수법	약점을 이용하여 공갈 또는 협박을 통해 수집하는 방법
3	불법·부정 복사 및 촬영	-경쟁사의 자료를 무단복사 하거나, USB 등 저장장치 이용 무단 복사·복제 수법 -사진 또는 동영상 무단 촬영을 통한 수집방법
4	도청 및 감청	전화·FAX 등 유무선 통신망 도청 및 감청에 의한 방법
5	해킹 및 악성코드	-인터넷 해킹이나 악성바이러스를 이용하여 정보수집 -소셜엔지니어링, 피싱 등을 통해 가상·스팸메일 등을 발송하여 APT 등 악성코드 설치의 경로로 정보수집
6	폐·휴지 유출 수법	경쟁사가 작성한 문서·도면의 폐·휴지를 수집하는 방법
7	위장취업, 위장잠입	-경쟁사에 연구원·기술자 등으로 위장 취업하여 기술정보 수집방법 -방문객, 판매원 등으로 위장하여 잠입 후 정보수집
8	내부인력 매수	경쟁사의 임직원을 금전 등으로 매수하여 정보를 수집하는 방법
9	무단침입	경쟁사의 공장이나 사무실에 무단 침입하여 정보자료, 제품 등을 수집하는 방법
10	인물 이용	특정인물을 통해 해당자에게 접촉하여 정보수집

3. 산업스파이에 대한 대응

1) 산업스파이 대응을 위한 법적 근거

산업스파이에 의한 국가핵심기술 및 산업기술의 유출이 국가 경쟁력과 국민 경제에 미치는 영향을 고려할 때 대응활동은 범국가적으로 매우 중요한 전략이라고 할 수 있다. 산업기술의 유출방지 및 보호에 관한 법률 제3조 제1항은 "국가는 산업기술의 유출방지와 보호에 필요한 종합적인 시책을 수립·추진하여야 한다." 제2항은 "국가·기업·연구기관 및 대학 등 산업기술의 개발·보급 및 활용에 관련된 모든 기관은 이 법의 적용에 있어 산업기술의 연구개발자 등 관련 종사자들이 부당한 처우와 선의의 피해를 받지 아니하도록 하고, 산업기술 및 지식의 확산과 활용이 제약되지 아니하도록 노력하여야 한다." 제3항은 "모든 국민은 산업기술의 유출방지에 대한 관심과 인식을 높이고, 각자의 직업윤리의식을 배양하기 위하여 노력하여야 한다." 등의 내용을 규정하고 있다.

따라서 동 규정에 따르면 산업기술의 유출방지에 대한 책무를 ① 국가 ② 기업·연구기관·대학 ③ 국민 등에 부여하고 있으므로, 산업기술의 해외 유출에 대한 대응주체도 ① 국가차원의 대응활동 ② 기업·연구기관·대학 등 차원의 대응활동 ③ 국민차원의 대응활동으로 구분할 수 있다.

2) 국가차원의 대응활동

국가차원의 기술유출 대응활동은 "국가가 산업보안의 주체가 되어 국가·기업·연구소·대학 등을 포함한 모든 산업정보와 산업기술이 부정하게 경쟁국가로 유출되지 않도록 차단하여 국가경쟁력을 제고하는 것이 목적"이라고 할 수 있다.

「산업기술의 유출방지 및 보호에 관한 법률」 제3조(국가 등의 책무) 제1항은 "국가는 산업기술 유출방지와 보호에 필요한 종합적인 시책을 수립·추진하여야 한다."고 규정하여 기술유출에 대응하는 주체로서의 국가를 명시하였다.

국가정보원은 산업보안을 "산업체·연구소에서 보유하고 있는 기술·경영상 정보 및 이와 관련된 인원·문서·시설·통신 등을 경쟁국 또는 기업체의 산업스파이나 전·현직 임직원, 외국인 유치과학자 등의 각종 위해요소로부터 침해되지 않도록 보호하는 활동"으로 정의하고 있다. 이와 같은 정의로 볼 때 국가정보원은 국가가 산업보안의 주체로서 산업체·연구소의 산업기술과 영업비밀(기술·경영상 정보)이 경쟁국 또는 경쟁기업으로의 유출을 방지하는 데에 초점을 맞추고 있다고 볼 수 있다.

산업기술보호법 제22조(산업보안기술의 보호를 위한 지원) 제1항은 정부가 산업기술의 보호를 촉진하기 위하여 필요하다고 인정하면 ① 산업기술 보안에 대한 자문 ② 산업기술의 보안시설을 설치·운영하는 기술지원 ③ 산업기술보호를 위한 교육 및 인력양성을 위한 지원 ④ 그 밖에 산업기술보호를 위하여 필요한 사항 등을 대상기관 등에게 지원할 수 있다고 규정하여 국가 차원에서 산업보안에 필요한 지원을 하고 있다.

「과학기술기본법」 제16조의2 제2항은 "중앙행정기관의 장 및 국가연구개발사업을 수행하는 연구기관의 장은 국가연구개발사업의 성과가 외부로 유출되지 아니하도록 보안대책을 수립·시행하여야 한다."고 규정하여 국가연구개발사업에 대한 연구보안의 주체로서 정부기관 및 연구개발사업 수행주체(연구기관·기업체·대학 등)를 규정하고 있다.

이와 같이 관련 법규는 국가와 정부기관이 산업보안의 수행주체가 되어 국가의 산업·기술정보는 물론 기업·연구소의 기술상·경영상 정보가 경쟁국가로 유출되지 않도록 종합적인 대책을 수립·시행하도록 규정하고 있다. 따라서 정부기관이 수행하는 산업보안 정책수립·시행, 산업기술 유출사건 조사, 산업보안 교육 등 예방활동 등 정부기관 및 산업체를 대상으로 산업보안 활동을 수행하거나 지원하는 것을 모두 포함한다고 볼 수 있다.

3) 기업·연구기관·대학 차원의 대응활동

산업기술보호법 제3조(국가 등의 책무) 제2항은 "국가·기업·연구기관 및 대학 등 산업기술의 개발·보급 및 활용에 관련된 모든 기관은 이 법의 적용에 있어 산업기술의 연구개발자 등 관련 종사자들이 부당한 처우와 선의의 피해를 받지 아니하도록 하고, 산업기술 및 지식의 확산과 활용이 제약되지 아니하도록 노력하여야 한다."고 규정하여 국가와 함께 기업·연구기관·대학 등을 산업보안의 주체로 명시하고 있다. 다만, 산업보안 주체로서의 모든 기관은 산업보안을 빌미로 산업기술의 연구개발자 등 관련 종사자들에게 부당한 처우와 선의의 피해를 주어서는 안되며, 산업기술 및 지식의 확산과 활용을 제약하여서는 안된다.

기업·연구기관·대학 등 차원의 산업보안은 기업·연구기관·대학 등이 수행주체가 되어 자체적으로 보유하고 있는 산업기술이나 영업비밀, 국가연구개발사업의 연구결과물 등을 산업스파이 등 각종 위해요소로부터 보호하는 일체의 활동으로서, 자체적인 보안관리 체계를 구축하고 인원·문서·시설·정보통신 등 분야별 보안활동을 수행하는 것이다.[15]

---

15 (사)한국산업보안연구학회, 산업보안학, 2019. 3., pp.9−10.

기업·연구소·대학 차원에서의 산업보안은 "기업·연구소·대학이 산업보안의 주체가 되어 산업기술 및 영업비밀(영업활동에 유용한 기술상 또는 경영상의 정보) 등이 부정한 목적이나 수단에 의해 경쟁기업으로 유출되지 않도록 보호하여 기업의 이윤 및 경영의 영속성 유지가 목적"이라는 점에서 국가차원의 산업보안과 차이가 있다.

4) 국민차원에서의 대응활동

산업기술보호법 제3조(국가 등의 책무) 제3항은 "모든 국민은 산업기술의 유출방지에 대한 관심과 인식을 높이고, 각자의 직업윤리 의식을 배양하기 위하여 노력하여야 한다."고 규정하여 모든 국민이 산업보안의 주체임을 명시하고 있다. 즉, 모든 국민이 산업보안의 주체가 되어 산업기술 유출방지에 대한 관심과 인식을 가져야 하며, 국민 각자는 직업윤리 의식을 가지고 사적인 영리추구 보다 국가 및 기업의 산업기술 유출방지에 노력하여야 할 의무를 부과하고 있는 것으로 해석된다.

또 동법 제21조 제1항 "정부는 산업보안기술의 개발 등 산업기술의 유출방지 및 보호에 기여한 공이 큰 자 또는 이 법의 규정을 위반하여 산업기술을 해외로 유출한 사실을 신고한 자 등에 대하여 예산의 범위 내에서 포상 및 포상금을 지급할 수 있다.", 제2항 "정부는 이 법의 규정을 위반하여 산업기술을 해외로 유출한 사실을 신고한 자로부터 요청이 있는 경우 그에 대하여 신변보호 등 필요한 조치를 취하여야 한다.", 제3항 "정부는 산업보안기술의 개발 등 산업기술의 유출방지 및 보호에 기여한 공이 큰 외국인에 대하여 국내정착 및 국적취득을 지원할 수 있다."로 각각 규정하여 모든 국민 및 외국인에 대하여 산업기술의 해외유출에 대한 신고를 장려하며, 이에 대한 포상과 혜택을 규정하고 있다. 이러한 내용으로 미루어 볼 때 국민차원의 대응활동은 기술유출에 대한 관심과 인식, 직업윤리 확립을 통한 산업스파이 행위의 자제, 산업스파이 발견 시 신고 등의 노력을 말한다.

4. 정보·수사기관

우리나라의 산업 경쟁력이 높아지면서 중국 등 경쟁국가의 기업에 의한 기술유출 사건이 지속적으로 발생하고 있으며, 이로 인한 피해가 국가경쟁력을 저하시키는 것은 물론 기업의 경영악화 및 일자리 상실 등 국가 전반의 산업피해로 이어지고 있다. 이에 따라 과학기술 및 산업발전 등 기술보호와 관련된 모든 국가기관이 기술유출로 인한 피해를 방지하기 위하여 지속적인 산업보안 활동을 수행하고 있다.

산업기술 보호를 위한 정부기관은 정보수사기관, 중앙행정부처, 전문기관 등으로 구분할 수 있다. 정보수사기관은 국가정보원, 사법기관은 검찰청, 경찰청, 군사안보지원사령부 등으로 산업스파이에 대한 탐지 및 색출활동과 예방활동을 수행하고 있다. 중앙행정부처는 산업통상자원부, 과학기술정보통신부, 중소벤처기업부, 방위사업청, 특허청 등으로 국가핵심기술·산업기술·중소기업기술·방산기술·국가연구개발사업 성과물 등에 대해 다양한 방법으로 지원하고 있다. 전문기관은 중앙행정기관의 장이 소관 사업에 대한 업무를 위탁하여 수행하기 위해 설립하거나 지정한 기관으로서 한국산업기술보호협회, 대·중소기업·농어업협력재단, 한국지식재산보호원(영업비밀보호센터) 등이 있다.

1) 국가정보원[16]

국가정보원은 대통령 직속기관으로서 국가 안전보장에 관련되는 "국외 정보 및 국내 보안정보[대공, 대정부전복, 방첩, 대테러 및 국제범죄조직]의 수집·작성 및 배포" 업무를 수행한다.[17] 이중 산업스파이 또는 경제스파이에 의한 산업기술 및 경제정보의 해외유출에 대응하는 산업보안 활동은 방첩업무에 근거하고 있다.

21세기 지식기반경제사회가 본격화되면서 글로벌 경제전쟁 시대에 첨단 과학기술은 기업과 국가의 경쟁력을 좌우하고 있다. 이에 따라 세계 각국은 자국의 첨단기술을 보호하고 경쟁국의 산업기술 정보를 수집하는 데 총력을 기울이

---

16 국가정보원 홈페이지(http://www.nis.go.kr). 2019. 1.
17 국가정보원법.

고 있으며, 세계시장 선점 등 경쟁우위 확보를 위해 산업스파이 활용, 자원의 무기화, 첨단기술의 수출입 규제 등 무역전쟁도 불사하고 있다. 국가정보원은 이런 움직임에 대응하여 우리의 첨단기술과 경제정보 보호에 주력하고 있다. 국가정보원 산업기밀보호센터는 기업체·연구소 등을 대상으로 국내 첨단기술의 해외유출 차단활동 및 예방활동 등 산업스파이에 의한 기술유출 대응활동을 수행하고 있다. 국가정보원은 외국의 산업기밀 및 경제정보 수집활동에 대응하기 위하여 1989년부터 산업보안 활동을 수행하였으며 산업기술 유출에 적극 대응하기 위한 국가적 노력으로 국내 첨단산업체·연구소 등의 기술보호 실태를 점검하고 첨단산업기밀 보호 대책을 대통령에게 보고한 데서부터 시작되었다. 2003년 10월 국가정보원의 산업보안 전담조직으로서 산업기밀보호센터가 설립된 이후 본격적인 산업기술 유출방지 및 첨단기술 보호활동이 시작되었다. 따라서 국가핵심기술의 불법 수출 및 해외 인수·합병 등을 조사하고 산업기술 침해에 대한 조치를 하도록 법률상에 명시되었고 2019년에는 동법 제15조 개정으로 산업기술 침해신고에 대한 조사를 할 수 있게 되었다.

세계적 경쟁력을 가진 우리의 첨단기술과 기업의 영업비밀 등을 해외로 불법 유출하려는 산업스파이를 적발하고, 관련 정보를 해당업체 또는 검찰·경찰 등 수사기관에 지원하는 등 다양한 수단과 방법으로 최선의 보호조치를 취하고 있다. 또한 기업체·연구소 등을 대상으로 산업보안 교육 및 진단을 통한 보안의식 제고 등 예방활동을 지원한다. 특히, 산업통상자원부·국방부(군사안보지원사령부, 방사청) 등 유관기관과 공조하여 전략물자의 불법 수출과 방산·군사기술의 해외유출 차단활동도 수행하고 있으며, 외국과 연계된 투기자본 등에 의한 경제안보 침해행위 등 위법행위에 대한 정보활동에도 주력하고 있다.

(1) 산업스파이 활동 탐지·색출·차단

조선·반도체 등 우리 주요 기술의 경쟁력이 높아짐에 따라 외국정부 및 기업체에 의한 산업스파이 활동이 점차 증가하고 있다. 이에 국가정보원은 첨단기술 해외유출 차단 활동으로 세계적 경쟁력을 가진 우리의 첨단기술과 영업비밀 등을 해외로 불법 유출하려는 산업스파이를 적발하여 국부유출을 차단하고 있다. 또한 기술유출과 관련된 정보를 유관기관 또는 검찰·경찰 등 수사기관에 지원하며, 가용한 모든 수단을 동원하여 우리의 기술이 유출되지 않도록 보호조치를 취하고 있다.

(2) 첨단산업체 보안지도 및 교육

산업보안 교육은 보안의식 제고를 위하여 수행된다. 국가핵심기술 및 첨단산업기술 보유기업·연구소·대학을 대상으로 산업보안교육을 지원하고, 기업의 보안관리 실태를 점검하여 기업환경에 적합한 보안대책을 지원하고 있다. 또한 산업기밀보호센터 홈페이지에서 기업을 대상으로 보안정책, 정보보호조직, 자산분류 및 통제, 인적자원보안, 물리적·환경적 보안, 정보통신 보안·침해사고 대응 등 보안실태를 체크하여 볼 수 있는 산업보안실태 진단서비스를 제공하고 있다.

(3) 민·관 정보 교류 시스템 구축

국가정보원은 정부 기업 간 협력을 통하여 기술유출에 공동 대응하고자 전기·전자·정보통신·생명공학·화학, 기계산업 등 분야별 산업보안협의회와 각 지역별 산업보안협의회를 결성·운영해왔다. 특히, 2019년부터는 산업보안협의회를 발전시켜 산업통상자원부와 함께 반도체, 2차전지, 디스플레이, 조선, 자동차 등 5대 주력분야에 관한 민−관 T/F를 결성하여 운영하고 있다. 산업보안협의회를 통하여 정부와 기업 간의 정보교류 시스템을 구축함에 따라 국가차원의 종합적이고 체계적인 첨단기술 보호 및 기술자료 유출을 방지하고 있다.

(4) 산업스파이 관련 정보자료 제작·배포

국내·외 산업보안 관련 정보와 동향 및 선진국의 산업보안기법 등을 입수하여 활용할 수 있도록 산업보안 관련 정책자료를 제작·지원한다. 또한 첨단산업기술보호 동향 산업보안연구논총, 미국·일본의 지적재산보호전략 등 해외경쟁업체에서 시도하는 특정기술 유출기도와 불법 복제품 유통 등의 위해정보를 수집하여 사전에 기술유출에 대처할 수 있도록 다양한 산업기술보호 관련 정보를 제공하고 있다. 이외에도 산업스파이 식별요령·업무 시 산업보안 행동수칙·해외 출장 시 산업보안행동수칙·산업보안 대책 등의 산업보안 규정에 대한 정보를 유관기관과 일반인들에게 제공함으로써 산업기밀보호를 위해 업무 시 지켜야 할 산업보안 행동수칙을 숙지하고 산업기밀보호를 생활화할 수 있도록 노력하고 있다.

(5) 산업스파이 신고 콜센터 운영

국가정보원에서는 전화(111번), 홈페이지(111콜센터), 모바일 홈페이지(스마트폰)를 통해 24시간 산업스파이 신고·상담을 받고 있으며, 간첩·이적사범·국제범죄·테러·외국스파이·산업스파이·사이버 안보위협 등 국가 안보와 관련된 범죄 신고를 온라인 및 동영상으로 제보를 받고 있다.

2) 검찰청[18]

검찰은 사회의 법과 질서를 세우고 국민의 안녕과 인권을 지키는 국가 최고의 법집행기관으로서, 각종 범죄로부터 국민 개개인과 사회 및 국가를 보호하는 것을 기본 임무로 하고 있다. 이를 위하여 검찰은 범죄를 수사하고, 사법경찰관리를 지휘·감독하며, 공소(公訴)를 제기·유지하고, 재판의 집행을 지휘하는 등 다양한 업무를 수행한다.

이처럼 기업의 산업기술을 유출하는 행위, 특히 해외로 기술을 유출하는 행위는 기업의 기술개발 의지와 국가 경쟁력을 약화시키는 결과를 초래하기 때문에 검찰에서도 그 중요성을 인식하여 집중 단속하고 있다.

검찰은 기술유출범죄를 집중적으로 단속하기 위하여 지난 2007년 대검찰청 중앙수사부에 「기술유출범죄수사지원센터」를 설치하였으며, 2013년 11월부터 반부패부 수사지원과에서 「기술유출범죄수사지원센터」의 기술유출범죄수사 지원업무를 전담하고 있고, 서울중앙지방검찰청 「기술유출범죄수사센터」, 울산지방검찰청 「기술유출범죄수사센터」 및 전국청 기술유출범죄 수사부서에서 산업기술유출범죄 수사를 담당하고 있다.

기술유출범죄수사센터에서는 기술유출범죄 신고접수 및 전문수사관 양성, 전문가 네트워크 구축 등 기술유출범죄 수사역량을 강화하기 위한 여러 가지 방안을 시행하고 있다. 또한 기술의 발전과 함께 지능화되고 있는 범죄에 맞서 수사기법을 개발하고 있으며, 신종 기술유출 범죄에 대한 효율적인 제도개선을 모색

---

18 대검찰청 홈페이지(http://www.spo.go.kr). 2019. 1.

하고자 관련 법령의 개정과 제도 발전방안에 대하여서도 연구하고 있다.

(1) 기술유출수사범죄 전문수사관 양성

검찰청은 지능화·고도화되는 기술유출범죄를 소탕하고 이를 미연에 방지하기 위하여 기술유출범죄 전문수사관 양성에 총력을 다하고 있다. 내부 검찰연구관과 정보통신 분야 및 이공계 출신 전문 수사관으로 구성하였으며 일반 해커 및 보안전문가 등 외부 인력을 공개 채용하여 전문수사관으로 양성하고 있다. 또한 검찰은 지난 2018년 3월 수원지방 검찰청을 "첨단산업보호 중점검찰청"으로 지정하여 기술침해사건 처리를 강화하고, 기술유출수사부에 이공계 분야 로스쿨 출신 검사를 담당검사로 배치하여 기술유출수사의 효율성을 추구하고 있다. 수원지검은 자체적으로 "첨단산업보호 수사자문위원 제도"를 도입하여 기술유출 조사의 전문성을 제고시키고 있다.

(2) 기술유출범죄 수사기법의 지속적인 개발

효과적으로 기술유출 범죄를 방지하기 위하여 영업비밀 부정취득 사용, 영업비밀유지 의무 위반 등 법적 처벌을 받을만한 행위의 식별이 가능하도록 체계적이고 집중적으로 기술유출범죄에 대한 동향을 파악하고 있다. 수집된 기술유출범죄에 대한 동향을 분석하여 종전보다 진화된 수사기법을 지속적으로 개발함으로써 범죄 발생률을 낮추기 위하여 노력중이다.

(3) 수사공조체제 활성화

최근 급증하고 전문화되어가는 국제기술유출범죄에 효과적으로 대응하기 위하여 전 세계 검찰을 포함한 법 집행기관이 하나가 되어 공동 대처할 필요성이 증대하고 있다. 이에 따라 검찰은 기술유출 범죄 예방을 위하여 세계 각국과 형사사법공조 조약 및 범죄인 인도 조약을 체결하였고, 국제연합 뉴욕본부 및 제네바 본부·미국·영국·일본·중국 등에 검사를 파견하여 국제적인 법률문제와 국내 기술유출에 적극 대응하고 있다.

한편 국가정보원·산업통상자원부·교육부·과학기술정보통신부·한국산업기술보호협회 등 기술보호 유관 기관과 산업기술 보유 기업 및 전문가 집단 등과 주기적으로 각종 회의를 개최하여 기술유출 방지를 위한 방안 등에 대한 검토 및 토의를 하고 있다.

3) 경찰청[19]

경찰청은 치안경찰에 관한 사무를 총괄하기 위하여 행정안전부장관 소속 아래에 둔 중앙경찰기관이다. 경찰청의 주요 업무는 국민의 생명·신체 및 재산의 보호, 범죄의 예방·진압 및 수사, 경비·요인경호 및 대간첩작전 수행, 치안정보의 수집·작성 및 배포, 교통의 단속과 위해 방지, 기타 공공의 안녕과 질서유지에 관한 사무이다.

경찰청의 산업기술유출과 관련된 범죄수사 및 예방업무는 외사국에서 총괄하고 있으며, 2010년 7월 5개 전국 지방경찰청에 산업스파이 범죄관련 전담수사대를 두었다가 산업기술 유출 범죄가 증가함에 따라 2011년 2월부터 8개 지방경찰청 10개 수사팀으로 운영했다. 이후 2017년 2월 전국지방경찰청으로 확대되어 19개 수사팀 61명으로 운영하다가 2019년 3월 서울지방경찰청 3개 팀 13명, 경기남부지방경찰청 2개팀 13명을 포함하여 전국 17개 지방경찰청 20개 수사팀에 수사관 71명으로 확대하였다. 2019년 3월부터는 기존의 명칭 "산업기술유출수사팀"을 "산업기술보호수사팀"으로 변경함으로써 산업기술유출 범죄수사 뿐만 아니라 범죄예방부터 피해기업 보호까지 종합적이고 포괄적인 경찰활동을 나타내는 적극적인 "보호"와 수사의지를 강조하기도 하였다.[20]

주요 업무로는 국가핵심기술 및 중요 산업기술유출 행위, 기업 대상 영업비밀 침해 행위 등 산업기술유출범죄에 대한 수사업무를 들 수 있다.

기술유출사건은 특성상 피해기업이 자발적으로 신고하기 힘들고, 피해를 당하였다고 하더라도 피해사실을 인지하기 어렵다는 점을 감안하여 산업기술유출수사팀이 기업을 방문하여 기술보호 예방교육 및 보안점검 등 보호·지원활동을 하면서 신고망을 구축한다. 한편 기업의 기술보호 인식 개선과 신속한 사건 대응을 위하여 산업통상자원부·중소벤처기업부·특허청 등 기술보호 유관기관과 협조체제를 구축하고 있다.[21]

---

19 경찰청 홈페이지(http://www.police.go.kr). 2019. 11.
20 김항곤, 중앙대학교 박사논문, 2019, pp.21 – 22.

기술유출 관련 사건 전담팀 요원은 기술유출 수사 경험이 풍부한 자, 디지털 포렌식 수사전문가, 이공계통 전공으로 첨단기술에 대한 이해도가 높은 자 등을 혼합 구성하여 수사 시 각 분야별 수사역량을 극대화하고 있다. 또한 전 지방청에 산업기술유출수사 전문 상담요원을 운용함으로써 기술유출 피해 신고 시 법률 상담을 통한 신속한 구제 절차가 진행될 수 있게 하여 기술유출 피해를 최소화할 목적으로 운영되고 있다.

4) 군사안보지원사령부[22]

　　군사안보지원사령부는 군 보안업무, 군 방첩업무, 군 관련 정보의 수집·작성 및 처리, 군 범죄 수사, 기타 군사안보 지원업무 등을 수행하고 있다.

　　방위산업보안은 군 보안업무 중 하나이며, 첨단 방위산업기술의 유출이 국가안보에 치명적인 악영향을 초래한다고 판단하고, 국가안보수호 차원에서 방산스파이들로부터 국내 방산기술을 보호하는 것을 목표로 하고 있다. 따라서, 군사안보지원사령부의 산업스파이 대응은 방산기술에 국한된다고 할 수 있다.

　　군사안보지원 사령부는 2017년부터 한국산업기술보호협회 등 산업보안전문기관과 기술보호 관련 MOU를 체결하고 방산협력업체에 대한 보안컨설팅 등 방산보안활동 강화에 주력하고 있다. 주요 업무로는 방산업체 등을 대상으로 보안점검, 보안측정, 방산업체 보안담당자 보안교육 등의 방위산업보안업무와 보안조사 업무를 수행한다. 보안점검은 방산업체의 무기체계 연구·개발 지원과 방산기밀/첨단 방산기술 보호 및 IT발전 추세에 부합된 최상의 보안수준을 유지하도록 지원하는 등 방산보안 업무의 발전을 도모하고 있다. 보안측정은 방산업체의 보안취약점에 대한 대책을 강구하기 위하여 실시하는 것으로 시설·문서·정보통신 등 보안업무 전반에 걸친 보안취약요인을 종합적으로 진단하여 지원하고 있다. 또한 방산(관련)업체 보안담당자를 대상으로 정보화시대에 부합한 직무 지식 및 보안실무 능력을 향상시키기 위하여 정보화시대에 부합한 직무지식 및 보안실무능력을 함양시키기 위한 방산관련 보안관계자 소집교육을 지원하고 있다.

---

21 경찰청 브리핑, 2017. 10.
22 군사안보지원사령부 홈페이지(http://www.dssc.mil.kr/main.do?cmd=main). 2019. 11.

보안사고 조사는 군사기밀의 분실·유출·누설 및 해킹(침해)사고 발생 시 원인을 규명하고 대책을 제시한다.

5. 중앙행정부처

1) 산업통상자원부

산업통상자원부는 산업기술보호법 제5조에 의거, 산업기술의 유출방지 및 보호에 관한 종합계획을 수립·시행하고 있다. 종합계획에는 산업기술의 유출방지 및 보호에 관한 기본목표와 추진방향, 단계별 목표와 추진방안, 홍보와 교육에 관한 사항, 기반구축에 관한 사항, 기술의 연구개발에 관한 사항, 정보위 수집분석과 가공에 관한 사항, 국제협력에 관한 사항, 기타 필요한 사항 등 내용을 포함하고 있다.

산업통상자원부는 국내 첨단산업기술의 해외 불법유출 사건이 지속적으로 발생함에 따라 국부유출 예방차원에서 지정된 국가핵심기술 및 산업기술의 해외유출 방지를 위해 2006년 10월 27일 산업기술의 유출방지 및 보호에 관한 법률을 제정하여 종합적인 보호대책을 마련하였다. 동 법에 따라 산업통상자원부는 관계 중앙행정기관과 협의한 후 산업기술보호위원회의 심의를 거쳐 산업기술의 유출방지 및 보호에 관한 기본계획을 수립·시행하고 있다. 동 기본계획에 따라 각 정부부처에서는 구체적인 시행계획을 수립·시행한다.

산업통상자원부는 산업기술보호법 제7조에 따라 산업통상자원부장관 소속으로 '산업기술보호위원회'를 설치·운용하면서 산업기술의 유출방지 및 보호에 관한 사항을 심의하고 있다. 산업기술보호위원회는 ① 종합계획의 수립 및 시행에 관한 사항 ② 제9조의 규정에 따른 국가핵심기술의 지정·변경 및 해제에 관한 사항 ③ 제11조의 규정에 따른 국가핵심기술의 수출 등에 관한 사항 ④ 제11조의2에 따른 국가핵심기술을 보유하는 대상기관의 해외인수·합병등에 관한 사항 ⑤ 그 밖에 산업기술의 유출방지 및 보호를 위하여 필요한 것으로서 대통령령으로 정하는 사항 등을 심의한다.

또한 산업기술보호법 제7조 제5항은 산업기술의 유출방지 및 보호에 관한 사항을 전문적으로 검토하기 위하여 분야별 전문위원회를 두고 있다. 전문위원회는 ① 위원회의 심의사항에 대한 사전검토 ② 대통령령으로 정하는 바에 따라 위원회로부터 위임받은 사항 ③ 그 밖에 산업기술의 유출방지 및 보호를 위하여 필요한 실무적 사항으로서 대통령령으로 정하는 사항 등을 검토한다.

2) 중소벤처기업부[23]

중소벤처기업부는 중소·벤처기업에 관한 사무를 관장하는 기관으로서 중소·벤처기업의 경쟁력을 높이기 위해 산업기술 개발지원과 중소기업 산업기술보호를 지원하는 업무를 관장하고 있다.

중소벤처기업부는 산업보안 업무를 기술인재정책관실 기술보호협력과에서 담당하고 있으며, 중소기업의 기술유출 및 기술탈취에 대한 보호 및 지원을 위한 정책을 수립·시행하고 있다.

중소벤처기업부는 「중소기업기술 보호 지원에 관한 법률」(중소기업기술 보호법)을 제정하여 중소기업기술 보호를 지원하기 위한 기반 확충과 관련 정책을 수립·추진하는 등 기술보호 역량과 기술경쟁력 강화를 지원하고 있다. 동법에 따라 중소벤처기업부는 중소기업기술 보호계획의 수립, 중소기업기술 보호지침 제정, 기술자료 임치제도 활용, 중소기업기술 보호 진단, 해외진출 중소기업의 기술보호 등을 지원하고 있다.

중소기업기술보호법 제6조는 "중소벤처기업부장관은 중소기업기술 보호정책의 수립 및 추진을 위하여 대통령령으로 정하는 바에 따라 필요한 경우에는 관계 중앙행정기관의 장, 정보수사기관의 장, 관련 기관·단체 및 전문가에게 협의 또는 자문할 수 있다."라고 규정하고 있다. 제8조의2는 "중소기업기술 침해행위를 당한 중소기업 및 중소기업자는 그 사실을 중소벤처기업부장관에게 신고하고 필요한 조치를 요청할 수 있다. 중소벤처기업부장관은 신고를 받은 경우 침해행위 사실 조사를 위해 관련기관 사업자 등에 자료제출을 요구하거나 소속 공무원으로 하여금 그 사무소·사업장, 그 밖에 필요한 장소에 출입하여 장부·서류, 시설 및 그 밖의 물건을 조사하게 할 수 있다."고 규정하여 중소기업기술 보호 자문 및 침해사고에 대한 조사, 조치 등을 명시하고 있다. 중소기업기술보호법은

---

23 중소벤처기업부 홈페이지(https://www.mss.go.kr). 2019. 1.

중소기업의 기술보호를 지원하기 위한 것으로 행정조사기본법의 적용을 받는다.

주요 지원내용은 법 제9조(기술자료 임치제도 활용 지원), 제10조(국가연구개발사업 성과물의 보호 지원), 제12조(중소기업 기술보호 진단 및 자문 등), 제13조(해외진출 중소기업 기술보호), 제16조(기술보호 전문인력의 양성), 제18조(기술보호 관제서비스의 제공), 제19조(보안시스템의 구축 지원), 제23조(중소기업 기술분쟁조정) 등이 있다.

3) 특허청[24]

특허청은 산업통상자원부장관 소속 하에 특허·실용신안·디자인 및 상표에 관한 사무와 이에 대한 심사·심판 및 변리사에 관한 사무를 관장하는 업무를 담당하고 있다.

특허청은 부정경쟁방지 및 영업비밀보호에 관한 법률의 제·개정을 통해 기업의 영업비밀 보호를 강화하고 있다. 동 법은 영업비밀 침해 행위로 절취(竊取), 기망(欺罔), 협박, 그 밖의 부정한 수단으로 영업비밀을 취득하거나 그 취득한 영업비밀을 사용하거나 공개(비밀을 유지하면서 특정인에게 알리는 것 포함)하는 행위, 계약관계 등에 따라 영업비밀을 비밀로서 유지하여야 할 의무가 있는 자가 부정한 이익을 얻거나 그 영업비밀의 보유자에게 손해를 입힐 목적으로 그 영업비밀을 사용하거나 공개하는 행위 등을 규정하고 있다. 영업비밀 침해행위에 대하여는 손해배상청구, 금지·예방청구 및 형사적 처벌 등을 규정하여 영업비밀보호를 강화하고 있다.

특히 특허청은 영업비밀 침해 관련 소송 시 영업비밀 보유사실에 대한 입증부담을 완화하고, 영업비밀 보유자의 권익을 효과적으로 보호하기 위하여 "영업비밀 원본 증명" 제도를 도입하여 운영하고 있다. 부정경쟁방지 및 영업비밀보호에 관한 법률 제9조의2 제3항에는 "원본증명서를 발급받은 자는 전자지문의 등록 당시에 해당 전자문서의 기재 내용대로 정보를 보유한 것으로 추정한다."라고 그 효과를 명시하고 있다.

또 특허청은 "발명진흥법" 제41조에 근거하여 산업재산권 분쟁조정위원회를 설치하여 산업재산권 분쟁 시 법원이나 심판을 통해 해결하는 데 소요되는 비용과 시간을 절약할 수 있도록 당사자 간의 합의를 유도하는 산업재산권 분쟁조정

---

24 특허청 홈페이지(http://www.kipo.go.kr). 2019. 1.

제도를 운영하고 있다.

4) 방위사업청[25]

방위사업청은 2006년 1월 국방부, 합동참모본부, 각 군, 조달본부 등 8개 기관에 분산 운영되던 국방획득관련 조직 및 기능을 모두 통폐합하여 설립된 국방부 산하 중앙행정기관이다. 방위력 개선 사업의 수행, 군수품 조달, 방위산업 육성과 관련된 업무를 관장하면서 방위사업과 관련된 방산기술보호와 불법유출 차단 및 예방활동을 수행하고 있다.

방위사업청은 방위산업기술이 방위사업법, 대외무역법, 산업기술의 유출방지 및 보호에 관한 법률 등 여러 법률에 의하여 관리되면서 오히려 부실관리의 우려가 있다고 판단하였다. 따라서 2015년 12월 29일에 방위산업기술 보호법을 제정하여 국방분야의 방위산업기술을 지정하고 보호체계를 지원하며, 불법적인 기술유출을 적발·처벌하는 등 방위산업기술 보호를 강화하고 있다. 그러한 의미에서 방위사업청의 산업스파이에 대응은 방산기술에 국한된다.

방위산업기술보호 업무는 방위사업청 국방기술보호국에서 담당하고 있는데, 국방기술보호국은 국방기술 정책 및 제도를 수립하여 빠르게 변화하는 기술 환경에서 기술 기획부터 보호·관리 업무를 수행하고 있으며, 선진국 수준의 국방기술 보호를 위하여 제도적 기반과 보호대상 기술을 파악하고 관리하는 체계를 구축하고 있다.

방위사업청은 방위사업기술보호 종합계획에 따라 방위산업기술에 대한 통제목록 선정 및 분류 등 방위산업기술을 관리하고 있다. 방위산업 기술보호 활동으로는 방산기술보호 기반을 구축하여 수출 상대국에 대한 최종 사용자 모니터링을 실시, 방산기술보호의 중요성에 대한 공감대 확산을 통해 방산기술보호 인식과 역량 제고, 방위산업기술 보호를 위한 유관기관 공조체계 구축 등을 수행하고 있다. 또한, 다자간 국제수출통제체제의 원칙에 따라 국제평화 및 안전유지, 국가안보 및 기술보호 등을 위하여 전략물자·방산물자 및 국방과학기술을 수출·중개·경유·환적·수입하는 등의 행위 시 정부의 허가를 받도록 수출입 통제 업무

---

25 방위사업청 홈페이지(http://www.dapa.go.kr). 2019. 1.

를 수행하고 있다.

5) 과학기술정보통신부 등 행정부처

과학기술정보통신부는 과학기술정책과 정보통신기술에 관한 사무를 관장하는 기관으로서 다양한 과학기술 및 산업기술의 국가연구개발사업을 추진하고 있다.

과학기술정보통신부 등 행정부처는 국가연구개발사업을 추진하는 한편, 국가연구개발사업의 성과가 외부로 유출되는 것을 막기 위하여 국가연구개발사업에 대한 보안관리 업무도 관장하고 있다.

과학기술기본법 제16조의2(국가연구개발성과의 보호와 보안) 제2항은 "중앙행정기관의 장 및 국가연구개발사업을 수행하는 연구기관의 장은 국가연구개발사업의 성과가 외부로 유출되지 아니하도록 보안대책을 수립·시행하여야 한다."고 규정하고 있다. 과학기술정보통신부는 국가연구개발사업의 보안에 관한 대상 및 방법 등에 관하여 필요한 사항을 규정한 "국가연구개발사업의 관리 등에 과한 규정"(대통령령)에 의거하여 국가연구개발과제에 대한 보안업무를 관리하여 왔으나, 2020년 '국가연구개발혁신법'이 제정되면서 같은 법률로 통합되었다.

국가 연구개발혁신법은 정부 부처마다 국가연구개발사업의 추진 근거와 절차가 달라 연구 현장의 행정력 낭비와 불편함을 초래함에 따라 국가연구개발관리 규정을 하나로 합쳐서 체계화한 것이다. 따라서 그동안 대통령령으로 관리되어 오던 국가연구개발사업의 보안업무도 법률적 근거를 갖게 되었다.

6. 민간의 산업스파이 대응기관

1) 한국산업기술보호협회[26](KAITS)

산업통상자원부는 산업기술보호법 제16조(산업기술보호협회의 설립 등)에 의거, 산업기술의 유출방지 및 보호에 관한 시책을 효율적으로 추진하기 위하여 한국

---

26 한국산업기술보호협회 홈페이지(http://www.kaits.or.kr). 2019. 1.

산업기술보호협회를 설립하고 민간차원의 자율적인 산업기술보호활동을 수행하도록 하고 있다.

본 협회의 주요 활동내용은 ① 산업기술보호를 위한 정책의 개발 및 협력 ② 산업기술의 해외유출 관련 정보 전파 ③ 산업기술의 유출방지를 위한 상담·홍보·교육·실태조사 ④ 국내외 산업기술보호 관련 자료 수집·분석 및 발간 ⑤ 국가핵심기술의 보호·관리 등에 관한 지원 업무 ⑥ 산업기술분쟁조정위원회의 업무지원 ⑦ 산업보안전문가 양성을 위하여 산업보안관리사 자격증 제도 운영 ⑧ 산업기술보호지침 및 매뉴얼 작성·배포 등이 있다.

산업기술보호 실태조사는 산업기술보호법 제17조(산업기술보호를 위한 실태조사) 제2항에 근거, 산업통상자원부의 위임을 받아 산업기술을 보유하고 있는 대상기관 및 관련 단체에 대하여 관련 자료의 제출이나 조사업무의 수행에 필요한 협조요청 등 실태조사를 실시하고 있다.

산업보안관리사 자격증제도는 산업현장의 기술유출을 방지하기 위한 산업보안 활동의 일환으로, 현장에서의 보호 가치대상(인력·관리, 설비·구역, 정보·문서 등)을 내·외부 위해요소로부터 침해되지 않도록 예방·관리 및 대응하는 역할을 수행하는 전문가를 양성하기 위한 것으로 국가공인 산업보안관리사 자격시험을 통해 합격한 자에 한하여 "국가공인 산업보안관리사" 자격을 부여하고 있다.

특히 산업기술보호협회는 중소벤처기업부와 합동으로 "중소기업 기술지킴 서비스"를 운영하고 있다. 중소기업 기술지킴 서비스는 산업기술의 발전과 중요성이 높아짐에 따라 해킹 등 각종 보안사고로 인한 시스템 중단과 기술유출로 인한 생산성 저하 등 기술보안이 취약한 중소기업의 피해가 증가함에 따라 중소기업을 대상으로 보안관제서비스, 내부정보 유출방지서비스, 악성코드·랜섬웨어 탐지서비스 등을 지원하고 있다.

2) 대·중소기업·농어업협력재단[27]

대·중소기업·농어업협력재단은 2007년 대·중소기업협력재단으로 출범하였

---

27 대·중소기업·농어업협력재단 홈페이지(https://www.win−win.or.kr), 2019. 11.

그림 2-1 기술자료 임치제도 이용사례

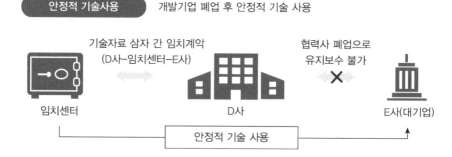

기술유출 방지 유출된 기술자료의 개발사실 입증

임치센터 ─ 임치물 요청·교부 → G사 ─ 퇴사시 기술유출 → A씨(생산팀장)

기술개발 사실 입증

- 2015년 G사의 생산팀장 A씨가 퇴사하면서 이메일, 저장 장치 등을 통해 핵심기술을 경쟁업체에 빼돌려 복제품을 생산하는 피해가 발생함
- G사는 기술임치로 보호하던 기술자료를 증거로 지방검찰청에 제출하고 생산팀장이 유출한 자료를 압수·분석하여 동일함을 입증함
- 전 생산팀장과 관련자들을 부정경쟁방지 및 영업 비밀보호에 관한 법률 위반, 형법상 업무상 배임 등의 혐의로 입건

안정적 기술사용 개발기업 폐업 후 안정적 기술 사용

임치센터 ─ 기술자료 삼자 간 임치계약 (D사–임치센터–E사) → D사 ─ 협력사 폐업으로 유지보수 불가 ✕ → E사(대기업)

안정적 기술 사용

- 2015년 차량 검침 소스코드 개발기업 D사는 기술 사용 대기업 E사 및 임치센터와 10년간 삼자 간 임치계약을 체결
- 2017년 기술자료 개발기업 D사가 폐업하면서 임치된 기술을 공급받던 대기업 E사는 해당 시스템의 유지보수가 어렵게 됨
- 대기업 E사는 개발기업 D사의 폐업사실 증빙자료를 기술 자료 임치센터(재단)에 제출, 임치물을 교부받아 시스템 유지보수를 원활히 수행

으나 2017년 '대·중소기업 상생협력 촉진에 관한 법률'이 개정되면서 "대·중소기업·농어업협력재단"으로 명칭을 변경하였다.

대·중소기업·농어업협력재단은 대·중소기업·농어업 해외시장 동반진출, 공동 R&D, 상생청년창업 등 협력 사업을 지속적으로 추진하고, 성과공유 등 우수협력

모델 발굴과 함께 동반성장위원회의 민간 자율 상생문화 확산을 지원하여, 공정한 환경에서 함께 성장해 나가는 산업 생태계 조성하는 등을 목적으로 설립되었다.

특히 대·중소기업·농어업협력재단은 '대·중소기업 상생협력 촉진에 관한 법률' 제24조의2(기술자료 임치제도)에 따라 기술자료 임치제도를 운영하고 있다.

기술자료 임치제도는 기업의 핵심 기술자료 및 영업비밀을 기술자료 임치센터에 안전하게 보관하여 해당 기업의 기술개발 사실을 입증하는 제도이다. 수·위탁기업간 거래관계에서 수탁기업(중소기업)은 '기술자료 임치제도'를 활용하여 핵심기술의 유출을 사전에 방지하고, 위탁기업(대기업, 공공기관 등)은 기술의 안정적 유지와 지속적인 사용이 가능하여 기술자료 보호 및 멸실 방지 등의 효과를 가지게 된다.

3) 한국지식재산보호원[28]

특허청 산하 한국지식재산권보호원은 국내외 지식재산권 보호기반 조성 및 유관기관 협력 네트워크를 유기적으로 구축함으로써 지식재산에 대한 보호를 체계적·효율적으로 추진하여 국내 산업발전, 과학기술 보호 및 지식재산분야의 국제경쟁력 강화에 기여함을 목적으로 설립되었다.

한국지식재산보호원 '영업비밀보호센터'는 기업의 영업비밀 보호인식 제고 및 관리역량 강화 지원업무를 담당하고 있다. 주요 업무는 중소·중견기업의 영업비밀 보호를 위해 교육 및 컨설팅, 영업비밀 보호와 관련된 법제도와 관리방안 등 온·오프라인 상담, 영업비밀 유출피해와 관련한 법률자문, 영업비밀 비밀관리성 입증에 유용한 영업비밀 관리시스템 보급, 영업비밀 원본증명서비스 등이다.

영업비밀 원본증명은 '부정경쟁방지 및 영업비밀보호에 관한 법률' 제9조의2에 따라 영업비밀 보유자는 영업비밀이 포함된 전자문서의 원본 여부를 증명받기 위하여 그 전자문서로부터 추출된 고유의 식별값(전자지문, 電子指紋)을 등록할 수 있도록 하고 있으며, 원본증명서를 발급받은 자는 전자지문의 등록 당시에 해당 전자문서의 기재 내용대로 정보를 보유한 것으로 추정한다.

---

28 한국지식재산보원원 홈페이지(http://www.koipa.re.kr), 2019. 11.

그림 2-2 서비스 개요

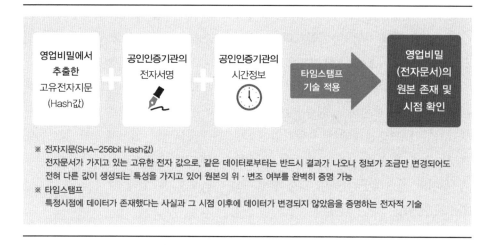

※ 전자지문(SHA-256bit Hash값)
전자문서가 가지고 있는 고유한 전자 값으로, 같은 데이터로부터는 반드시 결과가 나오나 정보가 조금만 변경되어도 전혀 다른 값이 생성되는 특성을 가지고 있어 원본의 위·변조 여부를 완벽히 증명 가능
※ 타임스탬프
특정시점에 데이터가 존재했다는 사실과 그 시점 이후에 데이터가 변경되지 않았음을 증명하는 전자적 기술

제3절 산업보안조사와 방법[29]

1. 산업보안조사 준비

1) 대상

산업보안조사 대상은 산업체 내의 모든 직원과 그 산업체와 관계를 맺고 있는 계약 업체 직원 중에서 산업보안 문제 발생과 관련하여 직접적인 관계가 있거나 참고인으로써 사건에 대한 조사에 필요한 정보를 제공할 사람으로 정한다.

2) 장소

산업보안조사 장소는 피조사자가 불편을 느끼지 않도록 피조사자의 사무실이나 회의실에서 편안하게 진행되어야 더 많은 내용을 자연스럽게 청취할 수 있

---

29 해당 제3절은 한국산업보안연구학회, 산업보안학, 박영사, 2019, pp.335-344의 내용을 재인용.

다. 보안실 같은 곳에서의 조사는 피조사자로 하여금 마치 혐의를 받아 곧 어떤 법적 절차가 진행될 수 있다는 불안감을 줄 수 있기 때문에 조사자가 원하는 질문에 대한 답변을 듣기가 어려울 수 있다.

3) 시기

산업보안조사 시기는 크게 두 가지로 나눌 수 있다. 첫째, 사고가 발생한 직후에 절차에 따른 사후 처리를 위하여 행하는 것이다. 둘째, 사고 여부의 인지와 관계없이 정기적 또는 부정기적으로 취약할 것이라고 생각되는 부서 또는 장소에 대하여 실시할 수 있다.

2. 산업보안조사 방법

1) 인터뷰

산업보안조사의 가장 기본적인 단계는 관련자에 대한 인터뷰이다. 영미권 사법기관에서는 인터뷰(interview)와 인터로게이션(interrogation)을 구분지어 인터뷰는 인터로게이션을 행하기 전에 좀 더 캐쥬얼하게 행하는 사전 심문의 개념으로 소개하고 있다.[30] 민간분야에서는 법적 구속력을 가지고 행하는 것이 아니므로 인터뷰 그 자체가 포괄적인 심문이라고 해도 과언이 아니다. 하지만 법적인 구속력이나 강제성을 동반하지 않고 행하는 것이기에 인터뷰 방식에 있어서 조사관의 역량과 경험이 아주 중요하다. 외국에서는 전직 정보요원이나 수사요원이 민간분야의 조사관으로 많이 활동하고 있기에 이러한 점이 우리나라에서 염려하는 것과 같은 문제가 되지는 않는다.

인터뷰의 가장 핵심은 중요한 정보의 수집에 있다. 인터뷰를 통해서 조사관은 조사하는 내용과 행위에 대한 정보를 도출하여야 한다. 예를 들어 조사내용을 통하여 용의자와 피해자의 관계 그리고 용의자의 알리바이 또는 범죄현장 출입을 밝혀

30·31 Inbau, F., Reid, J., Buckley, J & Jayne, B. (2004). Criminal Interrogation and Confessions. Sudbury : Jones and Bartlett Publishers.

낼 수 있다. 그러므로 조사관은 인터뷰하는 동안 피조사자가 인터뷰 질문에 어떻게 반응하는지 자세히 관찰하여야 한다. 앉은 자세, 시선접촉, 얼굴표현 그리고 단어의 선택 등으로 피조사자가 진실을 말하는지 여부를 알 수 있다. 이러한 인터뷰 과정을 통하여 궁극적으로는 조사관이 피조사자에 대한 신뢰도를 측정할 수 있다.

국가 수사기관의 조사와 유사하게 인터뷰 자체가 어느 정도 심문의 성격을 가지고 있기에 조사관은 피조사자에 대한 인터뷰를 준비함에 있어서 치밀한 준비가 필요하다. 아래는 조사관이 인터뷰를 행함에 알아두어야 할 목록이다.

---

① 조사관은 인터뷰 전에 알려진 모든 상황에 대한 이해가 필요하고 범행 환경에 대한 정보도 알고 있어야 한다.

② 조사관은 인터뷰를 행할 때 가장 범죄 관련성이 없는 사람부터 시작하여 관련성이 많은 사람으로 진행하여야 한다.

③ 피해자가 있는 범죄에 있어서는 피해자에 대한 인터뷰가 가장 먼저 실시되어야 한다. 특히나 제3의 목격자나 증인이 없는 범죄에 대해서는 피해자의 증언이 범죄를 입증하는 가장 중요한 단서가 된다.

④ 정황적 증거나 물증이 특정인을 지목한다면 대체로 그 특정인이 범행을 저지른 사람이라고 볼 수 있으므로 염두에 두고 인터뷰를 행하여야 한다. 인터뷰 전에 피조사자의 직장 내 또는 사회적 지위나 어떠한 배경이 조사관에게 선입감을 주어서는 안 된다.

⑤ 때에 따라서는 사건의 최초 신고인이나 최고 경영진이 관련되어 있을 가능성 또한 염두에 두어야 한다.

---

2) 공공자료 조사

공공자료 조사는 피조사자에 대한 정보를 공공 정보망을 통하여 알아보는 것으로 범죄사실 입증에 필요한 개연성을 밝혀낸다거나 범죄 사실을 입증할 수 있는 증거를 찾아내는 데 필요한 조사이다. 일반적으로 공시정보라고 하면 아래와 같은 정보들을 말한다.[32]

---

32 딜로이트안진회계법인, 포렌식 업무의 이해, 새빛에듀넷, 2008, pp.133 - 134.

① 범죄기록	⑧ 법원기록
② 세무기록	⑨ 법인설립기록
③ 금융감독원 등록서류	⑩ 차량등록정보
④ 미디어정보	⑪ 기업관련 재무, 경영, 주주관계 정보
⑤ 보유자산정보	⑫ 인맥정보
⑥ 학력정보	⑬ 경력정보
⑦ 연금 및 건강보험정보	⑭ 인터넷사이트 가입정보

위에 열거한 공시정보 중에 대부분은 정보의 접근이나 획득이 민간분야에서는 "개인정보 보호법"에 의하여 사실상 어려운 것이 현실이다. 산업보안조사가 활발하게 이루어지려면 정부 정보데이터에 대한 접근이 허용되어야 할 것이다. 우리나라보다 산업보안이 발달한 국가에서는 산업보안 관련 회사들이 이러한 개인정보에 합법적으로 접근이 가능하기 때문에 어려움 없이 산업보안조사를 행할 수 있는 것이다.

3) 현장조사

산업보안조사에서 현장조사는 실질적으로 산업보안과 관련된 사건이 발생하였을 때 그 사건의 현장에 대한 조사행위를 말하는 것이다. 산업보안과 관련된 사건의 장소는 기업체의 사무실, 공장, 도/소매업장, IT보안부서 등 다양하므로 어느 특정한 곳을 배경으로 한 현장조사 매뉴얼은 존재하지 않는다. 현장조사가 필요한 사건은 주로 기업의 유형적인 자산 손실이 발생한 사무실이나 공장을 대상으로 실시한다. 현장조사는 범인이 현장을 침투 및 탈출한 상황을 파악하기 위하여 CCTV 자료 판독, 출입기록 조회, 통신자료 등의 조사로 용의자를 가려내고, 법률적인 조치를 취할 경우에 대비하여 범죄 현장에 대한 물리적인 증거 수집과 촬영 등 사전 준비를 하여야 한다.

컴퓨터 시스템이나 네트워크 침해 사고에 대하여서는 디지털 포렌식 기법을 이용한 현장조사를 하여야 할 것이다. 일반적으로 현장조사를 하는 이유는 피조사자에 대한 인터뷰와 공시정보를 토대로 사실 관계를 확인한 뒤 거기에서 얻어진 정보들 간의 관계를 알아보고 범죄 사실을 확인하기 위해서 행하는 것이다. 현장조사에서 유의할 점은 영장이 없이도 출입이 가능한 곳에서만 조사에 임하여야 한다는 것이다.

디지털 포렌식은 제7장에서 자세히 다루고 있다.

제**3**장

행정조사기본법

03장 | 행정조사기본법

　산업보안조사제도에서 우선 살펴보아야 할 것은 행정조사기본법상의 행정조사에 대한 내용이다. 산업기술보호법은 제17조와 동법 시행령 제22조에서 실태조사를 규정하고 있다. 제17조에 의한 실태조사는 행정기관이 정책을 결정하거나 직무를 수행하는 데 필요한 정보나 자료를 수집하기 위하여 현장조사·문서열람·시료채취 등을 하거나 조사대상자에게 보고요구·자료제출요구 및 출석·진술요구를 행하는 활동을 말한다. 따라서 제17조에 의한 실태조사는 원칙적으로 행정조사기본법에서 규정한 행정조사에 관한 기본원칙과 행정조사의 방법 그리고 절차 등을 준수하여야 한다.

　그러나 산업기술보호법 제15조에 의한 기술침해행위에 대한 조사는 제17조에 의한 실태조사와 그 성격이 다르다. 제15조에 의한 조사는 행정조사기본법의 예외에 해당한다고 할 수 있다. 제15조에 의한 조사는 형사적 처벌을 전제로 한 형사소송법상의 수사에 필요한 조사와 유사한 특성을 갖고 있다. 본 장에서는 우선 제17조 의한 실태조사와 관련하여, 행정조사기본법이 정한 행정조사의 내용과 절차 그리고 형식 등을 설명하고자 한다.

1. 행정조사의 의의

1) 개념

행정조사기본법은 행정조사에 관한 기본원칙·행정조사의 방법 및 절차 등에 관한 공통적인 사항을 규정함으로써 행정의 공정성·투명성 및 효율성을 높이고, 국민의 권익을 보호함을 목적으로 한다(행정조사기본법 제1조, 이하 동법). 행정조사란 행정기관이 정책을 결정하거나 직무를 수행하는 데 필요한 정보나 자료를 수집하기 위하여 현장조사·문서열람·시료채취 등을 하거나 조사대상자에게 보고요구·자료제출요구 및 출석·진술요구를 행하는 활동을 말한다(동법 제2조 1호).

행정조사기본법은 일반법이며, 개별법에서 행정조사를 정하는 경우가 있다. 경찰관직무집행법 제3조의 불심검문, 소방기본법 제29조의 화재조사·국세징수법 제27조의 질문 검사권, 감염병의 예방 및 관리에 관한 법률 제42조의 조사 등을 들 수 있다.

그런데 그동안 행정조사의 개념과 성질에 대해서는 다양한 논의가 있었다. 특히 행정조사의 법적 지위를 어떻게 설정할 것인가에 대해서는 견해가 다양하다. ① 행정조사를 행정상 즉시강제에 포함되는 것으로 해석하는 견해가 있다.[1] 행정조사가 강제성을 갖는 경우 그 한도에서 본질적으로 행정상 즉시강제와 성질을 같이 하는 것으로 본다. ② 행정조사를 권력적 조사에 초점을 두고 이를 파악하는 견해이다.[2] 이는 행정조사기본법이 행정조사에 권력적 조사와 비권력적 조사 양자를 포함하고 있는 것처럼 행정조사의 개념에서 비권력적 조사를 배제하는 것은 아니다. 다만 국민의 권리·이익의 보호 등과 관련하여 문제가 되는 것은 비권력적 행정조사보다는 권력적 조사활동에 있다는 점을 고려한 견해이

---

[1] 김도창, 일반행정법론(상), 청운사, 1992, pp.593 – 594.
[2] 김유환, 현대행정법강의, 법문사, 2019, p.294. 비권력적 조사는 법학적 관점에서 볼 때 논의의 실익이 거의 없다고 한다.

다.3 ③ 비권력적 조사도 당연히 포함된다는 견해이다. 행정조사는 권력적인지 비권력적인지 여부보다 행정에 필요한 정보를 수집하는 활동이라는 점에 중점이 있고, 권력적이든 비권력적이든 모든 행정조사에 있어 법적 통제를 가할 필요성이 있다는 점을 그 근거로 비권력적 조사를 포함한 행정 주체 일체의 조사 작용을 행정조사로 본다.4

그런데 행정조사기본법상 행정조사의 개념규정에 의하면, 행정주체가 정보나 자료를 수집하기 위하여 하는 행위라면 그 행위가 권력적이든, 비권력적이든 모두 동법의 행정조사 개념에 포함시키고 있다. 행정조사의 개념을 실정법의 규정대로 해도 문제가 없다고 본다. 하지만 행정기관이 필요한 자료나 정보를 수집하는 형태와 방법이 매우 다양하다. 따라서 이를 모두 행정조사의 개념과 범주로 할 경우 어떠한 방법으로 운용하고 통제할 것인가 하는 점은 과제다. 국민의 기본권 보장과 행정의 효율성이라는 관점에서 이를 조화롭게 운영할 필요가 있다.

2) 행정조사와 수사

행정조사와 수사는 행정작용을 수행하는데 필요한 수단이다. 행정조사는 국가와 지방자치단체 등이 행정활동을 적정하게 실행하는 데 필요한 정보나 자료를 수집하기 위해 행하는 권력적 내지 비권력적 조사활동을 말한다. 행정조사는 일반 행정 결정을 위한 행정의 활동이라는 점에서, 범죄를 인지하고 범인을 검거하여 공소를 제기하며 판결까지 받도록 하는 수사 활동과 구별한다.5 행정조사를 통하여 위법에 해당하면 행정형벌, 과태료, 통고처분, 영업정지, 직장폐쇄, 대집행 등 행정적 제재를 할 수 있다. 일반적으로 수사란 범죄의 혐의 유무를 명백히 하여 공소제기와 유지여부를 결정하고자 범인을 발견 내지 확보하고 증거를 수집·보전하는 수사기관의 활동이다. 즉, 범죄의 유무와 범인의 체포 및

---

3 김동희, 행정법 I, 박영사, 2014, pp.497-498. 그러나 행정조사기본법에 맞추어 행정조사에 권력적 조사와 비권력적 조사를 포함하는 것으로 견해를 변경하였다.
4 홍정선, 행정법특강, 박영사, 2014, p.473.
5 이재구·이호영, "수사로 활용될 수 있는 행정조사의 법적 쟁점 – 실무자의 관점에서", 법학논총 제 35집 2호, 2018, pp.415-441 : 417.

증거 수집을 위한 수사기관의 활동이라고 할 수 있다.[6] 수사의 결과 피의자의 범죄혐의가 입증되면 징역, 벌금 등 형벌을 부과한다. 수사는 형사재판이라는 종국적 재판에서 유죄판결을 유도해내기 위한 수사기관의 활동으로 공소제기 및 유지를 위한 수사기관의 활동이자 범죄에 대한 처벌 등의 형사재판에 필요한 수단이다.

그런데 행정조사와 수사의 목적은 행정활동을 통해 국가임무를 행하는 것이라는 점에서 공통적이다. 또한 행정조사와 수사는 객관적 사실을 발견하기 위한 조사활동이다. 하지만 행정조사는 자료와 정보를 수집하여 행정결정을 하기 위한 것이다. 수사는 위법여부를 판단하고, 범죄의 유무를 확정하기 위한 조사활동이다. 또한 주체의 측면에서 볼 때 차이가 있다. 행정조사는 주로 행정기관의 행정작용을 위한 것이지만 수사는 검찰과 경찰 등의 사법기관이 범죄혐의에 관한 증거나 위법 자료를 수집한다. 행정조사의 결과가 수사와 연계되기도 한다. 하지만 행정조사는 단순한 정보수집에 그치는 경우도 있다.

행정조사와 수사는 조사를 거부할 때 강제할 수 있는 방법에서도 차이가 있다. 행정조사의 경우 피조사자자가 조사를 거부할 때 수색이나 구인하는 등의 직접적인 실력행사를 통하여 강제적으로 조사하는 데에 한계가 있다. 행정조사를 거부하는 경우 행정형벌이나 과태료 등을 부과하는 간접강제를 통하여 제재를 가할 수 있다. 하지만 수사의 경우 피의자가 조사를 거부하면 법관이 발부한 압수·수색영장이나 체포·구속영장을 통하여 직접적으로 실력행사를 함으로써 강제로 수사할 수 있다. 수사의 경우 형사소송법에 피의자의 인권보호를 위한 다양한 통제장치가 규정되어 있다. 수사의 과정에서 변호사의 조력을 받을 권리나 진술거부권이 보장된다. 그러나 행정조사의 경우 인권보장 장치가 미흡하고, 피조사자가 자료제출 명령에 불응할 경우 벌칙을 부과하고 있다.[7]

---

6 이재상·조균석, 형사소송법, 박영사, 2015, p.187.
7 백상진, "수사절차와 관련된 행정조사의 통제방안에 관한 연구", 한국경찰학회보 제18권 제1호, 2016, pp.109 – 138 : 114.

3) 행정절차와 행정조사

행정절차법은 제1조에서 명시하고 있듯이 정확한 행정결정을 통하여 행정의 공정성·투명성·신뢰성을 확보하고 국민의 권익을 보호함을 목적으로 한다. 행정절차는 1차적으로 행정의 올바른 결정을 담보하고 이를 통하여 국민의 권익을 보호하는 기능을 한다. 즉, 국민이 행정결정에 참여함으로써 행정결정의 객체가 아니라 행정청과 더불어 절차의 주체가 된다는 것을 의미한다. 행정절차법은 국민의 행정참여를 보장하여 민주주의 원리를 실현하고, 행정의 공정성과 적법성을 보장하여 법치주의 이념을 실현하고자 한다.

그러나 행정조사는 행정절차법의 적용범주와 적용제외사항에 관한 규정에 따라 그 대상이 아니다. 행정절차법은 제3조에서 "처분, 신고, 행정상 입법예고, 행정예고 행정지도의 절차에 관하여 다른 법률에 특별한 규정이 있는 경우를 제외하고는 이 법에서 정하는 바에 따른다."고 규정하고 있다. 따라서 행정계약, 행정상 강제집행, 행정상 즉시강제, 행정조사 등은 행정절차법에 의한 규제 대상이 아니다.[8]

4) 행정조사의 기능

행정조사의 본래적 목적은 법령위반 여부 확인, 규제여부 결정, 정책에 필요한 통계자료 수집 등을 위한 것이다. 즉, 행정조사의 기능은 정책수립에 필요한 자료의 수집, 법 위반 여부에 관한 실태파악 및 필요한 행정처분과 행정규제를 효과적으로 수행하기 위한 활동이다. 행정기관이 효율적이고 적정하게 행정작용을 펼치기 위해서는 당해 행정작용과 관련된 자료나 정보를 수집하고 처리하는 과정이 필요하다. 행정조사의 결과를 분석하여 제도의 개선과 법령 정비 등 실효성 있는 정책을 수립하여야 한다. 그러나 행정조사는 국민의 입장에서 보면 권리·의무에 중대한 영향을 가져오는 결과와 연계되기도 하므로 정당성과 적법성을 확보하여야 한다.

행정조사의 기능으로는 ① 개인이나 기업이 법령을 위반하고 있는지의 여부

---

8 정영철, "행정절차법의 미래 방향", 공법연구, 2017. 6. 30., Vol.45(4), pp.123－151.

를 확인하는 것이다. 행정조사의 결과, 법 위반이 확인되면 관계기관은 제재 등의 규제권한을 행사한다. 이와 같은 기능은 규제를 가진 감독기관의 기본적 업무이다. 이들 감독기관들은 행정조사 결과 규제를 신설하여야 하거나 정비하여야 할 경우에는 관련 법령을 제정 혹은 개정하게 된다. ② 제품이나 용역에 대하여 규제 여부를 결정하는 기능이다. 행정조사를 통해 기업의 활동을 모니터링하고 사업자에 대해 규제 조치를 취할지 여부를 결정하게 된다. 뿐만 아니라 사전 예방적 규제의 성격을 갖는 각종 인허가의 판단을 위해 행정조사를 실시한다. ③ 정부가 복잡하고 급변하는 환경에 대해 효과적으로 대응할 수 있는 정보를 제공해 주는 역할을 한다. 즉, 정부의 정책수립이나 기업의 경제활동에 필요한 통계를 확보하는 것이다. 행정조사의 결과는 행정수요의 예측이나 행정계획수립 등에 이용된다. 또한 행정기관은 행정조사를 통해 수집한 자료를 특정한 행정처분을 행하는 근거자료로 사용하기도 한다.[9]

5) 행정조사의 유형

행정조사는 수행 방식이나 조사 내용에 따라 다양한 방식으로 수행되고 있다. 실제 행정조사가 이루어지는 구체적인 방법은 개별 실정법에 다양한 모습으로 규정되어 있다. ① 행정조사는 조사 상대방에게 수인의무가 있는지의 여부에 따라 강제조사와 임의조사, 권력적 조사와 비권력적 조사로 분류된다. ② 조사 방법에 따라서는 능동적 조사와 수동적 조사, 직접적 조사와 간접적 조사로 구분된다. ③ 조사를 행하는 단계를 기준으로 내부 조사와 현장 조사, 예비 조사와 본 조사로 구분할 수 있다. ④ 조사대상에 따라서는 개별적 조사와 일반적 조사, 대인적 조사·대물적 조사·대가택 조사로 구분할 수 있다. ⑤ 행정영역에 따라서는 경찰행정상의 조사, 복리행정상의 조사, 재무행정상의 조사, 군사행정상의 조사 등으로도 구분된다.[10]

행정조사는 그 목적에 따라 다음과 같이 분류할 수 있다. ① 행정기관이 기업의 전반적 업무상황 등을 파악하기 위하여 실시하는 관리감독 차원의 조사이

---

9 김 신, 행정부담 감축을 위한 행정조사의 개선에 관한 연구, 한국행정연구원, pp.23 – 24.
10 김유환, 앞의 책, p.295 ; 홍정선, 앞의 책, p.474 ; 김동희, 앞의 책, pp.499 – 500.

다. 금융기관의 재산·업무의 건전성 검사(보험업법 제14조, 은행법 제48조) 등이 해당한다. 그런데 관리감독 차원의 행정조사는 법률에 규정된 특정 기업을 대상으로 실시하며, 기본적으로 임의적이고 일상적인 차원에서 이루어진다는 특색이 있다.

② 사업자의 법 또는 규제 위반사실을 확인하기 위한 행정조사이다. 이 경우의 행정조사는 해당 조사결과 의무위반자에 대해 제재나 의무이행 확보를 위한 행정처분이 따르게 된다. 공정거래위원회의 부당내부거래 조사, 부당공동행위 조사 등(공정거래법 제50조)이 이에 해당한다. 특히 행정조사의 결과에 따라 의무위반자에 대해서는 제재나 의무이행 확보를 위한 행정처분이 행하여진다. 그러므로 이러한 유형의 행정조사는 권력적 행정조사에 해당하며, 법령의 근거가 반드시 필요하다.

③ 행정처분의 전 단계로서 사실 확인을 위한 행정조사가 있다. 주로 세무분야의 조사가 이에 해당하며 세액결정 등 부과처분을 위한 조사(소득세법 제170조, 법인세법 제122조)가 이에 속한다. 구체적인 행정처분을 위한 전제요건으로서의 사실조사라는 점에서 국민의 권리의무와 직접적으로 관련된다. 따라서 형식은 임의적 조사를 기초로 하지만 보충적으로 강제적 수단이 사용될 수 있기 때문에 법률의 유보원칙을 준수하여야 한다.

④ 실태조사로서 행정기관이 행정계획의 수립·정책의 입안 등을 위하여 전반적인 동향과 실태를 파악하기 위한 행정조사이다. 인력수급 실태조사(고용정책기본법 제10조), 독과점시장구조 조사(공정거래법 제3조), 연안 실태조사(연안관리법 제26조) 등이 이러한 실태조사의 예이다. 이 경우 행정조사는 임의적이며 일반적인 행정조사의 방식으로 행하게 된다.[11]

6) 행정조사 현황

행정조사는 행정기관이 정책결정 등을 위하여 실시하는 현장조사·문서열람·시료채취 및 보고·자료제출·출석·진술 요구 등을 말한다. 정부는 행정조사의

---

11 김 신, 앞의 보고서, pp.15 – 16.

원칙·방법·절차 등을 명확히 하기 위하여 정부의 각 부처는 행정조사기본법에 따라 매년 '행정조사운영계획'을 수립하여 국무조정실에 제출하고, 국무조정실은 행정조사의 실태 확인과 점검을 하고 있다.

정부 보고서에 의하면 매년 500여 건의 행정조사운영계획이 제출되고 있다. 그러나 법 적용대상 행정조사 전반에 대한 실태 파악은 미흡하였다고 진단하고 있다. 정부 각 부처의 행정조사관련 제출 현황을 보면 2008년에는 419건, 2012년에는 405건, 2016년에는 594건 그리고 2017년에는 561건 등이었다.[12]

그런데 행정조사가 국민과 중소기업의 입장에서 보면 대표적인 불편·부담 사항으로 인식되고 있다.[13] 그런데도 불구하고 그동안 정확한 실태파악이나 정비는 실시되지 아니하였다고 한다. 2015년도 중소기업 행정부담 인식조사에 의하면 기준척도 100을 기준으로 할 때 행정조사 137, 법인세 121, 환경규제 102, 진입규제 67 등으로 나타났다.[14] 이러한 과제를 해결하고자 정부는 행정조사기본법이 제정된 이후 10년 만에 처음으로 행정조사에 대한 전수 조사를 실시하였다. 정부는 2017년 국무조정실과 중소기업연구원 그리고 법제연구원, 중소기업 옴부즈만 공동으로 행정조사 운영 실태를 점검하고, 그 결과를 발표하였다. 전수 점검결과를 종합하면 기준일인 2017년 11월 말 현재 행정조사는 27개 부처에 총 608건이 실시되고 있다. 부처별로는 국토부, 환경부, 농식품부, 고용부 순이었다. 구체적으로 국토부 91건, 환경부 76건, 농식품부 51건, 고용부 45건, 식약청 44건, 과기부 37건, 통계청 34건, 해수부 30건, 교육부 26건, 복지부 23건, 관세청 22건, 방통위 21건, 여가부 16건, 산업부 15건, 행안부 16건, 문체부 14건, 중기부 11건, 산림청 6건, 소방청 5건, 원안위 5건, 보훈처 4건, 특허청 4건, 기재부 4건, 문화재청 3건, 해경청 2건, 기상청 2건, 농진청 1건 등이었다.

---

12 국무조정실, 국민불편 부담경감을 위한 행정조사 혁신방안, 2017. 12., pp.1－35.
13 519개 중소·중견기업 설문조사 결과를 보면 행정조사 부담(연간) : 451페이지 서류준비, 120일 / 905만원 소요, 행정조사 문제점 : △ 과도·중복 서류제출 △ 중복 행정조사 △ 과도한 조사 주기 등, 불합리한 행정조사 정비 효과(예상) : 매출 1.1% 증가 등이다. 국무조정실, 위의 보고서 참조.
14 2016년 2월 대한상의 조사, 척도가 100보다 높으면 부담이 된다.

표 3-1

구 분	현장조사	자료제출	보고	시료채취	기 타
건 수*	336(40.5%)	268(32.3%)	139(16.8%)	37(4.5%)	49

자료 : 국무조정실[15]

2. 행정조사와 법치주의

1) 법치행정의 원리와 행정조사

(1) 법치행정의 개념

법의 지배란 전단적인 국가권력의 지배(사람의 지배)를 배제하고, 권력을 법에 구속시킴으로써 국민의 권리·자유를 옹호하려는 것을 목적으로 하는 원리이다. 법의 지배라는 사고는 국왕의 자의가 아니라 법에 의한 지배를 하여야 한다는 중세 법 우위 사상에서 시작하여, 영미법의 근간으로 발전한 기본원리이다. 그 내용은 헌법의 최고규범성, 권력에 의해 침해되지 않는 개인의 인권, 법의 내용·절차의 공정을 요청하는 적정절차(due process of law), 권력의 자의적 행사를 통제하는 법원의 역할에 대한 존중이다(위헌법률심사권).

독일의 법치주의는 특히, '법률에 의하여 행정권을 제한'하려는 점에 중요성을 둔다. 따라서 헌법에 의하여 국회를 포함한 모든 국가권력을 억제·분할하려는 법의 지배 사고방식과는 차이가 있다. 법률에 의한 행정의 원리란 '행정은 어떠한 명목(예 공공의 복지, 국민생명의 안전 등)이라 하여도, 행정권의 담당자가 독단으로 판단하여서는 아니 되며, 국민을 대표하는 의회(국회)가 정한 일반적인 룰(법률)에 따라 행하지 않으면 아니 된다.'는 의미이다.[16]

그렇다면 왜 행정(작용)은 법률에 의하여 행하는 것이 필요한가. 이것이 핵심이다. 그 필요성의 기반에는 행정은 국민을 대표하지 않는다는 사상이 자리 잡

---

15 국무조정실, 국민불편 부담경감을 위한 행정조사 혁신방안, 2017. 12., pp.1-35. 한 건의 행정조사에 다수 유형의 조사방식이 포함된 경우 각각의 유형으로 인정한 결과이다.
16 김민배 외, 행정법1, 한국방송통신대학교 출판부, 2004, pp.1-54.

고 있다. 행정은 처분에 의하여 국민에게 의무를 부과하고, 국민의 권리를 제한하는 등 국민과의 법률관계를 일방적으로 변동시킨다. 그런데 문제는 국민을 대표하지 않는 행정이 국민의 권리의무를 마음대로 좌우할 수 있다면 경우에 따라 매우 위험한 상황이 일어날 수 있다.

법치주의는 국가 활동(입법, 사법, 행정활동)이 법에 따라야만 한다는 의미이다. 따라서 법률에 의한 행정 원리의 내용에는 헌법에 의한 입법의 원리와 법률에 의한 행정의 원리를 모두 포함하고 있다. 법치주의의 목적은 법의 합리성에 의하여 통치자의 자의를 억제하려는 데 목적이 있다. 즉 법률에 의한 행정의 원리의 기본적 목적은 '행정담당자의 자의를 법률의 합리성(정당성)에 의하여 억제'하려는 데 있는 것이다.

여기에서 국민의 권리의무에 관한 사항에 대하여는 반드시 국민을 대표하는 기관(국회)이 정한 룰 즉, 법률로서 정할 것을 원칙으로 하고 있다. 그리고 그것을 구체화하는 행정작용이 법률에 따르도록 해야만 국민이 예측하지 못한 손해를 막을 수 있다는 것이다. 따라서 법률에 의한 행정의 원리의 배경에는 ① 행정활동에 대한 법적 안정성의 요청(자유주의), ② 행정활동에 대한 민주적 통제의 요청이라는 기본적 이념이 깔려 있다.

(2) 법률에 의한 행정의 원리

법률에 의한 행정의 원리의 내용은 3개로 구성되어 있다. 이것은 근대행정법학을 완성시킨 오토 마이어(Otto Mayer)가 법률의 지배로서 이론을 구성한 데에서 유래한다. 그 내용은 법률의 법규창조력, 법률의 우위, 법률의 유보이다.[17] 법규(Rechtssatz)는 넓은 의미로 모든 법규를 지칭하며, 좁은 의미로는 개별 구체적인 성질을 갖는 행정행위나 법원판결에 대하여 일반 추상적 성질을 갖는 '법규'임을 지칭한다. 그리고 나아가 가장 좁은 의미로는 국민의 권리의무에 관한 '법규'임을 의미한다. 물론 법률에 의한 행정의 원리에서 말하는 법규창조력은 가장 좁은 의미로서의 법규를 가리킨다.

헌법은 법치주의를 그 기본원리의 하나로 하고 있고, 법치주의는 법률유보원

---

17 김철용, 행정법1, 박영사, 2010, pp.1-29.

칙, 즉 행정작용에는 국회가 제정한 형식적 법률의 근거가 요청된다는 원칙을 그 핵심적 내용으로 하고 있다. 나아가 오늘날의 법률유보원칙은 단순히 행정작용이 법률에 근거를 두기만 하면 충분한 것이 아니라, 국가공동체와 그 구성원에게 기본적이고도 중요한 의미를 갖는 영역, 특히 국민의 기본권 실현에 관련된 영역에 있어서는 행정에 맡길 것이 아니라 국민의 대표자인 입법자 스스로 그 본질적 사항에 대하여 결정하여야 한다는 요구, 즉 의회유보 원칙까지 내포하는 것으로 이해되고 있다.[18]

오늘날의 법치주의는 국민의 권리·의무에 관한 사항을 법률로써 정해야 한다는 형식적 법치주의에 그치는 것이 아니라 그 법률의 목적과 내용 또한 기본권 보장의 헌법이념에 부합되어야 한다는 실질적 적법절차를 요구하는 것을 의미한다. 법치국가의 원리는 행정청은 행정조사에 있어 헌법과 법률에 위배되는 행위를 하여서는 아니됨은 물론 헌법과 법률에 의하여 부여된 권한을 행사할 때에도 비례의 원칙에 따라 그 권한을 남용하여서는 아니 된다는 의미이다.

2) 법률의 유보와 행정조사

(1) 법률의 유보

법률 우위의 원칙은 법률이 존재하는 경우 행정작용은 법률에 위반해서는 아니 된다는 소극적 내용을 정한 것에 불과하다. 따라서 법률이 존재하지 않는 경우 또는 침묵하고 있는 경우 과연 행정작용이 가능한가의 여부는 법률 우위의 원칙에서는 논할 수 없다. 이를 해결하고자 하는 이론이 법률의 유보 이론이다. 법률의 유보란 법률이 존재하지 않더라도 행정작용을 할 수 있는가의 여부, 행정작용을 할 수 있다면 어느 정도까지 법률의 근거를 필요로 하는가라는 적극적인 측면에 관한 원리이다. 헌법에서 말하는 법률이 정한 바에 따른 납세의 의무, 조세법률주의[19]는 법률의 유보를 나타낸 것이다. 법률의 유보란 행정작용이 행

---

18 헌재 1999. 5. 27. 98헌바70, 판례집 11-1, 633, 644 ; 헌재 2009. 2. 26. 2008헌마370, 공보 149, p.514, pp.521-522 등 참조.

19 '조세의 종목과 세율은 법률로 정한다'(헌법 제 59조)고 규정하고 있다. : 조세는 국민에 대하여 직접 부담을 요구하는 것이므로 반드시 국민의 동의를 얻어야 한다는 것이다. 영국의 '대표가 없다면 과세도 없다'는 정치원리에서 유래한다. 즉 납세의무자, 과세물건, 과세표준, 세율 등의 과세요건과

하여지기 위해서는 반드시 법률의 근거를 요한다는 원칙이다.

법률의 유보에 관한 쟁점은 법률로 유보된 행정작용의 범위를 어떻게 할 것인가 하는 점에 있다. 다시 말하자면 법률의 근거는 모든 행정작용에 필요한 것인가, 법률의 근거가 없이도 행할 수 있는 행정작용이 있는가라는 점이다. 법률유보의 범위에 대하여는 학설이 대립하고 있다.[20] 여러 가지 학설 가운데 그 의미내용이 가장 명확한 것은 침해유보설이다. 왜냐하면 이 학설은 전통적 '법규' 개념에 입각하여 법규 즉, 국민의 권리와 의무에 관한 사항에 영향을 미치는 행정작용에만 법률의 유보를 한정하고 있다. 다른 학설은 침해유보설을 비판하고, 유보의 범위를 확대할 의도를 가지고 있다는 점이 공통적이다.

법률에 의한 행정의 원리는 무엇보다도 인권보장을 위한 수단으로서 기능하는 데 역점을 두어야 하므로 법률에 의한 구속이 필요한가의 여부는 구체적인 행정의 영역에서 인권과 관련하여 결정할 사안이라는 주장이 대두하고 있다. 즉 어느 행정작용에 법률의 근거가 필요한가의 여부는 인권침해여부에 따라 법적 근거가 필요한가 여부를 결정하여야 한다는 것이다.

(2) 행정조사와 법률유보의 원칙

행정의 영역에 있어 법률유보의 원칙은 행정권의 발동에는 법령의 근거가 있어야 한다는 것이다. 즉, 행정상 필요하다는 사실만으로 행정권이 행사될 수는 없고, 법적 근거가 있어야 행정권 행사가 가능하다는 원칙이다. 국민의 자유와 재산을 침해하는 행정작용은 법률의 근거가 있어야 한다. 중요한 행정권의 조치는 침해행정뿐만 아니라 급부행정에 있어서도 법률의 근거를 요한다.

국민의 기본권은 헌법 제37조 제2항에 의하여 국가안전보장·질서유지 또는 공공복리에 필요한 경우 제한할 수 있으나, 그 제한의 방법은 원칙적으로 법률로써만 가능하고, 제한의 정도도 기본권의 본질적 내용을 침해할 수 없으며 필요한 최소한도에 그쳐야 한다. 여기서 기본권 제한에 관한 법률유보원칙은 '법률에 근거한 규율'을 요청하는 것이므로, 그 형식이 반드시 법률일 필요는 없다 하더라도

세금의 부과·징수 등은 법으로 정해야 한다. 이에 의해 법적 안정성과 예측 가능성이 보장된다. 최근에는 명확성도 요구된다.

20 김철용, 앞의 책, pp.33–35 ; 김민배 외, 앞의 책, pp.59–61.

법률상의 근거는 있어야 한다. 따라서 모법의 위임범위를 벗어난 하위법령은 법률의 근거가 없는 것으로 법률유보원칙에 위반된다.[21]

그런데 행정조사 중 행정청의 실력행사가 수반되는 권력적 행정조사의 경우, 즉시강제와 마찬가지로 법적 근거가 필요하다.[22] 그러나 조사대상자의 자발적인 협조를 얻어 실시하는 행정조사의 경우에는 법령의 근거가 없어도 할 수 있는가 하는 점이다. 단순한 행정조사로서 대상자가 자발적으로 행정조사에 협조하는 경우 법령의 근거가 없어도 가능한 경우가 있을 것이다.

그러나 대상자가 임의적 내지 자발적으로 행정조사에 협력하는 경우에도 행정조사에 의하여 작성된 자료나 정보가 개인의 사생활이나 기업의 영업비밀 등과 관련된 자료로서 사용되거나 향후 관리될 경우에는 법령의 근거가 있어야만 한다. 행정조사가 국민의 권리·의무에 관한 기본적이고 본질적인 사항에 관련된 내용이나 절차인 경우 그 형식과 내용에 관계없이 법령의 근거가 필요기 때문이다.

행정조사에 법령의 근거가 필요한 경우 그것이 행정조직법적인 근거가 필요한가 아니면 행정작용법적 근거가 필요한가에 관하여서는 단순한 행정조사이고, 자발적인 동의나 협력에 의한 행정조사의 경우에는 조직법적 근거가 있으면 된다. 그러나 임의 조사의 경우에도 국민의 자유와 권리에 본질적인 영향을 미칠 수 있는 경우 작용법적 근거도 필요하다. 특히 행정조사가 강제적 성격을 갖거나 국민의 권리의무와 직결되는 경우에는 행정조직법적인 근거뿐만 아니라 행정작용법적 근거가 필요하다. 행정조사의 결과가 행정형벌의 제재수단이나 형사벌과 연계되는 경우 반드시 법률의 근거가 필요하다.

3. 행정조사와 법의 일반원칙

1) 행정조사와 비례의 원칙

헌법재판소는 비례원칙을 우리 헌법상 기본원리로 보면서 그 근거로서 법치

---

21 헌재 2012. 5. 31. 2010헌마139 등 ; 헌재 2014. 9. 25. 2012헌마1029, 판례집 26 – 2상, 578.
22 김동희, 앞의 책, pp.498 – 499. ; 홍정선, 앞의 책, p.475.

국가원리 이외에도 헌법 제37조 제2항의 규정을 들고 있다.[23] 비례원칙의 내용은 다음과 같다.[24] ① 적합성원칙이란 행정작용은 그로써 달성하고자 하는 목적에 적합한 수단이어야 함을 의미한다. 이 경우 적합성의 정도는 우선 다른 수단과 함께 효과적인 것이며, 사용되어진 수단이 추구하는 목적의 달성을 위하여 적합하여야 한다는 원칙이다. ② 필요성의 원칙이란 행정작용은 설정된 목적에 필요한 한도 이상으로 행하여서는 안 된다는 것을 의미한다. 최소 침해성 내지 피해의 최소성의 원칙이라고도 할 수 있다.[25] ③ 상당성원칙이란 어떤 행정조치가 행정목적의 달성을 위하여 필요한 경우라 하더라도 그로부터 발생하는 불이익이 이익보다 더 큰 경우에는 이러한 행정조치를 채택할 수 없다는 것이다.

원래 비례원칙은 권력행정에 속하면서도 행정재량이 가장 많이 인정된 경찰법 분야에서 행정재량권의 한계와 경계를 획정하기 위한 원리였다. 그러나 현재 비례원칙은 헌법상의 일반원칙이며, 행정법 영역에서 중요한 원칙이다. 비례원칙을 위반한 경우 헌법 위반의 문제는 물론 행정법상 무효 혹은 취소사유가 될 수 있다. 비례원칙에 의한 행정조사는 행정목적 달성을 위하여 적절한 것으로서 합리적이고 필요한 최소한도에 그쳐야 한다. 행정조사수단의 선택, 조사의 인적 범위, 조사의 물적 범위, 조사의 시간적 한계 등에 있어 비례의 원칙은 그 한계의 중요한 기준이다. 행정조사를 실시할 경우 수단의 적합성 및 침해의 최소성의 원칙을 준수하여야 한다. 또한 임의조사가 아닌 강제조사라는 수단을 선택하는 경우 그 수단이 적합한가 여부, 이로 인해 제한되는 사익보다 이를 통해 보호되는 공익이 우선하는가를 검토하여야 한다.

2) 행정조사와 평등의 원칙

평등이란 같은 것은 같게, 다른 것은 다르게 취급해야 한다는 의미이다. 헌법이 추구하는 평등은 상대적이거나 실질적 평등이라고 할 수 있다. 입법자는 헌

---

23 헌법재소 1992. 12. 24. 92헌가8 결정.
24 김태호, "행정법상 비례의 원칙", 공법연구, 30 June 2009, Vol.37(4), pp.89-116.
25 헌법재소 2005. 4. 28. 선고 2004헌바65 결정.

법상 평등원칙과 관련하여 입법함에 있어 비교대상 간 부당한 차별취급을 금지하는 이외에 광범위한 입법형성권을 가진다. 헌법 제11조 제1항의 규정은 일반적 평등원칙을 의미한다. 헌법재판소는 평등위반 여부를 심사함에 있어, 헌법에서 특별히 평등을 요구하고 있는 경우와 차별적 취급으로 인하여 관련 기본권에 중대한 제한을 초래하게 되는 경우에는 엄격한 심사기준(비례성원칙)을 적용하여야 하고, 그렇지 않은 경우에는 완화된 심사기준(자의금지원칙)을 적용하여야 할 것이라고 판시하였다.[26]

평등원칙의 심사기준으로서 ① 차별목적에는 정당성이 있어야 한다. 입법자가 법률로 정한 입법목적에 평등원칙과 무관한 다른 사유로서 부정되어서는 아니 된다. ② 차별취급에 적합성이 있어야 한다. 입법자가 입법을 통하여 사용하는 차별취급의 수단이 객관적인 근거를 지닌다면, 실제로 법에 규정된 차별취급 수단이 사실관계와 그 상황에서 적합한지 여부를 판단하여야 한다. ③ 차별취급의 필요성이 존재하는가를 판단해야 한다. 사실적으로 확인된 차이가 법률상 차별취급을 수인할 수 있는 정도인지의 여부와, 그 차이가 상이한 법적 효과를 정당화할 수 있는지 여부를 판단하여야 한다. 입법자의 입법형성권을 고려하여 일정한 차별취급의 부담적조치가 필요한지 심사하는 것이다. ④ 법익의 균형성 문제를 판단하여야 한다. 법익의 균형성에서는 확인된 차이가 그러한 차별취급을 수인할 수 있을 정도인지 판단한다. 입법목적, 차별기준 및 입법상황을 고려한 차별근거의 정당성과 해당 기본권 주체에 대한 차별취급으로 인해 불리한 결과 간의 비교형량을 해야 한다.[27]

위법하게 이루어진 행정조사의 경우, 조사대상자는 그 위법성에 관하여 헌법이 정한 평등의 원칙 위반으로서 다툴 수 있고, 이 경우 소관 행정청은 그 조사의 정당한 사유를 스스로 입증하여야 한다. 행정조사가 정당하게 수집된 정보가

---

26 헌재 1997. 10. 30. 96헌마94, 판례집 9-2, 531 ; 헌재 1998. 2. 27. 97헌바79, 판례집 10-1, 153, 158 ; 헌재 2002. 10. 31. 2001헌바59, 판례집 14-2, 486, 497-498 ; 헌재 2008. 3. 27. 2004헌마654, 판례집 20-1상, 375, 383-384 ; 헌재 2015. 6. 25. 2012헌 마494, 판례집 27-1하, 539, 547 ; 헌재 2015. 11. 26. 2014헌마145, 판례집 27-2하, 365, 375 ; 헌재 2016. 3. 31. 2014 헌마581 등, 판례집 28-1상, 491, 501.
27 이부하, "평등원칙 심사기준에 관한 헌법적 고찰-헌법재판소 결정을 분석하며-", 법과 정책연구, 2018, Vol.18(2), pp.581-604.

아님에도 그러한 사실에 기초하여 침익적인 행정행위가 발령된다면 위법한 처분에 해당하기 때문이다.[28]

3) 행정조사와 적법절차의 원칙

국민에게 부담을 줄 수 있는 행정작용에는 적법절차원칙이 준수되어야 한다. 이러한 적법절차원칙에서 도출할 수 있는 중요한 절차적 요청의 예시로 당사자에게 적절한 고지를 행할 것과 의견 및 자료제출의 기회를 부여할 것을 들 수 있다. 그러나 이 원칙이 구체적으로 어떠한 절차를 어느 정도로 요구하는지는 규율되는 사항의 성질, 관련 당사자의 사익, 절차의 이행으로 제고될 가치, 국가작용의 효율성, 절차에 소요되는 비용, 불복의 기회 등 다양한 요소들을 형량하여 개별적으로 판단할 수밖에 없다.[29]

헌법재판소는 헌법 제12조 제3항 본문이 동조 제1항과 함께 적법절차원리의 일반조항에 해당하는 것으로서, 적법절차의 원칙은 법률이 정한 형식적 절차와 실체적 내용이 모두 합리성과 정당성을 갖춘 적정한 것이어야 한다는 실질적 의미를 지니고 있다고 보았다. 또한 헌법조항에 규정된 형사절차상의 제한된 범위 내에서만 적용되는 것이 아니라, 국가작용으로서 기본권 제한과의 관련 여부와는 관계없이 모든 입법작용 및 행정작용에도 광범위하게 적용되는 것이라고 하였다.[30]

그러므로 적법한 절차에 따르지 아니한 위법행위를 기초로 하여 증거가 수집된 경우에는 당해 증거뿐 아니라 그로부터 획득한 2차적 증거에 대해서도 그 증거능력은 부정되어야 한다는 것이 헌법재판소의 입장이다. 위법수집증거 배제의 원칙은 수사과정의 위법행위를 억제함으로써 국민의 기본적 인권을 보장하기 위한 것이다. 다만 증거수집 과정에서 이루어진 적법절차 위반행위의 내용과 경위 및 그 관련 사정을 종합하여 볼 때 당초의 적법절차 위반행위와 증거수집행위의 중간에 위법 요소가 제거 내지 배제되었다고 볼 만한 다른 사정이 개입됨으로써

---

28 홍정선, 앞의 책, pp.480–481.

29 헌재 2007. 10. 4. 2006헌바91 참조.

30 헌법재판소 1989. 9. 8. 선고 88헌가6결정 ; 1990. 11. 19. 선고 90헌가48결정 ; 1992. 12. 24. 선고 92헌가8결정 ; 1994. 12. 29. 선고 94헌마201 전원재판부결정.

인과관계가 단절된 것으로 평가할 수 있는 예외적인 경우에는 이를 유죄 인정의 증거로 사용할 수 있다고 한다.[31]

위법한 행정조사 통제를 위하여 가장 효율적인 방법은 수집한 자료를 그 행정처분의 근거자료로 사용하지 못하게 하는 것이다. 이와 같은 측면에 비추어 볼 때, 실체적 진실발견을 희생하여 가면서까지 위법한 행정조사에 기한 자료를 배제하는 근거는 적법절차의 보장이라는 헌법상의 요구에 의한 것이 된다.[32] 행정조사에 관한 각 절차 규정의 위반이 필요한 최소한의 범위 안에서 행하여지지 않거나 조사권한을 남용하기에 이르렀다고 판단될 경우 이것은 적법절차 원칙의 중대한 침해라고 보아 그 효력을 부정해야 한다.

<table>
<tr><td>제2절</td><td>행정조사의 원칙과 조사계획</td></tr>
</table>

1. 행정조사의 기본원칙과 적용범주

1) 정의

행정조사기본법에서 사용하는 용어의 정의는 다음과 같다(제2조 정의). 행정기관이란 법령 및 조례·규칙(이하 법령 등이라 한다)에 따라 행정권한이 있는 기관과 그 권한을 위임 또는 위탁받은 법인·단체 또는 그 기관이나 개인을 말한다. 조사원이란 행정조사업무를 수행하는 행정기관의 공무원·직원 또는 개인을 말한다. 조사대상자란 행정조사의 대상이 되는 법인·단체 또는 그 기관이나 개인을 말한다.

---

[31] 대법원 2013. 3. 14. 선고 2010도2094 판결.

[32] 이예슬, "우선적 세무조사 대상자 선정에 관한 구 국세기본법(2006. 12. 30. 법률 제8139호로 개정되기 전의 것) 제81조의5 제2항의 해석", 법원도서관 대법원 판례해설 제100호, 2014, 18면.

2) 적용범주

행정조사기본법 적용범위는 다음과 같다(동법 제3조). 행정조사에 관하여 다른 법률에 특별한 규정이 있는 경우를 제외하고는 행정조사기본법으로 정하는 바에 따른다. 다음 각 호의 어느 하나에 해당하는 사항에 대하여는 행정조사기본법을 적용하지 아니한다(동법 제 3조 제2항).

① 행정조사를 한다는 사실이나 조사내용이 공개될 경우 국가의 존립을 위태롭게 하거나 국가의 중대한 이익을 현저히 해칠 우려가 있는 국가안전보장·통일 및 외교에 관한 사항 ② 국방 및 안전에 관한 사항 중 어느 하나에 해당하는 것으로 군사시설·군사기밀보호 또는 방위사업에 관한 사항, 「병역법」·「예비군법」·「민방위기본법」·「비상대비자원 관리법」에 따른 징집·소집·동원 및 훈련에 관한 사항 ③ 「공공기관의 정보공개에 관한 법률」 제4조 제3항의 정보에 관한 사항,[33] ④ 「근로기준법」 제101조에 따른 근로감독관의 직무에 관한 사항, ⑤ 조세·형사·행형 및 보안처분에 관한 사항 ⑥ 금융감독기관의 감독·검사·조사 및 감리에 관한 사항 ⑦ 「독점규제 및 공정거래에 관한 법률」, 「표시·광고의 공정화에 관한 법률」, 「하도급거래 공정화에 관한 법률」, 「가맹사업거래의 공정화에 관한 법률」, 「방문판매 등에 관한 법률」, 「전자상거래 등에서의 소비자보호에 관한 법률」, 「약관의 규제에 관한 법률」 및 「할부거래에 관한 법률」에 따른 공정거래위원회의 법률위반행위 조사에 관한 사항 등이다.[34]

그러나 행정조사기본법을 적용하지 아니하도록 한 제3조 제2항에도 불구하고 제4조(행정조사의 기본원칙), 제5조(행정조사의 근거) 및 제28조(정보통신 수단을 통한 행정조사)는 제2항 각 호의 사항에 대하여도 적용한다. 기본적으로 행정조사기본법은 권력적 행정조사의 근거가 아니라 일반적인 행정조사의 절차 및 방법에 관하여 규정하고 있다.

---

33 공공기관의 정보공개에 관한 법률 제4조(적용 범위) ③ 국가안전보장에 관련되는 정보 및 보안 업무를 관장하는 기관에서 국가안전보장과 관련된 정보의 분석을 목적으로 수집하거나 작성한 정보에 대해서는 이 법을 적용하지 아니한다. 다만, 제8조제1항에 따른 정보목록의 작성·비치 및 공개에 대해서는 그러하지 아니한다.
34·35 김동희, 앞의 책, p.505.

3) 기본원칙

행정기관은 법령 등에서 행정조사를 규정하고 있는 경우에 한하여 행정조사를 실시할 수 있다. 다만, 조사대상자의 자발적인 협조를 얻어 실시하는 행정조사의 경우에는 그러하지 아니하다(동법 제 5조).[36]

(1) 조사권 남용 금지 원칙

먼저 행정조사기본법에 의하면 행정조사는 조사목적을 달성하는 데 필요한 최소한의 범위 안에서 실시하여야 하고, 다른 목적을 위하여 조사권이 남용되어서는 안된다(동법 제 4조 1항). 이는 행정법상 비례의 원칙을 규정한 것이다.

(2) 목적부합성의 원칙

행정기관은 조사목적에 적합하도록 조사대상자를 선택하여 행정조사를 실시하여야 한다(동법 제 4조 2항). 행정조사는 조사권한을 수권한 법령상의 목적의 범위 내에서만 허용되고, 그 이외의 다른 목적으로 행사되어서는 안 된다. 행정조사는 특정기업이나 단체를 정치적으로 탄압할 목적이나 형사소추의 목적으로 이용되는 것도 허용될 수 없다.

(3) 중복조사금지의 원칙

행정기관은 유사하거나 동일한 사안에 대하여는 공동조사 등을 실시함으로써 행정조사가 중복되지 아니하도록 하여야 한다(동법 제 4조 3항). 이것은 행정의 효율성 제고 및 국민 권익의 보호를 위한 것이다. 또한 행정조사기본법 제7조에 따라 정기조사 또는 수시조사를 실시한 행정기관의 장은 동일한 사안에 대하여 동일한 조사대상자를 재조사하여서는 아니된다.

그러나 당해 행정기관이 이미 조사를 받은 조사대상자에 대하여 위법행위가 의심되는 새로운 증거를 확보한 경우에는 그러하지 아니하다(동법 제15조 제1항). 행정조사를 실시할 행정기관의 장은 행정조사를 실시하기 전에 다른 행정기관에서 동일한 조사대상자에게 동일하거나 유사한 사안에 대하여 행정조사를 받았는

---

36 김유환, 앞의 책, p.296 ; 김동희, 앞의 책, p.506 ; 박균성, 앞의 책, p.360.

지 여부를 확인할 수 있다(법 제15조 제2항). 행정조사를 실시할 행정기관의 장이 제15조 제2항에 따른 사실을 확인하기 위하여 행정조사의 결과에 대한 자료를 요청하는 경우 요청받은 행정기관의 장은 특별한 사유가 없는 한 관련 자료를 제공하여야 한다(동법 제15조 제3항).

판례는 재조사가 금지되는 조사를 다음과 같이 판단하고 있다. 세무공무원의 조사행위가 재조사가 금지되는 '세무조사'에 해당하는지 여부는 조사의 목적과 실시경위, 질문조사의 대상과 방법 및 내용, 조사를 통하여 획득한 자료, 조사행위의 규모와 기간 등을 종합적으로 고려하여 구체적 사안에서 개별적으로 판단할 수 밖에 없다. 세무공무원의 조사행위는 사업장 현황 확인, 기장 여부의 단순 확인, 특정한 매출사실 확인, 행정민원서류 발급을 통한 확인, 납세자 등이 자발적으로 제출한 자료의 수령 등과 같이 단순한 사실관계 확인이나 통상적으로 이에 수반되는 간단한 질문조사에 그치는 것이다. 따라서 납세자 등이 손쉽게 응답할 수 있을 것으로 기대되거나 납세자의 영업의 자유 등에도 큰 영향이 없는 경우에는 원칙적으로 재조사가 금지되는 '세무조사'로 보기 어렵다. 하지만 조사행위가 실질적으로 과세표준과 세액을 결정 또는 경정하기 위한 것으로서 납세자 등의 사무실·사업장·공장 또는 주소지 등에서 납세자 등을 직접 접촉하여 상당한 시일에 걸쳐 질문하거나 일정한 기간 동안의 장부·서류·물건 등을 검사·조사하는 경우에는 특별한 사정이 없는 한 재조사가 금지되는 '세무조사'로 보아야 할 것이다.[37]

(4) 법령 준수의 원칙

행정조사는 법령 등의 위반에 대한 처벌보다는 법령 등을 준수하도록 유도하는 데 중점을 두어야 한다(동법 제 4조 4항). 이는 행정조사가 행정의무 준수를 위한 간접적 강제수단으로서 기능할 수 있다는 전제에서 규정된 것으로 보인다.[38]

(5) 정기조사의 원칙

행정조사기본법은 정기조사의 실시를 원칙으로 하고 수시조사는 일정한 경우

---

[37] 대법원 2017. 3. 16. 선고 2014두8360 판결.
[38] 김동희, 앞의 책, 508면.

에 한하여 예외적으로 실시하는 것으로 규정하고 있다. 이는 조사대상자의 예측가능성을 보장하고 조사로 인한 부담을 줄여주기 위한 것이다.

따라서 행정기관의 장은 매년 12월 말까지 다음 연도의 행정조사운영계획을 수립하여 국무조정실장에게 제출하여야 한다. 행정조사운영계획에는 조사의 종류·조사방법·공동조사 실시계획·중복조사 방지계획, 그 밖에 대통령령으로 정하는 사항이 포함되도록 하고 있다.

(6) 비밀유지의 원칙

다른 법률에 따르지 아니하고는 행정조사의 내용 또는 대상자를 공표하거나 직무상 알게 된 비밀을 누설하여서는 안된다(동법 제 4조 5항). 또한 행정기관은 행정조사를 통하여 알게 된 정보를 다른 법률에 따라 내부에서 이용하거나 다른 기관에 제공하는 경우를 제외하고는 원래의 조사 목적 이외의 용도로 이용하거나 타인에게 제공하여서는 아니 된다(동법 제 4조 6항).

4) 행정조사의 수단 및 절차

(1) 조사의 사전통지

행정조사기본법에 의하면, 행정조사는 법령 등의 위반에 대하여 혐의가 있는 경우 수시로 실시할 수 있다(동법 제7조 제2호). 조사원이 가택, 사무실 또는 사업장 등에 출입하여 현장조사를 실시하는 경우에는 조사목적, 조사기간과 장소, 조사원의 성명과 직위, 조사범위와 내용 등이 기재된 현장출입조사서를 조사대상자에게 발송하여야 한다(동법 제11조). 조사개시 7일 전까지 사전통지를 하여야 하며, 이 사전통지의무는 행정조사를 규정한 개별 법령에 규정된 사례가 많고, 이러한 사전통지의무가 있음에도 불구하고 통지하지 않는 경우의 조사의 효력이 문제될 수 있다.[39]

예외적으로 증거인멸 등의 우려가 있는 경우에는 조사의 개시와 동시에 출석요구서 등을 조사대상자에게 제시하거나 행정조사의 목적 등을 구두로 통지할 수 있다(동법 제 17조 1항).

---

[39] 최환용·장민선, 국민 중심의 행정조사 관련 법제 개선방안 연구, 한국법제연구원, 2016, p.45.

(2) 출석 및 진술 요구

행정기관의 장이 조사대상자의 출석·진술을 요구하는 때에는 일시와 장소, 출석요구의 취지, 출석하여 진술하여야 하는 내용, 제출자료, 출석거부에 대한 제재(근거 법령 및 조항 포함) 등이 기재된 출석 요구서를 발송하여야 한다. 그리고 조사대상자는 지정된 출석일시에 출석하는 경우 업무 또는 생활에 지장이 있을 때에 행정기관의 장에게 출석일시를 변경하여줄 것을 신청할 수 있으며, 변경신청을 받은 행정기관의 장은 행정조사의 목적을 달성할 수 있는 범위 안에서 출석일시를 변경할 수 있다.

다만 출석한 조사대상자가 출석요구서에 기재된 내용을 이행하지 않아 행정조사의 목적을 달성할 수 없는 경우를 제외하고는 조사원은 조사대상자의 1회 출석으로 당해 조사를 종결하여야 한다(동법 제 9조).

(3) 보고요구 및 자료제출 요구

행정기관의 장은 조사대상자에게 조사사항에 대하여 보고를 요구할 때 일시와 장소, 조사의 목적과 범위, 보고하여야 하는 내용, 보고거부에 대한 제재(근거 법령 및 조항 포함), 그 밖에 당해 행정조사와 관련하여 필요한 사항 등이 포함된 보고요구서를 발송하여야 한다(동법 제 10조 제 1항).

또한 행정기관의 장은 조사대상자에게 장부·서류나 그 밖의 자료를 제출하도록 요구할 때 제출기간, 제출요청사유, 제출서류, 제출서류의 반환 여부, 제출거부에 대한 제재(근거 법령 및 조항 포함) 등이 기재된 자료제출요구서를 발송하여야 한다.[40] 행정기관의 장은 인터넷 등 정보통신망을 통하여 조사대상자로 하여금 자료의 제출 등을 하게 할 수 있다. 행정기관의 장은 정보통신망을 통하여 자료의 제출 등을 받은 경우 조사대상자의 신상이나 사업비밀 등이 유출되지 아니하도록 제도적·기술적 보안조치를 강구하여야 한다(동법 제 28조).[41]

(4) 현장조사

조사원이 가택·사무실 또는 사업장 등에 출입하여 현장조사를 실시하는 경

---

[40] 소방기본법 제30조, 통계법 제25조에도 규정되어 있다.
[41] 김동희, 앞의 책, p.508 ; 박균성, 앞의 책, p.359.

우 행정기관의 장은 조사목적, 조사기간과 장소, 조사원의 성명과 직위, 조사범위와 내용, 제출자료, 조사거부에 대한 제재(근거 법령 및 조항 포함) 등이 기재된 현장출입조사서 또는 법령 등에서 현장조사 시 제시하도록 규정한 문서를 조사대상자에게 발송하여야 한다(동법 제 11조).[42]

또한 현장조사는 해가 뜨기 전이나 해가 진 뒤에는 할 수 없다. 다만, 조사대상자(대리인 및 관리책임이 있는 자를 포함)가 동의한 경우, 사무실 또는 사업장 등의 업무시간에 행정조사를 실시하는 경우, 해가 뜬 후부터 해가 지기 전까지 행정조사를 실시하는 경우에는 조사목적의 달성이 불가능하거나 증거인멸로 인하여 조사대상자의 법령 등의 위반 여부를 확인할 수 없는 경우 등의 예외가 존재한다. 현장조사를 수행할 경우 현장조사를 하는 조사원은 그 권한을 나타내는 증표를 지니고 이를 조사대상자에게 내보여야 한다.[43]

(5) 시료채취 및 자료 등의 영치

조사원이 조사목적의 달성을 위하여 시료채취를 하는 경우 그 시료의 소유자 및 관리자의 정상적인 경제활동을 방해하지 아니하는 범위 안에서 최소한도로 하여야 한다. 이 때 시료채취로 조사대상자에게 손실을 입힌 때에는 대통령령으로 정하는 절차와 방법에 따라 그 손실을 보상하여야 한다.

조사원이 현장조사 중에 자료·서류·물건 등을 영치하는 때에는 조사대상자 또는 그 대리인을 입회시켜야 한다. 조사원이 자료 등을 영치하는 경우 조사대상자의 생활이나 영업이 사실상 불가능하게 될 우려가 있을 때, 조사원은 자료 등을 사진으로 촬영하거나 사본을 작성하는 등의 방법으로 영치에 갈음할 수 있다.

조사원이 영치를 완료한 때에는 영치조서 2부를 작성하여 입회인과 함께 서명날인하고 그 중 1부를 입회인에게 교부하여야 한다. 행정기관의 장은 영치한 자료 등을 검토한 결과 당해 행정조사와 관련이 없다고 인정되는 경우, 당해 행정조사의 목적 달성 등으로 자료 등에 대한 영치의 필요성이 없게 된 경우 이를 즉시 반환하여야 한다.[44]

---

[42] 식품위생법, 공중위생관리법 등에도 규정되어 있으며, 출입 검사 수거권이라고도 한다.
[43] 김유환, 앞의 책, p.296 ; 박균성, 앞의 책, p.359.
[44] 신종익·임상준, 행정조사의 실태와 개선방안-규제개혁 차원의 접근을 중심으로, 한국법제연구원, 2004, pp.30-31.

조사원은 조사목적의 달성을 위하여 시료채취를 할 수 있는데(동법 제12조), 현장조사 중에 자료·서류·물건 등을 영치하는 때에는 조사대상자 또는 그 대리인을 입회시켜야 하고, 영치를 완료한 때에는 영치조서를 2부 작성하여 입회인과 함께 서명날인하고 그 중 1부를 입회인에게 교부하여야 한다(동법 제13조 제1항, 제2항).

(6) 행정조사에 대한 거부권의 부여

행정기관의 장이 제5조 단서에 따라 조사대상자의 자발적인 협조를 얻어 행정조사를 실시하고자 하는 경우 조사대상자는 문서·전화·구두 등의 방법으로 당해 행정조사를 거부할 수 있다(동법 제20 조 제1항). 행정조사에 대하여 조사대상자가 조사에 응할 것인지에 대한 응답을 하지 아니하는 경우에는 법령 등에 특별한 규정이 없는 한 그 조사를 거부한 것으로 본다(동법 제20 조 제2항).

2. 조사계획의 수립 및 조사대상의 선정

1) 연도별 행정조사운영계획의 수립 및 제출

행정조사기본법은 연도별로 행정조사운영계획을 수립하고, 이를 제출하도록 규정하고 있다(제6조). 행정기관의 장은 매년 12월 말까지 다음 연도의 행정조사 운영계획을 수립하여 국무조정실장에게 제출하여야 한다. 다만, 행정조사운영계획을 제출해야 하는 행정기관의 구체적인 범위는 대통령령으로 정하도록 하고 있다. 동법 시행령 제2조에 따라 연도별 행정조사운영계획을 제출하여야 하는 행정기관은 다음 각 호의 어느 하나에 해당하는 기관을 말한다. ① 중앙행정기관(대통령 소속 기관 및 국무총리 소속 기관을 포함) 및 그 소속 기관 ② 법 제14조 제1항 제2호[45]에 따라 공동조사를 하는 행정기관이다.

---

45 행정조사법 시행령 제9조(공동조사 실시 분야) ①법 제14조제1항제2호에서 "대통령령이 정하는 분야"란 다음 각 호의 분야를 말한다. <개정 2008. 2. 29., 2010. 11. 19., 2012. 7. 20., 2013. 3. 23., 2014. 1. 28., 2014. 5. 22., 2014. 12. 9.>
　1. 건설사업장의 관리에 관한 분야로서 「건설기술 진흥법」 제54조제1항 및 「산업안전보건법」 제48조

행정기관의 장이 행정조사운영계획을 수립하는 때에는 제4조에 따른 행정조사의 기본원칙에 따라야 한다. 행정조사운영계획에는 조사의 종류·조사방법·공동조사 실시계획·중복조사 방지계획, 조사의 근거, 조사의 목적, 조사대상자의 범위, 조사의 기간 및 시기 등에 관한 사항이 포함되어야 한다. 국무조정실장은 행정기관의 장이 제출한 행정조사운영계획을 검토한 후 그에 대한 보완을 요청할 수 있다. 이 경우 행정기관의 장은 특별한 사정이 없는 한 이에 응하여야 한다.

2) 조사의 주기

행정조사는 법령 등 또는 행정조사운영계획으로 정하는 바에 따라 정기적으로 실시함을 원칙으로 한다. 다만, 다음 각 호 중 어느 하나에 해당하는 경우에는 수시조사를 할 수 있다. ① 법률에서 수시조사를 규정하고 있는 경우 ② 법령 등의 위반에 대하여 혐의가 있는 경우 ③ 다른 행정기관으로부터 법령 등의 위반에 관한 혐의를 통보 또는 이첩 받은 경우 ④ 법령 등의 위반에 대한 신고를 받거나 민원이 접수된 경우 ⑤ 그 밖에 행정조사 필요성이 인정되는 사항으로서 대통령령으로 정하는 경우 등이다.

행정조사기본법 시행령에서는 대통령령이 정하는 경우란 행정기관이 조사대상자의 법령위반행위 예방 또는 확인을 위하여 긴급하게 실시하는 것으로서 일정한 주기 또는 시기를 정하여 정기적으로 실시하여서는 그 목적을 달성하기 어려운 경우를 말한다고 규정하고 있다(동법 시행령 제 3조 수시조사).

3) 조사대상의 선정과 열람

행정기관의 장은 행정조사의 목적, 법령준수의 실적·자율적인 준수를 위한

제5항에 따라 실시하는 행정조사
2. 유해·위험물질의 관리에 관한 분야로서 「화학물질관리법」 제49조제1항 제2호, 제4호 및 제7호, 「위험물안전관리법」 제22조제1항에 따라 실시하는 행정조사
3. 식품안전에 관한 분야로서 「식품위생법」 제17조, 「축산물 위생관리법」 제19조, 「농수산물 품질관리법」 제58조, 제60조부터 제62조까지, 제76조 및 제102조에 따라 실시하는 행정조사
4. 그 밖에 국무조정실장과 관계 행정기관 장 또는 관계 행정기관의 장 간에 협의하여 공동조사를 실시하기로 한 분야

노력, 규모와 업종 등을 고려하여 명백하고 객관적인 기준에 따라 행정조사의 대상을 선정하여야 한다. 조사대상자는 조사대상 선정기준에 대한 열람을 행정기관의 장에게 신청할 수 있다. 조사대상자는 법 제8조 제2항에 따라 조사대상 선정기준에 대한 열람신청을 할 경우 별지 제1호 서식의 조사대상 선정기준 열람신청서를 관계 행정기관의 장에게 제출하여야 한다(동법 시행령 제4조 조사대상 선정기준의 열람신청).

조사대상 선정기준 열람신청서

※ 접수일자와 접수번호는 신청인이 기재하지 아니합니다.

※ 접수일자			※ 접수번호	
신청인	이름(법인명 및 대표자)		생년월일(여권·외국인등록번호) 또는 사업자(법인·단체)등록번호	
	주소 (소재지)		전화번호(FAX) 또는 전자우편 주소	
조사 사항	조사일시			
	조사내용			
	조사기관 (부서)			
열람방법		□ 직접방문 □ 우편 □ FAX □ 정보통신망 □ 기타( )		

「행정조사기본법」 제8조 제2항 및 같은 법 시행령 제4조 제1항에 따라 위와 같이 조사대상 선정기준에 대한 열람을 신청합니다.

년   월   일

신청인   (서명 또는 인)

(접수기관의 장)   귀하

접수증

접수번호			신청인 이름	
접수자	직급 또는 직위		성명	(서명 또는 인)

귀하의 신청서는 위와 같이 접수되었습니다.

년   월   일

(접수기관)

※ 열람신청서의 처리와 관련하여 문의사항이 있으면 (담당부서 및 전화번호)로 문의하여 주시기 바랍니다.

210mm×297mm(일반용지 60g/㎡(재활용품))

행정기관의 장은 행정조사기본법에 따라 조사대상 선정기준 열람신청서를 접수한 때에 별지 서식의 열람신청서 처리대장에 그 신청 내용을 기록하고, 신청인에게 접수증을 내주어야 한다. 다만, 우편·팩스 또는 정보통신망으로 조사대상 선정기준의 열람신청을 접수한 경우에는 접수증을 내주지 아니할 수 있다.

행정기관의 장이 열람신청을 받은 때에는 다음 각 호의 어느 하나에 해당하는 경우를 제외하고 신청인이 조사대상 선정기준을 열람할 수 있도록 하여야 한다. ① 행정기관이 당해 행정조사업무를 수행할 수 없을 정도로 조사활동에 지장을 초래하는 경우 ② 내부고발자 등 제삼자에 대한 보호가 필요한 경우 등이다(행정조사기본법 제8조 제3항).

[별지 제3호 서식]

열람거부결정서

귀하

주   소:
제   호

접수연월일			
열람거부내용			
열람거부사유			
담당자	소속	직급 또는 직위	
	성명	전화번호	
그 밖의 안내사항			

「행정조사기본법」 제8조 제3항 및 같은 법 시행령 제4조 제3항에 따라 귀하께서 신청하신 정보의 열람에 대하여 위와 같은 사유로 열람을 거부하기로 결정하였음을 알려드립니다.

.   년   월   일

기관명   인

210mm×297mm(일반용지 60g/㎡(재활용품))

행정기관의 장은 행정조사기본법 제8조 제3항 각 호의 어느 하나에 해당하여 신청인의 조사대상 선정기준 열람을 거부하는 경우에는 별지 제3호 서식의 열람 거부결정서에 그 이유를 적어 신청인에게 통지하여야 한다.

행정기관의 장은 법 제8조 제3항 본문에 따라 조사대상 선정기준을 신청인 본인 또는 그 대리인에게 열람하게 할 수 있다. 행정기관의 장은 조사대상 선정 기준을 열람하게 하는 때에는 다음 각 호의 구분에 따른 신분증명서 등으로 신청인 본인 또는 그 정당한 대리인임을 확인하여야 한다. ① 신청인 본인에게 열람하도록 하는 때에는 신청인의 주민등록증 등 그 신원을 확인할 수 있는 신분증명서(신청인이 법인 또는 단체인 경우에는 사업자등록증 그 밖에 법인 또는 단체임을 확인할 수 있는 증명서) ② 신청인의 법정대리인에게 열람하도록 하는 때에는 법정대리인임을 증명할 수 있는 서류와 대리인의 주민등록증 등 그 신원을 확인할 수 있는 신분증명서 ③ 신청인의 임의대리인에게 열람하도록 하는 때에는 신청인의 위임장과 수임인(수임인)의 주민등록증 등 그 신원을 확인할 수 있는 신분증명서 이다.

행정기관의 장은 정보통신망을 통하여 조사대상 선정기준을 열람하게 하는 때에는 동법 시행령 제2항의 규정에 불구하고 「전자서명법」 제2조 제2호에 따른 전자서명[46]이나 「행정 효율과 협업 촉진에 관한 규정」 제3조 제8호[47]에 따른 행정전자서명 등을 통하여 그 신원을 확인할 수 있다.

---

[46] 전자서명법 제2조 2. "전자서명"이라 함은 서명자를 확인하고 서명자가 당해 전자문서에 서명을 하였음을 나타내는 데 이용하기 위하여 당해 전자문서에 첨부되거나 논리적으로 결합된 전자적 형태의 정보를 말한다.

[47] 행정 효율과 협업 촉진에 관한 규정 제3조 8. "행정전자서명"이란 기안자·검토자·협조자·결재권자 또는 발신명의인의 신원과 전자문서의 변경 여부를 확인할 수 있도록 그 전자문서에 첨부되거나 결합된 전자적 형태의 정보로서, 「전자정부법 시행령」 제29조에 따른 인증기관으로부터 인증을 받은 것을 말한다.

1. 출석 및 자료제출

1) 출석·진술 요구

행정조사기본법 제9조 제1항은 출석·진술 요구를 다음과 같이 규정하고 있다. 우선 행정기관의 장이 조사대상자의 출석·진술을 요구하는 때에는 다음의 사항이 기재된 출석 요구서를 발송하여야 한다. 즉, 일시와 장소, 출석요구의 취지, 출석하여 진술하여야 하는 내용, 제출자료, 출석거부에 대한 제재(근거 법령 및 조항 포함), 그 밖에 당해 행정조사와 관련하여 필요한 사항 등이다. 출석요구서는 별지 제5호 서식에 따른다.

출석한 조사대상자가 행정조사기본법 제9조 제1항에 따른 출석요구서에 기재된 내용을 이행하지 아니하여 행정조사의 목적을 달성할 수 없는 경우를 제외하고는 조사원은 조사대상자의 1회 출석으로 당해 조사를 종결하여야 한다.

조사대상자는 지정된 출석일시에 출석하는 경우 업무 또는 생활에 지장이 있을 때에 행정기관의 장에게 출석일시를 변경하여줄 것을 신청할 수 있다. 변경신청을 받은 행정기관의 장은 행정조사의 목적을 달성할 수 있는 범위 안에서 출석일시를 변경할 수 있다(동법 제 9조 2항). 조사대상자가 법 제9조 제2항에 따라 행정기관의 장에게 출석일시를 변경하여줄 것을 신청하는 때에는 출석일시변경신청서를 제출하여야 한다.

행정기관의 장은 출석일시 변경신청을 받은 경우 신청을 받은 그날부터 7일 이내에 변경여부를 결정하여 출석일시 변경신청 결과 통지서에 따라 조사대상자에게 통지하여야 한다.

출석(보고, 자료제출)요구서

귀하

주   소:
제   호

출석(보고, 자료제출) 일시		출석(보고, 자료제출)장소	
		보고 및 자료제출 방법	
출석(보고, 자료제출)요구의 목적			
출석하여 진술할 내용 (보고 내용)			
제출자료 및 제출서류 반환여부			
법적 근거			
거부시 제재사항 (근거법령 및 조항 명시)			
그 밖의 안내사항			

「행정조사기본법」 제9조 제1항(제10조 제1항 또는 제2항) 및 같은 법 시행령 제6조 제1항(제6조 제4항)에 따라 출석(보고, 자료제출)을 요구하오니 협조하여 주시기 바랍니다.

[출석안내]

1. 문의사항이 있으면 아래로 연락하시기 바랍니다.

    담당자: (전화: , 이메일:)

2. 출석 시 이 통지서와 제출 자료를 지참하시기 바랍니다.

                  년   월   일

                                  기관명   인

2) 보고요구와 자료제출의 요구

보고요구권이란 행정기관이 필요한 정보를 수집하기 위하여 대상자나 기관 등에게 보고를 명하는 행정권한을 의미한다. 행정조사기본법 제10조가 대표적인 법률이다. 소방기본법 제30조 제1항,[48] 화재예방, 소방시설 설치·유지 및 안전관리에 관한 법률(약칭 : 소방시설법) 제46조 1항 등에서도 규정하고 있다. 보고요구는 문서에 의해서 하는 것이 일반적이며, 보고를 거부하는 경우 개별법령에 의해 제재를 가하는 경우도 있다.

행정기관의 장은 조사대상자에게 조사사항에 대하여 보고를 요구할 때 다음 각 호의 사항이 포함된 보고요구서를 발송하여야 한다. 일시와 장소, 조사의 목적과 범위, 보고하여야 하는 내용, 보고거부에 대한 제재(근거법령 및 조항 포함), 그 밖에 당해 행정조사와 관련하여 필요한 사항(동법 제10조 제1항 보고요구와 자료제출의 요구) 등이다.

자료제출요구권이란 행정기관이 필요한 정보 등을 수집하기 위하여 대상자나 기관 등에게 자료의 제출을 명하는 권한을 말한다. 행정조사기본법은 제10조 제2항에서 규정하고 있다. 통계법 제25조[49]에도 규정되어 있다. 소방기본법은 자료제출을 거부한 경우 과태료의 대상이 될 수 있다고 규정하고 있다.

행정기관의 장은 조사대상자에게 장부·서류나 그 밖의 자료를 제출하도록 요구할 때 다음 각 호의 사항이 기재된 자료제출요구서를 발송하여야 한다. 제

---

48 제30조(출입·조사 등) ① 소방청장, 소방본부장 또는 소방서장은 화재조사를 하기 위하여 필요하면 관계인에게 보고 또는 자료 제출을 명하거나 관계 공무원으로 하여금 관계 장소에 출입하여 화재의 원인과 피해의 상황을 조사하거나 관계인에게 질문하게 할 수 있다. <개정 2014. 11. 19., 2017. 7. 26.>

49 제25조(자료제출요구 등) ① 중앙행정기관의 장 또는 지방자치단체의 장은 지정통계의 작성을 위하여 관계 자료가 필요한 경우에는 제24조에 따라 제공받는 행정자료에 의하여 그 목적 달성이 가능한 것인지 여부를 미리 판단하여야 한다. <신설 2017. 8. 9.>
② 제24조에 따라 제공받는 행정자료에 의하여 지정통계의 작성이 불가능한 경우에 중앙행정기관의 장 또는 지방자치단체의 장은 개인이나 법인 또는 단체 등에 관계 자료의 제출을 요구할 수 있다. <개정 2017. 8. 9.>
③ 통계청장은 통계작성지정기관이 요청하는 경우로서 지정통계의 작성을 위하여 필요하다고 인정되는 경우에는 제2항에 따른 요구를 할 수 있다. <개정 2017. 8. 9.>
④ 제2항 및 제3항에 따른 자료의 제출요구를 받은 자는 정당한 사유가 없는 한 이에 응하여야 한다. <개정 2017. 8. 9.>

출기간, 제출요청사유, 제출서류, 제출 서류의 반환 여부, 제출거부에 대한 제재, 그 밖에 당해 행정조사와 관련하여 필요한 사항(동법 제10조 제2항 보고요구와 자료제출의 요구) 등이다.

법 제10조 제1항에 따른 보고요구서 및 동조 제2항에 따른 자료제출요구서는 별지 제5호 서식에 따르고, 법 제11조 제1항에 따른 현장출입조사서는 별지 제8호 서식에 따른다. 행정기관의 장이 출석요구서 등을 발송한 때에는 서식에 따라 발송확인대장을 작성하여야 한다.

2. 현장조사 및 영치

1) 현장조사

현장조사는 출입과 검사 그리고 수거 권한을 내포한 개념이다. 행정기관이나 공무원이 필요한 정보나 자료를 수집하고자 대상자나 기관의 의사에 반하여 가택, 사무실, 공장, 영업소 등을 출입하여 서류 및 물품 등을 검사하는 권한을 말한다. 식품위생법 제22조, 공중위생관리법 제9조 제1항 등에서도 규정하고 있다.

현장출입조사서

귀하

주　　소:
제　　호

조사목적				
조사기간			조사장소	
조사원	소속		직급 또는 직위	
	성명		전화번호	
조사의 범위와 내용				
제출자료				
법적근거				
거부시 제재사항 (근거법령 및 조항 명시)				
그 밖의 안내사항				

「행정조사기본법」제11조 제1항 및 같은 법 시행령 제6조 제4항에 따라 현장조사를 실시하고자 하오니 조사에 협조해 주시기 바라며, 문의사항이 있으면 담당자에게 연락하시기 바랍니다.

담당자 :　　　　　(전화 :　　　　　, 이메일:　　　　　)

년　　　　월　　　　일

기관명　　　　인

210mm×297mm(일반용지 60g/㎡(재활용품))

행정조사기본법 제11조(현장조사)에 따라 조사원이 가택·사무실 또는 사업장 등에 출입하여 현장조사를 실시하는 경우 행정기관의 장은 다음 각 호의 사항이 기재된 현장출입조사서 또는 법령 등에서 현장조사 시 제시하도록 규정하고 있는 문서를 조사대상자에게 발송하여야 한다. ① 조사목적 ② 조사기간과 장소 ③ 조사원의 성명과 직위 ④ 조사범위와 내용 ⑤ 제출자료 ⑥ 조사거부에 대한 제재(근거 법령 및 조항 포함) ⑦ 그 밖에 당해 행정조사와 관련하여 필요한 사항 등 이다.

행정조사기본법 제11조에 따른 현장조사는 해가 뜨기 전이나 해가 진 뒤에는 할 수 없다. 다만, 다음 각 호의 어느 하나에 해당하는 경우에는 그러하지 아니하다. ① 조사대상자(대리인 및 관리책임이 있는 자를 포함한다)가 동의한 경우 ② 사무실 또는 사업장 등의 업무시간에 행정조사를 실시하는 경우 ③ 해가 뜬 후부터 해가 지기 전까지 행정조사를 실시하는 경우 조사목적의 달성이 불가능하거나 증거인멸로 인하여 조사대상자의 법령 등의 위반 여부를 확인할 수 없을 때 등 이다. 행정조사기본법에 따라 현장조사를 하는 조사원은 그 권한을 나타내는 증표를 지니고 이를 조사대상자에게 내보여야 한다.

2) 시료채취

수거란 행정조사의 목적을 위하여 시료 등을 채취하거나 증거인멸의 우려가 있는 자료를 영치하는 것을 말한다.[50] 행정조사기본법 제12조(시료채취)에 따라 조사원이 조사목적의 달성을 위하여 시료채취를 하는 경우에는 그 시료의 소유자 및 관리자의 정상적인 경제활동을 방해하지 아니하는 범위 안에서 최소한도로 하여야 한다. 행정기관의 장은 시료채취로 조사대상자에게 손실을 입힌 때에는 대통령령으로 정하는 절차와 방법에 따라 그 손실을 보상하여야 한다.

행정기관의 장은 법 제12조 제1항에 따른 시료채취로 발생한 손실을 시료채취 당시의 시장가격으로 보상하여야 하며, 시료를 채취할 때에 조사대상자에게 손실보상 청구에 관한 정보를 알려 주어야 한다. 법 제12조 제2항에 따라 손실

---

[50] 김성원, "행정기관의 정보수집과 정보의 제공", 원광법학 31(3), 2015, 1–18 : 9.

보상을 받으려는 조사대상자는 손실의 원인이 된 시료채취가 있었던 날부터 90일 이내에 손실액과 그 명세 및 산출방법, 손실에 관한 증명서류를 첨부하여 별지 제10호 서식의 손실보상청구서를 관계 행정기관의 장에게 제출하여야 한다.

행정기관의 장은 손실보상청구서를 받은 날부터 60일 이내에 청구인에게 손실보상금액을 결정하여 그 결정내용을 별지 제11호 서식의 손실보상 결정 통지서에 따라 청구인에게 통지하여야 한다. 다만, 그 기간 내에 손실보상금액을 결정·통지할 수 없는 부득이한 사유가 있을 때에는 그 사유를 통지한 뒤 30일 내의 범위에서 그 기간을 연장할 수 있다.

청구인은 손실보상금액에 대하여 이의가 있는 경우 손실보상금액에 대한 통지를 받은 날부터 30일 이내에 행정기관의 장에게 이의신청을 할 수 있다. 행정기관의 장은 이의신청을 받으면 그 날부터 30일 내에 손실보상금액의 증감 여부를 결정하고 지체 없이 그 결과를 이의신청을 한 청구인에게 통지하여야 한다. 다만, 부득이한 사유가 있는 경우에는 그 사유를 통지하고 30일 안의 범위에서 그 기간을 연장할 수 있다.

손실보상청구서				처리 기한	
				60일	
청구인	성명		생년월일(여권· 외국인등록번호) 또는 사업자(법인·단체)등록번호		
	주소		(전화번호 :)		
손실내용	발생일시				
	발생장소				
	손실의 요지				
	보상 청구액				

「행정조사기본법」 제12조 제2항 및 같은 법 시행령 제7조 제2항에 따라 위와 같이 신청합니다.

년   월   일

신청인   (서명 또는 인)

기관장   귀하

※ 구비서류
　1. 손실액과 그 명세 및 산출방법 1부
　2. 손실에 관한 증명서류 1부

210mm×297mm(일반용지 60g/㎡(재활용품))

3) 자료 등의 영치

　조사원이 현장조사 중에 자료·서류·물건 등을 영치하는 때에는 조사대상자 또는 그 대리인을 입회시켜야 한다(법 제13조 제1항). 조사원이 자료 등을 영치하는 경우에 조사대상자의 생활이나 영업이 사실상 불가능하게 될 우려가 있는 때에는 조사원은 자료 등을 사진으로 촬영하거나 사본을 작성하는 등의 방법으로 영치에 갈음할 수 있다. 다만, 증거인멸의 우려가 있는 자료 등을 영치하는 경우에는 그러하지 아니하다. 조사원이 영치를 완료한 때에는 영치조서 2부를 작성하여 입회인과 함께 서명날인하고 그중 1부를 입회인에게 교부하여야 한다. 법 제13조 제3항에 따른 영치조서(영치조서)는 별지 제12호 서식에 따른다.

행정기관의 장은 영치한 자료 등이 다음 각 호의 어느 하나에 해당하는 경우에는 이를 즉시 반환하여야 한다. ① 영치한 자료 등을 검토한 결과 당해 행정조사와 관련이 없다고 인정되는 경우 ② 당해 행정조사의 목적의 달성 등으로 자료 등에 대한 영치의 필요성이 없게된 경우 등이다.

[별지 제12호 서식]

<table>
<tr><th colspan="5" style="text-align:center">영치조서</th></tr>
<tr><td>영치일자</td><td></td><td>영치장소</td><td colspan="2"></td></tr>
<tr><td rowspan="2">소유자</td><td>성명</td><td></td><td>생년월일(여권·
외국인등록번호)
또는 사업자(법인·
단체)등록번호</td><td></td></tr>
<tr><td>주소</td><td colspan="3"></td></tr>
<tr><td>영치목적</td><td colspan="4"></td></tr>
<tr><td>영치물건
(품명·수량)</td><td colspan="4"></td></tr>
<tr><td>근거 법령</td><td colspan="4"></td></tr>
<tr><td>영치물 반환 시기</td><td colspan="4"></td></tr>
<tr><td>그 밖의 안내사항</td><td colspan="4"></td></tr>
<tr><td colspan="5">
「행정조사기본법」제13조 제1항·제3항 및 같은 법 시행령 제8조에 따라 위와 같이 영치하고 그 사실을 확인합니다.

　　　　　　　　　　　　　　년　　　　월　　　　일
　　조사원　　　　　　　　　(서명 또는 날인)
　　소유자(또는 대리인)　　(서명 또는 날인)
</td></tr>
</table>

210mm×297mm(일반용지 60g/㎡(재활용품))

3. 공동조사 및 중복조사 제한

1) 공동조사

행정기관의 장은 행정조사기본법 제14조에 의해 공동조사를 할 수 있다. 다음 각 호의 어느 하나에 해당하는 행정조사를 하는 경우 공동조사를 하여야 한다. ① 당해 행정기관 내 둘 이상의 부서가 동일하거나 유사한 업무분야에 대하여 동일한 조사대상자에게 행정조사를 실시하는 경우 ② 서로 다른 행정기관이 대통령령으로 정하는 분야에 대하여 동일한 조사대상자에게 행정조사를 실시하는 경우 등이다.

그런데 동법 시행령 제9조(공동조사 실시 분야)에 따라 법 제14조 제1항 제2호에서 '대통령령이 정하는 분야'란 다음 각 호의 분야를 말한다.

① 건설사업장의 관리에 관한 분야로서 「건설기술 진흥법」 제54조 제1항 및 「산업안전보건법」 제48조 제5항에 따라 실시하는 행정조사 ② 유해·위험물질의 관리에 관한 분야로서 「화학물질관리법」 제49조 제1항 제2호, 제4호 및 제7호, 「위험물안전관리법」 제22조 제1항에 따라 실시하는 행정조사 ③ 식품안전에 관한 분야로서 「식품위생법」 제17조, 「축산물 위생관리법」 제19조, 「농수산물 품질관리법」 제58조, 제60조부터 제62조까지, 제76조 및 제102조에 따라 실시하는 행정조사 등이다.

공동조사신청서

신청인	성명 (법인명)		생년월일(여권 · 외국인등록번호) 또는 사업자(법인 · 단체)등록번호		
	주소			전화번호	
조사관련 통지사항	일시		장소		
	목적		내용		
	조사기관		담당자		
	법적근거				
공동조사 신청사유					

「행정조사기본법」 제14조 제2항 및 같은 법 시행령 제9조 제2항에 따라 위와 같이 공동조
사 실시를 요청합니다.

년   월   일

신청인   (서명 또는 인)

기관장   귀하

210mm×297mm(일반용지 60g/㎡(재활용품))

　　행정조사의 사전통지를 받은 조사대상자는 관계 행정기관의 장에게 공동조사
를 실시하여 줄 것을 신청할 수 있다. 이 경우 조사대상자는 신청인의 성명 · 조
사일시 · 신청이유 등이 기재된 공동조사신청서를 관계 행정기관의 장에게 제출
하여야 한다. 공동조사를 요청받은 행정기관의 장은 이에 응하여야 한다. 국무
조정실장은 행정기관의 장이 제6조에 따라 제출한 행정조사운영계획의 내용을

검토한 후 관계 부처의 장에게 공동조사의 실시를 요청할 수 있다. 그 밖에 공동조사에 관하여 필요한 사항은 대통령령으로 정한다.

행정기관의 장은 공동조사를 실시하는 경우 조사대상자, 조사원의 구성 및 조사방법 등에 관하여 관련 행정기관의 장과 협의할 수 있다. 둘 이상의 행정기관 또는 부서의 장이 동시에 조사하는 것이 곤란하거나 비효율적인 경우에는 관련 행정기관 또는 부서의 장 간에 서로 협의하여 조사를 주관할 행정기관 또는 부서를 지정하고, 지정된 행정기관 또는 부서의 장이 조사하는 방법으로 공동조사를 실시할 수 있다. 이 경우 조사를 주관한 행정기관 또는 부서의 장은 조사 결과를 관련 행정기관 또는 부서의 장에게 통보하여야 한다.

2) 중복조사의 제한

행정조사기본법 제15조는 중복조사의 제한을 규정하고 있다. 행정조사기본법 제7조에 따라 정기조사 또는 수시조사를 실시한 행정기관의 장은 동일한 사안에 대하여 동일한 조사대상자를 재조사하여서는 아니 된다.[51] 다만, 당해 행정기관이 이미 조사를 받은 조사대상자에 대하여 위법행위가 의심되는 새로운 증거를 확보한 경우에는 그러하지 아니하다. 행정조사를 실시할 행정기관의 장은 행정조사를 실시하기 전에 다른 행정기관에서 동일한 조사대상자에게 동일하거나 유사한 사안에 대하여 행정조사를 실시하였는지 여부를 확인할 수 있다. 행정조사를 실시할 행정기관의 장이 제2항에 따른 사실을 확인하기 위하여 행정조사의 결과에 대한 자료를 요청하는 경우 요청받은 행정기관의 장은 특별한 사유가 없는 한 관련 자료를 제공하여야 한다(제15조).

---

51 박균성, 앞의 책, p.361 ; 김유환, p.296 ; 김동희, p.509.

1. 개별조사계획의 수립 및 사전통지

1) 조사계획의 수립

행정조사를 실시하고자 하는 행정기관의 장은 제17조에 따른 사전통지를 하기 전에 개별조사계획을 수립하여야 한다. 다만, 행정조사의 시급성으로 행정조사계획을 수립할 수 없는 경우에는 행정조사에 대한 결과보고서로 개별조사계획을 갈음할 수 있다(동법 제16조 개별조사계획의 수립). 개별조사계획에는 조사의 목적·종류·대상·방법 및 기간, 조사의 근거, 조사원의 구성, 조사대상자의 선정기준, 조사거부 시 제재의 내용 및 근거 등이 포함되어야 한다(동법 시행령 제10조 개별조사계획).

2) 조사의 사전통지

행정조사를 실시하고자 하는 행정기관의 장은 제9조에 따른 출석요구서, 제10조에 따른 보고요구서·자료제출요구서 및 제11조에 따른 현장출입조사서를 조사개시 7일 전까지 조사대상자에게 서면으로 통지하여야 한다(행정조사기본법 제17조 조사의 사전통지).

그러나 예외가 있다. 즉, ① 행정조사를 실시하기 전에 관련 사항을 미리 통지하는 때에 증거인멸 등으로 행정조사의 목적을 달성할 수 없다고 판단되는 경우 ② 통계법 제3조 제2호에 따른 지정통계의 작성을 위하여 조사하는 경우 ③ 행정조사기본법 제5조 단서에 따라 조사대상자의 자발적인 협조를 얻어 실시하는 행정조사의 경우 행정조사의 개시와 동시에 출석요구서 등을 조사대상자에게 제시할 수 있다. 또한 행정조사의 목적 등을 조사대상자에게 구두로 통지할 수 있다. 행정기관의 장이 출석요구서 등을 조사대상자에게 발송하는 경우 출석요구서 등의 내용이 외부에 공개되지 아니하도록 필요한 조치를 하여야 한다.

판례의 경우 사전조사의 통지와 처분의 사전통지를 구분하고 있다. 사실관계는 다음과 같다. 소방서장이 관내 특정소방대상물에 대한 특별조사 결과 각 건물이 무단 용도변경된 사실을 확인하고, 그 대상자에게 이를 통보하였다. 소방공무원이 전화로 그 대상자에게 각 건물에 대한 현장조사가 필요하다는 사실을 알리고 현장조사 일시를 약속한 다음 조사대상자가 참석한 가운데 각 건물에 대한 현장조사를 실시하였다.

현장조사 과정에서 무단증축면적과 무단용도변경 사실을 확인하고 이를 확인서 양식에 기재한 후, 조사대상자에게 각 행위는 건축법 제14조 또는 제19조를 위반한 것이므로 시정명령이 나갈 것이고 이를 이행하지 않으면 이행강제금이 부과될 것이라고 설명하였다. 그리고 위반경위를 질문하여 답변을 들은 다음 조사대상자로부터 확인서명을 받았다. 해당 양식에는 "상기 본인은 관계 법령에 의한 제반허가를 득하지 아니하고 아래와 같이 불법건축(증축, 용도변경)행위를 하였음을 확인합니다."라고 기재되어 있었다.

그런데 해당 소방서장은 별도의 사전통지나 의견진술기회 부여 절차를 거치지 아니한 채, 현장조사 다음 날 처분하였다. 이에 대해 판례는 공무원이 위 현장조사에 앞서 조사대상자에게 전화로 통지한 것은 행정조사의 통지이지 이 사건의 처분에 대한 사전통지로 볼 수 없다고 하였다. 그리고 공무원이 현장조사 당시 위반경위에 관하여 의견진술기회를 부여하였다 하더라도, 이 사건 처분이 현장조사 바로 다음 날 이루어진 사정에 비추어 보면 의견 제출에 필요한 상당한 기간을 고려하여 의견제출 기한이 부여되었다고 볼 수 없다고 한다.

그리고 현장조사에서 대상자가 위반사실을 시인하였다거나 위반경위를 진술하였다는 사정만으로는 행정절차법 제21조 제4항 제3호가 정한 '의견청취가 현저히 곤란하거나 명백히 불필요하다고 인정할만한 상당한 이유가 있는 경우'로서 처분의 사전통지를 하지 아니하여도 되는 경우에 해당한다고 볼 수도 없다고 법원은 판단하였다.[52]

---

[52] 대법원 2016. 10. 27. 선고 2016두41811 판결 [시정명령처분취소등][공2016하,1824]

3) 연기신청

출석요구서등을 통지받은 자가 천재지변이나 그 밖에 대통령령으로 정하는 사유로 인하여 행정조사를 받을 수 없는 때에는 당해 행정조사를 연기하여줄 것을 행정기관의 장에게 요청할 수 있다. 연기요청을 하고자 하는 자는 연기하고자 하는 기간과 사유가 포함된 연기신청서를 행정기관의 장에게 제출하여야 한다. 행정기관의 장이 행정조사의 연기요청을 받은 때에는 연기요청을 받은 날부터 7일 이내에 조사의 연기 여부를 결정하여 조사대상자에게 통지하여야 한다(행정조사기본법 제18조 조사의 연기신청).

그런데 법 제18조 제1항에서 "대통령령으로 정하는 사유"란 다음 각 호의 어느 하나에 해당하는 사유를 말한다. ① 화재나 그 밖의 재해로 인하여 사업장의 운영이 불가능한 경우 ② 법 제10조 제2항에 따라 자료제출요구를 받은 경우와 법 제11조 제1항에 따른 현장조사의 경우 장부 및 관련 서류가 권한이 있는 기관에 의하여 압수 또는 영치(領置)된 경우 ③ 조사대상자가 개인인 경우 그 개인이 질병이나 장기 출장 등으로 인하여 조사가 곤란하다고 판단되는 경우(행정조사기본법 시행령 제11조 조사의 연기신청) 법 제18조 제2항에 따른 연기신청서는 별지 제6호 서식에 따른다. 행정기관의 장은 법 제18조 제3항에 따라 조사의 연기 여부를 결정한 때에 별지 제7호 서식의 조사연기신청 결과 통지서에 결정사항을 적어 조사대상자에게 통지하여야 한다(동법 제 18조).

2. 보충조사 및 임의적 협력 조사

1) 제삼자에 대한 보충조사

행정기관의 장은 조사대상자에 대한 조사만으로는 당해 행정조사의 목적을 달성할 수 없거나 조사대상이 되는 행위에 대한 사실 여부 등을 입증하는 데 과도한 비용 등이 소요됨으로써 다른 법률에서 제삼자에 대한 조사를 허용하고 있는 경우와 당사자의 동의가 있는 경우에는 제삼자에 대하여 보충조사를 할 수 있다(행정조사기본법 제19조 제삼자에 대한 보충조사). 행정기관의 장은 법 제19조 제1항에 따른 보충조사를 할 경우 별지 제14호 서식의 보충조사 통지서를 조사 대상인 제삼자에게 보내야 한다.

행정기관의 장은 제삼자에 대한 보충조사를 실시하는 경우에는 조사개시 7일 전까지 보충조사의 일시·장소 및 보충조사의 취지 등을 제삼자에게 서면으로 통지하여야 한다. 행정기관의 장은 제삼자에 대한 보충조사를 하기 전에 그 사실을 원래의 조사대상자에게 통지하여야 한다. 다만, 제삼자에 대한 보충조사를 사전에 통지하여서는 조사목적을 달성할 수 없거나 조사목적의 달성이 현저히 곤란한 경우에는 제삼자에 대한 조사결과를 확정하기 전에 그 사실을 통지하여야 한다. 원래의 조사대상자는 제3항에 따른 통지에 대하여 의견을 제출할 수 있다.

2) 자발적 협조와 행정조사

행정기관의 장이 제5조 단서에 따라 조사대상자의 자발적인 협조를 얻어 행정조사를 실시하고자 하는 경우 조사대상자는 문서·전화·구두 등의 방법으로 당해 행정조사를 거부할 수 있다. 행정조사에 대하여 조사대상자가 조사에 응할 것인지에 대한 응답을 아니하는 경우에는 법령 등에 특별한 규정이 없는 한 그 조사를 거부한 것으로 본다. 행정기관의 장은 조사거부자의 인적 사항 등에 관한 기초자료는 특정 개인을 식별할 수 없는 형태로 통계를 작성하는 경우에 한하여 이용할 수 있다(행정조사기본법 제20조 자발적인 협조에 따라 실시하는 행정조사).

행정조사기본법 제17조 제1항에 의하면, 행정조사를 실시하고자 하는 행정기관의 장은 제9조에 따른 출석요구서, 제10조에 따른 보고요구서·자료제출요구서 및 제11조에 따른 현장출입조사서를 조사개시 7일 전까지 조사대상자에게 서면으로 통지하여야 한다. 그러나 같은 항 단서 제3호에서 정한 예외 사유로서 '제5조 단서에 따라 조사대상자의 자발적인 협조를 얻어 실시하는 행정조사의 경우'에는 행정조사의 목적 등을 조사대상자에게 행정조사의 개시와 동시에 구두로 통지할 수 있다.

그리고 행정조사기본법 제5조에 의하면 행정기관은 법령 등에서 행정조사를 규정하고 있는 경우에 한하여 행정조사를 실시할 수 있으나, 한편 '조사대상자의 자발적인 협조를 얻어 실시하는 행정조사'의 경우에는 그러한 제한이 없이 그 실시가 허용된다(단서). 행정조사기본법 제5조는 행정기관이 정책을 결정하거나 직무를 수행하는 데에 필요한 정보나 자료를 수집하기 위하여 행정조사를 실시할 수 있는 근거에 관하여 정한 것으로서, 이러한 위 규정의 취지와 아울러 그 문언에 비추어 보면, 그 단서에서 정한 '조사대상자의 자발적인 협조를 얻어 실시하는 행정조사'는 개별 법령 등에서 행정조사를 규정하고 있는 경우에도 실시할 수 있다고 해석함이 타당하다.

공무원이 현장조사에 앞서 조사 대상자에게 조사의 목적 등을 알리면서 조사 일정을 조율하였고, 현장조사는 대상자의 자발적인 협조를 얻어 실시하였다면 '행정조사기본법 제5조 단서에 따라 조사대상자의 자발적인 협조를 얻어 실시하는 행정조사의 경우'에 해당한다고 보았다. 즉, 건축법이 제27조 및 제87조 등에서 현장조사 등에 관하여 규정하고 있지만, 이러한 건축법을 위반한 행위에 대하여 행한 현장조사가 행정조사기본법 제17조 제1항 단서 제3호에서 정한 조사의 사전통지 등에 대한 예외 사유가 적용될 수 있다고 대법원은 판단하고 있다.[53]

3) 의견 제출

조사대상자는 제17조에 따른 사전통지의 내용에 대하여 행정기관의 장에게 의견을 제출할 수 있다. 조사대상자가 법 제21조 제1항에 따른 의견을 제출하는 경우에는 별지 제15호 서식의 의견 제출서를 행정기관의 장에게 제출하여야 한다(행정조사기본법 시행령 제12조 제삼자에 대한 보충조사 등의 통지서식).

행정기관의 장은 조사대상자가 제출한 의견이 상당한 이유가 있다고 인정하는 경우 이를 행정조사에 반영하여야 한다(행정조사기본법 제21조 의견제출).

---

53 대법원 2016. 10. 27. 선고 2016두41811 판결 [시정명령처분취소등][공2016하,1824].

의견 제출서

사전통지 내용				
제출자	성명 (법인명)		생년월일(여권· 외국인등록번호) 또는 사업자(법인·단체)등록번호	
	주소		전화번호	
의견				
기타				

「행정조사기본법」 제21조 제1항 및 같은 법 시행령 제12조 제2항에 따라 위와 같이 의견을 제출합니다.

년   월   일

신청인   (서명 또는 인)

기관장   귀하

210mm×297mm(일반용지 60g/㎡(재활용품))

3. 조사와 행정조사의 제한

1) 조사원

조사대상자는 조사원에게 공정한 행정조사를 기대하기 어려운 사정이 있다고 판단되는 경우에는 행정기관의 장에게 당해 조사원의 교체를 신청할 수 있다(행정조사기본법 제22조 조사원 교체신청). 조사대상자가 법 제22조 제1항에 따라 조사원의 교체를 신청하는 경우에는 별지 제16호 서식의 조사원 교체신청서를 행정기관의 장에게 제출하여야 한다(행정조사기본법 시행령 제12조 제삼자에 대한 보충조사 등의 통지서식).

교체신청은 그 이유를 명시한 서면으로 행정기관의 장에게 하여야 한다. 교체신청을 받은 행정기관의 장은 즉시 이를 심사하여야 한다. 행정기관의 장은 교체신청이 타당하다고 인정되는 경우 다른 조사원으로 하여금 행정조사를 하게 하여야 한다.

　행정기관의 장은 교체신청이 조사를 지연할 목적으로 한 것이거나 그 밖에 교체신청에 타당한 이유가 없다고 인정되는 때에는 그 신청을 기각하고 그 취지를 신청인에게 통지하여야 한다. 행정기관의 장은 법 제22조 제5항에 따라 조사원의 교체신청을 기각하는 경우에는 별지 제17호 서식의 조사원 교체신청 기각 통지서를 신청인에게 발송하여야 한다(행정조사기본법 시행령 제12조 제삼자에 대한 보충조사 등의 통지서식).

[별지 제16호 서식]

<table>
<tr><td colspan="3" align="center">조사원 교체신청서</td></tr>
<tr><td rowspan="2">조사내용</td><td>일시 및 장소</td><td></td></tr>
<tr><td>조사의 종류</td><td></td></tr>
<tr><td colspan="2">성명 및 주소</td><td></td></tr>
<tr><td colspan="2">대상 조사원</td><td></td></tr>
<tr><td colspan="2">교체신청 사유</td><td></td></tr>
<tr><td colspan="3">

「행정조사기본법」 제22조 제2항 및 같은 법 시행령 제12조 제3항에 따라 위와 같이 신청합니다.

년　　　　월　　　　일

신청인　　　　　　　　　　(서명 또는 인)

귀하
</td></tr>
<tr><td colspan="3">구비서류 : 소명자료</td></tr>
</table>

210mm×297mm(일반용지 60g/㎡(재활용품))

2) 조사권 행사의 제한

조사원은 제9조부터 제11조까지에 따라 사전에 발송된 사항에 한하여 조사대상자를 조사하되, 사전 통지한 사항과 관련된 추가적인 행정조사가 필요할 경우 조사대상자에게 추가조사의 필요성과 조사내용 등에 관한 사항을 서면이나 구두로 통보한 후 추가조사를 실시할 수 있다. 조사대상자는 법률·회계 등에 대하여 전문지식이 있는 관계 전문가로 하여금 행정조사를 받는 과정에 입회하게 하거나 의견을 진술하게 할 수 있다.

조사대상자와 조사원은 조사과정을 방해하지 아니하는 범위 안에서 행정조사의 과정을 녹음하거나 녹화할 수 있다. 이 경우 녹음·녹화의 범위 등은 상호 협의하여 정하여야 한다. 조사대상자와 조사원이 녹음이나 녹화를 하는 경우에는 사전에 이를 당해 행정기관의 장에게 통지하여야 한다(행정조사기본법 제23조 조사권 행사의 제한).

3) 조사결과의 통지

행정기관의 장은 법령 등에 특별한 규정이 있는 경우를 제외하고는 행정조사의 결과를 확정한 날부터 7일 이내에 그 결과를 조사대상자에게 통지하여야 한다(행정조사기본법 제24조 조사결과의 통지). 행정기관의 장은 법 제24조에 따라 조사결과를 통지하는 경우 별지 제18호서식의 조사결과통지서를 조사대상자에게 발송하여야 한다(시행령 제12조 제삼자에 대한 보충조사 등의 통지서식).

[별지 제18호 서식]

조사결과통지서

조사일시			조사장소	
조사대상자	성명			
	주소			
조사내용				
조사결과	* 행정처분을 하고자 하는 경우 처분하고자 하는 내용, 법적 근거를 구체적으로 기술하여 주시기 바랍니다.			
조사원	소속		직급 또는 직위	
	성명		전화번호	
그 밖의 안내사항				

「행정조사기본법」 제24조 및 같은 법 시행령 제12조 제5항에 따라 조사결과를 위와 같이 통지합니다.

년   월   일

기관명   인

210mm×297mm(일반용지 60g/㎡(재활용품))

제5절 자율관리체제의 구축과 평가

1. 자율신고제도와 자율관리체제의 혜택

1) 자율신고체제

행정기관의 장은 법령 등에서 규정하고 있는 조사사항을 조사대상자로 하여금 스스로 신고하도록 하는 제도를 운영할 수 있다. 행정기관의 장은 조사대상자가 신고한 내용을 거짓 신고라고 인정할만한 근거가 있거나 신뢰할 수 없는 경우를 제외하고는 그 신고내용을 행정조사에 갈음할 수 있다(행정조사기본법 제25조).

행정기관의 장은 조사대상자가 자율적으로 행정조사사항을 신고·관리하고, 스스로 법령준수사항을 통제하도록 하는 체제의 기준을 마련하여 고시할 수 있다. 조사대상자, 조사대상자가 법령 등에 따라 설립하거나 자율적으로 설립한 단체 또는 협회에 해당하는 자는 기준에 따라 자율관리체제를 구축하여 대통령령으로 정하는 절차와 방법에 따라 행정기관의 장에게 신고할 수 있다(행정조사기본법 제26조 자율관리체제의 구축).

조사대상자가 법 제26조 제2항에 따른 자율관리체제를 마련하고 이를 행정기관의 장에게 신고할 때에는 자율관리체제의 구축현황, 자율관리체제의 운영계획서, 신고인이 법인인 경우에는 주무관청의 인·허가를 받은 사실을 증명하는 서류를 첨부하여 별지 제19호 서식의 자율관리체제구축 신고서를 제출하여야 한다(행정조사기본법 시행령 제13조 자율관리체제 기준 등).

행정기관의 장은 신고서가 미비한 경우 보완하는 데에 필요한 기간을 정하여 지체 없이 신고인에게 보완할 것을 요구하여야 한다. 행정기관의 장은 신고인이 기간 내에 보완을 하지 아니한 경우 그 이유를 구체적으로 밝혀 접수된 신청서를 되돌려 보낼 수 있다. 국가와 지방자치단체는 행정사무의 효율적인 집행과 법령 등의 준수를 위하여 조사대상자의 자율관리체제 구축을 지원하여야 한다.

2) 자율관리에 대한 혜택의 부여

행정기관의 장은 제25조에 따라 자율신고를 하는 자와 제26조에 따라 자율관리체제를 구축하고 자율관리체제의 기준을 준수한 자에 대하여 법령 등으로 규정한 바에 따라 행정조사의 감면 또는 행정·세제상의 지원을 하는 등 필요한 혜택을 부여할 수 있다(행정조사기본법 제27조 자율관리에 대한 혜택의 부여).

자율관리체제구축 신고서

신청인 (대표자)	이름		생년월일(여권·외국인등록번호)		
	주소			(전화 :	)
기업 (법인· 단체 등)	명칭				
	주소			(전화 :	)
	설립일		구성원수		
	설립근거				
자율신고사항					

「행정조사기본법」 제26조 제2항 및 같은 법 시행령 제13조 제1항에 따라 위와 같이 자율관리체제 구축내용을 신고합니다.

년   월   일

신청인(대표자)   (서명 또는 인)

기관장 귀하

※ 구비서류
  1. 자율관리체제의 구축현황
  2. 자율관리체제의 운영계획서
  3. 주무관청의 인·허가를 받은 사실을 증명하는 서류 1부(신고인이 법인일 경우에 한합니다.)

접수증

접수번호			신청인이름	
접수자	직급 또는 직위		이름	(서명 또는 인)

귀하의 신청서는 위와 같이 접수되었습니다.

년   월   일

(접수기관)

※ 자율관리체제구축 신고서의 처리와 관련하여 문의사항이 있으면 (담당부서 및 전화번호로)
  문의하여 주시기 바랍니다.

2. 정보통신망과 행정조사 점검

1) 정보통신망

행정기관의 장은 인터넷 등 정보통신망을 통하여 조사대상자로 하여금 자료의 제출 등을 하게 할 수 있다. 또한 정보통신망을 통하여 자료의 제출 등을 받은 경우에는 조사대상자의 신상이나 사업비밀 등이 유출되지 아니하도록 제도적·기술적 보안조치를 강구하여야 한다(행정조사기본법 제28조 정보통신 수단을 통한 행정조사).

2) 행정조사의 점검과 평가

국무조정실장은 행정조사의 효율성·투명성 및 예측가능성을 제고하기 위하여 각급 행정기관의 행정조사 실태, 공동조사 실시현황 및 중복조사 실시 여부 등을 확인·점검하여야 한다. 이를 평가하여 대통령령으로 정하는 절차와 방법에 따라 국무회의와 대통령에게 보고하여야 한다.

국무조정실장은 확인·점검을 위하여 각급 행정기관의 장에게 행정조사의 결과 및 공동조사의 현황 등에 관한 자료의 제출을 요구할 수 있다. 행정조사의 확인·점검 대상 행정기관과 행정조사의 확인·점검 및 평가절차에 관한 사항은 대통령령으로 정한다(행정조사기본법 제29조 행정조사의 점검과 평가).

법 제29조 제4항에 따라 행정조사의 확인·점검 대상 행정기관은 제2조 제1항 각 호의 어느 하나에 해당하는 기관을 말한다. 국무조정실장은 확인·점검 대상 기관으로 하여금 필요한 자료를 요구하거나 점검수행자로 하여금 대상 행정기관을 방문하여 필요한 자료를 확인·점검하게 할 수 있다. 이러한 확인·점검 및 평가를 실시하기 전에 실시계획 및 평가방법, 평가기준 등을 마련하여 대상 행정기관의 장에게 통지하여야 한다(행정조사기본법 시행령 제14조 행정조사의 확인 및 점검).

제4장

외국의 행정조사법제와 조사

04장 | 외국의 행정조사법제와 조사

　　행정조사에 대하여 각국의 제도는 제도설계, 운영방식, 처벌 규정 등에 차이가 있다. 미국 행정절차법은 보고서의 제출요구, 출입검사, 기타의 조사활동과 요구는 법률의 근거가 없는 한 명령하거나 실시하는 것을 허용하지 않는다고 규정하고 있다. 즉, 미국의 행정절차법은 강제조사에 대하여 법률상 근거의 필요성을 명시하고 있다. 미국의 행정절차법에서는 행정처분의 정식 절차와 구별되는 비공식 행위가 있다. 그 범주 안에 다양한 행정활동이 있고 행정조사도 그 가운데 하나이다. 그러나 행정조사의 절차를 규정하거나 행정조사에 대한 사법심사의 방법을 정한 기본법은 없다. 현재 미국에서는 개별법령의 규정에 의하여 행정조사를 실시하고 있다. 여기에서는 미국의 공정거래위원회(FTC)의 근거법률인 미국의 독점금지법을 중심으로 조사제도를 살펴보고자 한다.

　　한편 독일의 행정조사와 관련하여 행정절차법과 질서위반법 그리고 경쟁제한금지법을 검토하고자 한다. 독일의 행정절차에 있어서 연방 카르텔 청은 필요한 모든 조사를 실시하고, 증거를 수집할 수 있다. 구체적으로는 보고 징수권과 사업자 등의 영업소에서 장부 서류의 열람·검사권에 대한 조사 권한이다. 사업자 등은 요구된 자료 및 영업 관계 기록을 제출하고, 이들 기록의 검사와 영업소에 대한 검사를 수인하여야 할 의무가 있다. 만약 이를 거부할 경우에는 질서위반법 위반이 되며 제재금의 대상이 된다. 긴급상황 시 영업시간 내이면 법관의 결정 없이 수색을 실시할 수 있다.

　　일본에서는 행정조사를 행정기관이 행정 목적을 달성하기 위해서 필요한 정보를 수집하는 활동이라고 정의하고 있다. 일본은 행정조사법의 필요성에 대하여 2005년 독점금지법의 개정과 향후 과제로서 이를 검토한바 있다. 그러나 행정조사가 독자적인 입법으로 진행되지는 않았다. 현재 일본에서는 금융조사, 증권조사, 행정지도에 의한 조사 등을 행하고 있다. 그러나 일본은 행정조사에 행정절차법 적용을 제외하고 있다. 그 이유는 통제의 필요성을 부정하는 것이 아니라 행정조사의 다종다양성에 기인하는 것이라고 한다. 행정조사에 관한 일반적 규정을 마련할 가능성을 부정한 것은 아니지만 일본의 절차법제에서 행정조사는 개별법령의 규율에 위임되어 있다.

다른 한편 우리나라의 산업기술보호법 제15조에 의한 기술유출행위 관련 조사는 같은 법 제17조의 실태조사와 달리 행정조사기본법의 적용대상에서 제외된다고 할 수 있다. 2019년 8월에 개정된 법률 조항과 관련한 행정조사 시행령과 규칙은 공포되어있지 않았다. 2020년 2월에 시행령 등이 발효되는 시점에서야 구체적인 행정조사의 절차나 방법을 알 수 있을 것이다.

그런데 산업기술보호법 제15조에 의한 기술침해 행위에 대한 조사는 외국의 법제로는 미국의 연방거래위원회(FTC), 독일의 경쟁제한금지법, 일본의 공정거래위원회의 조사절차와 방식과 유사하다. 국내법의 차원에서 보면 세무조사를 위한 조세범 처벌법과 조세범 처벌절차법, 그리고 공정거래법과 공정거래위원회 회의 운영 및 사건절차 등에 관한 규칙과 유사한 성격을 갖고 있다. 여기에서는 미국, 독일, 일본의 관련법령과 제도는 물론 비교법적인 차원에서 조세범 처벌과 관련한 행정조사와 공정거래위원회의 행정조사에 대하여 소개하고자 한다.

1. 미국의 행정조사 절차

1) 개요

행정조사(administrative investigation)에 대하여 미국 행정절차법은 보고서의 제출요구, 출입검사, 기타의 조사활동과 요구는 법률의 근거가 없는 한 명령하거나 실시하는 것을 허용되지 않는다고 규정하고 있다. 즉, 미국의 행정절차법은 강제조사에 대하여 법률상의 근거의 필요성을 명시하고 있다. 그러므로 행정조사는 ① 주택이나 사업소 등에 출입하여 장부·기록·가택을 조사할 수 있는 권한 ② 증인을 소환하고, 서류제출을 명할 수 있는 권한 ③ 기록과 보고서를 요구할 수 있는 권한으로 행하여지고 있다.

미국의 행정절차법에서는 행정처분의 정식 절차와 구별되는 비공식 행위가 있다. 그 범주 안에 다양한 행정활동이 있고 행정조사도 그 가운데 하나이다. 행정절차법의 대상이 되는 행위들은 정식의 절차를 거치도록 되어 있지만 행정조사와 같은 비공식 행위는 규제가 다르다. 행정조사의 절차를 규정하거나 행정조사에 대한 사법심사의 방법을 정한 기본법은 없다. 그러므로 미국에서 행정조사와 관련하여 일반적으로 실시되는 행정조사를 살펴볼 필요가 있다. 현재 미국에서는 개별법령의 규정에 의하여 행정조사를 실시하고 있다. 개별법령에 정해진 미국의 행정조사는 출입 검사, 소환장 발부, 보고서 요구권 등이다.[2]

---

1 제1절의 미국의 행정조사법제 부분은 김민배, '미국의 행정조사제도와 연방거래위원회의 조사절차', 한국산업보안연구 제9권 제2호, 한국산업보안연구학회, 2019를 토대로 내용을 일부 수정하고, 각주 등을 보완하여 재인용하였음.
2 김영조, '미국 행정법상 행정조사의 법리에 한 고찰', 土地公法研究, 한국토지공법학회, 2004, p.161.

2) 소환장발부

소환장발부권이란 행정기관이 소환장(subpoenas)을 발부하여 증인의 출석, 회계장부 등 각종 문서와 기록의 제출을 요구할 수 있는 권한을 말한다. 행정기관이 발부하는 소환장이라는 의미에서 법원이 발부하는 일종의 사법소환장이나 영장과 구별한다. 행정소환장에는 증인으로부터 구두에 의해 청취하는 것이 목적인 증인소환장과, 증언과 함께 특정한 장부나 서류를 입수하는 것을 목적으로 하는 문서지참 증인소환장이 있다. 소환장발부제도는 연방거래위원회(FTC), 내국세입청(IRS), 증권거래위원회(SEC) 등 많은 행정기관에서 이용하고 있다.

연방거래위원회의 직원은 소환장을 발부하기 위하여 위원회에 발부결정을 요청할 수 있다. 5명 위원 중 과반수가 동의하면 위원회는 법령상의 조사권한과 조사가 시작되는 이유를 기술한 결정서를 발부한다. 연방거래위원회는 조사권한을 부여한 결정서의 사본과 함께 조사시기와 장소, 그리고 요구하는 서류를 구체화하여 피조사자에게 소환장을 발부한다. 피조사자는 이 요구에 응할 수도 있고 거부할 수도 있다. 피조사자가 이를 거부하는 경우에 연방거래위원회는 자력으로 집행할 수는 없으며, 그 집행을 강제할 명령을 지방법원으로부터 받아야 한다. 행정소환장은 일종의 통지에 불과하며, 법원에 의하여 집행되기까지는 어떤 법적 효과도 없다.

그러나 사법소환장이나 영장에 따르지 않는 경우에는 법정모욕죄로서 처벌의 대상이 될 수도 있다. 한편 피조사자는 위원회가 자발적으로 당해 소환장을 변경하거나 철회하도록 위원회와 협의할 수도 있고, 소환장의 취소나 수정을 받기 위하여 위원회에 이의 신청을 할 수도 있다. 그리고 기각될 경우에 피조사자는 연방거래위원회가 제기한 집행 소송에서 그 위법을 주장할 수 있다.[3]

3) 출입검사

출입검사란 주택 혹은 사업소에 출입하여 일정한 사항을 조사하는 것을 말한

---

3 Richard J. Pierce, Sidney A. Shapiro and Paul R. Verkuil, Administrative Law and Process, The Foundation Press, Inc., 1985, pp.431−432 ; 김영조, 앞의 논문, p.163.

다. 출입검사는 조사의 목적이나 기능에 따라 여러 가지로 분류할 수 있다. ① 규제목적의 차이이다. 용도에 따라 주택검사와 영업장소 검사 등이 있고, 그것은 영장주의의 적용과 밀접한 관련이 있다. ② 조사권발동의 시기이다. 지역검사나 정기검사는 보통 법령위반이 있는지의 여부와 관계없이 실시된다. ③ 형식에 의한 차이이다. 구체적으로 정형 검사와 비정형 검사가 있다.

4) 보고서요구권

보고서요구권이란 행정기관이 개인, 단체, 회사의 조직, 사업, 경영 등에 필요한 정보를 연차보고서, 특별보고서, 특정질문에 한 답변서와 같이 소정의 양식으로 요구하는 권한을 말한다. 이 보고서요구권은 소환장과 같이 문서의 형태로 정보를 구하는 것이다. 회사의 일상기록과 같은 보존기록의 제출을 요구하거나 소정의 양식에 따른 회답을 요구한다. 행정기관의 보고서요구에 상대방이 불응하는 경우 행정기관의 강제방법은 개별법령에 따라 차이가 있다.

그러나 일반적인 소환장발부의 경우와 마찬가지로 소환장발부에 의한 강제를 인정하고 있으며, 과태료 등에 의한 강제방법을 인정하고 있다. 만약 개인이 연방거래위원회의 보고서 요구명령에 따르지 않는 경우 연방거래위원회는 조사명령에 의한 불이행을 확인하는 통지를 당사자에게 발할 수 있다. 이 통지를 받은 날로부터 30일 이후에도 보고서 요구명령에 의한 불이행이 계속되는 경우에는 과태료가 부과된다.

5) 근거법과 적용예외

(1) 근거법

미국의 독점금지법은 단일한 법률 명칭이 아니라 관련한 법률들의 총칭이다. 독점금지법은 주로 다음의 3개 법률 및 이와 관련된 수정법률들로 구성되어 있다. 즉, 셔먼법(Sherman Act, 1890년 제정), 클레이튼법(Clayton Act, 1914년 제정), 연방거래위원회법(Federal Trade Commission Act, 1914년 제정)이다.

셔먼법은 카르텔 등의 거래제한(Restraint of Trade) 및 독점화 행위(Monopolization)를 금지하고, 그 위반에 대한 형사벌 등을 규정하고 있다. 클레이튼법은 셔먼법 위반의 예방적 규제를 목적으로 경쟁을 저해하는 가격차별 금지, 부당한 배타적 조건부 거래의 금지, 기업 결합 규제, 3배액 손해 배상 제도 등에 대해서 규정하고 있다. 연방거래위원회법은 불공정한 경쟁방법(Unfair Methods of Competition) 및 불공정 또는 기만적인 행위 또는 관행(Unfair or Deceptive Acts or Practices)을 금지하고 있으며, 연방거래위원회의 권한과 절차 등을 규정하고 있다. 이 밖에 대부분의 미국 주는 독자적인 반독점 관련 주 법률을 갖고 있다.

(2) 적용 제외

농업·어업, 보험업 등 일부 산업법에서는 일정한 행위에 대해서 독점금지법의 규정을 적용하지 않는다는 취지가 규정되어 있다. 또한 연방정부 및 주정부의 행위 및 그것들이 소유 혹은 관리하는 부문이 행한 행위에 대해서도 독점금지법의 적용을 제외한다.

2. 집행 기관

1) 법무부 반독점국

미국 법무부 반독점국(Antitrust Division, Department of Justice)[4]은 셔먼법 및 클레이튼 법의 민사 및 형사의 집행에 대해서 책임을 지는 지위에 있다. 반독점국은 형사 및 민사의 위반 혐의에 대한 조사권한을 가지고 있으며, 각각의 반독점법 조사 결과에 따라 형사 및 민사의 정부집행소송을 제기할 수 있다.[5]

반독점국이 형사소추를 하는 것은 일반적으로 하드코어(hard core)로 불리는 셔먼법 위반의 위법 행위 즉, 가격협정이나 입찰 담합 등에 한정되어 있다. 또 입찰 담합처럼 정부가 손해를 입었을 경우 민사소송을 제기하는 경우도 있다. 반독점국은 고객이나 판매자, 경쟁자, 소비자로부터 제공받은 위반 신고, 인터넷 상의 정보 등에 근거하여 조사를 개시한다. 신문기사, 경제조사, 임의의 자백에

4 https://www.justice.gov/atr/public−documents
5 정승연·김수연, 공정거래위원회 조사제도 개선방안 연구, 한국경제연구원, 2014, pp.24−27.

따라 조사가 시작되는 경우도 있다.

반독점국은 일반 민사절차 부문, 기업결합 민사절차 부문, 형사절차 부문으로 나누어지며, 그 이외에 경제 분석 부문이 있다. 경제 분석 부문에는 소송 단계에서 지원해주는 이코노미스트 스태프를 두고 있다. 예를 들면, 특정가격에 관한 행위를 심사할 때, 이코노미스트는 어느 특정 지역의 특정 제품이나 산업의 가격설정 방식에 대한 경제조사를 실시할 수 있다. 이코노미스트는 그 제품이 호환성이 있는지 여부, 노동비용 등의 비용이 표준적인지 여부, 어떠한 비용 변동 요인, 수요 요인, 기타 관련 요인이 있는지 여부를 분석하는 것이 일반적인 흐름이다. 또한 반독점국은 연방검찰국(FBI)을 활용하거나 반독점국 검사들이 스스로 질문서를 보내거나 혹은 이들의 비공식적인 접촉을 조합하는 형태 등으로 조사를 개시한다.

반독점국은 위반 신고를 행한 자나 조사 대상이 되고 있는 기업 또는 개인의 고객, 매도자, 경쟁자를 접촉하여 이들로부터 사정을 청취하고 정보를 입수하려고 시도한다. 만약 조사 또는 문서의 형태로 정보를 제공하는 경우에는 잘못된 정보를 제공하지 않도록 주의할 필요가 있다. 잘못된 정보를 제공한 경우에는 1만 달러 이하의 벌금형 또는 5년 이하의 금고형 또는 병과하는 형벌에 처해질 수 있다.

경쟁법을 집행하는 반독점국에는 국장(Attorney General)아래에 선임차장, 형사, 민사, 경제 분석 및 소송을 담당하는 차장(Deputy Assistant Attorney General) 및 지방 사무소 등으로 구성된다.[6] 반독점국장은 상원의 승인을 거쳐 대통령이 임명하고, 반독점법 집행업무의 실질적인 권한을 가지고 있다. 반독점국은 샤먼법 또는 크레이튼법 위반의 행위가 존재한다고 인정할 때에는 스스로 조사하여 연방지방법원에 기소 또는 제소(형사 또는 민사)할 수 있다. 반독점국은 위반 사건의 심사에 있어서, 연방 수사국(FBI) 및 지방 검사국의 직원을 이용할 수 있다.

---

6 https://www.justice.gov/agencies/chart

2) 연방거래위원회

연방거래위원회(Federal Trade Commission)[7]는 반독점법 집행기관으로서 연방 거래위원회법에 따라 설치된 행정위원회이다. 동시에 클레이튼법과 로빈슨팻맨 법(Robinson Patman Act)을 집행하는 권한 및 연방대법원이 말하는 '반독점법의 문언이나 정신에 반하지 않는 행위이지만, 불공정한 행위'를 제소하는 권한을 가 지고 있다. 또한 연방거래위원회법은 클레이튼법을 집행하는 권한이 있고, 연방 거래위원회법 제5조에 근거한 불공정 경쟁수단을 불법으로 선언할 수 있는 광범 위한 연방독점금지법 집행 권한을 부여받았다.[8] 그러나 셔먼법에 대해서는 집행 권은 없고 미국 법무부 반독점국처럼 연방검찰국(FBI)을 사용하거나 대배심을 통 한 강력한 형사적 절차의 방법[9]을 취할 수는 없다.

연방거래위원회는 위원장을 포함 5명의 위원으로 구성되며, 그 아래에 경쟁국 (Bureau of Competition), 소비자 보호국(Bureau of Consumer Protection), 경제국(Bureau of Economics), 총국장실(Office of the Executive Director), 법률 고문실(Office of the General Counsel)및 지방 사무소 등이 있다. 연방거래위원회의 위원장 및 위원은 상원의 승인을 거쳐 대통령이 임명한다. 임기는 7년이며, 공무에 관한 불법 행 위 등의 경우 외에는 그 뜻에 반하여 파면되지 않고 직권 행사의 독립성을 인정 받고 있다.

연방거래위원회는 연방거래위원회법 또는 크레이튼법 위반 피의행위가 존재 할 때에는 스스로 심사를 실시하고, 심판절차를 거쳐, 또는 상대방이 동의할 때 에는 심판절차를 거치지 않고 재결에 의해 배제조치를 명할 수 있다. 또한 필요

---

7 https://www.ftc.gov
8 연방거래위원회법 5조(a)(1)은 '거래에 있어서 혹은 거래에 영향을 미치는 불공정한 경쟁방법 및 불 공정 혹은 기만적인 행위 또는 관행은 이를 위법으로 한다.'라고 포괄적으로 규정하고 있다. 동조의 전단 규정에 의해서 셔먼법 및 클레이튼법 등 위반이 되는 모든 행위뿐만 아니라 이러한 규제로부터 빠져 나가는 공공정책에 반하는 행위를 포괄적으로 규제할 수 있다고 한다.
9 미국 법무부 반독점국은 대배심을 통해 형사법 위반 혐의를 조사할 수 있다. 대배심 절차는 비공개 로 실시되며, 증인은 대배심정에 변호사를 배석시킬 수는 없지만 대배심정에서의 논의에 대해 다른 사람과 논의할 수는 있다. 대배심은 문서 제출이나 개인 또는 회사 대표자의 증언을 요구하는 서피 나를 발할 수 있는 광범위한 권한을 갖고 있다. 반독점국은 대배심의 사피나가 준수되지 않았다고 생각했을 때 스스로 문서 조사를 위해 압수수색 영장을 발부받아 서피나의 준수 상황을 조사하는 것 이 일반적이다.

에 따라 위반행위의 금지명령 등을 요구하는 소송을 제기할 수 있다. FTC의 재결에 불복할 경우에는 연방항소법원에 재결 취소소송을 제기할 수 있다. 연방거래위원회법에서는 불공정 혹은 기만적인 행위 또는 관행(Unfair or Deceptive Acts or Practices)을 금지하고 있으며, FTC는 동조에 근거하여 이른바 소비자 보호 행정도 관할하고 있다. FTC는 경제 실태와 기업 활동에 관한 조사를 실시하는 권한을 갖고 있다.[10]

3) 주 법무장관

주 법무장관(Attorney General)은 각 주의 반독점 법을 집행할 뿐만 아니라, 반독점법 위반에 의하여 주가 피해를 본 경우에는 클레이턴법에 근거하여 주의 이름으로 피고에 대한 관할권을 가진 연방 지방 법원에 대해 3배액 손해배상 청구 소송을 제기할 수 있다.[11]

3. 조사의 대상

1) 거래 제한 행위

셔먼법 제1조의 규제에 대해서 '각 주간 또는 외국과의 거래 또는 통상을 제한하는 모든 계약, 트러스트 기타 형태의 결합 또는 공모'는 금지된다. 이른바 수평적 카르텔(가격협정, 시장분할협정, 입찰담합, 공동보이콧 등)은 시장경쟁에 미치는 영향의 크기에 관계없이 행위의 외형부터 당연히 위법이 된다. 셔먼법 제1조의 규제는 거래 단계를 달리하는 사업자 간의 행위, 수직적 거래 제한(재판매 가격 유지행위, 기타 비가격 제한 등)에도 적용된다. 수직적 거래제한 행위는 기본적으로 합리의 원칙에 근거해 위법성이 판단된다. 이들의 행위에 대해서는 형사소추 이외에, 법무부에 의한 민사 소송(금지청구 소송)이 제기된다.

벌칙은 법인의 경우에는 1억 달러 이하의 벌금, 개인의 경우에는 100만 달러

---

10 연방 거래위원회법 제5조(a)(1) ; 연방 거래위원회법 제6조.
11 클레이턴법 제4C조(15U.S.C.15c).

이하의 벌금 또는 10년 이하의 금고형 또는 그 병과이다.[12] 벌금 액수에 대해서는 상기에 관계없이 위반 행위로 획득한 이익 또는 끼친 손해액의 2배까지 부과할 수 있다. 사인에 의하여 금지청구소송 및 3배액 손해배상 청구소송이 제기된다.[13]

2) 독점 행위

셔먼법 제2조의 규제에 대해서, '각 주간의 또는 외국과의 거래 또는 통상의 어떤 부분을 독점화하고 독점을 기도하고 독점하는 목적을 가지고 다른 사람들과 결합·공모'하는 것은 금지되고 있다. 또한 카르텔과 같은 제재를 받는다. 즉, 형사처벌, 민사(금지청구)소송, 사인에 의한 금지 청구, 3배액 손해배상 청구소송 등이다. 규제의 대상은 독점상태(Monopoly)가 아니라 부당한 방법에 의하여 독점을 형성 또는 유지하는 행위(Monopolization)이다. 구체적으로는 약탈적 가격설정, 거래거절, 배타적 거래 등 이다.

3) 재판매 가격 유지 행위

재판매 가격유지 행위는 기존에는 당연히 불법으로 알려졌으나 연방대법원 판결에 의하여 합리원칙에 따라 판단하게 되었다.[14] 셔먼법 제1조 위반의 구성요건은 제조회사와 그 이외 사람에 의한 재판매 가격에 대하여 공모·협정을 요한다. 메이커의 일방적 행위(염가 판매업자에게의 공급 정지 등)는 거래처 선택의 자유의 범위 내이며, 위법으로 여겨지지 않는다.

4) 가격차별·구속 조건부 거래 등

클레이튼법 제2조의 규제에 대해서 동종 동등한 상품을 다른 구매자 간 가격면에서 차별하는 것은 경쟁을 감쇄하거나 독점을 형성할 우려가 있으며, 또는

---

12 셔먼 법 제1조, 2004년 6월 개정.
13 클레이튼 법 제16조, 클레이튼 법 제4조.
14 2007년 Leegin사건 판결.

경쟁을 저해하는 위험이 있을 경우 판매 방법·수량 차이에 의한 비용의 차이에 근거하는 것을 제외하고 금지된다. 같은 법 제3조의 규제에 의하여 상대방이 경쟁자와 거래를 하지 않는다는 조건으로 해당 상대방과 거래함으로써 경쟁이 실질적으로 감쇄되게 되는 경우 또는 독점이 형성될 우려가 있을 경우에는 이를 금지하고 있다. 이들 위반행위에 대해서는 반독점국 혹은 FTC에 의한 금지청구 소송의 제기 또는 FTC에 의한 배제조치 외에 피해자에 의한 개인적 소송도 제기될 수 있다.

5) 불공정 경쟁 방법의 금지

연방 거래위원회법에서 불공정한 경쟁방법은 금지되어 있다.[15] 지금까지의 판례에 따르면 제5조의 목적은 셔먼법과 클레이턴법에 위반하는 행위와 관행을 규제하는 것이다. 그러므로 최소한 거래제한, 독점화 행위, 합병 등 기업결합의 유형은 동시에 연방거래위원회 법 제5조의 대상이 된다. 특히 맹아 또는 초기에 집행하여 중단시키는 것을 목적으로 하고 있다.

6) 기업 결합

클레이튼법 제7조의 규제에 대해서 경쟁을 실질적으로 감쇄하거나 또는 독점을 형성할 우려가 있는 주식 혹은 그 다른 지분 또는 자산의 취득은 금지된다. 1976년 반독점개선법(Hart - Scott - Rodino Antitrust Improvements Act)[16]에 의하여 개정된 클레이튼 법 제 7A조 및 이를 바탕으로 제정한 신고 규칙에 근거하여 연간 당기 매출액 또는 총 자산이 1억 8,000만 달러 이상의 기업이 1,800만 달러 이상의 기업과 결합할 때(또는 그 반대의 경우), 그 결합의 결과, 결합하는 기업의 주식 또는 자산 중 9,000만 달러 이상의 주식 또는 자산을 소유하게 되는 경우 또는 이 기준에 관계없이 3억 5,990만 달러를 넘는 합병 등 기업 결합은 FTC에 대한 사전 신고가 의무화되어 있다. 합병 금지 기간은 신고 후 원칙 30일

---

15 연방 거래 위원회 법 제5조(a).
16 https://www.investopedia.com/terms/h/hart – scott – rodino – antitrust – improvements – act – of – 1976.asp

이며, 변경이 가능하다.[17]

클레이튼법 제8조의 규제에 대해서 상업에 종사하는 2개 회사가 사업 및 영업 구역에 관해서 서로 경쟁자이며, 또한 두 회사의 자본금, 적립금 등의 총계가 각각 3,656만 4,000달러 초과인 경우에는 누구이든 해당 2개 회사의 이사(Director) 또는 임원(Officer)을 겸임하는 것은 금지되고 있다. 또, 은행의 이사 또는 종업원은, 다른 은행 등의 이사 또는 종업원을 겸임해서는 안된다.

4. 연방거래위원회의 조사절차

1) 심사 절차

연방거래위원회는 반트러스트법 위반 행위가 존재한다고 생각해서 무엇인가 조치를 취할 경우 피처분자에게 위원회 결정에 의한 피의 사항을 기재하여 청문을 통지하는 고지서를 송달한다.[18] 고지서에는 관계 법령, 위반 피의 사실, 배제 조치 명령안, 청문의 시기와 장소 등이 기재되어 있다. 이것은 사전 청문을 개시하는 전제로서 고지서의 송부이지만, 실제로는 고지서의 송부에 앞서 연방거래위원회에 의한 심사 절차에 의한 증거 수집이 실시된다. 연방거래위원회에 의한 심사절차에 대해서는 연방거래위원회법 및 연방규제규칙에 상세한 절차규정이 있다. 즉, 연방거래위원회법상 연방거래위원회법은 고지서의 송달 전에 관계자에 대해서 심사를 하고 강제적인 심사권한을 행사할 수 있다. 구체적으로 보고 명령,[19] 출석·자료 제출 명령,[20] 민사 심사 청구[21]에 규정되어 있다.

연방 규제규칙에 따르면 심사는 될 수 있는 한 상대방의 임의적인 협력을 얻어 행하여야 한다.[22] 하지만 임의의 협력을 얻지 못하는 경우 강제적인 심사 권한을 행사할 수 있다고 본다. 그러나 실제적으로는 임의의 협력을 우선 요구한

---

17 기준액은 2019년 4월 3일부터 적용.
18 연방거래위원회법 5조(b), 연방 규제규칙 16편 3.11조(a).
19 연방거래위원회법 제6조.
20 연방거래위원회법 제9조.
21 연방거래위원회법 제20조.
22 연방 규제규칙 16편 2.4조.

다. 강제적 심사권한으로는 보고명령, 자료제출명령, 자료유치, 소환장이 인정되고 있다.[23] 그러나 사무소나 영업장에 대한 현장출입 권한은 인정되지 않는다. 심사의 증인 및 참고인에는 ① 제출 증거 자료 취득,[24] ② 증언 시의 변호사의 동반,[25] ③ 증언의 속기록 사본의 취득[26]이 인정되고 있다.

증인의 증언에 동반하는 변호사는 심사관의 질문에 대해 증인에게 조언할 수 있으며, 질문에 대한 증언이 심사범위에서 일탈하고 있을 때는 이를 거부하고 그 사실을 기록으로 남게 할 수 있다. 심사관의 질문에 대한 이의는 증언 종료 후에도 계속 주장할 수 있지만, 증인 신문을 방해해서는 안 되며, 심사 권한에 대한 이의는 위원회에 대해서 실시한다.[27]

변호사는 심문 후 반트러스트 법의 조사절차 대응실무 기록에 근거한 심문을 한 심사관에게 진술을 명확히 하기 위한 허가를 청구할 수 있다. 심문 기록은 위원회에 제출되며, 위원회는 필요하다고 인정하는 경우에 한하여, 변호사의 심문에 대해 입회를 배제할 수 있다.[28] 자료의 제출 시 현물이 아닌 복사에 의한 제출이 인정되고 있다.[29] 또한 변호사와 의뢰인 사이의 커뮤니케이션은 일반론으로 변호사와 의뢰인의 특권으로 보호되고 있지만 해당 특권은 연방거래위원회법의 심사 절차에 있어서도 타당하다는 것이 확인되고 있다.[30]

2) 사전 청문 절차

(1) 고지서의 송달

연방거래위원회는 반독점법 위반행위가 존재한다고 생각하여 어떠한 조치를 취할 경우, 피처분자에게 위원회 결정에 의한 피의사항을 기재하고 청문을 통지하는 고지서를 송달한다. 고지서에는 관계 법령, 위반된 피의사실, 배제조치 명

---

23 연방 규제규칙 16편 2.7~2.8A조.
24 연방 규제규칙 16편 2.9조(a).
25 연방거래위원회법 제20조(c)(12)(B), 연방 규제규칙 16편 2.9조(b).
26 연방거래위원회법 제20조(c)(12)(G), 연방 규제규칙 16편 2.9조(a).
27 연방규제규칙 16편 2.9조(a)(1)(2), 2.9조(a) (3), 2.9조(a)(4).
28 연방규제규칙 16편 2.9조(a)(5), 2.9조(a)(6).
29 연방 규제규칙. 16편 2.7조(b).
30 McCook Metals LLC v. Alcoa, Inc., 192F.R.D. 242, 251(N.D. III. 2000).

령안과 청문의 시기(고지서 송달 후 30일 후 이후)와 장소 등이 기재되어 있다. 고지서의 송달을 받게 되면 고지서에 기재된 법령 위반 사실을 다툴 수 있으며, 변호사를 대리인으로 선임할 수 있다.[31] 피청문자는 고지서의 송달을 받은 후 20일 이내에 답변서를 제출하여야 한다.[32] 또한 정식 청문 절차는 어느 정도 시간이 걸리게 되므로, 연방거래위원회는 청문 절차 이전이라도 결정이 이뤄질 때까지 잠정적으로 지방 법원에 대해 예비적 금지 명령을 발령하도록 신청할 수 있다.[33]

연방거래위원회 청문절차의 청문주최자는 연방거래위원회에서 독립한 행정법 판사장(Chief Administrative Law Judge)[34]에 의해 임명된 행정법 판사(Administrative Law Judge)가 담당한다. 행정법 판사는 공평하고 중립적으로 심리를 실시할 의무가 있다.[35] 그 독립성이 보장되며, 심사 또는 소추를 함에 있어서 감독 또는 지시를 받아서는 안 된다.[36]

(2) 자료의 열람 등사

고지서가 송달되면 자료개시를 행한다. 자료개시에 관해서는 연방규제규칙에 관련 규정이 있다.[37] 일반적으로 열람 등사 절차와 거의 병행적으로 생각해도 좋다. 청문절차의 당사자는 신문조서, 증거서류, 검사대상물 등 사건에 관련이 있는 모든 자료를 열람등사 할 수 있으며, 행정법판사가 지시하는 특별한 경우 이외에 사용빈도와 시기에 제한은 없다.[38]

자료 공개는 고지서에 대한 답변이 이루어진 후 5일 이내에 피청문자의 방어에 관한 모든 자료를 분류·정리하여 합리적으로 이용하기 쉬운 방법으로 상대방의 청구를 기다리지 않고 명확히 할 필요가 있다. 또 공개에는 청문 절차에서 관련 정보를 가진 자로 보이는 증인 및 참고인으로 출석시킬 수 있는 자에 관한

---

31 연방거래위원회법 5조(b).
32 연방 규제규칙 16편 3.12조.
33 연방거래위원회법 13조.
34 https://www.disability−benefits−help.org/glossary/chief−administrative−law−judge
35 연방 규제규칙 16편 3.42조(a), 3.42조(f).
36 미국 법전 5편 554조(d).
37 연방 규제규칙 16편 1장 3부 Rules of Practice for Adjudicative Proceedings의 D절 Discovery Compulsory Process.
38 연방 규제규칙 16편 3.31조(a).

이름 기타 정보도 포함되며, 그것은 보고서에 기재하여 심리 개시 전 90일 전까지 공개하여야 한다.[39] 위원회 자료는 방대하기 때문에 차례대로 분류 정리하여야 하고, 자료목록을 제시하지 않으면 자료 공개가 사실상 불가능하다. 증인신문도 마찬가지다. 방대한 자료가 차례로 정리됨으로써 쟁점정리와 증인신문을 신속히 실시하는 것이 가능하다.

또한 연방거래위원회가 강제적 권한에 근거하거나 그 권한을 배경으로 하여 취득한 자료는 연방거래위원회가 관할하는 법률의 위반행위를 인정할 목적으로 취득한 것[40]으로 자료 보관부에서 엄중히 보관한다.[41] 청문 절차에서 당사자 이외에는 비공개이며,[42] 해당 자료에 포함된 비밀은 엄중하게 관리된다. 해당 자료는 미국 정보공개법의 적용 제외대상이다.[43] 영업 비밀 및 자료 제출자가 비밀로 지정한 증거에 대해서는 특별한 비밀 보호가 제도로 규정되어 있다.[44]

(3) 청문 절차와 재결

고지서에 기재된 위반 사실의 입증 책임은 모두 심사관 측에 있다.[45] 피청문자는 심사관의 소지 자료의 전면적 공개를 전제로 고지서에서 기재된 사실 및 법령의 적용·배제 조치안에 대하여 변호사를 대리인으로 원칙적인 공개로서 재판절차에 준한 형태로 준비서면을 제출하고 주장 및 입증할 수 있다. 청문 절차는 합리적인 신속성을 가지고 연속적으로 이루어져야 한다.[46]

재결안 제출은 고지서의 발송으로부터 원칙적으로 1년 이내에 이루어야 한다.[47] 또 청문 절차의 신속성에 대해서는 청문 절차의 시작에서 강조되며, 당사자는 심리의 신속화에 협력하여야 한다. 모든 구두 변론은 위원회가 정한 예외적 경우를 제외하고 공개하여야 한다.[48] 청문절차에 대하여는 행정법판사의 하

---

39 연방 규제규칙 16편 3.31조(b).

40 연방거래위원회법 21조(b), 연방 규제규칙 16편 4.10조(a)(1).

41 연방거래위원회법 21조(b)(2)A, 연방 규제규칙 16편 4.20조.

42 연방거래위원회법 21조(b) 및 (f), 연방규제규칙 16편 4.10조(a)(a)(1), 클레이턴 법 7A조(h).

43 연방거래위원회법 21조(f), 미합중국 법전 5편 525조.

44 연방거래위원회법 6조(f), 연방 규제규칙 16편 4.10조(d), 미합중국 법전 5편 522조(b).

45 연방 규제규칙 16편 3.43조(a).

46 연방 규제규칙 16편 3.41조·3.43조, 3.41조(b).

47 연방 규제규칙 16편 3.51조(a).

48 연방 규제규칙 16편 3.31조, 3.52조(h).

에서 속기록의 작성이 의무화되며, 피청문자는 속기록을 입수할 수 있다.[49]

5. 반독점 사건 처리절차

1) 예비적 조사

예비적 조사(Preliminary Investigation)의 개시 조건은 ① 반독점법 위반이 진행되고 있다는 충분한 증거가 있을 것 ② 관련하는 거래액이 상당히 있을 것 ③ 반독점국 내부, 연방거래위원회, 지방 검사, 주 법무장관의 활동과 불필요하게 중복되거나 이러한 활동을 불필요하게 방해할 우려가 없을 것 그리고 ④ 정식 심사에 할애할 수 있는 자원이 있는 것 등이다. 조건③을 충족하기 위해서 예비적 조사 개시 전에 FTC에 대한 조회가 행하여진다. 예비적 조사 결과를 평가한 후에 사건으로서 정식으로 심사할지 여부가 결정된다. 이 단계에서 민사사건으로서 조사할 것인지, 형사사건으로서 조사할 것인지에 대해서도 최종적으로 결정된다.

2) 형사사건 처리 절차

예비적 조사 결과, 형사 사건으로서 심사하기로 결정되면 담당 검사는 지방검사와 협의하면서 대배심[50] 설치 준비나 영장 발부 준비를 개시한다. 그 후, 지방검사국은 사건을 관할하는 연방지법(관계인의 영업지역을 관할하는 지방법원)에 대하여 대배심 설치를 요청한다.

대배심은 증거문서제출영장(Subpoena Duces Tecum)[51]과 증인소환영장(Subpoenaad Testificandum)[52]의 발부 및 영장에 의거한 증언 청취와 제출 문서의 검토의 권한이 부여되어 있고, 사건이 기소대상인가 여부를 심리한다. 담당 검사는 대배심

---

49 연방 규제규칙 16편 3.44조(a).
50 Grand Jury ; 형사 사건에서 기소할 만한 증거가 있는지 여부를 심리하는 배심.
51 https://www.law.cornell.edu/wex/subpoena_duces_tecum
52 Chacha Bhoke Murungu, DOI:https://doi.org/10.1017/CBO9781139248778.031.pp 406－422.

심리가 종료된 단계에서 수집된 증거를 검토하고, 심사결과를 보고서로 정리하여 기소를 요구해야 할 개인과 법인을 선정한다. 반독점국으로서 기소를 요구하기로 결정되면 대배심에 대한 기소가 권고된다. 대배심 평결은 찬성 다수에 의하여 이루어진다. 반독점국으로부터 기소의 권고가 있으면 정식기소 즉, 대배심 기소(Indictment)가 결정되는 것이 일반적이다.

대배심 심리 중에 피고인이 유죄를 인정하고 재판을 받을 권리를 포기한다는 취지의 신청이 있었을 경우에는, 담당 검사는 대배심에 의한 정식 기소에 의하지 않고 약식 기소 즉, 검사 기소(Information)로 할 수 있다. 많은 사건들은 이 약식기소에 의해 처리되고 있다. 반독점국은 심사에 협력한 개인 또는 기업에 대해서 일정한 요건 하에 형사소추를 면제할 수 있는 방침(Leniency policy)을 가지고 있다.

반독점국은 대배심에 의한 조사 외에 필요에 따라서 수색영장(Search Warrant)을 이용하거나 FBI 등 다른 연방기관과의 수사협력을 실시하고 있다. 첫 공판에서는 죄의 인정 여부(Arraignment)가 이루어지며, 피의자로부터 ① 유죄 답변(Plea of Guilty) ② 무죄의 답변(Plea of Not Guilty) ③ 항변포기 신청(Plea of Nolo-contendere) 가운데 하나를 선택하게 된다. 항변포기의 신청에 대해서는 유죄를 인정하는 것이 아니기 때문에, 그 후의 손해배상 청구 사건 등의 재판 절차에 있어서 불리한 취급을 받지 않는다. 하지만 피의자가 이 항변포기의 신청을 희망하여도 반독점국은 이 신청을 반대할 수 있다. 양형에 관해서는 미국 양형 위원회가 정한 양형 가이드라인(Sentencing Guidelines)[53]에 따른다.

3) 민사사건 처리 절차

예비적 심사의 결과, 민사 사건으로서 심사하기로 결정되면 담당 검사는 참고인이나 관계인과의 면담, 참고인이나 관계인으로부터의 임의의 문서 제출 의뢰 또는 민사 심사청구(CID ; Civil Investigation Demand)[54]의 활용에 의하여 심사 정보를 수집한다. CID에는 문서 제출 명령(CIDs for Documentary Material), 증인

---

53 https://www.ussc.gov/guidelines/2018-guidelines-manual-annotated
54 https://federal-lawyer.com/responding-civil-investigative-demand-cid

소환 명령(CIDs for Oral Testimony)및 보고 명령(CIDs for Written Interrogatories Responses)의 3종류가 있다. CID에는 자력집행력이 없으므로 기한까지 이행하지 않는 자에 대해서는 반독점국은 법원에 대해 CID의 집행을 명하는 판결을 요구하여야 한다.

반독점국은 민사사건으로서의 제소가 결정되면 관할 연방지방법원에 제소한다. 법무부가 제기하는 민사소송의 대부분은 동의판결로 해결하고 있다. 동의판결 제도는 반독점국으로서 위법행위를 신속히 시정시킬 필요성과 피의자로서 위법행위의 존재는 인정하지 않고 장래를 향해서 일정한 조치를 취할 것을 약속하는 데 그친다면 싸우지 않겠다는 의향으로 균형을 잡으려는 제도이다. 동의판결에 대한 반독점국과 피고의 협상은 피고로부터의 동의 판결안의 제의가 있어야 시작된다. 반독점국은 피고와의 사이에 공공의 이익에 합치하는 내용의 동의 판결안을 제출하는 취지의 합의를 하였을 때 제소와 동시에 동의 판결안을 법원에 제출하고 있다.

제출한 동의 판결안에 대해서 반독점국은 동의 판결안과 동시에 그 경쟁상의 영향에 관한 의견(Competitive Impact Statement)을 법원에 제출하고 동시에 동의 판결안 및 해당 의견을 관보에 게재함과 동시에 이들 요약 등을 신문에 게재하여 일반인의 의견을 요구한다. 재판관은 이러한 절차로 모아진 모든 의견을 고려하여, 동의 판결안의 승인이 공공의 이익에 부합하는지 여부를 판단하여 판결을 내리도록 되어 있다.

4) 연방거래위원회의 사건 처리 절차

(1) 심사 절차

FTC는 특정 사건에 대한 심사를 개시할 때에는 직원 중에서 심사관을 지정하고 실시하게 한다. 심사관은, 연방거래위원회법 제9조에 근거한 벌칙 부과 명령(Subpoena)에 의하여 서면증거 제출명령, 출석명령 및 같은 법 제20조에 근거한 민사심사청구로 문서를 제출명령, 구두 진술명령 등을 실시한다.

(2) 동의 명령

연방거래위원회의 청문절차에서 연방거래위원회는 위반사실에 대한 사실인정과 법령을 적용하지만 최종적으로는 행정처분을 발령하는 것을 목적으로 하고 있다. 그 때문에 피처분자가, 사실 인정 및 법령의 적용을 다투지 않고, 또 배제조치 명령에 응낙하는 경우에는 동의 명령을 발령하는 것이 인정된다.[55]

여기에는 정식 청문 절차 개시 전에 열리는 동의명령 협정과 시작 후에 열리는 동의협정이 있다.[56] 어느 경우이든 연방거래위원회는 이에 응할지의 여부에 대한 선택권이 있으며, 협정의 합의가 성립한 경우에는 일반에 공개되어 30일 동안 일반인으로부터 의견을 받아 최종 결정한다.[57] 동의협정에는 행정조치로서의 집행력이 있지만 사실인정과 법령의 적용에 관한 구속력은 없으며,[58] 당사자가 법령 위반을 승인한 것은 안 된다.[59]

FTC는 위반 사건의 심사 결과 법적 조치를 취하는 것이 합당하다고 판단했을 때 상대방에게 FTC신청을 기재한 문서(Complaint) 및 배제 조치 명령(Orders to Cease and Desist)을 송부한다. 이들의 내용을 협상하여 합의에 도달한 경우에는 합의 내용을 토대로 한 동의명령안을 작성하고, 위원회의 의결을 거쳐서 통상 30일 간의 퍼블릭 코멘트를 실시한다. 그 후 다시 위원회의 의결을 거쳐 동의명령(Consent Order)을 행한다.

심판개시 결정 후라도, 동의명령의 절차를 실시할 수 있다. 심판 개시결정 후 피심인과의 사이에서 동의된 동의 명령안이 심판관을 통해 FTC에 회부된다. 이 경우도 동의명령안을 관보에 게재하고, 일반으로부터의 의견을 구한다. FTC는 해당 의견 등을 고려하여 재심사를 실시하여 동의명령을 행한다. 동의명령은 심판 절차를 거친 명령이 아니다. 따라서 동일한 사안에 대해 후에 손해배상 청구소송이 제기되어도 동의명령에 의한 사실이나 위법성에 대한 추정과 같은 효과는 발생하지 않는다.

---

[55] 연방 규제규칙. 16편 2.31조 이하, 3.25조 이하.
[56] 연방 규제규칙 16편 2.31~2.34조, 연방 규제규칙 16편 3.25조.
[57] 연방 규제규칙 16편 2.34조.
[58] 클레이튼 법 5조, 합중국 법전 5편 16조(a).
[59] 연방 규제규칙 16편 2.32조.

(3) 심판 절차 및 재결

행정법판사는 사실인정·법령의 적용·배제조치를 기재한 재결안을 청문절차가 종료된 날로부터 90일 이내에 송달하도록 규정한 반독점법의 조사절차 대응 실무에 의거하여 재결안을 고지서의 발송으로부터 원칙적으로 1년 이내에 제출하여야 한다.[60] 모든 절차당사자는 재결안에 대하여 송달로부터 10일 이내에 위원회에 불복 제기를 하고, 불복사유서를 30일 이내에 제출할 필요가 있다. 피불복신청인은 불복신청서의 제출부터 30일 이내에 답변서를 제출할 수 있다. 해당 답변서에 대해서는 신청인은 그 송달부터 7일 이내에 답변서를 제출할 수 있다.[61]

연방거래위원회에 대한 불복 신청에 대해서는 원칙적으로 공개 절차 하에서 구두변론으로 심리하여야 한다. 연방거래위원회는 재결에 대하여 재결안의 사실인정, 법령의 적용 또는 배제 조치안을 채택하거나 수정 또는 취소할 수 있다. 청문 절차의 당사자는 재결 송달 후 14일 이내에 재결로 생긴 새로운 문제에 대해서, 재결의 재검토를 요구할 수 있다.[62] 연방거래위원회는 법원에 재결에 대한 제소가 있기 전에 심리를 재개하여 새로운 재결을 내릴 수 있다.[63]

피청문자는 판결에 대해서 60일 이내에 항소 법원에 제소하고 다툴 수 있다. 모든 증거 조사가 완료되고, 확정된 판결·결정에 대해서는 손해배상 소송 기타 피고인에 대한 다른 절차에서 일종의 간주증거(prima facie evidence)로 사용된다.[64] 항소법원이 승인하거나 법원의 명령에 따라 수정하면 최종 결정이 된다.[65] 연방거래위원회가 확정한 명령을 따르지 않는 것에 대해서는 민사벌의 청구소송을 연방지방법원에 제기할 수 있다.

동의명령에 따르지 않을 때에는 FTC는 심판개시 결정서(Administrative Complaint)를 상대방에게 송부하고 심판 절차를 개시한다. 심판절차는 심사관이 원고 측이 되고 상대방이 피고 측이 되는 대심 구조를 취한다. FTC와는 다른 기관인 인사

---

60 연방 규제규칙 16편 3.51조(a).
61 연방 규제규칙 16편 3.52조(a)및(b), 3.52조(c), 3.52조(d).
62 연방 규제규칙 16편 3.54조, 3.55조.
63 연방 규제규칙 16편 3.72조.
64 클레이튼 법 5조. 반증이 없는 한 진실로 보는 증거.
65 연방거래위원회법 5조(g).

관리국(Office of Personnel Management)에 소속되어 일정한 독립성과 신분보장을 받고 있는 행정법 판사가 심판을 주재한다. 심판의 종결에 있어서 행정법 판사는 가결정(Initial Decision)을 작성한다. 이 가결정은 피고측이 이의신청을 하지 않는 경우 또는 위원회가 직권으로 재조사를 명령하지 않는 한 최종재결(final decision)로서 확정한다. 가결정에 대한 이의신청 등이 제기된 경우 FTC는 가결정을 재검토하여 최종재결을 실시한다. 최종재결에 의하여 위법성이 인정되면 FTC는 배제조치 명령을 발행한다. 배제조치 명령은 송달 후 60일 이내에 이의 제기가 없을 경우 확정한다.

(4) 불복신청

피심인이 재결에 대하여 불복할 때에는 연방항소법원에 재결 취소청구소송을 제기할 수 있다. 연방 항소 법원은 FTC의 전문적 기관으로서의 판단을 존중하는 것이 요구되고 있어, FTC의 인정 사실이 실질적 증거에 근거할 경우에는 그 사실 인정이 법원을 구속한다.[66]

(5) 예비적 중지 명령

FTC는 위반행위의 금지를 요구하는 것이 공공의 이익에 합치한다고 사료하는 경우에는 본안을 심리하여 최종 판결이 날 때까지 가처분으로서 행위의 금지를 명령하는 법원의 명령이다. 본안 심리를 진행하고 최종 판결 전에 예비적 중지 명령(Preliminary Injunction)을 법원에 요구할 수 있다.[67]

5) 손해배상과 중지청구 소송

반트러스트 법에서 금지된 사항의 사업 또는 재산에 침해를 받은 사람은 그가 받은 손해의 3배액 및 타당한 변호사 비용을 포함한 소송비용의 배상을 요구할 수 있다. 미국 정부의 재산 또는 사업이 침해를 받았을 경우에는 미국 정부

---

[66] 실질적 증거의 원칙 ; 연방 거래위원회법 제5조(C).

[67] https://www.law.cornell.edu/wex/preliminary_injunction. 연방 거래 위원회 법 제13조. 합병 심사에 대해서도 동일하다.

가 당사자가 될 수 있다.[68] 셔먼법이나 크레이튼법의 위반행위로 인하여 손해를 볼 우려가 있는 자는 해당 행위의 중지를 요구할 수 있다. 그러나 연방거래위원 회법 위반에 대해서는 인정되지 않고 있다.

제2절 독일의 행정조사법제와 조사

1. 행정조사 일반론

1) 행정절차법과 조사

독일의 행정조사와 관련하여 우선 행정절차법(Verwaltungsverfahrensgesetz)[69] 과 질서위반법(Gesetz über Ordnungswidrigkeiten)을 살펴볼 필요가 있다. 행정절차 법과 질서위반법은 행정조사와 관련된 일반적인 사항을 규정하고 있다. 그런데 독일의연방 카르텔 청의 법 집행 절차에는 행정절차법 및 경쟁제한금지법(Gesetz gegen Wettbewerbsbeschränkungen)에 근거한 행정절차(Verwaltungsverfahren)와 질 서위반법에 근거한 제재금 부과 절차(Bußgeldverfahren)가 있다. 특히, 행정절차 에 있어서 연방 카르텔 청은 필요한 모든 조사를 실시하고, 증거를 수집할 수 있 다. 구체적으로는 ① 보고 징수권 ② 사업자 등의 영업소에서 장부 서류의 열람· 검사권에 대한 조사 권한이 부여된다. 사업자 등은 요구된 자료 및 영업 관계 기록을 제출하고, 이들의 기록의 검사, 영업소에 대한 검사를 수인하여야 할 의 무가 있다. 만약 이것들을 거부할 경우에는 질서위반법의 위반이 되며 제재금의 대상이 된다. 또한 연방 카르텔 청이 소재하는 법원의 법관이 발부하는 영장에 근거한 수색권이 있다. 긴급을 필요로 하는 경우에는 영업시간 내이면 법관의

---

68 클레이튼 법 제4조, 제4A조.

69 Verwaltungsverfahrensgesetz은 1976.05.25 BGBl. I S. 1253 제정되고, 2009. 8. 14 BGBl. I S. 2827 개정되었다. 법령의 원문은 https://www.gesetze-im-internet.de/vwvfg/ 참고, 독일행정절 차법의 한국어판은 국회도서관, 행정절차법, 2012, pp.7-55를 참조하였다.

결정 없이 수색을 실시할 수 있다. 압수권도 있다. 이하에서는 독일의 행정조사 제도와 관련하여 행정절차법과 질서위반법 그리고 경쟁제한금지법을 중심으로 살펴보고자 한다.

2) 행정절차법과 적용범위

독일 행정절차법은 연방의 법률 규정이 내용상 동일하거나 모순되는 규정을 포함하고 있지 않는 한에서 다음과 같은 행정청의 공법상 행정활동에 적용하도록 하고 있다. 즉, ① 연방 및 연방직속의 공법상의 사단법인·영조물·재단 ② 주·지 방자치단체·지방자치단체조합 기타 주의 감독 하에 있는 공법인(연방의 위임에 의 하여 연방법을 집행하는 경우에 한함)의 행정활동에 적용된다.

그리고 연방의 법률 규정이 내용상 동일하거나 모순되는 규정을 포함하고 있지 않는 한계 내에서 주가 전속적 또는 경합적 입법 대상과 관련된 연방법을 고유사무로서 집행하는 경우 공법상의 행정활동에도 적용된다. 독일 행정절차 법이 말하는 '관청(Behörde, 이하 행정청[70])'은 공적인 행정의 과업을 수행하는 모 든 기관을 말한다.[71] 행정청의 공법상의 활동이 행정절차법에 의하여 주법으로 규율되는 한계 내에서 행정절차법은 주에 의한 연방법의 시행에는 적용하지 아 니한다.

독일 행정절차법이 의미하는 행정절차는 전제조건의 점검, 행정행위의 준비 와 발령 또는 공법적 계약의 체결을 목표로 하면서 대외적으로 작용하는 행정청 의 활동이다. 행정절차는 행정행위의 발령 또는 공법적 계약의 체결을 포함한 다.[72] 행정절차는 절차의 형식에 대한 특별한 법률 규정이 존재하지 않는 경우 특정한 형식에 구속되지 않는다. 행정절차는 간단하고 합목적적이며 신속하게 시행되어야 한다.[73]

---

[70] 국회도서관의 한글판에서는 Behörde(관청)이라고 번역되어 있다. 본서에서는 Behörde를 행정청 (行政廳)이라고 표기한다.
[71] 행정절차법 제1조 적용범위.
[72] 행정절차법 제9조.
[73] 행정절차법 제10조.

3) 조사의 원칙

행정청이 직권으로 상황을 조사한다. 행정청은 조사의 종류와 규모를 결정한다. 그리고 절차참가자의 의사표명과 증거제출에는 구속되지 않는다. 행정청은 개별사건에서 중요하고 또한 절차참가자에게 유리한 모든 상황을 고려하여야 한다. 행정청은 그 의사표명이나 신청서를 실질적으로 허용되지 않거나 근거가 없는 것으로 간주한다는 이유로 자기 관할영역에 해당하는 의사표명과 신청서 접수를 거부할 수 없다.[74]

행정청은 명백한 과실이나 알지 못하여 이루어지지 않았거나 잘못 표명되거나 잘못 제출된 경우 의사표명, 신청서의 제출 또는 의사표명과 신청서의 정정을 촉구하여야 한다. 필요한 경우 행정청은 행정절차에서 절차참가자의 권리와 그에게 부과되는 의무에 대한 정보를 제공한다. 행정청은 필요한 경우 신청서를 제출하기 전에 앞으로 신청서를 제출할 사람과 어떤 증명서와 서류를 제출하고 어떤 방식으로 절차를 촉진할 수 있는지를 논의한다. 절차를 촉진하는 데 도움이 되는 경우 행정청은 신청서 제출자에게 신청서 접수 후 지체 없이 예상되는 절차기간과 신청서 서류가 완비되었는지에 대한 정보를 제공하여야 한다.[75]

4) 입증 수단

행정청은 의무에 부합되는 재량에 따라 상황을 조사하기 위해서 필요한 것으로 간주되는 입증 수단들을 이용한다. 행정청은 특히 다음의 사항을 이행하고 있다. 즉, 각종 종류 정보의 수집, 절차참가자의 청문, 증인과 감정인의 심문, 서면 또는 전자식으로 절차참가자, 감정인 및 증인 의견을 수집한다. 또한 문서와 서류 참조 그리고 외견상의 검사를 행한다.

절차참가자는 행정청의 현황 조사에 협력하여야 한다. 절차참가자는 특히 자기가 알고 있는 사실과 입증수단을 제시하여야 한다. 현황 조사에 협력하여야 한다는 전반적인 의무, 특히 개인적인 출석이나 진술의 의무는 그것이 법률 규정

---

74 행정절차법 제24조.
75 행정절차법 제25조.

에 특별히 규정되어 있는 경우에만 해당된다. 증인과 감정인에게는 법률 규정에 규정되어 있는 경우 진술하거나 소견서를 제출할 의무가 있다. 행정청이 증인과 감정인을 채택할 경우 그들이 요청을 하면 사법보수법과 사법보상법의 관련 규정과 기준에 의해 보상이나 보수를 받게 된다.[76]

5) 선서를 대신하는 보증

해당 대상에 대해서 그리고 해당 절차에서 보증을 수용하는 것이 법률이나 법규명령에 의해 규정되어 있고, 행정청이 법률 규정에 의해 관할권이 있는 것으로 선언되어 있는 경우에만, 행정청은 상황을 조사할 때 선서를 대신한 보증을 요구하고 수용할 수 있다. 선서를 대신하는 보증은 진실을 조사할 다른 수단이 존재하지 않고, 성과를 내지 못하였거나 엄청난 비용을 필요로 하는 경우에만 요청하도록 하고 있다. 독일 민사소송법 제393조[77]가 의미하는 선서 능력이 없는 자에게는 선서를 대신하는 보증을 요구할 수 없다.

행정청이 선서를 대신하는 보증을 기록으로 수용하는 경우 그것을 수용할 권한이 있는 자는 행정청의 수장, 그의 일반 대리인 및 판사직의 자격이 있거나 독일 판사법 제110조 제1문의 전제조건을 충족하는 공공근무자이다. 행정청의 수장 또는 그의 일반 대리인은 다른 공공근무자에게 일반적 또는 개별 사건별로 그것을 할 수 있도록 권한을 부여할 수 있다.

보증은 보증자가 해당 대상에 관한 자기의 의사표명의 진실성을 입증하고 다음을 선언하는 방식이다. "나는 선서를 대신하여 나의 지식에 따라 순수한 진실을 말하고 아무것도 숨기지 않았음을 보증합니다." 대리인과 보조인은 선서 대신 보증을 선택할 권한이 있다. 선서를 대신하는 보증의 채택에 앞서 보증자에게 선서 대신 보증의 중요성과 올바르지 않고 완전하지 않은 선서를 대신하는 보증을 하면 형사적 처벌을 받을 수 있다는 것에 대해서 고지하여야 한다.

그리고 고지 사실은 기록에 기재하여야 한다. 기록은 나아가 참석자의 이름

---

76 행정절차법 제26조.
77 독일 민사소송법 제393조 심문시점에 16세 미만이거나 미성숙 또는 심신박약으로 인하여 선서의 본질과 의미를 충분히 이해하지 못하는 사람은 선서 없이 심문한다.

과 기록 장소와 날짜를 포함하여야 한다. 기록은 선서를 대신하는 보증을 하는 자에게 승낙을 위해 낭독되어야 하며 요청이 있으면 읽을 수 있도록 제공되어야 한다. 승낙이 이루어졌음을 기록하고 보증자가 서명을 한다. 그런 다음 기록에 선서를 대신하는 보증을 채택한 자와 서기가 서명을 한다.[78]

6) 절차참가자의 청문과 문서열람

절차참가자의 권리를 침해하는 행정행위가 발령되기 전에 그에게 결정을 위하여 중대한 사실에 대해서 발언할 기회를 주어야 한다. 특히 다음과 같은 경우 개별 사건의 상황에 적합하지 않은 경우 청문을 하지 않을 수 있다. 즉, 지체하면 위태롭거나 공익을 위해서 즉각적인 결정이 필요한 것으로 보이는 경우, 청문으로 인하여 결정에 기준이 되는 기한을 준수하는 것이 의문이 될 수도 있는 경우, 신청서나 의사표명에서 이루어진 절차참가자의 실제적인 진술이 달라 그에게 불리해지는 경우, 행정청이 일반처분이나 많은 수의 동일한 종류의 행정행위를 하는 것 또는 행정행위를 자동시설의 도움으로 발령하려고 하는 경우, 행정집행 조치를 취하여야 하는 경우 등이다(제28조).

행정청은 절차와 관련된 해당 문서가 그들의 법익을 주장하거나 방어하는 데 필요한 경우 열람하도록 허락해야 한다. 제1문은 행정절차가 종결될 때까지 결정안 및 그 직접적인 준비 작업에 적용된다. 제17조와 제18조에 따라 대리가 이루어지는 경우 대리자만이 서류열람의 청구권이 있다. 행정청은 이로 인해 규정에 따른 행정청의 과업 이행이 제약을 받고, 서류 내용이 알려지는 것이 연방이나 주의 공익에 불이익을 가져오거나 그 과정이 법률에 따라 또는 그 본질에 따라 즉, 절차참가자나 제삼자의 정당한 이익을 위해 비밀로 지켜져야 하는 경우에는 서류열람을 허락할 의무가 없다. 서류의 열람은 서류를 작성하는 행정청에서 이루어진다. 개별적인 경우 열람은 다른 행정청 또는 외국에 있는 독일연방공화국의 외교적 또는 직업영사 대표기관에서 이루어질 수 있다. 서류를 작성하는 행정청이 그 밖의 예외를 허락할 수 있다.[79]

---

[78] 행정절차법 제27조.
[79] 행정절차법 제29조.

절차참가자는 자신의 비밀, 개인적인 생활영역에 속하는 비밀 및 경영 비밀과 거래비밀이 행정청에 의해 부당하게 공개되지 않을 것을 청구할 권리가 있다.[80]

2. 질서위반행위

1) 개념규정

질서위반행위[81]는 과태료에 처할 수 있는 법률의 구성요건을 실현하는 행위로서 위법하고 유책한 행위를 말한다. 범죄와 질서위반행위가 경합하는 경우 즉, 하나의 행위가 범죄인 동시에 질서위반행위인 경우 형법(Strafgesetz)[82]만 적용한다. 다른 법률에 부가조치를 규정하고 있는 경우에는 이를 선고할 수 있다. 만약 형벌이 과하여지지 않는 때에는 그 행위를 질서위반행위로 처벌할 수 있다.[83]

2) 과태료절차

질서위반행위 소추는 이 법률에 따라 검찰 또는 이를 대신한 법관이 개개의 소추 행위를 담당하지 아니하는 경우 행정관청(Verwaltungsbehörde)이 관할한다. 질서위반행위 처벌도 이 법률에 따라 법관이 담당하지 아니하는 경우 행정관청이 관할한다.[84]

행정관청의 사물관할은 다음과 같다.[85] 법률에 규정이 있는 경우에는 행정관청이, 법률에 규정이 없는 경우에는 사안에 따라 관할을 가지는 최고 주행정청과 연방행정청이, 법률을 집행하는 경우에는 사안에 따라 관할을 가지는 연방부서가 관할권을 가진다. 주정부는 관할을 법규명령을 통해 다른 행정청 또는 그

---

80 행정절차법 제30조.
81 이하는 질서위반법(Gesetz über Ordnungswidrigkeiten (OWiG) ; Ausfertigungsdatum:24.05.1968 Stand:Neugefasst durch Bek. v.19.2.1987 I 602 ; zuletzt geändert durch Art. 5 G v.27.8.2017 I 3295 참조. https://www.gesetze-im-internet.de/owig_1968/BJNR004810968.html
82 https://www.gesetze-im-internet.de/stgb
83 질서위반법 제21조.
84 질서위반법 제35조.
85 질서위반법 제36조.

밖의 기관에 위임할 수 있다. 연방부서는 연방참사원의 동의를 요하지 아니하는 법규명령을 통하여 다른 행정청 또는 그 밖의 기관에 관할을 위임할 수 있다.

3) 사전절차 일반규정

경찰행정청과 경찰공무원은 의무에 합당한 재량에 따라 질서위반행위를 조사하여야 하고, 이 경우 사건 은폐를 막기 위하여 즉각 취할 조치를 강구하여야 한다. 경찰행정청과 경찰공무원은 질서위반행위 조사 시 이 법률과 달리 규정이 없는 한 범죄소추 시와 같은 권리와 의무를 갖는다. 경찰행정청과 경찰공무원은 서류를 행정관청에 지체 없이 송부하고, 관련이 있는 경우에는 검찰에 지체 없이 송부한다.[86] 검찰 수사보좌관으로 임명된 경찰공무원은[87] 그에 적용되는 「형사소송법」 규정에 따라 압수, 수색, 조사 및 그 밖의 조치를 취할 수 있다.[88]

「형사소송법」 제163a조 제1항은 당사자에게 혐의 소명 기회를 제공함으로써 충분하다는 조건 아래 적용한다.[89] 심문을 받기 전에 사선변호인에게 문의할 수 있다는 것을 당사자에게 고지할 필요는 없다. 「형사소송법」 제136조 제1항 제3문부터 제5문[90]은 적용되지 아니한다.[91]

---

86 질서위반법 제42조.
87 법원조직법 제152조.
88 질서위반법 제53조 경찰의 임무.
89 제136조a(금지된 신문방법) ① 가혹행위, 혹사, 신체침해, 투약, 학대, 기망또는 최면에 의하여 피의자의 의사결정 및 의사표현의 자유를 침해하여서는 안 된다. 형사절차법이 허용하는 경우에 한하여 강제수단을 허용한다. 형사절차규정에서 허용하지 않는 처분을 수반한 협박 및 법률로 규정하고 있지 않은 이익의 약속은 금지된다.
90 제136조(최초신문) ① 최초의 신문을 시작함에 있어 피의자에게는 그가 어떠한 행위의 책임을 부담하게 될 것이고 어떠한 형법규정이 고려의 대상인지를 고지하여야 한다. 또한 법률에 근거하여 피의사실에 대하여 진술하거나 사안에 대한 진술을 하지 않을 자유가 있으며, 신문 전에도 언제든지 자신이 선임할 변호인에게 문의할 수 있는 자유가 있다는 사실을 피의자에게 고지해 주어야 한다. 피의자가 책임을 면하기 위하여개별 증거조사를 신청할 수 있다는 사실도 고지하여야 한다. 적절한 경우에는 서면으로 진술할 수 있다는 사실 및 가해자와 피해자 사이의 화해도 가능하다는 사실을 고지하여야 한다.
91 질서위반법 제55조 당사자 의견 청취.

4) 행정관청에 의한 경고

경미한 질서위반행위는 행정관청이 당사자에게 경고하고 5유로 이상 55유로 이하의 경고금을 징수할 수 있다. 행정관청은 경고금 부과 없이 경고할 수 있다. 경고는 당사자가 거부권 고지를 받은 후 이에 동의하고 경고금을 행정관청의 규정에 따라 즉시 납부하거나 1주일로 정하여진 기간 내에 지정된 기관에 납부하거나 우편으로 송금한 경우에만 효력이 있다. 당사자가 즉시 납부할 수 없거나 경고금이 10유로를 넘는 경우에는 이러한 기간을 승인하여야 한다.[92]

5) 변호인과 수사종결

행정관청의 절차에 있어서 변호인의 협력이 요청되는 경우 행정관청이 선임을 관할한다. 행정관청은 다른 사람을 변호인으로 선임하는 것과 변호인 선임을 취소하는 것도 결정한다.[93]

행정관청이 질서위반행위 소추 진행 상황을 고려하여 조사를 종결한 경우 즉시 이를 서류에 기재한다.[94] 행정관청이 과태료절차에서 행한 명령, 처분 및 그 밖의 조치에 대하여 당사자와 당해 조치가 행하여진 그 밖의 사람은 법원에 재판을 신청할 수 있다. 과태료 고지를 할지 또는 절차를 개시할지에 대한 재판 준비를 위하여 행하여질 뿐 독립적 의미를 가지지 아니하는 조치에는 적용되지 아니한다. 신청에 대하여서는 제68조에 따른 관할법원이 결정한다. 「형사소송법」 제297조부터 제300조, 제302조, 제306조부터 제309조 및 제311a조와 항고절차 비용부과에 관한 「형사소송법」의 규정을 준용한다. 법률에 다른 규정이 없는 경우 법원의 결정에는 불복신청을 할 수 없다.[95]

---

92 질서위반법 제56조 행정관청에 의한 경고.
93 형사소송법 제140조 제2항 제1문, 제138조 제2항, 제146a조 제1항 제1문 및 제2문, 질서위반법 제60조.
94 질서위반법 제61조 조사 종결.
95 질서위반법 제62조 행정관청의 조치에 대한 이의신청.

6) 행정관청의 참여

검찰이 질서위반행위 소추를 인수받은 경우 질서위반행위 수사를 위임받은 그 밖의 관할 행정관청 직원은 과태료절차에서 경찰공무원과 같은 권리와 의무를 갖는다. 그 밖의 관할 행정관청은 검찰 수사보좌관에 적용되는 「형사소송법」 규정에 따라 압수, 긴급매각, 수색 및 조사를 명할 수 있다. 공소장 및 약식명령 신청은 질서위반행위와 관련이 있는 경우 그 밖의 관할 행정관청에 통지하여야 한다. 제40조 또는 제42조의 경우 검찰이 질서위반행위 절차 중지를 고려한 때에는 그 밖의 관할 행정관청의 의견을 청취하여야 한다. 행정관청의 특별한 전문지식이 없어도 중지 결정이 가능한 경우 검찰은 의견을 청취하지 아니할 수 있다.[96]

3. 독일의 독점금지법상 행정조사와 규제 내용

1) 집행기관

(1) 연방 카르텔 청

경쟁제한금지법(Gesetz gegen Wettbewerbsbeschränkungen)[97]의 시행기관은, 연방 카르텔 청, 주 카르텔 행정청 및 연방 경제 에너지부(제 1국)의 3개이다.[98] 또한 경제력 집중의 상황을 조사하는 기관으로서 독점 감독위원회가 있다.

연방 카르텔 청은 연방 경제에너지 장관의 관할에 속하지만 독립의 연방 상급 행정청으로 본(Bonn)에 두고 있다.[99] 연방 카르텔 청은 경쟁제한금지법 위반 사안 중 경쟁 제한의 영향·효과가 1개 주를 넘는 사안을 관할하고, 이외의 사안

---

96 질서위반법 제63조 행정관청의 참여.
97 독일의 독점금지법은 경쟁제한금지법(1957년 7월 27일 공포, 1958년 1월 하루 시행. 이하, 특별한 기재가 없는 한, 조 번호는 경쟁제한금지법을 의미한다.)이다. 이 법은 그 후, 1965년, 1973년, 1976년, 1980년, 1989년, 1998년, 2005년, 2007년, 2013년 및 2017년에 개정하였다. https://www.gesetze-im-internet.de/gwb
98 경쟁제한금지법 제48조 제1항.
99 경쟁제한금지법 제51조 제1항.

은 주 카르텔 행정청의 소관으로 된다.[100] 연방 카르텔 청이 절차를 개시하고 조사를 시행하면, 연방 카르텔 청은 동시에 해당기업이 소재지를 두고 있는 지역의 주 최고기관에도 통지한다.

그러나 기업결합규제는 연방 카르텔 청의 전속관할사항이다. 위반행위가 존재할 때에는 스스로 심사를 하여 필요한 조치 및 제재금 처분을 명할 수 있다. 해당 조치 및 제재금 처분에 불복하는 자는 뒤셀도르프 고등법원에 제소할 수 있다.

연방 카르텔 청의 결정은 결정부에서 심리장과 2명의 심리관에 의하여 행하여진다. 결정부는 현재 12부이며, 각 결정부는 심리장, 심리관, 사무 보조원으로 구성된다. 심리장 및 심리관은 재판관 또는 고등행정관의 자격을 가진 자로 되어 있다.

(2) 연방 경제에너지부

연방 경제에너지 장관은 기업 결합에 대한 허가권한을 갖는다. 단, 연방 카르텔 청이 금지한 기업결합 안건을 연방 경제에너지 장관이 허가하는 경우에는, 이 안건에 관해서 독점 위원회의 의견을 구하여야 한다.

연방 경제에너지 장관은 연방 카르텔 청에 경쟁제한금지법 운용에 대한 일반적인 지시를 할 수 있고, 이 지시는 관보에 공고된다. 또, 연방 카르텔 청의 공개 연차 보고서에도 기재된다.[101] 연방 경제에너지부에서의 경쟁정책 담당조직은 주로 제1국 B1과(일반정책) 및 B2과(경쟁정책·소비자정책)이며, 경쟁제한금지법의 기획입안은 같은 과가 담당하고 있다.

(3) 각주 카르텔 행정청

주 카르텔 행정청은 연방 카르텔 청 및 연방경제에너지 장관이 관할하지 않는 사안에 대하여 주법에 따른 권한을 갖는다. 주 카르텔 행정청은 연방 카르텔 청과, 절차 개시 및 조사의 실시에 대해서 서로 통보하는 의무를 지며, 관할에 따라 상호 간 사안을 이송하여야 한다.[102] 경쟁제한금지법 제48조 제2항에 따라

---

100 경쟁제한금지법 제48조 제2항.
101 경쟁제한금지법 제52조, 제53조 제1항.

주 최고기관에 관할권이 있으면 연방카르텔 청은 사건을 최고기관에 이송하여야 한다. 경쟁제한금지법 제48조 제1항에 따라 연방카르텔 청에 관할권이 있으면 주 최고기관은 사건을 연방카르텔 청에 이송하여야 한다.

(4) 독점 감독위원회

독점 감독위원회는 1973년 경쟁제한금지법 제2차 개정으로 기업 결합 규제를 도입한 것과 동시에 독립한 협의 위원회로서 설립됐다. 독점 감독위원회는 경제, 경영, 사회정책, 과학기술 또는 경제법의 지식과 경험을 가진 5명의 위원으로 구성되며, 위원장은 위원 중에서 호선된다. 위원은 임기 4년이며, 연방 정부의 제안에 따라 연방 대통령이 임명한다. 재임명은 허용되며, 새 구성원은 잔여임기를 수행한다.[103] 독점 감독위원회의 위원은 대학교수나 연구소의 구성원이 아니라면 연방이나 주 정부에 속해서도 안되고, 해당 조직에도 속할 수 없다. 경제단체나 노동조직을 대표할 수 없으며, 그들 기관과 고용관계나 업무관계에 있어서도 안된다. 위원들은 독점 감독위원회에 임명되기 전년도에 그러한 지위에 있으면 안된다.[104]

독점 감독위원회의 역할은 정부에 대해서 경쟁정책, 경쟁법, 정부 규제에 관한 분야의 조언을 실시하는 것으로 행정처분의 권한은 가지고 있지 않다. 구체적으로 독점 감독위원회는 기업 집중의 상황, 기업 결합 규제의 운용, 그 외의 경쟁 정책상의 문제에 대한 조사를 실시하여, 보고서를 작성·공표한다. 독점 감독위원회가 작성하는 보고서에는 2년마다 작성되는 정기보고서와 적당하다고 인정하는 경우에 작성되는 특별보고서가 있다. 이들 보고서는 연방정부에 제출된다. 정기 보고서에 대해서는 연방 정부는 지체 없이 의회에 송부함과 동시에, 해당 보고서에 대한 견해를 적절한 기간 내에 의회에서 밝혀야 한다.[105]

---

102 경쟁제한금지법 제49조 제1항 및 제2항.
103 경쟁제한금지법 제44조 제1항 및 제2항.
104 경쟁제한금지법 제44조 제3항.
105 경쟁제한금지법 제45조.

(5) 법원

연방통상법원(연방대법원에 상당)은 경쟁제한금지법상의 소송에 관한 유일한 상고심이다. 연방 카르텔 청의 처분에 대한 소송은 모두 뒤셀도르프 고등법원이 관할한다. 주 카르텔 행정청의 처분에 대한 소송의 제1심은 각 주 카르텔 행정청의 소재지를 관할하는 주 고등법원이다. 주 지방법원은 경쟁제한금지법과 관련된 민사소송 사건의 1심이다.

2) 규제의 내용

(1) 카르텔

사업자 간의 협정, 사업자단체의 결의 및 상호 협조적 행위는 경쟁의 저해, 제한, 혹은 왜곡을 목적으로 하는 경우, 또는 그것을 초래하는 경우에 금지된다.

(2) 시장 지배적 지위의 남용 및 경쟁 제한적 행위

단독 혹은 복수 사업자에 의한 시장 지배적 지위의 남용은 금지된다. 단독 사업자가 일정한 종류의 상품 또는 역무의 공급자 또는 수요자로서 다음 중 하나에 해당하는 경우에는, 시장 지배적 지위에 있다고 여긴다. ① 경쟁자가 존재하지 않는 경우 ② 실질적으로 경쟁에 직면하지 않은 경우 ③ 경쟁자와의 관계에서, 시장에 있어서 우월적인 지위를 가지고 있는 경우이다. 그리고 복수의 사업자가 일정한 종류의 상품 또는 역무에 대해서 복수의 사업자 간 실질적인 경쟁이 존재하지 않고, 그것들이 전체적으로 ① 내지 ③ 중 하나의 요건을 충족하면 그 복수의 사업자는 시장 지배적 지위에 있다고 한다.[106]

경쟁자와의 관계로, 사업자가 시장에서 어떤 지위를 가지고 있는지를 평가하는 데 있어서는 특히 다음과 같은 요소를 고려한다.[107] ① 해당 사업자의 시장 점거율 ② 당해 사업자의 재무 정도 ③ 해당 사업자의 구입시장 또는 판매시장에 대한 접근 정도 ④ 다른 사업자와의 연계 ⑤ 다른 사업자에 의한 시장 진입에 대한 법적 또는 사실상의 장벽 ⑥ 본법의 적용영역 내외에 소재하는 사업자에

---

[106] 경쟁제한금지법 제18조 제5항.
[107] 경쟁제한금지법 제18조 제3항.

의한 현실의 경쟁 또는 잠재적인 경쟁 ⑦ 공급 또는 수요를 다른 상품 또는 역무로 변경하는 능력 ⑧ 거래 상대를 다른 사업자로 변경할 가능성 등이다.

단독 사업자가 40% 이상의 시장 점거율을 가지고 있는 경우 그 사업자는 시장 지배적 지위에 있다고 추정된다. 또, 복수의 사업자가 다음 중 하나에 속하는 경우에는 전체적으로 시장 지배적 지위에 있다고 추정한다. ① 세 개 이하 사업자의 총 시장 점거율이 2분의 1에 이를 경우 ② 다섯 개 이하 사업자의 총 시장 점거율이 3분의 2에 이를 경우이다. 단, 해당 사업자 간 경쟁 상황이 실질적으로 경쟁적인 것으로 예상되거나 또는 해당 사업자 모두가 다른 경쟁 상대와의 관계에서 우월적 지위를 가지고 있지 않음을 해당 사업자가 증명할 때에는 이 제한에 해당하지 않는다.[108]

(3) 남용 행위

시장 지배적 지위에 있는 사업자에 의한 남용행위는 금지된다. 특히, 시장 지배적 지위에 있는 사업자가 일정한 종류의 상품 또는 역무의 공급자 또는 수요자로서 다음과 같은 해당하는 행위를 행하였을 경우에는 남용행위로 간주한다.[109] 즉, ① 직접적 또는 간접적으로 부당하게 다른 사업자를 방해하거나 객관적으로 정당한 사유 없이 직접적 또는 간접적으로 다른 사업자에 대해 해당 다른 사업자 이외의 사업자와 다르게 취급하는 행위 ② 유효한 경쟁이 존재한다면 고도의 개연성을 가지고 형성될 수 있는 수준을 일탈한 대가 또는 기타 거래조건을 요구하는 행위 ③ 시장지배적 지위에 있는 사업자가 비교시장에서 스스로가 동종의 거래처에 요구하는 것보다 불리하며, 그 차별이 객관적으로 정당화되지 않는 대가 또는 기타 거래조건을 요구하는 행위 ④ 법적 또는 사실상의 이유에서 공동이용이 인정되지 않으면 다른 사업자가 시장지배적 지위에 있는 사업자의 경쟁자로서 그 전후의 거래단계에 있어서 활동할 수 없는 경우, 적절한 대가에 의해 자기의 네트워크 또는 다른 불가결한 시설을 해당 다른 사업자가 이용하는 것을 거부하는 행위 ⑤ 객관적으로 정당한 사유 없이 다른 사업자에게 스스로 이익을 주도록 요청하는 행위 등이다.

---

108 경쟁제한금지법 제18조 제4항, 6항, 7항.
109 경쟁제한금지법 제19조 제1항, 제2항.

(4) 상대적으로 시장력을 가진 사업자에 대한 규제

일정한 종류의 상품 또는 역무의 공급자 또는 수요자의 중소규모 사업자가 거래처를 변경할 가능성이 충분하고 합리적이지 않은 정도까지 사업자 또는 사업자의 단체에 의존하고 있는 경우에, 해당 사업자 또는 사업자의 단체가 직접적 혹은 간접적으로 부당하게 다른 사업자를 방해하거나 또는 객관적으로 정당한 사유 없이 직접적 혹은 간접적으로 다른 사업자에게 해당 다른 사업자 이외의 사업자와 다른 취급을 하는 것은 금지된다. 사업자 또는 사업자 단체가 그것들에 의존하고 있는 사업자에 대해서 객관적으로 정당한 사유 없이, 스스로에게 이익을 주도록 요청하는 행위는 금지된다.[110]

중소규모의 경쟁자에게 우월한 시장력을 가진 사업자가 그러한 경쟁자를 직접 또는 간접으로 부당하게 방해하기 위해서 그 시장력을 행사해서는 안 된다. 특히 해당 사업자가 다음에 해당하는 행위를 하였을 경우에는 부당한 방해 행위로 간주된다. ① 상품 또는 역무를 단순히 일시적 아니라 원가를 밑도는 가격으로 판매할 경우 ② 상품이나 상업 서비스의 유통에 있어서 하급 시장에서 자신과 경쟁하는 중소기업에 대해서, 해당 상품이나 상업 서비스 도매를 할 때 자기가 하급 시장에서 설정하는 소매가격보다 높은 가격을 요구하는 경우이다. 단, 이들의 행위가 객관적으로 정당화될 경우에는 그러하지 아니하다. 식품이 악화되는 것이나 팔리지 않게 되는 것을 피하기 위해 점포에서의 타임세일이나 그와 동등하게 임박한 경우, 식품을 원가 이하로 판매하는 것은 정당화된다. 자선 단체에 대해서 그 단체의 책임에서 식품을 사용하는 것을 목적으로 식품을 기부하는 것은 부당한 방해에 해당하지 않는다.[111]

(5) 보이콧 금지와 경쟁 제한적 행위 금지

사업자 및 사업자 단체는 특정의 사업자를 부당하게 방해할 의도에서 다른 사업자 또는 사업자 단체에 공급 거부 또는 구입 거절하여서는 안 된다.[112] 사업자 및 사업자 단체는 본법의 금지 행위를 하기 위해서, 다른 사업자에게 불이익

---

110 경쟁제한금지법 제20조 제2항.
111 경쟁제한금지법 제20조 제3항.
112 경쟁제한금지법 제21조 제1항.

을 주겠다고 위협하거나 불이익을 주어서는 안 되고 이익을 공여하는 것을 약속하거나 또는 이익을 제공해서는 안 된다. 사업자 및 사업자 단체는 다른 사업자에 대해서 다음에 해당하는 행위를 강제해서는 안 된다.[113] ① 제2조, 제3조 또는 제28조 제1항에 규정 적용 제외 카르텔에 참가하는 것 ② 다른 사업자와 제37조에 정한 합병을 하는것 ③ 경쟁을 제한할 의도로, 시장에서 동조적으로 행동하는 것 등이다. 연방 카르텔 청에 따른 조치를 요구하는 건의서를 한 것을 이유로, 그 사람에게 경제적 불이익을 과해서는 안 된다.

(6) 적용 제외

사업자 간 협정, 사업자단체의 결의 및 상호 동조적 행위일지라도 그 결과로 발생하는 이익의 적절한 분배를 소비자에게 행하는 것이며, 또한 상품의 생산·판매의 개량 또는 기술적 혹은 경제적 진보에 기여하며, ① 관계 사업자에 대하여 전기목적의 실현에 필요하지 않은 제한을 부과하지 않은 경우 또는 ② 관련 상품의 실질적 부분의 일부가 경쟁에서 제외될 가능성이 없는 경우에는 제1조의 규제(카르텔 금지) 적용에서 제외한다.[114]

기업 간에 공동 사업을 실시함으로써 경제 활동 합리화를 목적으로 한 경쟁 관계에 있는 사업자 사이의 협정 및 사업자 단체의 결의이고, ① 그 시장에 있어서의 경쟁이 실질적으로 저해되는 것이 없고, ② 중소기업의 경쟁능력을 개선하는 것에 기여하는 경우는 제2조 제1항의 요건을 충족시킨다.[115]

(7) 특정 경제 분야에 관한 특칙

전력 또는 파이프라인에 의한 가스 공급을 실시하는 사업자이며, 단독으로 또는 다른 사업자와 공동으로, 시장 지배적 지위에 있는 사업자가 ① 객관적으로 정당화할 수 있는 증거를 제시하지 않고, 다른 사업자나 비교 시장에서의 사업자와 비교하여 더욱 바람직하지 않은 요금 또는 거래조건을 요구하는 행위 ② 비용을 부당하게 초과하는 요금을 요구하는 행위로 그 지위의 남용은

---

113 경쟁제한금지법 제21조 제3항.
114 경쟁제한금지법 제2조 제1항.
115 경쟁제한금지법 제3조.

금지된다.[116]

농업 분야의 생산자 간 협정, 또는 생산자 단체 또는 그 생산자 단체 연합회의 협정, 결의에 대해서는 그것이 다시 판매 가격을 유지하는 것은 아니고 경쟁을 배제하는 것이 아닐 경우 제1조의 규제(카르텔의 금지) 적용에서 제외된다.[117] 사업자가 그 신문 또는 잡지의 구매자에게 일정한 재판매 가격을 준수하거나 최종 소비자에게 재판매에 이르기까지 이들의 구매자에 대한 같은 의무를 부과하도록 법률적 또는 경제적으로 구속하는 경우 제1조의 규제(카르텔의 금지) 적용에서 제외된다.

4. 법 집행의 절차와 제재금 부과절차

1) 법 집행 절차

(1) 행정사건

연방 카르텔 청의 법 집행 절차에는 행정절차법 및 경쟁제한금지법에 근거한 행정절차(Verwaltungsverfahren),[118] 질서위반법에 근거한 제재금 부과 절차(Bußgeldverfahren)[119]의 두 가지가 있다. 행정절차의 목적은 제재금 부과가 아니라 경쟁상태의 조기 회복을 위해 위반행위의 종결을 명하는 것에 있다. 그리고 제재금 절차의 목적은 위반행위에 제재금을 부과함에 있다. 연방 카르텔 청의 운용에서는 시장 지배적 지위의 남용 행위에 대하여 행정 절차가 채택되는 경우가 많다. 또 카르텔 행위에 대하여 경쟁에 미치는 영향이 심각하여 제재금 절차가 채택된다. 단, 시장지배적 지위의 남용 행위라도 누범이거나 침해의 정도가 클 경우에는 제재금 절차가 취하여진다.

행정 절차에 있어서 연방 카르텔 청은 필요한 모든 조사를 실시하고, 증거를

---

116 경쟁제한금지법 제29조.
117 경쟁제한금지법 제28조.
118 https://epub.ub.uni-muenchen.de/9179/1/9179.pdf
119 https://www.anwalt24.de/lexikon/bussgeldverfahren

수집할 수 있다.[120] 그 때문에, 구체적으로는 ① 보고 징수권 ② 사업자 등의 영업소에서 장부 서류의 열람·검사권[121]에 대한 조사 권한이 부여된다. 사업자 등은 요구된 자료 및 영업 관계 기록을 제출하고, 이들의 기록의 검사·영업소에 검사를 수인하여야 하며,[122] 이것들을 거부할 경우에는 질서위반법에 위반됨으로써 제재금의 대상이 된다.

연방 카르텔 청은 소재 법원의 법관이 발부하는 영장에 근거한 수색권이 있다.[123] 긴급을 필요로 하는 경우에는 영업시간 내이면 법관의 결정 없이 수색을 실시할 수 있다. 압수권도 있다.[124]

(2) 카르텔 청의 절차 개시

카르텔 청은 직권으로 또는 신청에 의하여 절차를 개시한다. 카르텔 청은 상응하는 청원이 있으면 이의 제기자의 보호를 위해 직권으로 절차를 개시할 수 있다. 카르텔 청의 절차에는 다음과 같은 자가 참여한다. ① 절차의 개시를 신청한 자 ② 그 절차의 상대방이 된 카르텔, 기업, 경제연합, 직업연합 ③ 결정에 의한 이익과 영향을 현저히 받으며 카르텔 청의 신청으로써 제삼자로 소환된 사람과 인적 결사체, 관련 소비자 단체 등이다.

(3) 청문 절차

연방 카르텔 청이 행정 처분을 실시하는 데 있어서 관계인에게 청문의 기회가 보장된다. 또한 연방 카르텔 청은 신청 또는 직권에 의하여 청문회를 개최할 수 있으며 당사자에게 입장표명을 할 기회를 제공해야 한다. 카르텔 청은 이 절차에 의해 영향을 받는 경제대표들에게도 입장표명의 기회 제공이 가능하다. 당사자의 신청 또는 직권으로 공개 구술변론을 실시할 수도 있다. 이때 국가안전보장 또는 중요한 영업비밀이나 기업비밀 등을 위태롭게 하는 경우에는 전체 또

---

120 경쟁제한금지법 제57조.
121 경쟁제한금지법 제59조 제1항.
122 경쟁제한금지법 제59조 제2항.
123 경쟁제한금지법 제59조 제4항.
124 경쟁제한금지법 제58조.

는 일부에 대해 공개하지 않을 수 있다.[125]

청문절차에 대해서는 독일 행정절차법 제46조와 제46조를 준용한다. 청문절차에 대하여 구체적으로 규정한 규칙은 없지만 실무상 연방 카르텔 청의 사건 담당 결정부는 금지 결정전에 결정에 관련된 이유 그리고 근거 및 기타 정보가 포함되는 '경고서'를 관계인에게 송부하고 있다. 관계인은 경고서를 받고 모든 관계 사실 및 법률상의 문제에 관한 자신의 의견을 말한다.

(4) 증거조사와 압수

카르텔 청은 필요한 모든 수사를 시행하고, 모든 증거를 수집할 수 있다. 검증, 증인 및 감정인의 증거에 대해서는 민사소송법을 준용한다. 증인진술에 대해서는 기록을 해야 하며, 기록에는 카르텔 청의 조사를 담당하는 직원이 서명하고, 문서담당 공무원이 소환된 경우 그도 서명해야 한다. 기록은 낭독 혹은 통독하고, 증인의 승낙을 받아야 한다. 승낙을 하게 되면 이를 기록하고 증인이 서명을 한다. 만약 서명이 이루어지지 않으면 그 이유를 기재하여야 한다. 카르텔 청은 진실에 부합하는 진술을 얻기 위해 선서가 필요하다고 생각하면 간이법원에 증인의 선서를 요청한다. 선서에 대해서는 법원이 재판한다.[126]

카르텔 청은 조사에 중요한 입증수단이 될 수 있는 대상을 압류할 수 있다. 압류 시 해당자에게 즉시 통지되어야 하며 당사자나 가족이 참석하지 않았거나 당사자와 그가 부재한 경우, 당사자의 성인가족이 압류에 명시적으로 이의를 제기하였을 때 카르텔 청은 3일 이내에 압류가 시행되는 지역의 법원에 사법적인 승인을 요청하여야 한다. 당사자는 압류에 대하여 법원에 재판을 청구할 수 있다. 이에 대하여서는 항고가 허용된다.[127]

(5) 연방 카르텔 청의 주요 결정

연방 카르텔 청의 결정은 결정부에서 심리장 및 2명의 심리관에 의해 이루어진다. 주요결정은 다음과 같다. ① 경쟁제한금지법 또는 유럽 기능 조약 제101조

---

[125] 경쟁제한금지법 제56조.
[126] 경쟁제한금지법 제57조.
[127] 경쟁제한금지법 제58조.

이나 제102조 위반 행위 배제 조치 명령[128] ② ①에 관련하며 위반행위의 효과적인 배제를 위해 필요하고, 입증된 위반 행위에 상응한 모든 배제조치 명령[129] ③ 중대하며 다시 회복할 수 없는 경쟁에 대한 손해가 존재하여 긴급을 요하는 안건의 잠정 조치 명령[130] ④ 사업자가 경쟁상의 우려를 배제하기 위한 적절한 의무를 받아들이는 것을 확약했을 경우, 해당 약속이 사업자를 구속하는 것이라고 하는 결정[131] ⑤ 행위 불문의 결정[132] ⑥ 부당 이득 반환 명령(단, 위반 사업자가 손해 배상의 지불, 제재금 부과 등이 이루어지고 있는 경우는 제외) 등이다.[133]

2) 제재금 부과절차

(1) 질서위반행위

제재금 절차에서 연방 카르텔 청은 검사에 준하는 조사권한을 가지고 카르텔 등의 질서 위반 행위에 대한 제재금을 부과할 수 있다. 질서위반행위란 '법률위반의 구성요건을 충족시키는, 위법하고 비난할 만한 행위'라고 되어 있으며, 이러한 행위에 대해서는 제재금이 부과된다. 경쟁제한금지법에서는 고의 또는 과실에 의하여 다음의 행위를 한 사람이 질서를 위반한 것에 해당한다.[134] ① 유럽 기능 조약 제101조 제1항, 제102조 위반 ② 경쟁제한금지법상의 금지 규정 위반 ③ 당국에 의한 집행 가능한 명령에 대한 위반 ④ 기업 결합 승인 또는 장관 허가에 부가된 조건에 대한 위반 ⑤ 보이콧, 다른 사업자에게 위반 행위를 하기 위한 이익·불이익의 부여 ⑥ 기업 결합 규제에 있어서의 시장 데이터 제공 거부 ⑦ 기업 결합 사전 신고의 해태 그리고 행정 절차에서 요구된 설명의 거부 등이다.

---

128 경쟁제한금지법 제32조 제1항.
129 경쟁제한금지법 제32조 제2항.
130 경쟁제한금지법 제32a조.
131 경쟁제한금지법 제32b조.
132 경쟁제한금지법 제32c조.
133 경쟁제한금지법 제34조.
134 경쟁제한금지법 제81조.

(2) 조사 권한

제재금 절차에 있어서 연방 카르텔 청은 질서위반법 제46조 제2항에 근거하여 소추 행정청으로서 범죄 행위의 소추 시 검찰관을 대신하여 그것과 같은 권한과 의무를 가진다. 그러므로 연방 카르텔 청은 모든 행정청에 보고를 요구하고 스스로 조사를 행하거나 또는 경찰서·경찰관으로 행할 수 있다. 경찰서·경찰관은 연방 카르텔 청의 촉탁 또는 청구에 응할 의무를 지고 있다.[135]

연방 카르텔 청은 증인 및 감정인을 소환할 수 있다. 증인 및 감정인은 출석하여, 사실에 대해 진술하거나 감정을 실시할 의무가 있다.[136] 진실의 진술을 얻기 위한 보다 강한 수단은 법관에 의한 조사 내지 수사 행위라고 할 수 있다. 연방 카르텔 청도, 예를 들어 법관에 의한 증인 신문을 지방법원에 신청할 수 있다.[137] 법관의 면전에서 연방 카르텔 청, 피의자, 변호인이 참석한 증인 신문에서 행한 위증 행위에는 벌칙(3개월 이상 5년 이하의 자유형)이 부과된다.[138] 또, 연방 카르텔 청은 피의자를 소환할 수도 있다.[139]

연방 카르텔 청은 영업장소나 임직원 사택 등을 수색하고 관계서류를 압수할 수 있다. 긴급을 요하는 경우를 제외하고, 형사소송법 제98조 및 제105조에 의거하여 사전에 지방 법원 법관의 영장을 받을 필요가 있다. 연방 카르텔 청은 제재금 절차에 있어서 상기의 행정 절차의 조사 권한도 행사할 수 있다. 또한 연방 카르텔 청은 위반 행위가 형법 제298조에 근거한 입찰 담합의 범죄에 관련되는 것인 경우 질서위반법 제41조에 근거하여 자연인에 대한 절차를 검찰청에 송치해야 한다. 과징금 절차에서의 청문의 기회에 대해서는 형사소송법 규정이 준용되고, 관계인에는 늦어도 조사가 마무리 되기 전까지 자기 의견을 개진하는 기회가 주어진다.

---

135 형사소송법 제161조.
136 형사소송법 제161a조.
137 형사소송법 제162조.
138 형법 제153조.
139 형사소송법 제163a조 제3항.

(3) 질서위반에 대한 제재금 결정

경쟁제한금지법에 관한 질서위반에 대해서는 기업결합 신고의 해태 등 일부 행위를 제외하고, 100만 유로 또는 최근 사업연도의 사업자 또는 사업자 단체의 전세계 매출액의 10%중 비싼 금액을 상한으로 하는 과징금을 물린다. 제재 금액산정 때는 위반 행위의 중대성과 함께 그 기간도 고려한다.[140] 특히 질서위반 문제가 된 카르텔 사안에 대해서, 연방 카르텔 청은 제재금 산정의 가이드라인을 공표하고, 이 가이드라인에 따라 제재금을 산정한다. 산정의 순서는 기본액 산정 → 기본액 조정으로 되어있다.

기본액은 위반행위를 하고 있던 사이에 위반행위에 의해서 획득한 독일 국내에서의 매출액의 10%로 추정한다. 위반행위자의 전세계 매출액 및 위반행위자와 관련된 다음에 예시하는 사정을 종합적으로 고려하여 기본액의 가산 또는 감산을 실시한다. ① 위반행위에 대해서는 위반행위의 유형과 기간, 시장에 미치는 영향(예를 들어 위반행위의 영향을 받은 시장의 지리적 범위, 위반행위의 중대성), 시장의 중요성(예를 들어 위반행위로 인해 영향을 받은 상품의 종류), 위반행위자간의 조직화 정도 등을 고려한다. 그러나 하드코어 카르텔은 통상적으로 조직화의 정도가 높다고 하여 가산요소로 고려된다. ② 위반행위자에 대해서는 카르텔 멤버 내 역할, 시장에서의 지위, 고의·과실 정도, 과거의 위반 경력, 지불 능력 등이다.

(4) 면제 및 감액 등

연방 카르텔 청은 카르텔 사건의 제재금 면제 및 감액에 관한 연방 카르텔 청 고시(9/2006호)에 근거하여 제재금 면제 및 감액을 실시하고 있다. 본 고시는 카르텔(특히, 가격 또는 판매 수량의 결정 및 시장 분할에 대한 약정 및 입찰 담합) 참가자(자연인, 사업자 및 사업자 단체)에 적용된다. 심사 개시전 정보 제공의 경우, 연방 카르텔 청이 수색영장을 취득할 수 있는 충분한 증거를 가지고 있지 않은 시점에서 수색영장을 취득할 수 있는 정보와 증거를 최초로 제공한 카르텔 참가자에 대하여 제재금 면제가 인정된다.

심사 개시 후 정보제공의 경우, 연방 카르텔 청이 수색영장을 취득한 후라도

---

[140] 경쟁제한금지법 제81조 제4항.

위반 행위를 입증하기에 충분한 증거를 가지고 있지 않으며, 어떤 카르텔 참가자에게도 제재금 면제가 인정되지 않은 시점에서 연방 카르텔 청이 위반행위를 입증할 수 있는 정보 및 증거를 최초로 제공한 카르텔 참가자의 제재금 면제가 인정된다. 전액 면제 자격을 얻기 위해서는 ① 카르텔 참가자가 유일한 카르텔 선도자가 아니고, 또는 다른 사람에게 카르텔 참가를 강요하고 있지 않는 것 ② 카르텔 참가자가 연방 카르텔 청에 계속적이고 전면적인 협력을 한다는 요건을 충족시켜야 한다.[141]

연방 카르텔청은 제재금 면제 요건을 충족하지 못한 카르텔 참가자가 위반행위의 입증에 실질적으로 공헌하는 정보 및 증거를 제출하는 경우, 또한 카르텔 참가자가 연방 카르텔청에 계속적이고 전면적인 협력을 하는 경우, 제재금을 50%까지 감면할 수 있다. 감액의 정도는 특히 사실 규명에 대한 공헌도 및 신청의 순위에 의한다.

감면신청자는 절차의 전 기간 중 연방 카르텔청에 계속적이고 전면적으로 협력할 의무 외에 이하의 의무를 진다. ① 연방 카르텔청에 의한 요청에 근거해 카르텔 참가를 지체없이 취소할 것 ② 신청 후에도 모든 입수 가능한 정보 및 증거를 연방 카르텔청에 제출할 것. 특히 감면 신청자가 소유하거나 입수할 수 있는 제재금 결정에 있어서 중요한 모든 데이터를 포함할 것 ③ 연방 카르텔청이 비밀로 할 때까지 연방 카르텔청에 대한 협력을 비밀로 할 것 ④ 카르텔의 상담에 참여한 모든 종업원(전 종업원까지 포함)의 이름을 밝혀야 하고, 절차 기간 중 정보 및 증거를 얻을 수 있도록 모든 종업원이 연방 카르텔청에 대하여 지속적이고 전면적으로 협력하도록 한다.[142] 감면 신청자가 의무(특히 협력 의무)를 이행하지 않는 경우 그 순위는 말소되며 다음 순위 감면 신청자의 순위를 앞당긴다.

(5) 화해절차와 손해배상 등

관계인의 동의로 심사절차를 종결하는 것, 이른바 화해 절차에 의하여 제재금액을 추가로 최대 10% 감액하는 것을 인정하고 있다. 이 화해 절차를 실시하

---

[141] 카르텔 청 고시 제3항 및 제4항.
[142] 카르텔 청 고시 제6항 – 10항.

기 위해서는 관계인이 연방 카르텔 청에 의하여 입증된 사실을 인정할 것을 선언할 필요가 있다. 이 절차에 따라 연방 카르텔 청은 단기간에 제재금을 부과하는 결정을 내릴 수 있고 사건을 종결시킬 수 있다.

연방 카르텔 청에 따른 처분을 받은 당사자는 뒤셀도르프 고등 법원에 상소할 수 있다.[143] 고등 법원 판결에 불복 의사가 있는 자는 법률문제에 한하여 대법원에 상고할 수 있다.[144]

위반 행위로 손해를 본 자는 손해배상을 청구한다. 위반 행위의 금지를 청구할 수 있고, 단체도 금지 청구를 할 수 있다.[145] 위반 행위로 획득한 이득의 박탈 권한이 경쟁 당국에 부여되고 있으며,[146] 단체 또한 이득 박탈을 청구할 수 있다.[147]

제3절　일본의 행정조사법제와 조사

1. 행정조사 일반론

1) 의의

일본에서는 행정조사를 행정기관이 행정 목적을 달성하기 위해서 필요한 정보를 수집하는 활동이라고 정의하고 있다.[148] 행정조사는 목적에 따라 조사·기초적 조사(센서스 통계 조사 등), 특정 정책 입안을 위해서 행하는 조사(공청회 등 의견 공모 절차), 개별 구체적인 행정 조치(행정 처분을 포함)를 실시하는 과정에서 이루는

---

143 행정 절차에 근거한 조치에 대해서는 제63조 및 제66조, 제재금 처분에 대해서는 제85조 및 질서위반법의 규정.
144 행정 절차에 근거한 조치에 대해서는 제74조 제1항, 제재금 처분에 대해서는 제84조.
145 경쟁제한금지법 제33조 제4항(1).
146 경쟁제한금지법 제34조.
147 경쟁제한금지법 제34a조.
148 櫻井 敬子·橋本 博之, 『行政法 第5版』, 弘文堂, 2016, p.166.

조사 등으로 구분한다. 강제력의 유무에 따라 임의 조사와 강제력이 있는 조사로 구분하며, 제재수단과 방식에 따라 더 세분하기도 한다.

일본은 행정조사법의 필요성에 대하여 2005년 독점금지법의 개정과 향후 과제로서 이를 검토한 바 있다. 당시 행정조사의 독자성과 국제적 표준화 문제가 논의의 중심이었다. 특히 행정조사 절차의 통제라는 관점에서 조사 방식에 대한 일정한 투명성 등이 논의되었다. 그러나 행정조사가 독자적인 입법으로 진행되지는 않았다. 현재 일본에서는 금융조사, 증권조사, 행정지도에 의한 조사 등을 행하고 있다. 그러나 일본은 행정절차법에서 행정조사에 대해 그 적용을 제외하고 있다(동법 3조 1항 14호). 그 이유는 통제의 필요성을 부정하는 것이 아니라 행정조사의 다종다양성에 기인하는 것이라고 한다.[149] 행정조사에 관한 일반적 규정을 마련할 가능성을 부정한 것은 아니지만 일본의 절차법제에서 행정조사는 개별법령의 규율에 위임되어 있다.[150]

일본에서는 행정조사의 개념과 성질 그리고 법적 지위에 대한 견해가 다양하다.[151] ① 행정조사를 행정상 즉시강제에 포함되는 것으로 해석하는 견해가 있다. 이 주장은 행정조사를 즉시강제에 포함되는 것으로 본다.[152] 행정조사가 강제성을 갖는 경우 그 한도에서 본질적으로 행정상 즉시강제와 성질을 같이 한다는 것이다. ② 행정조사를 권력적 조사에 초점을 두고 파악하는 견해이다. 물론 행정조사의 개념에서 비권력적 조사를 배제하는 것은 아니다. 다만 행정조사가 비권력적 행정조사보다는 권력적 조사활동에서 국민의 권리·이익의 보호 등과 관련하여 문제가 있다는 것을 고려한 견해이다.[153] ③ 비권력적 조사도 당연히 포함된다는 견해이다. 행정조사는 권력적인지 비권력적인지 여부보다 행정에 필요한 정보를 수집하는 활동이라는 점에 중점이 있고, 권력적이든 비권력적이든

---

149 塩野宏, 『行政法1 (第4版) 』, 有斐閣, 2005, p.239.

150 藤原静雄, "行政調査論の現状と課題 ―行政情報管理の視点を踏まえて―", 筑波ロー・ジャーナ
ル5号, 2009, p.184.

151 일본의 행정조사에 대해서는 김민배, 하자있는 행정조사와 행정행위의 효과―일본의 판례와 학설
을 중심으로―, 행정법학 제17호, 2019. 10의 내용을 주로 참조하였음(이하 김민배 2019a).

152 田中二郎, 『行政法講義案上卷』, 有斐閣, 昭和29年, p. 48 이하 ; 田中二郎, 『新版 行政法上』, 弘
文堂, 1974, p.180 ; 須藤陽子, 「行政調査に関する一考察 ―警察権の分散と規制的予防的行政活
動の導入―」, 『立命館法学』, 2008年 4号, pp.905－911.

153 塩野宏, 「行政調査」, 『行政過程とその統制』, 有斐閣, 昭和64年, pp.1－215.

모든 행정조사에 있어 법적 통제를 가할 필요성이 있다는 점을 근거로 비권력적 조사를 포함한 행정주체의 조사작용을 행정조사로 본다.[154]

일본에서는 행정조사와 관련하여 한국과 같은 행정조사기본법이 없고, 개별 법령에 의해 운용되고 있다.[155] 행정조사의 개념도 학설에 맡겨져 있다. 일반적으로 행정조사란 행정기관이 행정 목적을 달성하기 위해서 필요한 정보를 수집하는 활동이라고 정의하고 있다.[156] 과거 강제적인 성격을 가진 행정조사의 경우에는 즉시강제로서 논하였지만 현재는 우리나라와 마찬가지로 즉시 강제와 구분하여 논의하고 있다. 그리고 강제력이 있는 행정조사는 그 후에 예정되어 있는 행정처분과 관련하여 사전적 절차로서 논의하고 있다.

한편 행정조사는 강제력의 유무에 따라 임의조사와 강제조사로 구분한다. 행정기관의 정보수집 권한에는 상대방 임의의 협력에 근거하는 임의조사가 있다. 그리고 벌칙과 연계하여 조사의 실효성을 담보하는 간접 강제조사와 직접 실력을 행사하여 상대방의 저항을 배제하는 직접 강제조사가 있다. 그런데 행정조사의 권한확대가 조사대상자의 권리이익을 침해할 위험성이 크다는 점에서 조사대상자의 보호를 목적으로 한 행정조사에 대한 법적 규제의 필요성이 증대되고 있다.

2) 종류와 형식

일본의 경우 행정조사가 강제력을 갖고 있는 경우는 다음과 같다. ① 보고요구[157] ② 토지에 대한 현장조사[158] ③ 가옥에 대한 현장 조사[159] ④ 출입에 의한 장부 등의 조사[160] 그리고 ⑤ 출입에 의한 질문이다.[161]

---

154 曽和敏文,「行政調査論再考(1)」,『法経論叢』4巻2号, 三重大学, p.35 이하 ; 宇賀克也,『行政法総論』, 有斐閣, 平成16年 참조.
155 藤原静雄,「行政調査論の現状と課題-行政情報管理の視点を踏まえて-」,『筑波ロー・ジャーナル』, 5号, 2009, p.184.
156 櫻井 敬子・橋本 博之,『行政法 第5版』, 弘文堂, 2016, p.166 ; 김민배 2019a, 앞의 논문, p.219.
157 일본 식품위생법 제28조 2항.
158 일본 문화재보호법 제55조.
159 일본 소방법 제4조 1항.
160 일본 식품위생법 제28조 1항.
161 일본 건축기준법 제12조 4항.

강제력의 형식에 따라서는 다음과 같이 분류하고 있다.[162] ① 승낙 의무는 있지만 강제수단이 예정되지 않은 것,[163] ② 조사거부에 대해서 거부되는 급부가 있는 것[164] ③ 간접강제에 의한 것으로 승낙 거부나 허위 답변에 대한 형벌이 부과되는 것 등이다. 행정조사의 대부분은 유형③에 해당한다. 물론 이 경우에도 상대방의 의사를 무시하고 실력을 행사하여 조사할 수는 없다. 일본 소득세법 제234조 1항은 공무원의 질문 검사권을 규정하고 있으며, 이에 관한 벌칙 규정은 제242조 제8호에 규정되어 있다. 일본 식품위생법 제17조 1항은 보고·검색·검사·시험용 수거를 규정하고 있으며, 벌칙규정은 제73조에 규정하고 있다.

그러나 벌칙을 규정하고 있는 경우 벌칙의 위하력을 통한 강제에 그치고, 일반에게 실력으로 출입하거나 검사를 할 수 없다고 해석되고 있다. 예를 들면 세무공무원의 검사를 정당한 이유가 없이 거부하는 자에 대해 형벌을 가함으로써, 간접적 심리적으로 검사나 행정조사의 수인을 강제하려는 방식이다. 그러나 형벌이 행정상의 의무 위반에 대한 제재로서 작용하는 강제의 정도가 대상자의 자유로운 의사를 강하게 구속하고, 실질적으로 물리적인 강제와 동일시해야 할 정도에까지 이르는 방식은 인정할 수 없다고 한다.[165]

일본의 최고재판소는 세무공무원의 질문에 대해 상대방이 증표의 제시를 요구한 데 대해, 세무공무원이 이를 휴대하지 않았거나 휴대하고 있으면서도 제시하지 않을 경우 상대방은 그 검사를 거부할 정당한 이유가 있다고 한다.[166] 조사가 객관적으로 보아 시기적·시간적으로 혹은 그 형식에 있어서 매우 비상식적인 행동이자 세무조사 활동의 한계를 분명히 이탈한 것으로 인정되는 경우이에 답하지 않고 거부해도 일본 소득세법 제242조 8호의 죄가 되지 않는다고 한다.[167]

---

162 櫻井 敬子·橋本 博之, 前揭, p.171.
163 일본 경찰관직무집행법 제6조 2항.
164 일본 생활보호법 제28조.
165 最高裁 昭和47.11.22判決(刑集26-9-554)＝川崎民商事件.
166 最高裁 昭和27.3.28 判決(刑集6-3-546).
167 神戸地裁 昭和51.11.18 判決.

2. 독점금지법과 행정조사 절차[168]

1) 의의

일본의 사적독점 금지 및 공정거래 확보에 관한 법률(이하 독점금지법)은 사적독점, 부당한 거래 제한, 불공정한 거래 방법 등의 행위를 금지하고, 사업 활동의 부당한 구속을 배제하는 것 등에 의하여 공정하고 자유로운 경쟁을 촉진하고 일반 소비자의 이익을 확보하는 동시에, 국민 경제의 민주적이고 건전한 발달을 촉진하는 것을 목적으로 하고 있다.[169] 이 목적을 달성하기 위하여 공정거래위원회가 설치되어 있다. 시장에 있어서의 기본 원칙인 독점금지법을 엄정하게 집행하고, 경쟁 질서를 조기에 회복하기 위한 조치를 강구하는 것이 공정거래위원회에 요구되고 있다.

일본의 공정거래위원회는 독점금지법에 위반되는 행위를 하고 있는 혐의가 있는 경우에 위반의 유무를 밝히고, 위반행위를 배제하기 위해 필요한 조치 등을 명하기 위하여, 위반행위 혐의가 있는 사업자 등에 대한 조사권한을 부여하고 있다.[170] 또한 행정조사절차에 있어서 법령에 의거한 절차의 적정성을 확보하면서 벌칙에 의해 간접적으로 이행을 담보한다는 간접강제권한에 근거하여 현장검사, 제출명령, 유치, 출석명령 및 심문, 보고명령 등의 처분을 행한다. 그 이외에도 사업자 등의 임의의 협력에 근거하여, 진술 청취, 보고 의뢰 등에 의해 사건 조사를 실시한다.

일본의 공정거래위원회는 행정조사 절차[171]의 적정성을 더욱 확보한다는 관점에서 실무의 경험을 근거로 행정조사 절차의 표준 실시 순서나 유의사항 등을

---

168 일본의 독점금지법과 행정조사 절차에 대한 부분은 김민배, '행정조사의 실무적 절차와 쟁점 – 일본 독점금지법상 조사절차를 중심으로 –', 法學硏究 第22輯 第4號, 2019, pp.147 – 183를 토대로 일부 내용을 수정하고, 각주 등을 보완하여 재인용하였음(이하 김민배 2019b).

169 정승연 김수연, 공정거래위원회 조사제도 개선방안 연구, 한국경제연구원, 2014, 28 – 29.

170 위반 피의사업자 등은 위반 혐의 사업자(개인 사업자를 포함)사업자 단체, 임원 및 종업원 등 사건 관계인의 외, 참고인을 포함한다.

171 공정거래위원회 독점금지법 위반 피의사건의 조사 절차에는, 행정조사 절차(배제 조치 명령 등 행정 처분의 대상이 될 수 있는 독점금지법 위반 피의사건을 심사하기 위한 절차)와 범칙조사 절차(형사처분을 구하는 고발 대상이 될 수 있는 독점금지법 위반 피의 사건을 조사하기 위한 절차)의 두 가지가 있는데, 본 지침은 공정거래위원회의 행정조사 절차를 대상으로 하고 있다.

'독점금지법 심사절차에 관한 지침'(이하 심사지침)에서 명확히 하고 있다. 이 지침은 일반적으로 공유되며[172] 일본 공정거래위원회의 사업자를 대상으로 한 행정조사의 표준적인 실시 절차 등을 규정하고 있다. 또한 독점금지법 위반 피의 사건의 행정조사(이하 사건조사)에 종사하는 직원에게 철저히 주지하고 있다. 같은 관점에서 조사 절차의 투명성을 높이고 사건 조사의 원활한 실시에 이바지하도록 지침을 공표하고, 공유하고 있다는 것이다.[173]

2) 공정거래위원회의 사건 조사 체제와 감독자의 책무

(1) 조사 체제

공정거래위원회는 독점금지법 제47조 제2항의 규정에 따른 직원을 심사관으로 지정하고 사건 조사를 진행한다. 공정거래위원회에서 사건조사는 심사국이 담당하고 있다. 심사국장이 심사 관리관의 도움을 받아 심사장 또는 수석 심사 전문관에게 명하여 이를 행하게 한다. 심사장 및 수석 심사 전문관은 담당 사건에서 심사관 등(심사관 기타 사건조사에 종사하는 직원을 말한다. 이하 같다.)을 지휘·감독한다.

심사 국장, 심사 관리관, 심사장 및 수석 심사 전문관(심사 총괄관을 두고 있는 지방 사무소에서는 심사 총괄관)이 직접 본 지침에 따른 사건 조사에 임한다. 그리고 심사관 등에 대해서 지침에 따른 사건 조사를 실시하도록 지도·감독한다. 또, 심사장, 상장심사 전문관 등은 위반 피의 사업자 등으로부터 직접 또는 대리인을 통해서, 조사 수법에 대한 신청 그 외 담당 사건에 관해서 의견이 있었을 경우 성의를 가지고 대응한다.

---

[172] 행정조사의 절차에 대해서는 '독점금지법 심사절차에 관한 지침'의 내용에 따라 설명하고자 한다. 이 지침에 대해서는, http://www.jftc.go.jp/dk/guideline/unyoukijun/shinsashishin.html ; 행정조사 절차 이외의 각 절차의 개요에 대해서는 http://www.jftc.go.jp/houdou/panfu_files/dokkinpamph.pdf

[173] 본 지침의 책정·공표에 아울러, 공정거래위원회의 행정조사 절차에서의 표준적인 실시 절차 등에 대해서, 본 지침의 내용을 바탕으로 사업자 등 전용으로 작성한 자료("독점금지법 위반 피의사건의 행정조사 절차에 대한 개요"(헤세이 27년 12월 공정거래위원회). 이하 "사업자 등을 위한 설명 자료"라 한다.)를 공표하고 있다.

(2) 직원의 자세

사건 조사에 종사하는 직원은 독점금지법의 목적을 항상 염두에 두고 독점금지법의 엄정한 집행이라는 공정거래위원회의 사명을 충분히 완수하기 위해 냉정한 판단력과 실태해명에 대한 확고한 신념으로 착실히 사건조사를 실시해야 한다. 또한 국민의 신용과 신뢰를 확보하기 때문에 항상 기강과 품위 유지에 노력해야 한다. 그리고 업무의 수행에서 알게 된 비밀을 누설해서는 안 된다.[174]

사건 조사에 종사하는 직원은 위반 피의 사업자 등에 대해 법령상의 권한을 행사하는 입장에 있는 것 및 절차의 적정성을 확보하는 것이 중요하다는 것을 알아야 한다. 사건 조사에 있어서는 위반 피의 사업자 등의 이해와 협력을 얻을 수 있도록 해당 사건 조사와 관련된 절차에 대해 필요한 설명함과 동시에 위협, 강요 등으로 받아들여질 만한 태도로 대하지 않고 항상 법령의 규정과 적정한 절차에 따라 그 권한을 행사하여야 한다.

사건 조사에 종사하는 직원은 위반 피의 사업자 등의 설명에 진지하게 귀를 기울이는 동시에 효율적·효과적인 사건 조사에 의해 사안의 실태를 해명하도록 노력해야 한다. 또한 위반 피의사실을 입증할 때에는 물적 증거 기타 해당 피의사실에 관한 충분한 증거를 수집하도록 노력하는 동시에 청취대상자의 진술에 대해서는 예단을 배제하고 신중하고, 상세하게 청취하고 그 내용의 합리성, 객관적 사실과의 정합성 등에 대하여 충분히 검토한 후에 그 신뢰성에 대해 판단하여야 한다.

3) 현장검사 등

(1) 법적 근거

일본의 공정거래위원회는 독점금지법 제47조 제1항 제4호의 규정에 근거하여 위반 행위 혐의가 있는 사업자 등의 영업소 기타 필요한 장소에 출입, 업무 및 재산의 상황, 장부 서류 기타 물건을 검사할 수 있다. 제1항 제3호의 규정에 근거하여 사건 조사에 필요하다고 생각되는 장부 서류 기타 물건에 대해서 그

---

174 독점금지법 제39조.

소지자에게 제출을 명하고, 이를 유치할 수 있다.

또한 정당한 이유 없이 검사를 거부·방해 혹은 기피한 경우나 물건을 제출하지 않을 경우에는 독점금지법 제94조의 벌칙이 적용되는 경우가 있다. 이와 같이 독점금지법 제47조의 규정에 의거 심사관[175]이 행하는 현장검사 기타 처분은 사건 조사 대상이 되는 자가 이를 수인할 의무가 있다. 조사에 응하지 않는 경우 벌칙이 적용될 수 있다. 독점금지법 제47조에 규정되는 출입 검사 기타 처분은 위반 피의사업자 등에 조사 승낙의 행정상의 의무를 부과하고, 그 이행이 벌칙[176]에 의해서 담보된 의미로 간접 강제력을 수반한 것이다. 따라서 벌칙이 적용되는 경우가 있다는 의미에서 위반 피의사업자 등이 이에 응할 것인지 아닌지를 임의로 판단할 수 있는 성격의 것은 아니다. 하지만 대상자가 이를 거부할 경우 심사관이 직접적 물리적으로 실력을 행사하고 강제할 수는 없다. 또한 정당한 이유 없이 이를 거부한 위반 피의사업자 등에게는 벌칙이 적용될 수 있다.

독점금지법 제47조의 규정에 근거한 간접 강제력에서 비롯되는 현장검사가 아니라 사업소 등에 대해서는 사업자 등의 임의의 협력에 기초하여 자료 제출 등을 의뢰하는 경우도 있다.[177]

(2) 현장검사의 실시

현장검사 시에 심사관은 현장검사 장소의 책임자 등에 대해 신분을 나타내는 심사관 증표를 제시한 후, 행정조사의 근거 조문,[178] 사건명, 위반 피의 사실의 요지, 관계 법 조문 등을 기재한 고지서를 교부하고[179] 검사의 원활한 실시에 협력을 요구하는 동시에 검사에 응하지 않을 경우에는 벌칙이 적용되는 경우가 있다는 취지를 설명한다.[180] 아울러, 사업자등을 위한 설명 자료를 전달한다.

---

175 공정거래위원회는 독점금지법 제47조 제2항의 규정에 의해 직원을 심사관으로 지정하고 사건 조사에 임하고 있다. 이하에서는, 심사관외 사건 조사에 종사하는 직원을 포함해 '심사관 등'이라고 한다.

176 독점금지법 제94조.

177 독점금지법 심사절차에 관한 지침 제2의 1(1)참조, 이하 지침이라고 한다.

178 독점금지법 제47조.

179 공정거래위원회의 심사에 관한 규칙(헤세이 17년 공정거래위원회 규칙 제5호. 이하 "심사규칙"이라고 한다.] 제20조.

180 지침 제2의 1(2)참조.

또한 사업소에 대하여 사업자의 동의 아래 자료의 제출을 의뢰하는 경우에는 심사관이 상대방에게 신분증명서 등을 제시한 다음, 이 조사의 취지 및 독점금지법 제47조의 규정에 근거한 것이 아니라 조사 상대방의 임의의 협력에 근거한 것임을 설명하고 동의를 얻어 실시한다.

한편 위반 피의사업자 등의 사업소 등에 가서 상대방의 동의 아래 자료의 제출 등을 의뢰하는 경우 심사관 등은 상대방에 대해 신분증명서 등을 제시한 다음, 해당 사건 조사의 취지 및 독점금지법 제47조의 규정에 근거한 것은 아니라 상대방의 임의의 협력에 근거한 것임을 설명하고, 상대방의 동의를 받는다.

(3) 현장 검사의 대상 범위

현장검사는 위반 행위 혐의가 있는 사업자 등에서 행한다. 이 때 조사 대상 기업의 영업 부문, 경리 부문 등 그 명칭에 관계없이 심사관이 사건 조사에 필요하다고 합리적으로 판단한 장소에 대해서 행해진다. 또한, 종업원의 거주지나 주택 등은 피의 사실에 관한 자료가 존재하는 것이 의심되어 심사관이 사건 조사에 필요하다고 합리적으로 판단했을 경우에 현장검사의 대상이 된다.[181] 하지만 현장조사나 결과에 대한 고발과 형사벌 등이 연계되는 경우에는 주거부분 등에 대하여 영장주의가 적용되는지 등에 대해서도 판단하여야 한다.

(4) 물건의 제출 및 유치

현장검사의 결과로 사건 조사에 필요하다고 생각되는 물건에 대해서는 사업자 등에 대해서 제출 명령을 실시한 다음, 제출 물건을 유치한다. 제출을 명할 때에는 해당 물건의 원물에 대해 현상 그대로 제출을 명한다. 서버, 클라이언트 PC 등에 보존된 전자 데이터(전자메일 등의 데이터 포함)의 경우 이들 데이터를 복제·보존한 기록매체(필요에 따라 클라이언트 PC 등의 본체)를 제출해야 한다. 또한 제출 물건의 유치의 필요가 없어진 경우에는 신속하게 돌려주어야 한다.[182]

물건의 제출 명령은 심사관이 사건 조사에 필요하다고 합리적으로 판단한 범위에서 실시하는 것이다. 따라서 개인의 소유물과 같이 일반적으로 프라이버시

---

181 지침 제2의 1(3)참조.
182 지침 제2의 1(4).

관련성이 높은 것(수첩, 휴대전화 등)에 대해서도, 위반 피의사실의 입증에 필요한 정보가 포함되어 있는 것으로 의심되고, 심사관이 필요하다고 판단될 경우에는 제출할 것을 명령할 수 있다.

물건의 제출 명령 및 유치 시 심사관은 대상이 되는 물건의 품목 목록을 작성하여 '제출 명령서', '유치물에 관한 통지서'에 첨부한다.[183] 그 목록에는 장부 서류 기타 물건의 표제 등을 기재함과 동시에 소재했던 장소·소지자·관리자 등을 기재하고, 해당되는 물건을 특정한다. 물건유치 시 제출 명령의 대상이 된 모든 물건에 대해서는 현장 검사 장소의 책임자 등의 면전에서 1점씩 제시하고 목록의 기재와 대조를 실시한다.

(5) 제출물의 열람·등사

현장검사 당일에 있어서는 심사관의 판단에 따라 일상적인 사업 활동에 이용할 필요가 있다고 인정되는 것에 대하여 현장검사의 원활한 실시에 지장이 없는 범위에서, 제출 물건의 등사의 요구에 응하도록 하고 있다. 출입검사 당일 제출 물건 등사의 요청에 대해서는 위반 피의 사업자 등의 권리로서 인정되는 것은 아니다. 한편 물건의 제출 명령을 받은 사업자 등은 사건 조사에 지장을 일으키지 않는 범위에서 현장검사 다음날 이후 일정 조정을 실시한 뒤에, 공정거래위원회가 지정하는 장소에서 제출 물건(유치물)을 열람·등사할 수 있다.[184] 일정조정에 있어서는 가능한 한 조기에 열람·등사할 수 있도록 배려하고 있다. 등사의 방법에 대해서는, 사업자등 소유의 복사기만이 아니고 디지털 카메라, 스캐너 등의 전자 기기를 이용할 수도 있다.[185] 유치물 중, 유치의 필요가 없어진 것에 대해서는 이를 신속하게 환급한다.[186]

(6) 현장검사와 변호사의 입회

현장검사에서는 현장검사 장소의 책임자 등을 입회하고, 현장검사의 원활한

---

[183] 심사 규칙 제9조 및 제16조.
[184] 심사 규칙 제18조.
[185] 지침 제2의 1(4).
[186] 심사 규칙 제17조.

실시에 지장이 없는 범위에서 변호사를 입회할 수 있다. 단, 변호사의 입회는 위반 피의사업자 등의 권리로서 인정되는 것이 아니다. 그러므로 변호사의 입회가 없다고 해서 현장검사를 실시할 수 없는 것은 아니다. 심사관은 변호사가 도착할 때까지 출입검사의 개시를 기다릴 필요는 없다. 변호사가 도착하지 않는 것을 이유로 현장검사를 거절할 수는 없다.[187]

4) 진술 청취

(1) 법적 근거

진술 청취에는 임의의 진술 청취와 간접 강제력을 수반하는 심문이 있다. 임의의 진술 청취는 조사 대상자의 임의의 협력에 기초하여 행하는 것이다. 이에 반해 심문은 독점금지법 제47조 제1항 제1호의 규정에 근거하여 심문을 받는 쪽에 출석을 명한 후에 청취를 실시한다. 일반적으로 임의의 진술 청취로 행하는 것이 원칙이다.[188]

그리고 임의의 진술과 달리 심문의 경우에는 조사대상자가 정당한 이유 없이 출석하지 않거나 진술을 하지 않거나 허위 진술을 한 경우에는 독점금지법 제94조의 벌칙과 제재의 적용대상이 되는 경우가 있다.

(2) 임의의 진술 청취

임의의 진술청취는 심사관 등이 직접 또는 위반 피의사업자 등 혹은 대리인을 통해 청취대상자의 사정을 확인하고 그때마다 임의의 협력에 근거하여 실시하는 진술청취 취지를 명확히 한 후에, 청취대상자의 동의를 얻어 실시한다.

임의의 진술청취를 실시함에 있어서 심사관 등은 가장 먼저 (진술청취가 여러 차례에 이르는 경우는 첫 회의 첫 순서)에 청취대상자에게 신분증 등을 제시한다. 그 후에 임의의 진술청취라는 취지 및 임의의 진술청취라고 해도 사안의 실태를 해명하고, 법의 목적을 달성하기 위해서는 스스로의 경험·인식에 근거해 사실을 말

---

187 지침 제2의 1(5)참조. 그러나 변호사 입회권의 문제는 제도개선의 필요성이 제기되고 있다. 김민배 2019b 참조.
188 지침 제2의 2(1)참조.

할 필요가 있다는 취지를 설명한다. 또, 심사관 등은 청취 대상자에 대해서 임의의 진술 청취에 협력을 하지 않는 경우에는 별도 심문의 절차로 이행하는 일이 있다는 취지를 필요에 따라서 설명한다.[189]

(3) 심문

독점금지법 제47조의 규정에 근거하여 청취 대상자에게 출석을 명하고 심문하는 경우 그때마다 출석 명령서를 송달한다.[190] 출석 명령서에는 법적 근거, 출석해야 할 일시 및 장소 및 명령에 불응할 경우의 벌칙[191]에 대해서 기재한다. 심문할 때 심사관은 처음에 조사 대상자에게 심사관증을 제시한 다음 그 법적 성격(독점금지법 제47조의 규정에 근거한 것이며 사실)을 설명하는 동시에, 진술을 거부 또는 허위 진술을 한 경우에는 벌칙[192]이 적용되는 경우가 있다는 점을 설명한다.

임의의 진술청취와 관련된 사전 연락 시 또는 심문과 관련된 출석명령 시에 심사관 등은 청취대상자에게 직접 또는 위반피의사업자 등 혹은 대리인을 통해 사업자 등을 위한 설명 자료의 웹 게재 장소를 전달함과 동시에, 청취대상자가 사전에 동 자료의 내용을 확인하지 않은 경우에는 해당 청취대상자에 대한 첫 회의 진술청취 개시 시에 사업자 등을 위한 설명 자료를 직접 전달한다.

진술 청취할 때 심사관 등은 필요에 따라 미리 조사 대상자에게 증언을 녹취한 서면은 의견 청취 절차[193]에서 열람 등사의 대상이 될 가능성이 있다는 취지 및 열람 등사 제도의 취지나 목적 등(목적 외 이용이 인정되지 않겠다는 내용을 포함)에 대해서 설명한다. 증언을 녹취한 서면이나 조서는 의견 청취 절차에서 열람 등사의 대상이 될 수 있다. 그런데 사업자 등이 의견 청취 절차에서 열람·등사한 진술 조서 등의 내용을 가지고 자사 종업원에 대한 징계 등 불이익 취급, 다른 사업자에 대한 보복 행위 등을 할 가능성이 있을 수 있다. 만약 '제삼자의 이익을 해칠 우려가 있을 때, 기타 정당한 이유가 있을 때'[194]에는 공정거래위원회가

---

189 지침 제2의 2(2)참조.
190 심사 규칙 제9조.
191 독점금지법 제94조.
192 독점금지법 제94조.
193 독점금지법 제49조 등.
194 독점금지법 제52조.

그 진술 조서 등의 열람 등사를 거부할 수 있다.

사업자 등이 열람·등사한 내용을 의견 청취 절차 또는 배제 조치 명령 등의 취소 소송의 준비 이외에 이용하는 것은 목적 외의 이용이 된다. 그러므로 열람·등사의 신청서의 양식에는 신청자가 목적 이외의 이용을 하지 않겠음을 약속하는 취지의 내용이 기재되어 있다.

(4) 진술 청취 시 유의 사항

진술 청취를 실시함에 있어서 심사관 등은 위협, 강요 기타 진술의 임의성을 의심받을 수 있는 방법을 이용해서는 안 된다. 또 심사관 등은 자신이 기대하거나 원하는 진술을 청취 대상자에게 시사하는 등의 방법에 의하여 함부로 진술을 유도하고 진술의 대가로 이익을 공여할 수 있다는 것을 약속하는 등, 기타 진술의 진실성을 잃게 할 우려가 있는 방법을 이용해서는 안 된다.

진술 청취 시 변호사를 포함한 제삼자의 입회(심사관 등이 조사의 적정 원활한 실시의 관점에서 의뢰한 통역, 변호사 등은 제외), 진술 청취 과정의 녹음·녹화, 진술 청취를 받을 자의 조사에 필요한 메모(심사관 등이 조사의 적정 원활한 실시의 관점에서 인정한 필기는 미포함)에 대해서는 사안의 실체 규명에 방해가 될 우려가 있으므로 인정하지 않는다. 또, 같은 이유로 조서작성 시에 조서의 사본교부는 실시하지 않는다.[195]

(5) 청취 시간과 휴식 시간

진술 청취는 하루에 8시간까지(휴식 시간 제외)를 원칙으로 한다. 조사청취 시간이 하루 8시간을 넘는 경우에는 조사 대상자의 동의를 얻도록 한다. 또, 부득이한 사정이 없는 한, 심야(오후 10시 이후)에 이르는 조사를 하지 않도록 한다.[196] 진술 청취에 있어서 조사가 장시간이 되는 경우에는 심사관등은 조사를 받는 자의 컨디션 등을 고려한 다음, 휴식 시간을 적시 적절히 확보하도록 해야 한다.

휴식 시간에는 원칙으로서 청취 대상자의 행동을 제약하지 않고, 심사관 등이 지정한 휴식 시간 내에 청취 대상자가 변호사 등의 외부인과 연락을 취하는

---

195 지침 제2의 2(3)참조.
196 지침 제2의 2(4)참조.

것이나 기억에 근거하여 메모하는 것을 방해하지 않도록 한다. 단, 예를 들어 복수의 관계자를 대상으로 같은 날 근접 시간에 청취를 실시하는 경우 등의 휴식 시간에 청취 대상자가 다른 사건 관계자와 접촉하여 진술 내용의 조정(짜 맞추기 등)이 이루어질 우려가 있을 때는 예외적으로 심사관 등이 동행한다.

또한 식사 시간 등의 비교적 긴 휴식 시간을 취하는 경우에는 진술 청취에 지장이 생기지 않는 범위에서, 필요에 따라 변호사 등과 상담할 수도 있도록 적절한 시간을 확보하도록 한다. 심사관 등은 진술 청취를 행했을 때 청취시간 및 휴식시간에 대하여 기록한다.

(6) 조서의 작성·서명 날인 절차

심사관 등은 임의의 진술 청취를 실시했을 경우에 필요하다고 인정할 때는 진술 조서를 작성한다. 또, 심사관은 독점금지법 제47조의 규정에 근거하여 심문을 실시했을 때 심문 조서를 작성하여야 한다.[197]

진술조서 또는 심문조서는 조사를 받은 자로부터 들은 내용 중 심사관 등이 사안의 실태해명을 위하여 그때까지 수집한 다양한 물적 증거나 진술 등을 종합적으로 고려한 후에 당해 사건에 관계되고 필요하다고 인정하는 내용에 대하여 정확하게 녹취 후 작성하는 것이다. 심사관 등은 위반 피의사실을 입증하는 데 있어서 그때까지 수집한 여러 물적 증거나 진술 등을 종합적으로 감안한 후에 해당 사건에 관계되고 필요하다고 인정하는 내용에 대해서 청취대상자의 진술내용을 정확히 녹취하고 진술조서 또는 심문조서를 작성한다. 청취 대상자가 진술한 것을 속기록처럼 한 단어 한 단어 녹취할 필요 없다.

심사관 등은 진술조서 또는 심문조서를 작성한 경우 이를 청취대상자에게 읽어주거나 열람시키고, 오류가 없는지 묻고, 청취대상자가 잘못이 없는지 여부를 확인한 후 서명날인을 받아 완성한다. 만약 청취 대상자가 스스로 진술한 내용에 대한 증감 변경(조서의 기재 추가, 삭제 및 정정)의 제기를 했을 때에는 심사관 등은 그 취지를 충분히 확인한 후에 해당 제기 내용을 조서에 기재하거나 해당 부분을 수정하고, 청취 대상자의 서명날인을 받는다.[198] 또, 조사 대상자가 오류가 있다

---

[197] 심사 규칙 제11조 및 제13조.
[198] 지침 제2의 2(5)참조.

는 것을 제기하지 않았음에도 불구하고, 서명 날인을 거부했을 때는 심사관 등은 그 취지를 조서에 기재한다.[199]

5) 보고 명령 등

(1) 법적 근거

공정거래위원회는 독점금지법 제47조 제1항 제1호의 규정에 근거하여 위반 행위 혐의가 있는 사업자 등에 대해서 사건 조사에 필요한 정보에 대한 보고를 요구할 수 있다. 이를 위반하여 보고하지 않을 경우 또는 허위 보고했을 경우에는 독점금지법 제94조의 벌칙을 적용하는 경우가 있다. 또한 독점금지법 제47조의 규정에 근거하는 간접 강제력을 수반하는 보고 명령이 아니라 사업자 등의 임의 협력에 근거하여 보고를 의뢰하는 경우도 있다.[200]

(2) 보고 명령 시 절차

독점금지법 제47조의 규정에 근거하여 위반 행위 혐의가 있는 사업자 등에게 보고를 요구하는 경우에는 보고명령서를 송달한다.[201] 보고명령서에는 보고서(응답) 양식을 첨부한 후, 법적 근거, 보고의 기한, 명령에 응하지 않는 경우의 벌칙에 관하여 기재되어 있다. 또한 사업자 등의 임의의 협력에 근거한 보고를 의뢰하는 경우에는 보고서(회답)의 양식을 첨부하며, 보고의 기한을 기재한 보고 의뢰서 등을 송부함으로 실시한다.[202]

6) 이의제기 등

(1) 심사관의 처분에 대한 이의신청

독점금지법 제47조의 규정에 의거하여 심사관이 행한 출입 검사, 심문 등의 처분을 받은 자가 해당 처분에 불복이 있을 때는 처분을 받은 날로부터 1

---

199 심사 규칙 제11조 및 제13조.
200 지침 제2의 3(1)참조.
201 심사 규칙 제9조.
202 지침 제2의 3(2)참조.

주일 이내에 그 이유를 기재한 서면으로 공정거래위원회에 이의를 제기를 할 수 있다.[203]

(2) 임의의 진술조사에 대한 고충처리

임의의 진술 청취에 대해서는 조사 대상자 등이 진술 청취 지침에 반하는 심사관 등의 언동 등이 있었다고 하는 경우, 해당 조사를 받은 날로부터 1주일 이내에 서면으로 공정거래위원회에 민원을 제기할 수 있다.

심사관 등은 항상 적정한 절차에 근거하여 그 권한을 행사하며 이의나 민원을 제기할 수 있는 대응을 하지 않는 것이 요구된다.[204] 만약 이의나 민원이 제기되었을 경우에는 해당 제기와 관련된 조사에 성실하게 대응하여야 한다.

3. 행정조사와 그 한계[205]

1) 조사절차

행정조사를 행함에 있어서는 다음과 같은 절차를 준수하여야 한다. ① 신분증의 휴대·제시가 필요하다.[206] ② 장소적·시간적 제한이 있다. 개인의 주거의 출입제한[207]과 주거에 출입할 때 거주자의 승낙필요,[208] 그리고 일출 전과 일몰 후의 토지에의 출입 제한[209]이나 야간 조사를 원칙적으로 금지한다. 그리고 ③ 사전통지를 해야 한다.[210] 물론 명문의 규정이 없는 경우에 사전통지가 의무인가에 대해서는 논의가 있다. 하지만 사전통지를 하는 것이 조사의 목적을 달성할

---

203 공정거래위원회의 심사에 관한 규칙 제22조.
204 임의의 진술 청취에 관한 민원 신청 제도에 대해서는 http://www.jftc.go.jp/houdou/pressrelease/h27/dec/151225_2.html 참조.
205 일본의 행정조사와 한계에 대해서는 김민배, 하자있는 행정조사와 행정행위의 효과 – 일본의 판례와 학설을 중심으로 –, 행정법학 제17호, 2019. 10.(김민배 2019a)의 해당부분을 재인용하였음.
206 일본 풍속영업법 제37조 3항.
207 일본 소방법 제4조 1항 단서.
208 일본 건축기준법 제12조6항 단서.
209 일본 도시계획법 제25조 4항.
210 일본 무기단속법시행규칙 제 12조의 3항.

수 없는 등 합리적인 이유가 있는 경우를 제외하고는 사전통지를 필요로 한다는 견해가 타당하다.[211]

2) 법령상의 근거 및 한계

행정조사에 승낙의무를 부과 또는 강제력을 부여하기 위해서는 법률이나 조례의 근거가 필요하다. 임의 조사에는 법률·조례의 근거를 반드시 필요로 하지 않는다. 그러나 법령에 그 요건·절차·한계가 규정되어 있는 경우, 그에 위반해서는 안 된다. 경찰관의 직무질문은 어디까지나 임의성을 전제로 하는 것이지만, 사실상 강제력을 가질 수 있는 경우가 많고, 형사 범죄수사로 이행하는 것이 적지 않으므로 법률의 요건 및 한계가 경찰관직무집행법 제2조에 규정되어 있다.[212]

일본의 최고재판소는 형사 절차가 없더라도 헌법 제35조(주거의 출입·수색·압수에 대해서 법관의 영장 필요)와 제38조(묵비권 등)의 인권보장 규정이 당연히 미치지 않는 것은 아니라 하면서도, 구체적 판단에서는 법관의 영장이 없다고 해서 바로 위헌이라고 할 수는 없다는 것이다. 일본 헌법 제35조 1항의 규정은 본래 주로 형사책임 추궁 절차의 강제가 사법권에 의한 사전억제 하에 있어야 한다는 것을 보장한 취지이지만, 해당 절차가 형사 책임 추궁을 목적으로 하는 것이 아니라는 이유만으로 그 절차에서 일체의 강제력이 당연히 위 규정에 의한 보장의 범위 밖에 있다고 판단하는 것은 타당하지 않다는 것이다. 일본 소득세법 제70조 10호, 제63조에 규정한 검사는 미리 법관이 발부한 영장에 따른 것을 그 일반적 요건으로 하지 않으며, 일본 헌법 제35조에 어긋난다고 할 수 없다[213]는 것이다.

그밖에 행정일반 법리상의 한계가 있다. 비례원칙이나 권한남용금지(조사목적에 의한 조사 사항의 제약)에 적합하여야 한다. 조사목적에 어긋나지 않는 한, 사전통지나 이유 개시의 요청이 필요하다. 장소적·시간적 제한도 있다. 일본 소방법

---

211 最高裁 昭和48.7.10 決定 ; 曽和俊文, 「質問検査権をめぐる紛争と法」, 『租税行政と権利保護』, ミネルヴァ書房, 1995, p.124 ; 김민배 2019a, 앞의 논문, p.221.
212 宇賀 克也, 『行政法概説 I』, 有斐閣, 2017, p.139.
213 最高裁昭和47.11.22判決 (刑集26−9−554·ケ-スブックp.121＝川崎民商事件.

제4조 1항 단서의 개인 주거의 출입 제한, 일본 건축기준법 제12조 6항 단서의 주거에 들어설 때는 거주자의 승낙 필요, 일본 도시계획법 제25조 4항 등의 일출 전·일몰 후의 토지에의 출입 제한, 일본 국세징수법 제143조의 야간 조사를 원칙적으로 금지하는 사항 등이다.

일반적으로 경찰관의 직무질문은 어디까지나 임의성을 전제로 한다. 하지만 사실상 강제력을 갖는 경우가 많고, 그것이 향후 형사적 차원의 범죄수사로 이행하는 것이 적지 않으므로 법률의 요건 및 한계가 경찰관직무집행법에 규정되어 있다.214 그리고 행정법상 조리 등의 한계가 있다. 비례원칙이나 권한남용금지에 적합하여야 한다. 조사목적에 어긋나지 않는 한 사전 통지나 이유의 개시가 필요하게 된다.

문제는 행정조사에서 실력 행사가 인정되는 경우에 반드시 영장주의나 형사상의 절차를 준수해야 하는 가하는 점이다. 구체적으로 법원의 허가가 필요한 경우215와 국세징수법상 조사 대상물에 대한 수사의 성질에서 인정되는 경우이다. 이 경우 거부와 방해에 대한 국세징수법상의 벌칙 규정은 없지만 공무집행방해죄가 적용된다. 그리고 사람의 생명에 관계되는 경우216에도 실력행사에 의한 출입이 인정된다. 그밖에 당사자의 신청에 근거하여 분쟁 상대방에 대한 조사의 경우 상대방이 조사를 거부했을 때에는 신청인의 주장을 진실로 인정하는 경우가 있다.217

일본의 최고재판소는 형사절차가 아니더라도 주거의 출입·수색·압수에 대한 법관의 영장이 필요하며(일본 헌법 제35조), 묵비권(일본 헌법 제38조)과 같은 인권보장 규정이 적용된다고 한다. 다만 법관의 영장이 없다고 하여서 바로 위헌이라고 판단할 수 없다고 한다.218

---

214 宇賀 克也, 前揭, p.139.
215 일본 출입국관리법 제31조.
216 일본 경찰관직무집행법 제6조 1항 등.
217 일본 건설업법 제25조의 18.
218 "일본 헌법 제35조 1항의 규정은 본래 주로 형사책임절차의 강제에 대해, 그것이 사법권에 의한 사전억제 하에 있어야 한다는 것을 보장한 취지이다. 하지만 해당 절차가 형사책임을 목적으로 하는 것이 아니라는 이유만으로 그 절차에서 일체의 강제력이 당연히 위 규정에 의한 보장의 범위 밖에 있다고 판단하는 것은 타당하지 않다. 그렇지만, 종합하여 판단하면 구 소득세법 제70조 제10호, 제63조에 규정한 검사는 미리 법관이 발부한 영장에 의할 것을 일반적인 요건으로 하지 않

3) 행정조사와 수사

행정조사를 범죄수사를 위하여 사용하는 것은 허용되지 않는다.[219] 그러나 명문의 규정이 없다고 해도 마찬가지로 해석한다.[220] 범죄수사나 국세위반사건의 수사 자료를 얻기 위한 목적으로 행정조사나 세무조사를 행하는 것은 허용되지 않으며, 행정조사에서 얻은 자료를 범죄의 증거로 사용할 수 없다고 한다.[221] 다만, 판례는 세무조사 중에 위반사건이 탐지된 경우 이를 계기로 범죄수사 또는 국세위반 사건 수사를 시작하는 것은 위법이 아니라고 한다. 예를 들면 세무조사 중에 위반사건이 포착된 경우 법인세법 제156조가 단서가 되어 세무공무원에 의한 위반사건의 조사로 이행하는 것을 금지하는 취지로 해석할 수 없다는 것이다.[222]

한편 세무공무원이 질문이나 검사의 과정에서 납세의무자의 조세위반사실을 적발한 경우 세무공무원의 비밀 준수의무가 공무원의 고발의무에 우선하는가에 대해서는 의견이 나뉘고 있다. 비밀 준수의무[223]를 우선시키는 입장에서는 세무공무원이 그것을 외부에 누설해서는 안 되는 의무를 지니고 있다고 한다.[224] 이에 반하여 고발의무[225]를 우선시키는 입장이 있다. 이 견해에 의하면 고발 자체

는다. 따라서 일본 헌법 제35조에 어긋난다고 할 수 없다." 最高裁 昭和47.11.22判決 ; 김민배 2019a, 앞의 논문, p.222.

219 일본 소득세법 제234조 2항, 일본 직업안정법 제50조 4항 등.

220 宇賀 克也, 前揭, p.157.

221 金子宏, 『租税法』, 弘文堂, 2005, p.681.

222 "법인세법 제156조에 따르면, 동법 제153조 내지 제155조에 규정하는 질문 또는 검사의 권한은 범죄의 증거자료를 취득 수집하고 보전하는 등, 위반사건의 조사 혹은 수사를 위한 수단으로서 행사하는 것은 허용되지 않는다고 해석하는 것이 타당하다. 그러나 위의 질문 또는 검사의 권한의 행사에 의해 취득 수집되는 증거자료가 후에 위반사건의 증거로 이용될 것을 상정하였다고 해도, 그것에 의해서 바로 위의 질문 또는 검사의 권한이 위반사건의 조사 혹은 수사를 위한 수단으로서 행사되어서는 아니된다. 본 사건에서는 위의 질문 또는 검사의 권한의 행사에 있어서, 취득 수집되는 증거자료가 나중에 위반사건의 증거로서 이용될 것을 상정할 수 있었던 것에 그치고, 위의 질문 또는 검사의 권한이 위반사건의 조사 또는 수사를 위한 수단으로서 행사된 것이라고 볼 수 있는 근거가 없기 때문에 그 권한의 행사에 위법이 없었다고 할 수 있다." 最高裁 平成16.1.20 判決 ; 김민배 2019a, 앞의 논문, p.223.

223 일본 국가공무법 제100조.

224 金子宏, 前揭, p.68.

225 일본 형사소송법 제239조 2항.

는 인정하고, 행정조사에서 얻은 증거자료 등의 수사기관에 대한 인도 절차와 방식에 대하여 일정한 절차적 제약을 마련하는 것이 타당하다고 한다.[226] 생각하건대 후자의 견해가 타당하다고 생각한다. 하자 있는 행정조사가 아니라 정당한 행정조사 과정에서 위법사실을 발견한 경우 고발을 하되 형사소송에서의 증거능력 등을 고려하여 자료 등의 인계 등에는 한계를 설정해야 한다.

현재 일본에서는 행정조사의 실무적 절차와 관련하여 다양한 논의가 전개되고, 그 일부는 제도적 개선에 반영되고 있다. 특히 제출물건의 등사, 녹음과 녹화, 사본 교부, 변호사 입회, 진술 청취, 자기부죄 거부권 등에 대한 쟁점과 개선방안들이 제기되고 있다. 이는 향후 한국의 조사절차 개선에 시사점을 주고 있다.[227]

제4절 한국의 특별법과 조사제도

산업기술보호법 제15조에 의한 기술유출행위에 대한 조사는 같은 법 제17조의 실태조사와 달리 행정조사기본법의 적용대상에서 제외된다고 할 수 있다. 2019년 8월에 개정된 법률 조항과 관련한 행정조사 시행령과 규칙은 공포되지 않았다. 2020년에 시행령 등이 발효되는 시점에서야 구체적인 행정조사의 절차나 방법을 알 수 있을 것이다.

그런데 산업기술보호법 제15조에 의한 기술침해 행위에 대한 조사는 외국의 법제로는 미국의 연방거래위원회(FTC), 독일의 경쟁제한금지법, 일본의 공정거래위원회의 조사절차·방식과 유사하다. 국내법의 차원에서 보면 세무조사를 위한 조세범 처벌법과 조세범 처벌절차법, 그리고 공정거래법과 공정거래위원회 회의운영 및 사건절차 등에 관한 규칙과 유사한 성격을 갖고 있다. 여기에서는 미국, 독일, 일본과의 비교법적인 차원에서 조세범 처벌과 관련한 행정조사와 공정거

---

226 宇賀 克也, 前揭, p.148. 행정조사의 적법요건은 각각의 제도적 목적에 따라 구체적으로 검토할 필요가 있다.
227 자세한 내용은 김민배 2019b, 앞의 논문 참조.

래위원회의 행정조사에 대하여 소개하고자 한다. 이를 통하여 산업기술보호법 제15조에 의한 기술유출행위의 행정조사제도와 관련한 절차나 방식 등에 대한 시사점을 얻고자 한다.

1. 조세범 처벌절차법과 행정조사

1) 의의

조세범 처벌절차법은 조세범칙사건을 공정하고 효율적으로 처리하기 위하여 조세범칙사건의 조사 및 그 처분에 관한 사항을 정함을 목적으로 한다. 조세범 칙행위란 「조세범 처벌법」 제3조부터 제16조까지의 죄에 해당하는 위반행위를 말한다. 또한 조세범칙사건이란 조세범칙행위의 혐의가 있는 사건을 말하며 조세범칙조사란 세무공무원이 조세 범칙행위 등을 확정하기 위하여 조세범칙사건 에 대하여 행하는 조사활동을 일컫는다. 세무공무원이란 세무에 종사하는 직군 으로서 지방 국세청장의 제청으로 해당 지방검찰청의 검사장이 지명한 공무원 이다.[228]

지방 국세청 또는 세무서 외의 행정기관과 그 소속 공무원이 입수한 조세범칙 사건에 관한 증거 등은 국세청장이나 관할 지방 국세청장 또는 세무서장에게 지체 없이 인계하여야 한다. 국세청장·지방 국세청장 또는 세무서장은 조세범칙 조사를 실시하기 위하여 필요한 경우 다른 국가기관에 협조를 요청할 수 있다.[229]

2) 조세범칙 조사

지방 국세청장 또는 세무서장은 조세범칙행위의 혐의가 있는 자를 처벌하기 위하여 증거수집 등이 필요한 경우, 연간 조세포탈 혐의금액 등이 대통령령으로 정하는 금액 이상인 경우 조세범칙 조사를 실시하여야 한다. 「조세범 처벌법」 제3조에 해당하는 조세범칙사건에 대하여 조세범칙 조사를 실시하려는 경우에

---

228 조세범 처벌절차법 제2조.
229 조세범 처벌절차법 제4조 ; 제6조 국가기관에 대한 협조 요청.

는 위원회의 심의를 거쳐야 한다. 다만, 제9조 제1항 각 호의 어느 하나에 해당하는 경우에는 지방 국세청장은 국세청장의 승인, 세무서장은 관할 지방 국세청장의 승인을 받아 위원회의 심의를 거치지 아니할 수 있다.[230]

3) 심문·압수·수색

세무공무원은 조세범칙 조사를 하기 위하여 필요한 경우 조세 범칙행위 혐의자 또는 참고인을 심문하거나 압수 또는 수색할 수 있다. 이 경우 압수 또는 수색을 할 때에는 대통령령으로 정하는 사람을 참여하게 하여야 한다.[231]

세무공무원이 압수 또는 수색을 할 때에는 근무지 관할 검사에게 신청하여 검사의 청구를 받은 관할 지방법원판사가 발부한 압수·수색영장이 있어야 한다. 다만, 조세범칙행위가 진행 중인 경우나 조세 범칙행위 혐의자가 도주하거나 증거를 인멸할 우려가 있어 압수·수색영장을 발부받을 시간적 여유가 없는 경우에는 해당 조세 범칙행위 혐의자 및 그 밖에 대통령령으로 정하는 자에게 그 사유를 알리고 영장 없이 압수 또는 수색할 수 있다.

그러나 영장 없이 압수 또는 수색한 경우에도 48시간 이내에 관할 지방법원판사에게 압수·수색영장을 청구하여야 한다. 세무공무원은 압수·수색영장을 발부받지 못한 경우에는 즉시 압수한 물건을 압수당한 자에게 반환하여야 한다. 세무공무원은 압수한 물건의 운반 또는 보관이 곤란한 경우에는 압수한 물건을 소유자, 소지자 또는 관공서로 하여금 보관하게 할 수 있다. 이 경우 소유자 등으로부터 보관증을 받고 봉인이나 그 밖의 방법으로 압수한 물건임을 명백히 하여야 한다.

4) 심문조서 등의 작성

세무공무원은 심문하거나 압수 또는 수색을 하였을 때에 조서에 그 경위를 기록하여 심문을 받은 사람 또는 제8조 후단에 따른 참여자에게 확인하게 한 후 그와 함께 서명날인을 하여야 한다. 이 경우 서명날인을 하지 아니하거나 할 수

---

[230] 제7조 조세범칙조사 대상의 선정.
[231] 제8조 조세범칙 행위 혐의자 등에 대한 심문·압수·수색.

없을 때 그 사유를 조서에 기록하여야 한다.[232] 세무공무원은 조세범칙 조사를 마쳤을 때에는 국세청장·지방 국세청장 또는 세무서장에게 보고하여야 한다.

5) 조세범칙 처분

조세범칙 사건에 대한 처분의 종류는 통고처분, 고발, 무혐의로 한다. 지방 국세청장 또는 세무서장은 조세범칙 행위의 확증을 얻었을 때 대통령령으로 정하는 바에 따라 대상이 되는 자에게 그 이유를 구체적으로 밝히고 벌금에 해당하는 금액, 몰수 또는 몰취에 해당하는 물품, 추징금에 해당하는 금액이나 물품을 납부할 것을 통고하여야 한다. 다만, 몰수 또는 몰취에 해당하는 물품에 대해서는 그 물품을 납부하겠다는 의사표시를 하도록 통고할 수 있다.

지방 국세청장 또는 세무서장은 정상에 따라 징역형에 처할 것으로 판단되는 경우, 통고대로 이행할 자금이나 납부 능력이 없다고 인정되는 경우, 거소가 분명하지 아니하거나 서류의 수령을 거부하여 통고처분을 할 수 없는 경우, 도주하거나 증거를 인멸할 우려가 있는 경우에는 통고처분을 거치지 아니하고 그 대상자를 즉시 고발하여야 한다.[233]

6) 압수물건의 인계

지방 국세청장 또는 세무서장은 고발 시 압수물건이 있을 때에는 압수목록을 첨부하여 검사에게 인계하여야 한다. 지방 국세청장 또는 세무서장은 압수물건으로서 소유자 등이 보관하는 것에 대하여 검사에게 보관증을 인계하고, 소유자 등에게 압수물건을 검사에게 인계하였다는 사실을 통지하여야 한다.[234] 지방 국세청장 또는 세무서장은 조세 범칙조사를 하여 조세범칙행위의 확증을 갖지 못하였을 때에는 그 뜻을 조세 범칙행위 혐의자에게 통지하고 물건을 압수하였을 때에는 그 해제를 명하여야 한다.[235]

---

[232] 제11조 심문조서 등의 작성.
[233] 제17조 고발.
[234] 제18조 압수물건의 인계.
[235] 제19조 무혐의 통지 및 압수의 해제.

2. 공정거래위원회 규칙과 행정조사

1) 조사 및 심사절차

(1) 사전심사

공정거래위원회 회의 운영 및 사건절차 등에 관한 규칙에 의하면 사무처장은 공정거래법, 광고법, 하도급법, 약관법, 방문판매법, 전자상거래소비자보호법, 가맹사업법, 할부거래법, 대규모유통업법 또는 대리점법의 규정을 위반한 혐의가 있는 사실을 인지하거나 신고(인터넷을 통한 신고는 포함하고, 상담, 공정거래모니터요원·공정거래 대민정보서비스시스템의 제보방을 통한 제보 등은 제외), 임시중지명령요청, 심사청구 또는 침해정지요청을 받은 때에는 이를 심사할 공무원으로 하여금 제11조 심사절차의 개시에 앞서 사실에 대한 조사와 사전심사를 하게 할 수 있다.[236]

(2) 사건의 등록과 심사절차의 개시

심사관은 조사와 사전심사를 함에 있어 위반 혐의사실을 인지하거나 자진신고 받은 경우 공정거래법 제50조(위반행위의 조사 등) 제1항에 따른 최초 자료제출요청일, 당사자 또는 이해관계인에 대한 최초 출석요청일, 최초 현장조사일 중 가장 빠른 날 그리고 위반 혐의 사실을 신고 받은 경우에는 신고 접수일로 부터 10일까지 사건으로 등록(인지사건의 경우에는 조사계획서를 첨부)하여야 한다. 심판 관리관은 인지사건 또는 자진신고 사건의 경우 제10조의3에 의하여 사건으로 등록한 때에, 신고사건의 경우 사건 심사착수보고가 있는 때에는 사건번호를 부여하여야 한다.

심사관은 제10조(사전심사) 제1항의 규정에 의한 조사 및 사전심사의 결과 제12조(심사절차를 개시하지 아니할 수 있는 경우) 각 호의 어느 하나에 해당하지 않는다고 인정되는 경우 위원장에게 사건명, 사건의 단서, 사건의 개요, 관계법조문을 서면 또는 전산망을 이용하여 보고하여야 한다. 심사관 또는 조사공무원은 신고 내용 또는 직권인지 사건에 대하여 사건 심사 착수보고를 한 경우 이를 사건 심

---

[236] 공정거래위원회 회의 운영 및 사건절차 등에 관한 규칙 제10조.

사 착수보고 후 15일 이내에 피조사인에게 서면으로 통지하여야 한다. 다만, 통지로 인하여 자료나 물건의 조작·인멸 등이 우려되는 등 조사 목적 달성을 현저히 저해할 우려가 있는 불가피한 사유가 있는 경우에는 그러하지 아니한다.[237]

(3) 출석요구서와 진술조서

심사관 또는 조사공무원이 공정거래법 제50조(위반행위의 조사 등) 제1항 제1호 및 동법 시행령 제55조(공정거래위원회의 조사 등) 제1항의 규정에 의하여 당사자·이해관계인 또는 참고인의 의견을 듣고자 할 때 또는 같은 법 제50조(위반행위의 조사 등) 제2항 및 같은 법 시행령 제56조(소속공무원의 조사 등) 제1항의 규정에 의하여 사무소 또는 사업장 이외의 장소에서 진술을 듣고자 할 때에는 사건명, 상대방의 성명, 출석일시 및 장소, 불응하는 경우의 법률상의 제재내용(제14조 출석요구서) 사항을 기재한 출석 요구서를 발부하여야 한다.

심사관 또는 조사공무원이 공정거래법 제50조(위반행위의 조사 등) 제1항 제1호 및 제2항의 규정에 의하여 당사자, 이해관계인 또는 참고인의 의견을 들은 때에는 필요한 경우 진술조서를 작성하여야 한다. 진술조서에는 진술자의 성명, 전화번호, 진술일시, 진술 장소 및 진술내용을 기재하여야 하고, 이를 진술자에게 읽어주거나 열람하게 하여 기재내용의 정확여부를 묻고 진술자가 증감·변경의 청구를 하였을 때에는 그 진술을 조서에 기재하여야 한다. 오기가 없음을 진술한 때에는 진술자로 하여금 그 조서에 간인한 후 서명·날인하게 하고 조사공무원이 서명·날인한다. 다만, 진술자가 서명·날인을 거부한 때에는 그 내용을 진술조서에 기재하여야 한다.[238]

(4) 보고서와 영치조서

심사관 또는 조사공무원이 공정거래법 제50조(위반행위의 조사 등) 제1항 제3호 및 같은 법 시행령 제55조(공정거래위원회의 조사 등) 제3항의 규정에 의하여 사업자 또는 사업자단체 등에 대하여 보고하고 기타 필요한 자료나 물건의 제출을 명하기 위하여 교부하는 서면에는 사건명, 보고 또는 제출할 일시와 장소, 보고 또는 제

---

237 제11조 심사절차의 개시.
238 제15조 진술조서.

출할 자료 및 물건, 명령에 응하지 아니하는 경우의 법률상의 제재내용(제16조 보고·제출명령서) 사항을 명시하여야 한다.

심사관 또는 조사공무원이 공정거래법 제50조(위반행위의 조사 등) 제1항 제3호 및 제3항의 규정에 의하여 사업자 또는 사업자단체 등이 제출한 자료나 물건을 영치하고자 할 때에는 영치조서를 작성·교부하여야 한다. 영치조서에는 사건명, 영치물의 내역, 영치일자, 소유자 또는 제출자의 성명과 주소를 기재하여야 한다. 심사관 또는 조사공무원은 영치한 자료나 물건이 더 이상 영치할 필요가 없게 된 때에는 이를 즉시 소유자 또는 제출자에게 반환하여야 한다. 다만, 소유자 또는 제출자의 소재를 파악하기가 곤란하거나, 기타 부득이한 사유가 있는 경우에는 그러하지 아니하다. 영치물은 소유자 또는 제출자의 청구에 따라 가환부할 수 있다.[239]

(5) 감정인과 조사공무원의 증표

심사관은 공정거래법 제50조(위반행위의 조사 등) 제1항 제2호 및 같은 법 시행령 제55조(공정거래위원회의 조사 등) 제2항의 규정에 의하여 당해 사건의 심사를 위하여서 전문적인 지식이나 경험이 있는 개인 또는 단체를 감정인으로 지정하고자 하는 경우에는 사무처장의 결재를 받아 사건명, 감정인의 성명 또는 명칭, 감정기간, 감정의 목적 및 내용, 허위감정시의 법률상의 제재내용(제18조 감정인의 지정 및 감정위촉)을 기재한 서면으로 하여야 한다.

조사공무원이 공정거래법 제50조(위반행위의 조사 등) 제4항의 규정에 의하여 관계인에게 제시하는 증표는 공무원증과 조사기간, 조사 대상업체, 조사근거, 조사를 거부·방해 또는 기피하는 경우 등의 법률상의 제재내용(제19조 조사공무원의 증표) 등이 기재된 공문서여야 한다.

(6) 관련사항의 조사

심사관은 과징금 부과가 필요하다고 인정되는 사건의 경우 피조사인에 대하여 다음 사항을 조사할 수 있다. 즉, 자본잠식의 정도, 최근 3년간 당기 순이익 상황, 법정관리, 화의 및 기업개선작업의 개시 여부, 세금, 과징금 등의 체납 여

---

239 제17조 영치조서의 작성·교부.

부 및 정도, 임금체불 여부 및 정도, 최근 3년간 현금흐름표상의 영업현금현황(제20조 과징금 납부능력 관련사항의 조사) 등이다.

심사관은 피조사인이 공정거래 자율준수 프로그램을 운용하고 있음을 들어 제재수준 경감을 요청하는 경우 다음 사항을 조사할 수 있다. 즉, 자율준수 프로그램의 도입 여부, 자율준수 프로그램 운용상황의 공시 여부, 자율준수 프로그램의 실질적 작동 여부, 요건을 충족하는 경우 위반행위의 자진시정 여부 등이다.

심사관은 피조사인이 소비자불만 자율관리 프로그램을 운용하고 있음을 들어 제재수준 경감을 요청하는 경우 다음 사항을 조사할 수 있다. 즉, 소비자불만 자율관리 프로그램의 도입 여부, 소비자불만 자율관리 프로그램의 실질적 작동 여부, 요건을 충족하는 경우 위반행위의 자진시정 여부, 소비자불만 자율관리 프로그램의 운용과 관련하여 기존에 제재수준의 경감을 받은 실적의 여부 및 세부내용(제20조의3 소비자불만 자율관리 프로그램 운용상황의 조사) 등이다.

2) 심의절차

(1) 수락여부 조회

심사관은 당해 사건이 제5조(소회의의 심의 및 결정·의결사항)의 규정에 의한 소회의 소관사항인 경우 피심인에게 심사보고서상의 행위사실을 인정하고 심사관의 조치의견을 수락하는지 여부를 물어야 하며, 불수락('부분수락'을 포함)의 경우 이에 대한 의견을 제출할 것을 문서로 요청하여야 한다. 다만, 심사관의 조치의견이 고발(약관법, 방문판매법 또는 전자상거래소비자보호법을 위반한 자에 대한 고발은 제외) 또는 과징금납부명령인 경우, 피심인이 수락하지 않을 것이 명백한 경우 및 의장의 승인이 있는 경우에는 행위사실 인정 및 조치의견 수락 여부를 묻지 아니한다. 심사관의 조치의견은 별지로 작성하고 "이는 심사관의 조치의견으로서 위원회를 기속하지 아니한다."라는 문구를 명백히 기재하여야 한다.[240]

---

240 제28조 소회의 사건의 수락여부 조회.

(2) 심사보고서와 심의 공개

공정거래위원회는 심사관이 심사보고서와 그 첨부자료를 전원회의 또는 소회의에 제출하였을 때 심의절차를 개시한다. 심사관은 심사보고서를 작성하여 각 회의에 제출하여야 한다. 피심인은 제29조 제12항에 따라 심사관이 피심인에게 공개하지 아니한 첨부 자료를 특정하여 위원회에 열람·복사를 신청할 수 있다. 주심위원은 열람·복사신청이 있는 때에는 열람·복사 허용여부를 결정하여야 한다. 피심인은 심사보고서 및 첨부자료 복사물을 목적 외 사용하여서는 아니되며 이를 공개 또는 기타의 행위를 함으로써 위원회의 심의절차를 방해하거나 자료 제출자의 권리를 침해하여서는 아니 된다.[241]

공정거래위원회의 심리와 의결은 공개한다. 다만, 사업자 또는 사업자단체의 사업상 비밀을 보호할 필요가 있다고 인정할 때에는 그 범위 내에서 심리와 의결의 전부 또는 일부를 공개하지 아니할 수 있다. 공정거래위원회는 홈페이지 게시 등 적정한 방법으로 참관 안내문 등을 포함하여 심의안건을 공개하여야 한다. 다만, 심리 및 의결을 비공개하는 사건은 심의안건도 비공개할 수 있다.[242]

(3) 영업비밀 등의 보호를 위한 조치

피심인, 참고인 또는 이해관계인(이하 동조에서 '피심인 등')이 심판정에서 자신의 사업상의 비밀이 포함된 사항에 대하여 발언하고자 하는 경우에는 회의 개최 5일 전까지 공개가 곤란한 사업상 비밀의 내용과 필요한 조치의 내용을 기재한 서면을 심판 관리관에게 제출함으로써 주심위원 또는 소회의 의장에게 분리 심리 또는 다른 피심인 등의 일시 퇴정 기타 필요한 조치를 요청할 수 있다.

사업상의 비밀이란 공개될 경우 피심인 등의 정당한 이익을 해할 우려가 있는 사업상 정보를 말하며 이에는 생산방법, 판매방법, 거래처, 고객 명단, 원가, 외부에 공개되기 어려운 사업전략 등이 포함된다. 피심인 등의 요청이 있는 경우 주심위원 혹은 소회의 의장은 심의 개최 1일 전까지 그 허용 여부를 피심인 등에게 통지하여야 한다. 의결서 등에 의하여 주심위원 혹은 소회의 의장이 사

---

[241] 제29조의2 심사보고서의 첨부 자료 열람·복사 등.
[242] 제33조의2 심의의 공개.

업상의 비밀로 인정한 사항이 있는 경우 등 필요한 경우에는 공정거래위원회의 결정으로 사업상의 비밀이 포함된 의결서를 공개하지 않거나 그 사업상의 비밀을 삭제하여 의결서를 공개할 수 있다.[243]

(4) 증거조사의 신청 등

피심인 또는 심사관은 각 회의에 증거조사를 신청할 수 있다. 증거조사를 신청함에 있어서는 증거방법 및 그에 의하여 증명하려고 하는 사항을 명백히 밝혀 이를 행하고, 참고인신문을 신청하고자 하는 경우에는 참고인의 성명·주소·직업 및 신문사항을 명백히 하여 이를 행하여야 한다. 의장은 피심인 또는 심사관의 증거조사신청에 대하여 그 내용이 중복되거나 그 밖에 심의의 효율적 진행이 저해된다고 판단되는 경우에 해당하여 채택하지 아니할 때에는 그 이유를 고지하여야 한다. 각 회의는 필요하다고 인정하는 때에는 직권으로 증거조사를 할 수 있다.

참고인신문 신청이 있는 경우 심판총괄담당관은 의장의 결정에 따라 채택된 참고인신문사항을 상대방인 심사관 또는 피심인에게 통지하되 참고인에게 사전에 공개하여서는 아니된다는 문구를 기재하여 통지하여야 한다. 다만, 제41조의2 제1항 후단의 규정에 의한 신문에는 이 규정을 적용하지 아니한다. 심의 중 부득이하게 참고인으로 심의 전에 채택하지 않은 자에 대하여 참고인 신문이 필요한 경우 의장이 해당인, 피심인 및 심사관의 동의를 얻어 즉석에서 참고인으로 채택할 수 있다.[244]

(5) 신고인 절차참여

조사공무원은 사건 심사 착수보고를 한 신고사건에 대하여 신고인의 의견을 구술·서면 등의 방식으로 청취하여야 한다. 다만 신고인이 원하지 아니하는 경우에는 그러하지 아니하다. 각 회의는 심의 시 신고인에게 의견을 진술할 수 있는 기회를 부여하여야 한다. 다만 신고인이 원하지 아니하는 경우에는 그러하지 아니하다. 한편 이미 당해 사건에 관하여 신고인 의견을 충분히 청취하여 신고

---

243 제40조의2 영업비밀 등의 보호를 위한 조치.
244 제41조 증거조사의 신청 등.

인이 다시 진술할 필요가 없다고 인정하는 경우, 신고인의 의견이 당해 사건과 관계가 없다고 인정하는 경우, 신고인의 진술로 인하여 조사나 심의절차가 현저하게 지연될 우려가 있는 경우에는 신고인의 의견진술이 제한될 수 있다. 신고인에게 심의지정일시를 통지하는 경우 심판총괄담당관은 신고인의 참석 여부 및 의견을 진술할 의사가 있는지 여부를 확인하여야 한다.[245] 사건 처리과정에서 신고인 관련 정보를 인지한 자는 신고인의 인적사항이나 그가 신고인임을 미루어 알 수 있는 사실을 다른 사람에게 알려주거나 공개하여서는 아니 된다. 다만, 신고인이 동의한 때에는 그러하지 아니하다.[246]

3) 의결절차

(1) 무혐의

각 회의는 피심인의 행위가 공정거래법, 표시·광고법, 하도급법, 약관법, 방문판매법, 전자상거래소비자보호법, 가맹사업법, 할부거래법, 대규모유통업법 또는 대리점법 위반행위로 인정되지 아니하거나 위반행위에 대한 증거가 없는 경우에는 무혐의를 의결할 수 있다. 각 회의는 피심인의 행위가 공정거래법, 표시·광고법, 하도급법, 약관법, 방문판매법, 전자상거래소비자보호법, 가맹사업법, 할부거래법, 대규모유통업법 또는 대리점법에 위반되지 아니하더라도 장래의 법위반 예방 등 필요한 경우에는 주의촉구를 할 수 있다. 이 경우 당해 행위는 공정거래법, 표시·광고법, 하도급법, 약관법, 방문판매법, 전자상거래소비자보호법, 가맹사업법, 할부거래법 또는 대규모유통업법 또는 대리점법에 위반되지는 아니함을 명백히 하는 문언을 함께 기재하여야 한다.[247]

(2) 종결처리

각 회의는 피심인에게 사망·해산·파산·폐업 또는 이에 준하는 사유가 발생함으로써 시정조치 등의 이행을 확보하기가 사실상 불가능하다고 인정될 경우,

---

245 제74조 신고인 의견진술.
246 제76조 신고자 보호.
247 제47조 무혐의.

피심인이 채무자 회생 및 파산에 관한 법률에 의하여 보전처분 또는 회생절차개시결정을 받았고, 법 위반 혐의가 재산상의 청구권과 관련된 경우에는 종결처리를 의결할 수 있다. 각 회의는 종결 처리된 사건에 있어서 피심인이 채무자 회생 및 파산에 관한 법률에 의하지 아니한 방법으로 정상적인 사업 활동을 영위하는 경우에는 사건절차를 재개할 수 있다.[248]

(3) 심의중지 · 경고 · 시정권고

각 회의는 피심인, 신고인 또는 이해관계인 등에게 부도 등으로 인한 영업중단 사유가 발생하여 심의를 계속하기가 곤란한 경우에 그 사유가 해소될 때까지 심의중지를 의결할 수 있다.[249] 각 회의는 공정거래법 위반의 정도가 경미한 경우에는 경고를 의결할 수 있다.[250] 또한 공정거래법 위반행위를 한 사업자에게 위원회의 심결을 거쳐 위반행위를 시정하기에는 시간적 여유가 없거나 시간이 경과되어 위반행위로 인한 피해가 크게 될 우려가 있는 경우 시정방안을 정하여 이에 따를 것을 권고할 수 있다.[251]

(4) 시정명령 의결과 고발 결정

각 회의는 심의절차를 거쳐 시정명령, 시정요청(약관법 위반의 경우에 한함), 과징금납부명령 또는 과태료납부명령의 의결을 할 수 있다. 각 회의는 법위반 상태가 이미 소멸된 경우에도 법위반행위의 재발방지에 필요하다고 인정하는 경우에는 시정에 필요한 조치 등을 의결할 수 있다.[252] 각 회의는 심의절차를 거쳐 고발, 입찰참가자격제한요청 또는 영업정지요청의 결정을 할 수 있다. 다만, 필요하다고 인정할 때에는 서면으로 심의 · 결정할 수 있다.[253]

---

248 제48조 종결처리.
249 제49조 심의중지.
250 제50조 경고.
251 제51조 시정권고.
252 제52조 시정명령 등 의결.
253 제53조 고발 등 결정.

제**5**장

―

민간기업의 산업보안조사

05 장 | 민간기업의 산업보안조사

　　민간기업의 보안조사는 다양한 방식과 절차에 따라 진행된다. 효과적인 민간기업의 산업보안조사를 위해서는 사전에 이상 징후 탐지를 위한 기술유출 시나리오를 잘 설계한 후에 설정한 시나리오에 해당되는 행위들이 누락되지 않도록 하는 한편, 기술유출로 판별 가능한 행위들을 도출하여 지체하지 않고 대응하는 것이 중요하다. 민간기업의 산업보안 조사에서 기술유출 시나리오는 조직의 내부 정보를 유출하는 행위들의 조합으로 설계된다. 예측 가능한 기술유출 시나리오 설계를 위해서는 유출의 대상이 되는 내부정보는 물론 조직 내에서 업무에 의해 발생한 모든 정보를 포괄하여 작성하여야 한다. 특히 조직 내부자에 의한 기술유출 위험성 분석과 기술유출 가능성이 높은 시나리오를 설계하기 위해서는 조직의 내부자가 가지는 의미와 내부정보에 대한 내용이 정리되고, 그를 조직화하는 작업이 선행되어야 한다.

　　한편 산업기술 자료가 유출된 정황이 확인되었을 경우 가장 중요한 조치는 유출된 자료가 해외로 빠져나가거나 유실되지 않도록 신속하게 회수하는 것이다. 이때 가장 필요한 기관이 국가정보원 산업기밀보호센터, 경찰, 검찰 등이다. 동시에 기술유출이 발생하면 기술유출사고에 대한 제한적인 공개 여부에 대하여 경영층이 신중하고 신속하게 의사를 결정하여야 한다. 또한 기술 유출자에 대한 출국금지 또는 압수 수색 등의 절차가 최대한 빠른 시간 내에 이루어지도록 하는 것이 매우 효과적이다. 그리고 법무담당이나 홍보 부서와 함께 법적 절차에 따라 이루어지는 프로세스에 대응하면서 언론공개 시점 혹은 대응 방안 등을 정해진 매뉴얼 따라 진행하도록 하여야 한다. 당연히 이를 위한 사전준비가 되어 있어야 한다. 여기에서는 'CERT 사고대응 7단계' 등을 중심으로 민간기업의 기술유출 방지와 민간기업의 산업보안조사를 살펴보도록 한다.

1. 사전예방 대응활동

기존 전통적인 산업에 ICT가 융합된 산업융합 환경이 등장함에 따라 다양한 종류의 단말(기기, 센서 등)에서 많은 양의 정보가 발생하고 있다. 이러한 산업융합 환경에서는 모든 단말이 서로 연결된 초 연결성의 특징을 가지고 있으며, 이와 더불어 단말에서 발생하는 많은 양의 다양한 정보를 가공하여 새로운 가치를 창출하고 정보 기반의 함의를 도출하는 초 지능성의 특징을 지니고 있다.[1]

산업융합 환경은 사물인터넷(IoT), 클라우드(Cloud), 빅 데이터(Big Data), 모바일(Mobile) 등의 신기술로 대표되는 스마트 기술의 발전으로 인해 빠른 속도로 발전하고 있으며, 더 나아가 산업 간의 경계가 해체되고 새로운 사업 모델이 출현하는 융합 혁신이 활성화되고 있는 환경이다.[2]

산업융합 환경에서 기존의 전통적인 제품에 ICT 기능을 내재화하여 스마트 자동차, 스마트 워치 등 새로운 형태와 기능을 보유한 제품을 만들며 산업융합 환경의 생산공정(Process) 전 주기에서 ICT 기반의 도구를 활용함으로써 기존 공정의 혁신적인 변화를 통해 실시간 생산성 향상 및 비용절감 효과를 거두고 있다.

이러한 산업융합 환경에서 발생하는 새로운 가치와 자산의 안전하고 지속적인 발전을 위해서는 보안(Security)이 필수적인 요소로 자리매김하고 있다.

---

1 Schwab, K, The Fourth Industrial Revolution, Currency, 2017.
2 김대훈·장항배·박용익·양경란, 스마트 기술로 만들어 가는 4차 산업혁명, 박영사, 2018.

그림 5-1 산업융합환경의 제품과 생산공정[3]

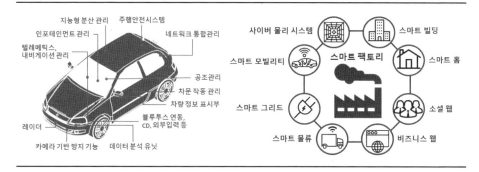

산업융합 환경에서 발생하는 보안 위험은 기존 전통적인 산업의 보안 위험과 ICT 환경에서 발생 가능한 보안 위험에 산업융합 환경에서 발생 가능한 보안위험을 더한 형태로 융복합적으로 발생하고 있으며, 조직 관점에서 기술유출 위험성이 다차원적으로 증가하고 있다.[4]

더욱이 국내 산업시장 또한 이전의 기술 추격형 산업에서 반도체, 디스플레이 산업을 선두로 세계 시장을 선도하는 산업으로 발전하여 자리매김하고 있으며 세계적 우위를 선점할 수 있는 핵심기술을 보유하고 있다. 이는 보호하여야 하는 기술의 수가 증가할 뿐만 아니라 그 가치도 증가하여, 기술유출 발생 시

그림 5-2 다차원적 융복합 보안 위험

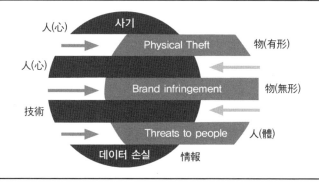

3 KT경제경영연구소(www.digieco.co.kr), 2012.
4 장항배, 세계 보안 엑스포(SECON) 2018, 산업기술 및 영업비밀 보호 세미나, 킨텍스 제1전시장, 2018.

그림 5-3 한국에서 유출된 국가 핵심기술

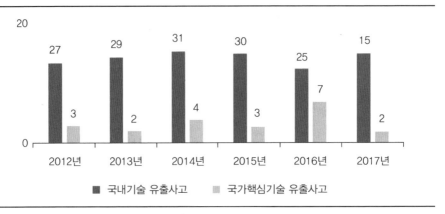

경쟁국에게 세계적 우위를 빼앗길 뿐만 아니라 국가차원의 막대한 손실을 초래할 수 있는 위험을 가지고 있다.

국내에서 유출된 국가핵심기술 조사 자료에 따르면 국내 기술 유출사고 발생 건수는 연간 30건에 육박하며, 국가핵심기술 또한 2012년부터 지속적으로 유출 사고가 발생하고 있다.[5]

국내 기술을 대상으로 지속적으로 발생하는 다차원적 보안사고에 대응하기 위하여 산업통상자원부는 국내외 시장에서 차지하는 기술적·경제적 가치가 높거나 관련 산업의 성장 잠재력이 높아 해외로 유출될 경우에 국가의 안전보장 및 국민경제의 발전에 중대한 악영향을 줄 우려가 있는 산업기술을 국가핵심기술로 명명하고 이를 선정 및 관리하는 등 다양한 보안대책을 설계하여 진행하고 있다.

2. 사전예방 대응활동의 필요성

이와 같이 지속적으로 발생하는 산업기술 유출 사고에 대응하기 위하여 다양한 보안 대책이 시행되고 있으나, 현재 대부분의 보안 대책은 내부와 외부 사이

---

5 산업통상자원부(www.motie.go.kr), 2017.

의 경계선을 보안하는 데에 초점이 맞춰져 있다. 이는 외부로부터 발생하는 보안 위험에 대응하기 위한 보안대책으로 내부로부터 발생하는 보안 위험에 대응하는 데에 한계가 존재한다.

내·외부 경계선을 보안하는 기존의 단편적 보안 방법으로는 인력매수, 저작권 침해, 사회공학적 공격 등 사람에 의해 발생하는 보안위험에 자유로울 수 없으며 발생한 보안사고에 대응하는 것 또한 어려움을 겪고 있다.

내부로부터 발생하는 보안 위험은 조직 구성원에 의해 발생하는 보안사고가 대부분이며, 이는 사람에 의해 발생하는 특성으로, 보안사고 발생 자체에 대한 감지가 어려운 문제점이 있다. 실제로 기술유출 사고감지 시간을 조사한 결과에 따르면, 중소기업의 경우 기술유출 사고감지에 1년 이상의 시간이 걸리는 조직이 29.4%에 해당하는 높은 수치를 보인다.[6]

이러한 내부로부터 발생하는 보안 위험의 감지가 어려운 이유는 조직 구성원이 행하는 유출 위험행위를 구분하여 관리하기가 어려우며, 조직 구성원의 행위에 대한 심층적인 분석이 필요하기 때문이다.

기술정보 유출방지를 위하여 선제적인 보안대책 구축으로 관리하기 위해서

그림 5-4 기술유출 사고감지 시간

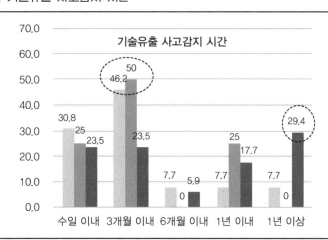

---

6 중소벤처기업부(www.mss.go.kr), 2017.

는 다양한 이론적, 유출 사례 기반 기술유출 행위들을 연결한 시나리오 기반의 탐지를 수행할 필요가 있다.

현재의 기술정보 유출방지를 위한 보안 대책은 시스템 중심의 외부 사이버 공격으로부터의 방어, 보안 시스템 로그 분석을 통한 연관 분석, 온라인 중심의 소수 정보 분석, 기계적인 비정상 업무 행위 추출 등 시스템 기반의 분석이 주를 이루고 있다.

이는 기존의 전통적인 경계기반의 보안 활동으로, 외부로부터 발생하는 보안 위험에 대비·대응할 수 있으나 내부자에 의해 발생하는 보안 위험에는 한계점을 보이며, 오늘날의 융·복합적 보안 위험에 대비하기 위해서는 다차원적 보안 활동이 필요로 하다. 더불어 보안사고 발생 이후 빠르게 복구 가능한 면역회복력을 지닌 보안대책을 수립하여야 한다.

경계기반의 제한적 보안대책의 문제로 기술정보 유출 사고가 연이어 발생함에 따라 기관 및 기업에서는 정보유출 방지 및 모니터링을 위하여 암호화, DRM (Digital Rights Management), 매체 제어, 유해 사이트 차단, 메일 및 메신저 모니터링 솔루션, 출입통제 시스템, DLP(Data Leakage/Loss Prevention) 등 다양한 보안 솔루션을 도입하여 내부정보유출에 대응하고 있다.[7]

이러한 보안 솔루션을 통해 시스템에 생성되는 로그 파일은 보안 담당자가 파악할 수 있는 범위를 초과하고, 분석결과에 대한 판단은 정보보호 및 보안 담당자의 개인역량에 의존하고 있어, 효과적인 정보 유출 방지를 위한 기능을 수행하기 어려운 특성을 가지고 있다.

또한, 분석 주체가 시스템이 아닌 조직 구성원으로 인간 행위를 중심으로 유출행위 분석, 사용자 행위 기반의 유출 징후 연관성 분석 등이 필요한 것으로 보인다.

따라서, 각 기업 보안 담당자들은 분석 대상을 조직 구성원의 행위로 하고 보안솔루션에서 발생한 로그를 넘어 업무시스템 전반에 걸친 로그 분석을 통해 유출 징후 연관성 분석, 위험도 분석을 수행하고 있으며, 더욱 세부적으로 기술보호 관점의 기술유출 위험도를 분석하기 위하여 기술유출 가능성이 높은 사용

---

7 박장수·이임영, 정보보호:단일 정보유출 시나리오를 이용한 개별 보안솔루션 로그 분석 방법, 컴퓨터 및 통신시스템, 4(2), 2015, pp.65-72.

자 행위정보를 시간적 업무흐름에 따라 재정리하고, 이를 기반으로 유출 가능
시나리오를 설계하여 사전에 기술 유출 행위를 예방하는 활동들을 하고 있다.

이는 곧 기존의 기술유출 행위에 대한 잘못된 탐지 비율을 최소화하고, 확실
히 위험도가 높은 기술유출 행위를 추출할 수 있는 긍정적 효과가 있으며 빅 데
이터 기반의 기술유출 징후 탐지를 통하여 산업기술 유출을 보호하는 활동들이
폭넓게 이루어지고 있다.

표 5-1 기술유출 행위 유형

산업기술유출방지법상 기술유출 유형
1. 절취·기망·협박 그 밖의 부정한 방법으로 대상기관의 산업기술을 취득하는 행위 또는 그 취득한 산업기술을 사용하거나 공개(비밀을 유지하면서 특정인에게 알리는 것을 포함한다. 이하 같다.)하는 행위
2. 제34조의 규정 또는 대상기관과의 계약 등에 따라 산업기술에 대한 비밀유지의무가 있는 자가 부정한 이익을 얻거나, 그 대상기관에게 손해를 가할 목적으로 유출하거나 그 유출한 산업기술을 사용 또는 공개하거나 제삼자가 사용하게 하는 행위
3. 제1호 또는 제2호의 규정에 해당하는 행위가 개입된 사실을 알고 그 산업기술을 취득·사용 및 공개하거나, 산업기술을 취득한 후에 그 산업기술에 대하여 제1호 또는 제2호의 규정에 해당하는 행위가 개입된 사실을 알고 그 산업기술을 사용하거나 공개하는 행위
4. 제1호 또는 제2호의 규정에 해당하는 행위가 개입된 사실을 중대한 과실로 알지 못하고 그 산업기술을 취득·사용 및 공개하거나, 산업기술을 취득한 후에 그 산업기술에 대하여 제1호 또는 제2호의 규정에 해당하는 행위가 개입된 사실을 중대한 과실로 알지 못하고 그 산업기술을 사용하거나 공개하는 행위
5. 제11조 제1항의 규정에 따른 승인을 얻지 아니하거나 부정한 방법으로 승인을 얻어 국가핵심기술을 수출하는 행위
6. 국가핵심기술을 외국에서 사용하거나 사용되게 할 목적으로 제11조의2 제1항 및 제2항에 따른 신고를 하지 아니하거나 거짓이나 그 밖의 부정한 방법으로 신고를 하고서 해외인수·합병등을 하는 행위
6의2. 제34조 또는 대상기관과의 계약 등에 따라 산업기술에 대한 비밀유지의무가 있는 자가 산업기술에 대한 보유 또는 사용 권한이 소멸됨에 따라 대상기관으로부터 산업기술에 관한 문서, 도화(圖畵), 전자기록 등 특수매체기록의 반환이나 산업기술의 삭제를 요구받고도 부정한 이익을 얻거나, 그 대상기관에 손해를 가할 목적으로 이를 거부 또는 기피하거나 그 사본을 보유하는 행위
7. 제11조 제5항·제7항 및 제11조의2 제3항·제5항에 따른 산업통상자원부장관의 명령을 이행하지 아니하는 행위

여기에서 기술유출이란 기업의 입장에서 중요자산으로 보호하고 있는 기술상의 정보와 노하우에 대한 유출 및 침해 행위를 뜻하며, [표5-2]와 같은 6가지 기술유출 행위 유형을 의미한다.[8]

기술유출은 국가, 기업, 기술개발자 등 이해관계자의 시각에 따라 기술의 거래, 기술의 협력 혹은 직업선택의 자유 등과 개념이 혼동되어 있으며, 기술유출로 개념을 명확히 정립하기 위해서는 아래와 같은 기술유출의 요건들을 우선적으로 파악할 필요가 있다.[9]

표 5-2 기술유출의 요건

기술유출 행위
1. 불법성이 존재하는가?
모든 유출이 불법인 것은 아니며, 정당한 기술의 거래로 인한 기술이전 등은 적법한 것으로 기술유출이라고 할 수 없음
2. 반드시 보호할 가치가 있는가?
퇴직자가 전직 후 비밀유지의무를 명시하지 않은 기술정보를 사용했다고 하더라도 기술유출이라고 보기는 어려움
3. 유출에 대한 정당한 대가가 지급되었는가?
일반적으로 기술유출에 해당하는 경우 당해 기술개발을 위해 소요된 비용과 기술이 시장에서 거래될 경우에 받을 수 있는 대가에 비해서 현저히 저렴한 금액으로 거래되기 마련임
4. 정당한 라이선스로 허여(許與) 절차를 밟았는가?
정당한 절차를 통하지 않고 특허 등을 무단으로 사용하거나 라이선스가 만료되지 않은 타인의 제품을 모방하여 유사한 제품을 제작하는 것도 기술유출에 해당함
5. 국가의 정책적인 상황이 고려되었는가?
세계 각국은 국가의 안보와 경제적 이익을 사유로 자국 핵심기술의 해외유출을 차단하려는 노력을 강화하고 있음
대한민국의 경우 '산업기술의 유출방지 및 보호에 관한 법률'에 따라 64개의 국가핵심기술을 지정하여 수출을 통제하고 있음

---

8 산업기술의 유출방지 및 보호에 관한 법률 중 제14조, 2016.
9 중소기업청, 중소기업 기술유출 대응매뉴얼, 2007.

3. 내부자와 내부정보 보호

조직 내부자에 의한 기술유출 위험성 분석과 기술유출 가능성이 높은 기술유출 시나리오 설계를 위해서는 조직의 내부자가 갖는 의미와 내부정보에 대한 정의가 우선적으로 수행되어야 한다.

각 기업에서는 조직 구성원(내부자) 행위 분석을 통하여 기술유출 위험성 분석 및 기술유출 시나리오를 설계하여야 하며, 이때 분석 대상인 조직 구성원(내부자)을 먼저 정의하여야 한다. 조직 구성원을 정의하는 법령을 참고하면, 해당 법령은 내부자의 주식 거래를 규정하는 법령으로 내부자거래의 규제를 위하여 정의된 내용이다. 해당 법령에서는 조직 구성원은 회사 내부자와 준내부자로 분류할 수 있다. 회사 내부자는 당해 법인, 계열회사, 법인(계열회사)의 임직/대리인, 당해 법인(계열회사)의 주요 주주로 분류되며, 준내부자는 아래의 정의에 해당하는 자를 뜻한다.[10]

[표5-3]과 같이 조직 구성원을 내부자와 준내부자로 구분하지만 미공개 기밀정보를 자신의 직무와 관련하여 알게 된 것을 요건으로 하는 점에서 정보수령자와는 다른 의미를 가지고 있다. 회사 내부자와 준내부자가 직무와 아무런 관련 없이 미공개 중요정보를 알게 된 경우에는 내부자나 준내부자가 아닌 정보

표 5-3 준내부자의 정의

준내부자 정의
1. 해당 법인에 대하여 법령에 따른 허가/인가/지도/감독, 그 밖의 권한을 가지는 자
2. 당해 법인과 계약을 체결하고 있거나 체결을 교섭하고 있는 자
3. 내부자의 대리인/사용인/종업원
4. 내부자 지위의 연장 자본시장법 제174조 제1항 제1호에서 제5호까지 어느 하나의 자에 해당하지 아니하게 된 날부터 1년이 경과하지 아니한 자를 포함 (자본시장법 제 174조 제1항)

---

10 자본시장과 금융투자업에 관한 법률, 2018.

표 5-4 조직 내부정보 관리등급

관리등급	내용
1. 특급기밀 정보	기업의 생존과 직결된 정보로 임원 등 한정된 인원에게만 제한된 정보
2. 1등급 비밀 정보	기업 내부 직원들 중 직원 일부에게만 접근이 제한된 정보
3. 2등급 대외비 정보	기업 내부의 직원들에게만 접근이 제한된 정보
4. 3등급 공개 정보	기업 내·외부에 자유로이 공개된 정보

수령자로서 규정된다.

정보수령자는 회사 내부자 및 준내부자로부터 미공개 중요정보를 전달받은 자이며, 자본시장법 제174조 제1항 제1호부터 제5호까지의 하나에 해당하는 자 (1년이 경과하지 아니한 자 포함)로부터 미공개 중요 정보를 받은 자(자본시장법 제174조 제1항 제6호)로 정의된다.

기술유출 시나리오는 조직의 내부 정보를 유출하는 행위들의 조합으로 설계한다. 적합한 기술유출 시나리오 설계를 위해 유출의 대상이 되는 내부정보는 조직 내에서 업무에 의해 발생한 모든 정보를 일컫는 말로 조직 내 기준에 따라 구분하여 관리하는 정보를 뜻한다.

조직에 따라 내부정보를 분류하고 관리하는 기준은 상이할 수 있으나, 영업비밀 분류등급(특허청, 2018)에 따르면 위의 조직 내부정보 관리등급과 같이 구분하여 관리될 수 있다.[11]

위에서 확인할 수 있듯이 정보의 중요도에 따라 관리 등급이 구분되며, 관리등급에 따라 정보의 접근권한이 구분된다.

또한 관리 등급에 따라 조직에서 관리하는 관리내용 및 방안에 대해서는 조직별로 상이하지만, 관리내용 및 방안은 다음의 예시와 같다.

11·12 특허청(www.kipo.go.kr), 우리기업의 영업비밀 등급 분류 가이드, 2017.

표 5-5 조직 내부정보 관리방안(예시)

구분		특급기밀	1등급 (비밀정보)	2등급 (대외비정보)	3등급 (공개정보)
제도	일반 정보와 영업비밀의 구분	영업비밀			일반정보
	누구나 알 수 있도록 영업비밀임을 표시	"특급기밀" 표시	"비밀" 표시	"대외비" 표시	–
	보안관리 전담인력 지정	공통			
	보안 관련 규정의 제정 및 시행	공통			
인적 관리	접근 가능성 있는 자에게 영업비밀 보호의무 부과	해당 영업비밀 정보 취급에 따른 보호의무 부과			–
	정기적인 보안교육 실시	공통			
	영업비밀 해당 여부 및 보호의무 고지	주기적	연 1회	입·퇴사 시	–
물리적 관리	별도의 영업비밀 개발 및 보관 장소 지정 및 관리	출입통제 시스템 및 보안시스템 구축 운영			–
		개발·보관 장소 지정 및 관리		–	–
	영업비밀 접근·사용 권한 제한	일부 경영자	일부 관리자	사내 직원	–
	분쟁에 대비한 영업비밀 관리 증거 확보	상시	주기적	변경 시	–

　각 기업에서 업무 수행 시 발생한 모든 정보를 내부정보로 정의하였다. 또한 기술유출 행위 분석을 수행할 때에 내부자나 정보수령자가 업무를 수행하면서 발생하는 모든 행위정보, 업무 수행 시 필요한 정보 내용을 분석하였다. 이로써 기술유출 위험도 분석, 기술유출 시나리오 설계를 통하여 사전 예방 활동을 할 수 있는 기반을 갖추었다고 할 수 있다.

4. 사후조치 예방활동

민간 기업에서의 산업보안 조사는 사전에 이상징후 탐지를 위한 기술유출 시
나리오를 잘 설계한 후에, 설정한 시나리오에 해당되는 행위들이 누락되지 않도
록 하여야 한다. 한편 기술유출로 판별 가능한 행위들을 도출하여 지체하지 않고
대응하는 것이 중요하겠으며, 기술 유출로 판별 가능한 행위는 아래와 같다.[13]

표 5-6 기술유출 행위 설계

그룹	기술유출 행위
조직 내 PC단말 조작(설치)을 통한 유출징후	1. 운영체제 설정환경 변경(재설치)
	2. 내부 IP주소 변경
	3. 보안프로그램 강제종료
	4. 불법 SW 설치(Key Logger)
중요문서의 조작을 통한 유출징후	5. 중요문서 암호화 해제
	6. 중요문서 워터마크 해제
	7. 중요문서 복사
	8. 중요문서 출력
	9. 중요문서 파일명 변경
	10. 중요문서 확장자 변경
	11. 중요문서 삭제
외부로부터 접속을 통한 유출징후	12. 허가되지 않은 외부에서 내부서버 접속(VPN/FTP)
전자메일을 통한 유출징후	13. 외부(상용) 메신저 사용
	14. 다른 사용자 컴퓨터에서 전자메일 송부
	15. 메일내용 중 중요단어 사용
	16. 중요파일 첨부
	17. 기준크기 이상의 파일 전송

---

13 김재수, 기술유출시나리오 사례 및 위험도분석 연구, 중앙대학교 박사학위논문, 2019.

	18. 파일을 분할하여 첨부
	19. 외부메일을 통하여 내부직원에게 악의적 메일 발송
불법접속을 통한 유출징후	20. 비허가 사이트(정보교환 사이트 등) 접속
	21. 외부 저장공간(사이트) 접속
	22. 외부 취업사이트 접속
저장매체를 통한 유출징후	23. 허가되지 않은 이동형 저장장치(USB/HDD) 연결
	24. 스마트폰을 저장장치로 연결
	25. 기기(노트북/저장장치) 임의 반출

도출된 기술유출 행위는 총 25개의 항목으로 구성되어 있으며, 유출 행위별 유출 경로 및 보안 위협의 특성에 따라 6개의 그룹으로 나눌 수 있다. ① 조직 내 PC 단말 조작(설치)을 통한 유출징후의 경우 4가지의 기술유출 행위를 구분하는 그룹으로 조직 구성원이 사용하는 PC 단말에서 기술을 유출하고자 보안을 위한 운영체제의 설정환경을 변경, 망 우회를 위한 내부 IP주소 변경 등 조직 PC 단말의 보안 활동을 회피하고자 조작을 행하는 경우를 말한다.

② 중요문서의 조작을 통한 유출징후의 경우 7가지 기술유출 행위를 구분하고 있으며, 이는 조직 내 중요문서에 대한 조작을 통해 기술유출을 시도하는 행위를 말한다. 중요문서의 DRM등 암호화를 해제하는 경우, 워터마크를 해제하여 외부 유출을 도모하는 경우, 중요문서의 파일명 및 확장자 변경을 통하여 외부 유출 시 탐지를 어렵게 하는 경우 등을 말한다.

③ 외부로부터 접속을 통한 유출징후의 경우 한가지 기술유출 행위를 구분하고 있으며, 허가되지 않은 외부에서 내부서버에 접속하는 경우를 말한다. 세부적으로는 VPN/FTP 등 기존 망을 우회하는 방법을 통하여 기술유출 행위를 시도하는 경우를 말한다.

④ 전자메일을 통한 유출징후의 경우 7가지 기술유출 행위를 구분하고 있으며, 허용되지 않은 외부(상용) 메일·메신저를 통하여 기술유출을 도모하는 경우, 전자메일의 조직 중요파일을 첨부하여 유출을 시도하는 경우 등이 포함된다.

⑤ 불법접속을 통한 유출징후의 경우 중요 정보가 유출 및 공유될 수 있는 비허가 정보교환 사이트 혹은 웹하드와 같은 외부 저장공간 사이트, 조직의 핵

심 인력이 유출될 가능성이 있는 외부 취업사이트 접속 등의 내용을 담고 있다.

⑥ 마지막으로 저장매체를 통한 유출징후의 경우 조직 내 허가되지 않은 휴대용 저장장치(USB/HDD) 혹은 스마트폰, 스마트기기(노트북, 태블릿 등)를 임의 연결하고 반출하는 행위를 통해 기술유출을 도모하는 경우를 말한다.

위와 같이 도출된 총 25개의 기술유출 행위를 기반으로 기술유출 징후의 세부항목을 도출하였는데, 민간기업의 규모 및 환경, 보안부서의 역할과 실행 정도에 따라 의견을 달리하는 경우도 있을 수 있겠다.

산업보안 조사 관련 사후조치 중에서 민간기업에서 할 수 있는 부분은 상당히 제한적이라고 할 수 있다. 물론 보안 위반자들을 대상으로 법적으로 문제가 없도록 하는 프로세스를 적용하고 있으나, 산업기술유출의 징후를 확인하고도 추가적인 사후조치를 하는 데 있어 법적인 요건을 충족시켜야 한다. 또한 산업기술 유출로 발생 가능한 피해를 최대한 신속하게 예방하기 위해서는 산업기밀보호기관의 도움을 요청하고, 협력하는 것이 매우 효과적이라고 할 수 있겠다.

이를 위해서는 민간기업의 보안부서에서는 평상시 경영층과 상시적이고 적극적인 교감을 통하여 신속한 의사결정을 이룰 수 있도록 하여야 하며, 산업기밀보호기관에서도 충분히 사건 처리를 할 수 있도록 유의미한 자료에 대한 무결성을 갖추어야 한다. 이를 위해서는 평상시에 보안 담당자의 전문역량(디지털 포렌식역량 등)을 겸비하여야 할 것이다.

표 5-7 기술유출 행위 세부항목

기술유출 행위 세부항목
1. 운영체제 설정환경 변경(재설치)
2. 내부IP주소 변경
3. 보안프로그램 강제종료
3-1. 보안솔루션 우회
4. 불법 SW 설치
4-1. 보안해제 소프트웨어 설치

5. 중요문서 암호화 해제

    5-1. 중요문서 암호화 해제

    5-2. 중요문서 모바일 DRM 해제

6. 중요문서 워터마크 해제

7. 중요문서 복사

8. 중요문서 출력

9. 중요문서 파일명 변경

10. 중요문서 확장자 변경

11. 중요문서 삭제

12. 허가되지 않은 외부에서 내부서버 접속(VPN/FTP)

    12-1. VPN을 통해 주요파일 다운로드

    12-2. VPN 접속

13. 외부(상용) 메신저 사용

    13-1. 조직 내 허가된 메일서버(Outlook) 미사용

    13-2. 외부메일 접속을 통한 이직

14. 다른 사용자 컴퓨터에서 전자메일 송부

15. 메일내용 중 중요단어 사용

16. 중요파일 첨부

    16-1. 중요파일을 외부메일로 전송

17. 기준크기 이상의 파일전송

18. 파일을 분할하여 첨부

19. 외부메일을 통해 내부직원에게 악의적 메일 발송

20. 비허가 사이트(정보교환 사이트 등) 접속

    20-1. 비허가 사이트 접속

21. 외부 저장공간(사이트) 접속

22. 외부 취업사이트 접속

23. 허가되지 않은 이동형 저장장치(USB/HDD) 연결

    23-1. 중요파일을 USB로 연결 및 반출

    23-2. 중요파일을 HDD로 연결 및 반출

24. 스마트폰을 저장장치로 연결

25. 기기(노트북/저장장치)임의 반출

    25-1. 노트북 반출

아울러 산업기술 자료가 유출된 정황을 확인하였을 경우 가장 중요한 조치는 유출된 자료가 해외로 빠져나가거나, 유실되지 않도록 신속하게 회수하기 위하여 노력하는 것이다. 이때 가장 필요한 것이 산업기밀보호기관(산업기밀보호센터, 경찰 등)이며, 기술유출사고에 대한 제한적인 공개 여부를 경영층이 신중하고 신속하게 의사 결정할 수 있도록 보고하여야 한다. 또한 기술 유출자에 대한 출국금지 또는 압수 수색 등의 절차를 최대한 이른 시간 내에 이루도록 하는 것이 매우 효과적이다. 또한 법무/홍보 부서와 함께 법적 절차에 따라 이루는 프로세스에 대하여 미리 언론공개 시점 및 대응 여부를 논의함으로써 준비하여야 한다.[14]

제2절 기업의 보안사고 조사와 유의사항

민간차원의 산업보안은 기업체(기업보안) 및 연구소(연구보안)가 수행주체가 되어 자체적으로 보유하고 있는 산업기술이나 영업비밀(기술상, 경영상 정보)이 전·현직 임직원, 협력·하청업체, 공동연구수행기관, 전문 산업스파이 등에 의하여 경쟁업체 또는 외부로 무단 유출되지 않도록 보호하며, 해당조직의 IT자산에 대한 침해사고를 해당조직의 입장에서 대응하는 활동을 말한다. 따라서 기업차원의 산업보안은 기업의 설립목적인 이윤추구와 지속성장을 위한 기업가치 보호에 목적을 둔 대응활동이라 할 수 있다.[15]

모든 것이 연결되고 산업의 패러다임이 빠르게 변화하는 현대 사회에서 이윤을 창출할 수 없는 기업은 발전적인 재투자의 기회를 상실하여 기술개발이 정체되고, 우수한 인력을 확보할 수 없게 되면서 기업보안 또한 위축되는 기업 경쟁력 상실의 악순환에 빠지는 위험에 처하게 된다. 따라서 기업의 보안을 운영하는 보안담당자는 기업의 발전 및 지속적인 성장을 추구하는, 기업의 목적에 일

---

14 김재수, 기술유출시나리오 사례 및 위험도분석 연구, 중앙대학교 박사학위논문, 2019.
15 이창무·손승우·조용순·장항배·김정연·신현구 등, 산업보안학, 박영사, 2016.

치하는 보안문화를 만들어 기업 경쟁력 강화의 선순환 구조를 만드는 데 핵심역할을 하여야 한다.

최근 보안문화를 향상시키는 효과적인 방안으로 '기업의 참여형 보안문화'에 대한 요구가 대두되고 있다. 산업의 패러다임이 전환되는 4차 산업혁명의 현실 속에서 기업이 지속성장하기 위해서는 좀 더 빠르고 적합한 의사결정, 내부조직 결속, 업무효율의 향상이 필수적이다. 업무효율을 향상시키기 위해서는 보안정책이나 통제 수준을 낮추어 사내·외 정보가 빠르게 흐로도록 하거나 공유를 확대하여야 하지만, 이는 보안 리스크를 가중시키는 일이 되기 때문에 조직구성원들의 보안정책과 보안규정 등에 대한 명확한 이해와 적극적인 참여 없이는 만들어질 수 없다. 전통적 경계망 보안 시스템에 의존하고 있는 거의 대부분의 기업들이 안고 있는 딜레마로서 지금까지의 제어, 통제, 인식제고 등의 '규범'만을 강조하는 방법으로는 기업의 보안을 달성할 수 없다. 직원참여를 통하여 보안 불편해소, 업무 효율향상 요구 등을 적극적으로 수용하면서 보안 불편사항 해소에 따른 보안 리스크를 해소할 수 있는 대응방안을 마련하여야 한다는 것이다.[16]

따라서 기업의 보안담당자는 해당 기업의 규모 및 문화에 맞은 보안 시스템을 구축하여, 언제든 일어날 수밖에 없는 보안사고에 효과적으로 대응하며, 이를 기업 경영과 연계하여 보안사고의 발생을 감소시키기 위한 예방활동에 매진하여야 한다.

기업에 있어서 보안사고는 보유하고 있는 산업기술 또는 영업비밀의 유출사고와 해킹, 랜섬웨어 등에 의한 침해사고로 나눌 수 있다. 침해사고에 대한 대응은 한국인터넷진흥원(KISA)을 중심으로 '침해사고대응팀(CERT) 구축/운영 안내서'에 따라 체계적 대응을 이루고 있으므로, 본서에서는 기업 영업비밀의 유출 또는 유출징후가 탐지되었을 때 기업의 입장에서 효과적으로 대처할 수 있는 구체적 조사방법과 유의사항에 대하여 설명하고자 한다.

---

16 안병구, 기업의 참여형 보안문화 프레임워크 개발 연구, 중앙대학교 대학원 박사논문, 2019. 2.

1. 준법사항 준비

기업의 보안담당자는 기업 내 보안사고의 원활한 조사를 위하여서 반드시 준
법사항에 근거하여 보안조사를 수행할 수 있도록 사전에 준비하도록 한다.

2. 미세 신호에 대한 민감도 유지

보안조사를 수행하고자 하는 보안담당자는 보안 솔루션의 이상징후 감지 또
는 첩보 등 미세한 시그널에도 반응하여 보안사고에 깊게 파고들 수 있도록 민
감도를 유지하여야 한다.

3. 최고 책임자와의 조사사항 교감

기업의 보안사고에 대한 내용은 조직의 지속성장에 큰 영향을 미치는 사안이
대부분이므로 보안담당자 또는 관리자는 조사결과에 대하여 조직의 최고책임자
(CEO)와 긴밀하게 소통하여야 한다.

제3절 | 기업의 보안사고 조사방법

1. 보안사고 분류

한국인터넷진흥원(KISA)의 '침해사고대응팀(CERT) 구축/운영 안내서'에 소개된
'보안사고 정의'에 따르면 보안사고는 조직이나 업무 등에 파급효과가 미미한 개
인에 국한된 단순한 사고와 달리, 조직의 업무에 영향을 미치는 승인되지 않은
정보자산에 대한 접근, 변경, 유출 등의 사건을 말한다. 보안사고는 사건의 파급

표 5-8 중대 보안사고와 일반 보안사고의 분류[17]

중대 보안사고	일반 보안사고
• 정보시스템이 비인가 접근에 의해 변조, 파괴되어 정성적인 서비스를 제공하지 못하는 경우 • 중요도 등급이 1등급인 정보자산 또는 비밀문서가 외부로 누출된 경우 • 정보자산의 오용으로 인하여 조직의 대외 이미지에 중대한 손상을 끼친 경우 • 관련 법규 및 규정 저촉으로 인하여 사회적 물의를 일으키는 경우 • 기타 고의 또는 과실에 의해 조직의 정상적 업무에 심각한 지장을 초래하는 경우 • 보안 장치의 변경이나 파괴(출입보안·침입탐지시스템, 잠금장치, 보안카메라 등)	• 악성 소프트웨어(웜, 바이러스, 백도어, 트로이 목마 등)에 의한 침해 • 네트워크 및 시스템에 대한 비인가된 침해 및 시도 • 일반 자산의 도난, 분실, 파손 및 파괴 • 보안취약점으로 정보 시스템의 정상적인 운영에 지장을 초래한 사건 • 정보의 비인가자 사용, 승인되지 않은 개인에게 정보 접근 허용 • 비인가자의 보안 구역 접근 시도 • 조직이나 업무 등에 파급효과가 없는 단순히 개인에 국한된 사고는 보안사고의 범주에서 제외하여 단순사고로 처리 가능

영향의 정도에 따라 일반 보안사고와 파급효과가 큰 중대 보안사고로 차등 구분해 관리하여야 하며, 중대 보안사고와 일반 보안사고의 구분은 [표5-8]의 예시를 참고하여 조직의 특성에 맞게 선택하면 된다.[18]

보안사고를 분류하는 것은 사고의 중요도에 따라 보안조사의 대상 및 심도를 구분 적용하여 사고조사에 대한 투입 자원을 최적화하기 위하여 필요하지만, 일반 보안사고라 하더라도 이상징후 및 첩보 등과 연관되는 경우, 중대 보안사고의 신호가될 수 있으므로 보안담당자는 항상 그 가능성에 예의주시하여야 한다.

2. 기업의 보안사고 대응

기업에 있어서의 보안사고 조사는 강제조사 권한이 없고, 개인정보보호 법률의 범위 안에서 수행되어야 하므로 시작부터 끝날 때까지 보안유지에 주의하여야 하며, 사고의 심각한 정도에 따라 적절한 위치의 최고 책임자와 긴밀한 공감

---

17 한국인터넷진흥원, 침해사고대응팀(CERT) 구축/운영 안내서, KISA 안내·해설 제2010-13호, 2017.
18 한국인터넷진흥원, 침해사고대응팀(CERT) 구축/운영 안내서, KISA 안내·해설 제2010-13호, 2017. 10.

대를 유지하는 것이 중요하다.

따라서 기업의 보안사고 조사방법을 다음의 'CERT 사고대응 7단계'와 비교하여 설명하고자 한다.

1) CERT 사고대응 7단계[19]

아래에 제시된 절차는 7가지 대응 요소로 나뉜다.

(1) 사고 전 준비 과정

사고가 발생하기 전 침해사고 대응팀과 조직적인 대응을 준비.

(2) 사고 탐지

정보보호 및 네트워크 장비에 의한 이상 징후 탐지. 관리자에 의한 침해 사고의 식별.

(3) 초기 대응

초기 조사 수행, 사고 정황에 대한 기본적인 세부사항 기록, 사고대응팀 신고 및 소집, 침해사고 관련 부서에 통지.

(4) 대응 전략 체계화

최적의 전략을 결정하고 관리자 승인을 획득. 초기 조사결과를 참고하여 소송이 필요한 사항인지를 결정한 뒤 사고 조사과정 시 수사기관 공조여부를 판단.

(5) 사고 조사

데이터 수집 및 분석을 통하여 수행. 언제, 누가, 어떻게 사고가 일어났는지, 피해 확산 및 사고 재발을 어떻게 방지할 것인지를 결정.

---

19 한국인터넷진흥원, 침해사고대응팀(CERT) 구축/운영 안내서, KISA 안내·해설 제2010−13호. 2017, pp.112−113.

(6) 보고서 작성

의사 결정자가 쉽게 이해할 수 있는 형태로 사고에 대한 정확한 보고서를 작성.

(7) 해결

차기 유사 공격을 식별 및 예방하기 위한 보안 정책의 수립, 절차 변경, 사건의 기록, 장기 보안 정책 수립, 기술 수정 계획수립 등을 결정.

그림 5-5 CERT 사고대응 7단계

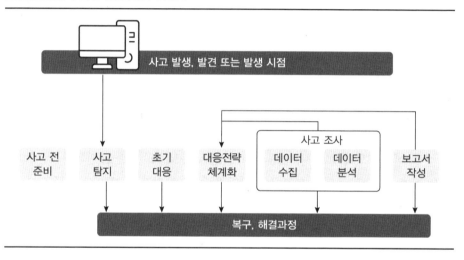

2) 기업의 보안조사 방법

기업의 보안조사 방법은 'CERT 사고대응 7단계'와 유사한 단계를 거쳐 진행된다고 할 수 있으나, 침해사고와는 다르게 보안사고의 발생, 전개과정에 사람의 행위에 따른 증거(사건흔적)가 포함되므로 이를 효과적으로 발굴하고 보존하여 법적인 증거로 채택될 수 있도록 철저한 준비를 하여야 한다.

(1) 사고 전 준법사항 준비

강제조사 권한이 없는 기업의 보안담당자는 사내 보안사고를 안전하게 조사하기 위해 반드시 준법사항에 근거하여 모든 임직원의 개인정보 및 사내 보안

그림 5-6 기업의 보안조사 방법

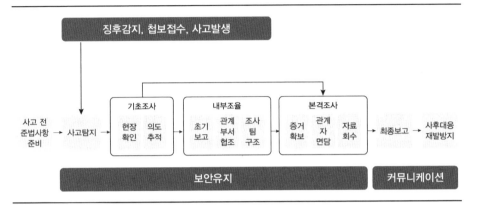

규정 준수에 대한 서약서, 증거자료의 법적 효력 유지 방안(법적 구성요건에 합당한 IT 자산의 회수방법 등) 등을 사전에 준비하여야 한다.

(2) 사고탐지(징후감지, 첩보접수, 사고발생)

실무 현장에서의 보안사고 징후는 주변의 동료 또는 현장 관리자에 의하여 가장 쉽게 인지될 수 있으므로 보안담당자는 평소 현장의 보안지킴이들과의 유대관계 유지 및 소통에 주의를 기울여야 한다. 또한 사업현장의 보안에 관한 불편사항 의견 수렴과 보안 주관부서의 새로운 정책 등에 대한 인식제고 등 의견교환의 장으로 만들 수 있도록 정기적인 사업장별 보안지킴이 협의체를 보안관리 체제로 구조화하여 그 기업의 문화로 정착하여야 한다.

기술유출 발생여부를 인지하는 경로는 보안부서의 정보유출 모니터링, 임직원/외부인의 제보, 수사 기관의 통보가 대표적이다.

① 징후감지

정보유출 모니터링은 데이터의 이동경로 및 사용자 행위 로그를 수집하고 유출 시나리오 기반의 모니터링과 정보유출 고위험군(퇴직 의향자, 특이 동향자 등) 대상의 모니터링을 병행한다. 정보유출 모니터링의 정당성을 확보하기 위해서는 사전에 모니터링의 목적과 범위 등을 명확히 안내하고 동의를 획득하여야 하며, 기술유출이 의심되는 경우 발생시각, 유출자, 유출된 정보, 유출처, 유출경로를 확보하여 별도로 보관하여야 한다.

② 첩보접수

제보의 경우는 사내에 제보 시스템을 운영하여 상시 접수 받으며, 제안·제보를 위한 대표 이메일 주소를 공유하여 언제든지 기명·익명으로 기술유출을 목격하거나 의심되는 내용을 제보할 수 있도록 폭넓게 창구를 열어두는 것이 좋다. 또한 기술유출 사고조사 과정에서 제보자의 신원이 노출되지 않도록 보안관리가 필요하다. 1차 제보 내용이 불명확한 경우 지체하지 않고 연락을 취하여 구체적인 증거를 확보하여야 한다.

수사기관이 회사의 기술이 유출된 사실을 먼저 인지하고 수사에 협조를 요청하는 경우에는 유출이 확인된 정보, 유출자의 신원(임직원 여부), 유출 경로 등의 정보를 수사기관에 요청하고, 사내 법무부서와 즉시 공유해야 한다.

③ 사고발생

기업의 보안사고 중 '기술유출'은 절도나 절취와 같은 전통적인 수법은 물론, 데이터·설계도 등 기술자료 원본파일을 복제·복사한 후 이메일·고용량 저장장치 등을 이용하는 등 유출 기법이 첨단화·고도화되고 신속하게 이루어지고 있어 기술유출에 대한 범죄사실 인지 및 범증 확보가 어렵다는 특징이 있다. 따라서 산업기술 및 연구 성과물 유출 등 보안사고의 발생을 인지하였을 경우에는 사전에 수립된 기술유출 대응 계획에 따라 신속하게 조치를 취하여야 한다. 초동조치의 신속성과 적절성 여부에 따라 유출·공개 행위를 차단할 수 있거나 2차적인 유출 피해를 줄일 수 있으며, 재발방지 차원에서 실행하는 법적인 대응방안도 달라지게 된다.[20]

최초 기술유출 징후를 탐지하거나 제보를 접수한 경우 사고대응 수준 및 대응방법을 결정하기 위하여 유출자(임직원, 협력사, 경쟁사 임직원 등), 유출정보의 유형(국가핵심기술, 산업기술, 그 외 영업비밀, 개인정보 등), 중요도(정보등급, 민감도 등), 유출형태(파일, 출력물, 구두 등), 유출처(해외, 경쟁사 여부 등) 등을 우선적으로 파악하여야 한다. 확인된 사실을 종합하여 사고대응 등급을 판단하고 사전에 수립된 등급별 대응 매뉴얼에 따라 보고 및 대응조치를 수행하여야 한다.

---

[20] 한국산업보안연구학회, 산업보안학, 박영사, 2019, p.322.

(3) 기초조사(현장 확인, 의도 추적)

보안담당자는 사고가 탐지된 즉시 지체하지 말고 보안관리자와 이를 공유하고, 사실 확인 절차에 착수하여야 한다. 또한 일반 보안사고로 분류되는 사실도 퇴직징후나 금전적 압박 같은 특이한 상황과 중첩될 때엔 중대 보안사고의 미세한 시그널이 되는 경우가 많으므로 사고 용의자의 의도를 파악하기 위한 개별 로그(log) 추적 등 민감도를 유지하는 것이 중요하다.

보안관리자는 기초조사를 통하여 사건의 심각성 또는 중요성을 판단한 뒤, 사건조사의 규모나 범위를 고려하여 다음 진행단계를 결정하여야 한다.

① 국가핵심기술이 유출된 경우

유출된 정보가 국가핵심기술에 해당하는 경우에는 '산업기술의 유출방지 및 보호에 관한 법률' 및 관련 지침에 따라 수사기관에 신고하고 확인된 사실을 제공하여 신속한 수사가 되도록 협조하여야 한다.

② 산업기술 또는 영업비밀이 유출된 경우

보안사고 대응팀에서는 유출정보의 유형, 유출경로 자체조사 가능 유무, 유출에 따른 피해정도 등을 고려하여 수사기관에 수사 요청여부를 결정한다.

a. 수사기관에 요청하는 경우

외부 수사기관에 수사를 요청하는 경우에는 수사에 영향을 줄 수 있는 증거인멸, 말 맞추기, 용의자 도피 등이 발생하지 않도록 철저한 비밀유지가 필요하며 관련자 인터뷰, 추가 증거 수집을 하는 경우에는 수사에 영향을 미치지 않도록 반드시 수사기관과 사전 협의하여야 하며, 경찰 또는 검찰은 사실확인 및 증거확보를 위하여 관련자 조사, 증거 수집 등의 활동을 수행하고, 회사는 수사가 원활히 진행될 수 있도록 수사기관의 요청에 대응하여야 한다.

b. 민간 자체적으로 조사하는 경우

자체 조사를 실시하는 경우에는 사전에 확인된 유출 증거 분석, 유출 시나리오 수립, 유출자 질문지, 증거물 제출/점검 동의서, 녹음기, 디지털 포렌식 장비 등을 준비하고, 증거인멸 및 말 맞추기를 하지 못하도록 불시에 방문하여 사실확인 조사를 실시한다.

(4) 내부조율(초기보고, 관계부서 협의, 조사팀 구성)

보안조사에 있어서 사내 의견조율은 사건의 심각성이나 중요성에 따라 생략할 수도 있지만 보안조사의 지속적 발전과 사내 보안문화 향상을 위하여 기업의 보안조사 과정으로 포함하는 것이 바람직하다.

① 초기보고

초기보고는 기업의 규모 및 사건의 성격에 따라 최고책임자(CEO)까지 상신되는 경우도 있으므로 보안관리자는 초기보고를 통하여 보안사고 대응팀에 타 부서 조사요원 등을 지원받을 수 있도록 건의할 필요가 있다. 이때 확인된 사실을 종합하여 사고대응 등급을 판단하고 사전에 수립된 등급별 대응 매뉴얼에 따라 보고 및 대응조치를 수행한다.

② 보안사고 대응팀 구성

기술 유출이 확인된 경우 보안, 법무, 홍보, 대외협력, IT 등 유관부서 및 유출된 기술을 취급하는 부서의 장이 포함된 보안사고 대응팀을 구성한다. 보안사고 대응팀 구성 시에는 사고내용의 누설, 유출자 및 사고 관련자의 인지 등을 방지하기 위하여 최소한으로 구성하고 비밀유지 교육을 실시하며 필요 시 별도의 특정업무 보안서약서를 징구한다.

보안사고 대응팀은 유출자, 유출 정보/경로 식별(보안), 법적 조치 검토 및 수사기관 대응(법무), 언론/정부 등 대외 소통(홍보/대외협력), 사고조사를 위한 시스템 지원(IT), 유출정보 분석 및 예상 피해 분석(기술 취급 부서) 등으로 역할을 분담하고 보안사고 대응팀장은 최고 정보보호 책임자가 수행한다.

보안사고에 대한 조사는 유출된 기술의 종류와 내용, 유출목적 및 방법(절취·기망·협박 그 밖의 부정한 방법 여부) 등을 조사하되 유출자와의 공범 또는 조력자의 존재 가능성을 염두에 두고 비공개로 진행하여야 한다.[21]

(5) 본격조사(증거 확보, 관계자 인터뷰, 자료회수)

보안사고 대응팀은 회사 내의 보안솔루션 등을 통하여 정황 증거를 파악하고

---

[21] 한국산업보안연구학회, 산업보안학, 박영사, 2019, pp.322-323.

관계자와의 인터뷰로 유출자의 의도를 확인한 뒤, 사안의 심각성에 따라 최종보고의 단계로 직행여부를 결정하여야 한다. 사안의 심각성은 주로 사내 조사만으로 사건의 범위 및 영향을 판단할 수 있는지, 아니면 외부 조사기관의 협조를 얻어야 하는지를 기준으로 삼는 것이 좋다.

① 사내 조사의 경우

사내 조사만으로 사건의 범위 및 영향의 판단이 가능한 경우, 기술유출의 발생시점, 유출정보, 유출경로 및 방법, 유출의 목적, 유출자, 유출처 등 사고자의 비위행위를 명확히 하여 민·형사상 조치 및 회사 기준위반 처분의 근거를 마련하는 것을 목표하여야 한다.

a. 관계자 인터뷰

당사자와 대면한 상황조사에서는 최초 인터뷰가 특히 중요하다. 사고조사가 진행 중인 사실이 알려졌을 때 당사자의 증거인멸로 인한 조사 진행에 차질이 예상되므로 불시에 방문하여 당사자의 협조 하에 대면 인터뷰를 진행하도록 한다. 초동 조사와 인터뷰 준비과정에서 확보한 증거를 통한 정보우위를 이용하여 당사자의 비위행위를 명확히 확인하고, 사실관계를 증명할 수 있는 증거를 확보하며, 파악되지 않은 사고배경 또는 추가적인 기술유출 행위 여부를 파악함으로써 이후 당사자가 기술유출 행위자체를 부인하거나 관련자 등과 공모하여 거짓으로 진술을 번복하는 것을 막을 수 있다.

따라서 사고와 관련된 인원이 다수 존재하는 경우, 각자가 인터뷰 이후 관련자 간에 정보를 공유하여 공모를 할 수 없도록 통제된 환경에서 인터뷰를 진행하거나 동시에 복수의 인원을 개별적으로 인터뷰하는 것이 좋고, 상황이 여의치 않다면 직접증거를 확보하기 쉬운 대상을 우선적으로 진행하는 등 인터뷰 순서를 사전에 계획하는 것이 좋다.

당사자와의 인터뷰는 피의자 심문의 성격을 포함할 수 밖에 없으므로 비공개 장소에서 최소인원이 참석하여야 한다. 또한 최대한 당사자의 프라이버시를 고려하고 편안한 분위기를 조성하여 진행하여야 한다. 문답형식으로 인터뷰를 하고 진술한 내용에 대해서는 증빙할 수 있는 자료를 요구하여 진술내용의 사실여부를 검증하여야 한다. 인터뷰의 주요 내용은 경위서 형태로 작성하여 확인서명을 받고 인터뷰가 진행되는 전체 과정은 녹음하는 것이 좋다.

인터뷰는 주로 사실 확인에서 시작하여 의도를 파악하는 순으로 진행하되, 당사자의 진술이 일관성이 있는지 검토하여 필요한 경우 재인터뷰를 진행하는 것도 고려하여야 한다.

b. 자료회수

현장에서 확인 가능한 증거는 사진을 촬영한 뒤 즉시 확보하고, 유출자료 및 저장매체 등은 회수한다. 자료의 회수만으로 유출행위가 종료될 수 있는 사건은 인터뷰 장소에서 사외 보관장소의 자료회수까지 중단없이 연결하여 진행하는 것이 바람직하다. 그러나 당사자가 이를 거부하면 강제로 회수할 수 있는 방법은 법적인 조치 외에는 없으므로 자료를 회수하는 것에 대한 거부감을 해소하기 위하여, 당사자가 유출할 의도가 없다면 자료회수에 협조하지 못할 이유가 없는 점을 들어 잘 설득하여야 한다. 이 경우 보안담당자가 동행하여 당일 회수함을 원칙으로 하되, 결정적인 증거나 중요한 정보가 아닌 경우에는 임의삭제·훼손 금지 서약서를 징구하고 차후에 제출받을 수도 있다. 그러나 당사자가 제출 전에 증거를 훼손할 가능성이 매우 높아 주의가 필요하다.

회수할 자료는 당사자가 보유한 웹메일과 클라우드(Cloud) 저장장치(보안담당자 참관 하에 본인이 로그인하여 메일내용을 직접 영구삭제), 집에 보유한 컴퓨터의 저장장치 (HDD, SSD), 휴대용 저장장치(USB, 스마트폰 등) 등으로 컴퓨터 저장장치와 휴대용 저장장치는 디지털 포렌식의 법적 구성요건에 합당한 IT 자산의 회수방법(증거물 제출·점검 동의서 징구)에 따라 회수하고 분석하여야 한다.

확보한 증거 및 유출 자료는 필요 시 디지털 포렌식 등으로 분석하여 추가적인 정보유출 사실이 있는지 여부를 확인하고 진술의 사실여부를 검증하여야 한다. 제출 받은 개인소유의 저장매체 등 물품은 조사가 최종 종료된 후, 저장된 회사자료의 복구가 불가하도록 조치하여 당사자에게 되돌려주면 된다.

② 수사기관에 수사 요청하는 경우

수사기관을 통한 보안조사를 진행하는 경우 확인된 모든 사실 및 증거를 서면으로 정리하여 사내 법무부서의 확인을 거쳐 수사기관에 설명하고 수사를 요청하여야 한다. 수사 요청 이후에는 상황조사를 수사기관에서 진행하므로 회사는 수사기관의 요청에 따라 피해인 진술, 유출 자료 검토, 피해규모 산정과 같은 지원 등이 필요할 수 있다. 또한 수사 진행 기간 동안에는 유출 관련자를 개별적으로 접촉하여 수사에 영향을 주는 일이 없도록 유의하여야 한다.

유출 정보가 수사 및 재판 과정에서 공개되어 2차 유출 피해가 예상되는 경우에는 수사 진행과 직접적 관련이 없는 정보는 마스킹(Masking) 처리하여 제출하고, 수사기관에 산업기술의 열람·등사 제한 등의 보호 조치를 사전에 요청할 수 있다.

(6) 최종 보고(조사결과, 처리방안 건의)

보안사고 대응팀장은 사고보고서를 작성하여 경영층에 결과를 보고하여야 한다. 최종보고는 육하원칙을 기준으로 사건의 개요와 조사결과, 향후 처리방안에 대한 간략한 요약의 핵심 내용만을 담아 1~2장으로 보고하는 것이 좋다. 사고보고서에는 기술유출의 발생시점, 유출정보, 유출경로 및 방법, 유출의 목적, 유출자, 유출처, 사고자 조치 결과, 재발방지 대책 등을 첨부에 포함하여 설명할 수 있으면 충분하다. 사고보고서에는 조사결과의 사내보고 또는 사외공개 여부 및 범위 조절, 사고 관계자의 처벌수위, 법적 절차 진행 여부 등을 포함한 적절한 방안을 경영층에 건의하여야 한다.

(7) 사후대응, 재발방지

① 재발방지

보안사고에 대한 사후대응으로 가장 중요한 것은 향후 발생할 수 있는 유사한 보안사고를 예방하는 것이다. 이를 위하여 보안 정책을 수정하고 절차를 변경하는 등 상시 보완 체계를 수립하여야 하며, 보안사고 사례를 정리하여 보안교육에 활용하는 등 보안문화 확립에 활용할 수 있어야 한다.

사고보고를 통해 결정된 사안으로 사후조치와 재발방지 대책을 수행한다. 민·형사상의 조치가 필요한 경우에는 법무부서와 연계하여 관련 법률에 따라 유출자 처벌, 사용금지 및 손해배상 청구를 진행하고, 회사 내부 기준에 따른 처분을 하는 경우에는 인사부서와 연계하여 취업규칙 및 사내 기준에 따라 징계절차를 진행하며, 외부인이 관련된 경우 소속 업체 또는 기관으로 비위사실을 통보하고 후속조치 및 재발방지를 요구한다.

그리고 사고 발생원인과 취약점, 대응조치 과정에서의 미흡사항 등을 종합적으로 분석하여 개선점을 도출하고 수행계획을 수립하여 재발방지 대책을 이행하며, 이행경과에 대해서는 완료 시까지 관리하여야 한다.

또한 사고 사례를 보안 교육, 홍보 자료에 포함하여 임직원의 경각심을 제고하여 유사 사례가 발생하지 않도록 노력한다. 이때 모방 유출사고가 발생하지 않도록 상세한 유출 경로는 기재하지 않는 것이 좋다.

② 영업비밀 유출, 산업기술 침해신고

형사적인 조치는 사후조치 방안 중 하나이며, 영업비밀 유출신고와 산업기술 침해신고는 유출된 정보의 유형에 따라 구분하고 적용하는 법률과 구성요건이 상이하다. 산업기술은 '산업기술 확인 신청'을 통한 산업기술보호협회의 확인이 필요하며, 영업비밀은 재판과정에서 비공지성, 비밀관리성, 경제성 등으로 다툼이 발생할 수 있음을 고려하여야 한다.

국가핵심기술 또는 산업기술이 유출된 경우에는 '산업기술의 유출방지 및 보호에 관련 법률'이 적용되며, 해당 법률의 시행규칙에 따라 '산업기술 침해 신고서'를 작성하여 산업통상자원부 장관 및 정보수사기관의 장에게 신고하여야 한다.[22]

국가핵심기술 또는 산업기술에 해당하지 않는 영업비밀이 유출된 경우에는 '부정경쟁 방지 및 영업비밀 보호에 관한 법률'이 적용되며, 진정서 형식으로 수사요청 관련 사실을 기술하여 검찰 또는 경찰 등 정보수사기관으로 제출한다. 이때 수사를 요청할 정보수사기관은 사건의 중요도, 시급성, 전문성, 관할 등을 고려하여 법무부서와 협의하여 결정한다.[23]

앞 두 가지의 경우, 모두 형사적인 조치를 수행함에 있어 적용 가능한 타 법률이 있는지 법무부서와 협의하여 확인한다. 정보유출과 관련된 대표적인 법률은 '산업기술의 유출방지 및 보호에 관한 법률', '부정경쟁 방지 및 영업비밀 보호에 관한 법률', '형법 상 배임, 업무상 배임, 절도', '특정 경제범죄가중처벌 등에 관한 법률' 등이 있다.

---

22 「산업기술의 유출방지 및 보호에 관한 법」 제14조, 제15조.
23 「부정경쟁 방지 및 영업비밀 보호에 관한 법」 제10조, 제18조.

또한 회사의 피해를 최소화하기 위한 방안으로 형사적인 조치진행과 함께 민사적인 구제방안을 동시에 고려할 수 있다.

③ 상호협의 및 분쟁조정을 통한 해결

중요정보가 유출되었으나 아직 공개 및 사용이 되지 않은 경우, 정보의 비공개·미사용 각서, 보상 합의 등을 통하여 원만하게 해결할 여지가 있는지 검토한다.

대표적인 분쟁조정은 유출정보의 유형에 따라 두 가지로 나누어진다. 산업기술 유출과 관련된 사건은 한국산업기술보호협회에서 제공하는 산업기술 분쟁조정위원회를 통하여 조정받을 수 있다. 조정위원회를 통해 조정이 이루어진다면 소송 등의 절차 없이 비교적 단기간 내에 분쟁을 해결할 수 있으며, 조정결과는 민사소송법상 확정판결과 동일한 효과인 재판상 화해의 효력을 가지는 만큼 분쟁으로 인한 비용과 시간을 단축할 수 있다.[24] 영업비밀 유출과 관련된 사건은 특허청에서 제공하는 산업재산권 분쟁조정위원회를 통해서 기술상의 영업비밀 분쟁에 대해 산업기술 분쟁조정과 동일한 방식으로 조정을 받을 수 있다.[25]

제4절 기업의 보안사고 조사 및 재판 사례

국내외 산업기술유출 주요 사건과 그 결정 판례에 대해서는 한국산업보안연구학회에서 다음 쪽의 [표5-9]와 같이, 다양한 기업군에서 발생한 보안 사고·사례를 분석하였다.[26]

주요 산업기술유출 사건에서 유출 행위로 식별되는 내용을 살펴보면, 다양한 사례에서 반복적으로 나타나는 유출 행위를 도출할 수 있다. 이를 크게 구분하면 중요 정보를 담고 있는 중요문서(파일)를 대상으로 한 유출 행위와 관련 업무 내

---

24 「산업기술의 유출방지 및 보호에 관한 법」 제6조, 제23조.
25 「특허법」 제9조.
26 한국산업보안연구학회(www.kais.or.kr), 2015.

용을 알고 있는 핵심인력을 통한 유출 행위들이 주를 이루고 있음을 알 수 있다.

총 25건의 기술유출 사고·사례 분석 내용에서 중요문서(파일)을 대상으로 이메일·출력·USB 등 외부저장매체를 통한 유출이 가장 중복적으로 발생하는 유출 행위로 나타났으며, 핵심인력을 통한 유출의 경우 이직·퇴사 이후·인수합병 등을 통한 유출 행위가 가장 중복적으로 발생한다고 나타나, 민간기업의 보안담당자들이 반드시 유의하여 참고해야할 내용이라 할 수 있다.

[표5-9]에 상기 동일 자료의 판례를 통한 기술유출 행위 등을 분석한 내용을 기술하였다.

표 5-9 산업기술유출 주요 판례

주요 판례
1. 대법원 2008. 12. 24. 선고 2008도9169 판결
자동차회사 직원이 다른 직원의 아이디와 비밀번호로 회사의 전산망에 접속하여 영업비밀인 도면을 자신의 컴퓨터에 전송받았을 때 구 부정경쟁방지 및 영업비밀에 관한 법률 제18조 제2항의 영업비밀취득죄가 기수에 이른다고 한 사례
① 현대자동차 주식회사 사내망 '오토웨이' 도면전자출도시스템에 불법접속
② 다른 직원의 아이디와 패스워드로 불법접속
③ 개인 업무용 컴퓨터에 다운로드
2. 서울중앙지방법원 2009. 4. 23. 선고 2008고합1298 판결
보안서약서와 보안교육을 받고도 이메일을 통하여 영업비밀을 유출한 경우 영업비밀 침해행위에 해당
① 이메일 계정을 통하여 영업비밀을 유출
3. 서울중앙지방법원 2013. 9. 6. 선고 2013노1416 판결
산업기술보호법상, '부정한 이익을 얻거나 대상기관에 손해를 가할 목적'이 산업기술을 본래의 취지대로 사용하는 것에 대해 한정하는지의 여부 및 산업기술보호법상, '유출'이 산업기술을 사용할 수 있는 상태에 이른 경우로 한정하는지에 대한 여부
① 중요문서의 컴퓨터 파일 반출
② 신기술 정보가 포함된 출력물 반출

총 25건의 기술유출 판례 중 3가지 주요 판례를 참고하였으며, 이를 통하여 기술유출 행위를 구분할 수 있었다.

또한, 주요 판례로 본 기술유출 행위의 특이점으로는 조직의 사내망에 불법 접속을 통한 기술 유출이 이루어진 점과 타인의 계정정보로 불법 접근을 하였다는 점이 기존 다른 사례에서 찾아볼 수 없던 기술유출 행위라 할 수 있다.

기술유출의 경로 및 특징을 정리한 내용은 다음과 같다.

표 5-10 기술유출 경로 및 특징

기술유출 경로 및 특징
1. 핵심인력을 스카우트하는 방식의 인력이동
2. 협력업체의 부품 및 장비 수출 과정 중, 기술 및 노하우가 경쟁업체로 이전
3. 기술을 이전받은 해외의 업체가 다른 기업에게 기술을 무단으로 공여하거나, 제삼국의 기업과 라이선스 계약을 체결하는 기술거래
4. 합법적인 기술 획득 방식인 외국기업의 국내기업 인수를 이용한 인수합병
5. 경쟁업체가 내부인력을 포섭하거나 위장취업 등의 방법으로 불법적 스파이 활동을 전개하는 산업스파이 활동

민간 기업에서 발생하는 기술유출의 일반적 형태에 대한 자료를 참고[27]하여 기술유출의 주된 형태를 4가지로 분류하였으며, 세부 분류 기준은 아래와 같다.

표 5-11 기술유출 형태

기술유출 형태
1. 계약 불비(不備)나 계약 관리상 불비에 의한 기술유출
2. 제조나 거래 과정에서 관리상 불비에 의한 기술유출
3. 영업비밀 및 기업 비밀 관리상 불비에 의한 기술유출
4. 인력을 통한 기술유출

---

27 노재철, 중소기업기술유출 방지를 위한 인적·노무관리상의 문제점과 개선방안, 법학연구, 20(2), 2017, pp.89-128.

또한, 다음의 [표5-12]에서 기술유출 방법에 대하여 분류하고, 조사를 통해 빈번하게 발생하는 기술유출 방법의 비율을 확인하였다. '복사 및 절취(42.1%)'와 '핵심인력의 스카웃 또는 매수(36.0%)'가 가장 높게 나타나며, 그 뒤로는 휴대용 저장장치(USB, 외장하드 등), 이메일(26.4%), 위장거래, 위·수탁 거래(합작사업, 공동연구 등)(25.2%), 컴퓨터 해킹(11.7%), 관계자 매수(10.7%) 등의 순서로 나타났다.[28]

표 5-12 기술유출방법

항목	응답비율 (복수응답, %)
복사 및 절취	42.1
핵심인력의 스카웃 또는 매수	36.0
휴대용 저장장치(USB, 외장하드 등)	34.0
이메일	26.4
위장거래, 위·수탁 거래(합작사업, 공동연구 등)	25.2
컴퓨터 해킹	11.7
관계자 매수	10.7
스마트폰 카메라 등 사진 자료	6.8
시찰 및 견학(외부인에 의한 기술유출)	6.4
기술교류 등	5.7

---

28 한국산업보안연구학회(www.kais.or.kr), 2015.

제**6**장

외국의 산업보안조사 절차와 방법

06장 | 외국의 산업보안조사 절차와 방법

 보안조사의 절차와 방법은 매우 중요하다. 산업보안조사의 경우에도 예외가
아니다. 그러나 국내에서 개발된 보안조사 방법은 미흡하다. 여기에서는 외국의
제도와 사례를 중심으로 소개하고자 한다. 본 장에서 다룬 다양한 방법과 사례
들 가운데는 국내에서는 현재 사용하지 않거나 법적 제약 등으로 사용할 수 없
는 방법도 소개하고 있다. 그러므로 보안조사와 관련하여 여기에서 소개된 외국
의 방법 등을 국내에서 그대로 사용하는 경우 다른 법률들에 저촉되어 위법이
되고, 오히려 법적 문제가 되는 경우가 있다는 점을 유념하여야 한다. 보안조사
의 방법을 응용하여 실행하되 그것이 개별 법령에 따른 위법의 문제를 발생시키
거나 헌법상의 기본권을 침해하지 않도록 하여야 한다.

 본 장에서는 우선 보안조사의 방법론으로서 예방보안조사, 감시, 배경조사
를 설명한다. 그리고 보안조사의 기법으로 면접 및 신문 기법, 증거, 정보제공
자, 보고서 및 메모 작성 등을 소개한다. 한편 보안조사에서의 과학기술 정보
의 중요성을 고려하여 영상정보, 정보보안 기술 그리고 디지털 포렌식 등을 설
명한다.

1. 예방보안조사

1) 예방보안조사의 개념

보안조사는 질문에 대답하거나 문제를 해결하는 사실적 정보의 검사, 연구, 검색, 추적 및 수집이다. 보안조사는 사실을 수집하는 동시에 가용한 정보를 바탕으로 가설을 세우고 결론을 이끌어 내야 한다. 보안조사 과정은 정보 수집, 논리의 적용, 건전한 추론의 수행과 관련된 포괄적인 활동이다. 보안조사의 최종 결과는 이미 발생한 사건 또는 발생한 것인지의 여부에 대한 사실적 설명이다. 보안조사 과정은 형사 사법 및 보안 분야에만 국한되지 않으며, 사실상 인간 노력의 모든 영역에서 어느 정도 발견된 활동이다.[1]

보안조사에는 사전보안조사와 사후보안조사가 있다. 사전보안조사는 예방보안조사라고도 하는데, 본질적으로 은밀하며 비밀리에 수행되는 특성을 지닌다. 이러한 유형의 보안조사는 의심되는 활동이 일어나고 있거나 예상되는 동안 실시한다. 예를 들어 조직의 중요 기밀사항이 유출되는 징후가 농후할 때 의심되는 사항을 보안조사 하는 것이다. 사전보안조사의 목적은 의도되지 않은 결과가 일어나고 있는지 여부를 판단하는 데 있다. 한편 사후보안조사는 보안사고가 일어났을 때 실시하며, 조사관은 사건 이후에 일어난 일을 규명하여야 한다. 이러한 유형의 보안조사는 일반적으로 공개적으로 수행한다.

예방보안조사는 본질적으로 기업의 특정 지역이나 단위 조직 내에서 이루어진다. 따라서 예방보안조사는 성격과 운영 면에서 비밀스럽게 진행된다. 실질적으로, 직접적으로 책임이 있는 사람들 외에는 아무도 보안조사가 진행 중이라는 것을 알아서는 안 된다. 비밀리에 진행되는 보안조사의 장점은 조직의 특정 영역에서 일어나고 있는 일들을 정확하게 보여 준다는 것이다. 일반적으로 경영진

---

1 CHARLES A. SENNEWALD, JOHN K. TSUKAYMA, SECURITY INVESTIGATION, Butterworth – Heinemann, 2010, p.23.

은 사업부에서 무슨 일이 일어나고 있는지 잘 모른다. 그것은 최고 경영자에게 지속적으로 보고하는 책임자의 능력에 달려 있다. 능력이 부족하거나 정직하지 못한 책임자들은 자신과 관련된 사안이나 부하들에 대하여 올바르게 보고하지 않을 것이다. 이 비밀스러운 활동의 또 다른 중요한 측면은 조사관이 부정직한 면을 관찰할 뿐만 아니라 그것에 참여할 수 있는 위치에 있다는 것이다. 이를 통하여 경영진에 직원들의 절도 및 기타 불법 행위에 대한 자세한 정보를 제공할 수 있다.

무작위적인 실시는 단순히 작업 영역에 대한 테스트가 대부분이다. 그러나 부정이나 받아들일 수 없는 어떤 형태의 행동이 그 분야에 존재한다면, 그것은 곧 발견될 것이다. 허용할 수 없는 행동은 근무중에 알코올이나 약물을 사용하거나 재료·장비 또는 제품에 손상을 입히는 중대한 부주의 행동, 기타 환경에서 일반적으로 문제를 야기할 수 있는 행위들이 있을 수 있다. 민간 부문에서 사전 보안조사 또는 예방보안조사의 목적은 다음을 포함한다.[2]

① 내부 부정 발견
② 부정행위에 연루된 모든 사람들을 확인
③ 부정행위가 발생하거나 발생하도록 한 조직, 운영 또는 물리적 장애 식별
④ 조직에서 범죄에 관여된 모든 직원(또는 자신의 이익을 위해 은밀 계약하거나 다른 방식으로 범죄에 참여하는 외부인)을 색출
⑤ 확인된 결함을 수정

이러한 특정 보호 전략의 추가적인 이점에는 조직의 최고 이익에 반하는 조건의 발견 및 후속 대책이 포함된다. 이러한 사례는 열악한 감독 관행, 안전하지 않은 환경, 낭비적인 관행, 위생 문제, 법적 준수 위반, 산업 스파이 및 내부 사보타주 등이 있다.

민간 부문의 예방보안조사는 직원들의 행동과 업무 수행에 관련된 내부 업무에만 초점을 맞추고 있다는 것을 분명히 하여야 한다.

---

2 CHARLES A. SENNEWALD, JOHN K. TSUKAYMA, SECURITY INVESTIGATION, Butterworth – Heinemann, 2010, p.68.

2) 예방보안조사의 기법과 방법

(1) 보안요원 관리

전문적으로 보안요원들을 확보하고, 훈련시키고, 배치하는 보안전문 기업들이 있다. 이러한 보안전문 기업을 선정하고 임무를 계약할 때 고려하여야 할 사항은 다음과 같다.

① 자격

해당 기업이 업무상 부정행위 등 보안조사를 전문으로 하는 기업인가, 아니면 단지 단순한 심부름 용역을 수행하는 기업인가를 고려하여야 한다.

② 기업 특성

보안전문 기업은 의뢰 기업에게 자신들의 특성과 특징을 명백하게 설명할 수 있어야 한다. 또한 업무상 특별한 자격과 경험이 필요한 부분에 대하여서 이해시킬 수 있어야 한다. 의뢰하는 기업은 적합한 보안조사관을 채용할 수 있도록 대상 인력에 대한 신원조사를 철저히 하여야 한다.

③ 모집 및 자격인증 프로세스

보안전문 기업은 보안조사관을 채용하기 위하여 기관에서 사용하는 모든 방법을 명확히 이해하는 것이 필요하다. 보안요원에 대한 철저한 배경조사를 실시하고, 그 결과를 회사에 제출하여 검토하여야 한다. 회사는 적임자를 찾는 것과 관련된 채용 비용과 서비스에 대해 수수료를 지불하여야 하며, 이와 관련된 금액은 미리 규정되어야 한다.

④ 금액

보안전문 기업은 일반적으로 보안조사 관련 의뢰한 기업에 시간당 수수료를 요청한다. 여기서 직원으로 지급되는 정규 급여 외에 약간의 특별 급여가 대리인에게 지급된다. 일부 기업은 임무가 끝날 때마다 지불하여야 하는 보고서별 인센티브를 요구하기도 한다. 의뢰 회사는 추후 오해를 방지하기 위하여 사전에 발생할 수 있는 모든 비용과 부과비용에 동의하여야 한다. 각 수수료 및 비용에 대한 예산은 프로젝트를 담당하는 회사 보안 책임자가 책정하고 지속적으로 모니터링하여야 한다.

⑤ 보안조사관 통제

보안조사관에 대한 통제는 그가 소속된 보안업체에서만 가능하다. 보안조사관이 제공하는 작업의 진행사항은 회사 내 누구에게도 누설되어서는 안 된다. 만약 회사 보안 요원들이 내부 관리자들의 지시를 따르려 한다면 의사소통과 통제의 경계가 모호하여질 것이고, 책임감이 흐려짐에 따라 보안조사관은 쉽게 무능하여질 것이다. 최악의 경우 오해의 소지가 생길 수 있으며, 이로 인하여 보안조사관이나 전체 프로젝트가 실패할 수 있다.

⑥ 위험 보상

의뢰회사와 보안전문 기업은 보안조사 관련 손해발생 시 보안조사관의 허가를 받지 않고 부주의하게 행동한 경우에 관련 내용을 사전에 합의하여야 한다. 대리점 보험계약에 따라 회사가 피보험자로 지명된 회사에 보험증명서를 추가로 제공하도록 하는 것이 의무화되어야 한다.

비밀 보안조사는 회사, 회사의 문화, 그리고 위험성을 잘 알고 있는 숙련된 법률 변호사가 계약과 프로젝트 전반을 검토하도록 하는 것이 현명하다. 연방무역위원회는 회사가 직원들의 부정행위를 조사하고자 제삼자 조사기관을 이용할 경우, 공정신용보고법(Fair Credit Reporting Act, FCRA)[3]에 의하면 복잡하고 문제가 있는 부담을 야기하게 되었다. 그 후 고용주, 수사관, 변호사 등의 의견을 반영하여 미국 의회는 FCRA를 2003년의 공정하고 정확한 신용거래법(FACTA: Fair and Accurate Credit Trarsactions Act)으로 개정하였다.

FACTA는 예방보안조사의 사용 여부에 관계없이 외부 조사관을 사용할 때 고용주에게 부과되는 요건을 명확히 하였다. 이러한 외부 예방보안조사 결과에 따라 고용주가 직원에게 불리한 조치를 취하고자 하는 경우, 다음과 같은 사항이 적용된다.[4]

  a. 보안조사의 주제는 고용과 관련된 것이어야 한다.
  b. 보안조사는 고용주의 기존 서면 정책에 따라야 한다.
  c. 보안조사는 연방, 주 또는 지역 법률 및 규정 준수 여부를 조사할 수 있다.

---

[3] https://www.ftc.gov/system/files/545a_fair−credit−reporting−act−0918.pdf
[4] CHARLES A. SENNEWALD, JOHN K. TSUKAYMA, SECURITY INVESTIGATION, Butterworth−Heinemann, 2010, p.75.

d. 직원들에게 보안조사 내용을 요약 제공하여야 하지만, 그 요약에는 보안 조사에 정보를 제공한 사람의 이름이 포함되지 않을 수 있다. 직원에게 불리한 조치의 근거가 되는 보안조사의 사본을 제공할 필요는 없다.

e. 보고서는 고용주, 고용주의 대리인, 정부 기관 또는 법률에 의하여 요구되는 다른 경우에만 제공될 수 있다.

외부 법률 회사가 실제로 보안조사 기관에 참여하도록 할 때, 비밀 요원이 생성한 정보에 대하여 법적인 보호를 제공할 수도 있다. 예방보안조사가 시작되기 전에 법률 자문을 구하는 것은 바람직하다.

(2) 보고서 작성

조사요원은 교대 근무 때마다 상세한 보고서를 제출하여야 한다. 보고서는 비밀 조사원이 보고서를 보내는 데만 사용하는 전자 메일 계정에서 전송하여야 하며, 지정된 장소에서 작성하여야 한다. 보고서의 내용은 진실하고, 사실적이어야 한다. 또한 보고서는 사건에 대한 합목적인 내용보다는 사건과 관련된 다양한 내용을 포함하여야 한다. 즉, 조사요원은 다양한 사건, 관찰 및 직원들과의 대화 사항을 포함한다. 자신이 듣거나 본 모든 것에 대하여 가치를 평가하지 않고 사실 있는 그대로 보고한다.

메일로 보낸 보고서는 검토되고 편집되어 주요 경영층에 전달되며, 비밀 조사원의 ID가 코드화된 숫자로 지정한다. 이로써 비밀 조사원의 보고서나 위장된 명칭이 유출될 경우 신분이 암호화된 명칭에 의해 보호될 수 있다. 또한 보고서는 보안 채널로 수신되도록 하여야 한다.

3) 문제점

(1) 함정 문제

함정수사(陷穽搜査, entrapment)란 수사기관이나 수사기관의 의뢰를 받은 수사협조자(통상 정보원, 제보자, 협력자, 하수인 등의 다양한 명칭으로 불리며, 최대한 신분을 숨기려하고 겉으로 드러나지 않아 정체를 명확히 하기 어려운 것이 사실)가 범죄를 교사하거나 방조한 후에 그 실행을 기다렸다가 범인을 수사 및 공소 제기하는 수사방법을

말한다.[5]

　보통 함정수사는 범죄의사를 가지지 아니한 자에게 범의를 유발케 하여 범죄를 교사하는 형태인 범의유발형(犯意誘發型) 함정수사[6]와 이미 범죄의사를 가지고 있는 자에게 범죄의 기회를 제공하여 범죄를 방조하는 형태인 기회제공형(機會提供型) 함정수사의 2가지 유형으로 구별하고 있다.[7]

　마약류관리에 관한 법률 위반 판례에 따르면 다음과 같다. ① 넓은 의미의 함정수사는 이른바 '기회제공형'과 '범의유발형'으로 구분된다. 전자는 범의를 가진 자에게 단순히 범행의 기회를 주거나 범행을 용이하게 하는 것으로 수사방법상 그 상당성이 인정되어 적법한 반면, 후자는 국가에게 요구되는 수사의 염결성 및 적법절차의 법리에 반하는 것으로 위법하다. 위 두 가지 함정수사의 구별은 결국 수사기관이 범행을 교사할 당시 피 교사자에게 이미 범의가 있었는지 여부에 달려있다. 그러한 사전 범의는 주관적 요소이기에 피 교사자가 이를 인정하지 않는 이상 외부로 드러나는 객관적 정황에 의하여 사후적으로 판단할 수밖에 없고, 그 객관적 정황이라 함은 피 교사자의 전과, 범죄성향, 대상범죄와 피 교사자 간의 거리(밀접성), 범행의 동기 내지 피교사자가 범행으로 얻는 이익, 수사기관의 교사 기술과 방법, 수사기관이 함정수사를 하게 된 경위 등이 있다. 이를 종합적으로 고려하여 피 교사자의 사전 범의를 추단하여야 한다.

　② 두 번째는 수사기관(검찰)이 협조자로 하여금 피고인 갑에게 필로폰의 매수제의를 하게 한 후 필로폰을 구하여온 피고인 갑, 을을 검거하여 필로폰 수수, 판매로 기소한 사안이다. 피고인들이 검찰수사의 대상이 된 경위, 피고인들의 전과관계, 행위속성, 구체적 역할 등을 고려하여, 필로폰을 직접 구한 피고인 을을 이른바 '기회제공형 함정수사' 연관자로 보아 유죄로 인정하고, 위 협조자와 피고인 을을 알선한 정도에 그친 피고인 갑에 대하여는 이른바 '범의유발형 함정수사'로 보아 공소를 기각하였다.[8]

---

5 Daniel J. Hill, Stephen K. McLeod, 'The Concept of Entrapment', Criminal Law and Philosophy 12(4) : pp.539-554. November 2018 ; DOI : 10.1007/s11572-017-9436-7.

6 심희기, '위법(범의유발형)한 함정수사에 기초한 기소의 절차법적 효과', 고시연구, 2006, Vol.33(3), pp.106-112.

7 임철희, '함정수사', 형사법연구 30, 2018, Vol.30(4), pp.135-168 ; 신이철, '형사법상 함정수사의 허용한계와 합리적 통제', 경찰학연구, 2018, Vol.18(2), pp.253-281.

(2) 악용

보안조사관의 조사 활동에 따라 이해하고 처리하여야 하는 예방보안조사의 또 다른 위험한 측면은 정보를 조작할 수 있는 가능성이다. 그러한 정보의 조작은 성 과위주의 결과를 강요하는 분위기 속에서 보안조사관이나 의뢰 기업을 기쁘게 하 려는 열망의 결과일 수도 있다. 실제 사건의 한 예로, 비밀 요원이 동료의 절도 사건을 매일 보고하였는데, 실제로 물건 훔치는 증거를 잡기 위해 동료의 자동차 앞 좌석에 카메라를 설치하기까지 했고, 발견된 증거를 보안부서에 보고했다.

그러나 비밀 조사원의 이러한 행동이 개인적인 이유에서 비롯되었음이 드러 났다. 비밀 조사원은 그 동료를 몹시 싫어하였다. 그는 비밀조사 활동을 동료를 헐뜯는 데에 사용하였다.

사람들이 이처럼 속이거나 악용하는 경우에는 어떻게 해야하는가. ① 그러할 수 있다는 가능성 자체를 인식한다. ② 직접 또는 간접적으로 모든 정보를 확인 한다. ③ 서면 보고서와 구두 보고서 사이에 발생할 수 있는 불일치를 찾아야 한다. 그리고 ④ 마지막으로, 신문 중 의심되는 직원의 자연스러운 반응과 정상 적인 반응에 민감하여야 한다. 때때로 신문 중에 불신과 무죄가 추정되는 자연 스러운 반응을 발견하면 대상자의 심문을 중단하고, 고발자에 대한 심문을 할 수 있다. 비밀 조사원의 보고서를 검증하고, 구체적인 사항이 없으면 다른 수집 방법을 동시에 적용하여야 한다.[9]

(3) 전문성 부재

전문적인 비밀 조사요원들은 독특하고 규명하기 어려운 사건에 헌신해왔다. 그들의 성과는 성공적인 경우가 많으며, 공식적인 훈련과 경험은 말할 것도 없 고 직업적인 태도나 위상이 일반적인 사람들보다 우수하다.

그러나 많은 사람들은 호기심 또는 학교에 재직하는 동안 아르바이트 차원에 서 비밀 업무를 수행하기도 한다. 이러한 종류의 사람들을 비밀 조사원으로 활 용할 수 있지만, 보안적 측면에서 이들의 활동을 세심하게 점검하여야 한다. 이

---

8 서울북부지법 2006. 4. 13., 선고 2006노95.
9 CHARLES A. SENNEWALD, JOHN K. TSUKAYMA, SECURITY INVESTIGATION, Butterworth – Heinemann, 2010, p.79.

러한 사람들에게 잠복수사라는 용어를 적용하는 것은 적절치 못하다. 그들은 단지 비밀 보안조사에 참여하며 보조적인 역할만을 하는 것이다.

비밀 조사원들은 언제든지 해당 보안기업의 서비스가 더이상 필요하지 않은 경우 종료하고, 주 고용주에게 보고하도록 지시할 수 있다. 비밀 조사원을 이용하는 회사와 조사원 사이에 고용 약속이나 보증은 없다. 비밀 조사원은 또 다른 보안기업을 위해 일할 수 있기 때문이다.

2. 감시

보안조사 과정의 핵심 요소인 감시(Surveillance)[10]는 주의 깊게 행동을 지켜보는 행위를 말한다. 사건과 관련하여 발생하는 행동이나 활동을 파악하고자 개인을 시각적으로 모니터링하는 것이다. 이 시각적인 모니터링은 감시 화면 내에서 발생하는 행동을 관찰하여 일지 형식으로 기록하면서 문서화한 것이다.

감시는 고정되어 있거나(고정감시), 움직이거나(이동감시), 또는 둘 다의 조합일 수 있다. 범죄 또는 중대한 정책 위반, 정보 수집, 범죄 예방, 또는 이 세 가지 모두를 발견하려는 목적으로 은밀히 수행하거나 노출할 수도 있다. 그리고 사람의 눈으로 또는 전자 기계를 이용하여 감시할 수 있다.

1) 은밀 감시와 노출 감시

은밀 감시와 노출 감시의 결정적인 차이점이 있다. 은밀한 감시는 일반적으로 탐지 지향적인 반면, 노출 감시는 예방 지향적이다.

예를 들어, 예방의 주요 목적을 가진 부서에 대한 은밀한 감시는 정보를 수집하는 임무일 수 있으며, 손실을 줄이기 위한 적절한 시정 조치를 취하기 위하여 그 운영을 둘러싸고 있는 모든 이용 가능한 세부 사항을 개발하는 것이다. 그러한 정보에는 ① 고정적인 패턴(시간별 고객 수 또는 그 비율 등) ② 고객 도용 사고 건수(고객 대 도용 비율) ③ 도난된 상품의 종류 ④ 절도범의 정확한 위치 ⑤ 절

---

10 https://www.researchgate.net/publication/312213876_Surveillance_Theory_and_its_Implications_for_Law

도의 시간 ⑥ 도둑이 발생했을 때 직원이 수행한 작업 ⑦ 절도가 어떻게 이루어졌는지 ⑧ 직원 인력 운영 실태 (휴식 일정, 근무 인원 등) 그리고 ⑨ 직원의 부정직한 행동(친구들이 판매 사항을 기록하지 못하게 하고, 매장 근무시간 동안 매장 상품을 집에 가지고 가는 것 등)[11]이 있다.

(1) 감시 장비

여러 한계에도 불구하고 감시 카메라, 특히 저속 레코더가 장착된 비디오카메라는 보안조사를 수행하기 위하여 조사자를 숨길 수 없는 경우는 물론이고 여러 상황에서 매우 유용하게 사용된다. 카메라의 또 다른 장점은 한 위치에서 동시에 여러 위치를 모니터링할 수 있는 다중 위치를 기록할 수 있다. 또는 한 위치에서 다른 위치로 전환하는 임의의 활동을 연속적으로 활용할 수 있다. CCTV 카메라는 인간과 달리 피곤하거나 산만하거나 배가 고픈 등의 돌발 상황을 염려할 필요가 없다.

보안적 측면에서 CCTV 카메라는 보안조사 과정에 상당히 유용하다. 많은 부정직한 직원들이 연속적으로 기록된 비디오 레코더에 의해 붙잡혔다. 도난당한 물건을 은밀하게 문을 통하여 출입하고, 사무실 책상과 파일을 뒤적거리며, 사탕, 음료 또는 추가 변경을 강요하는 자동판매기를 걷어차는 것과 같은 기타 보안 관련 위반 사항 역시 잡아낼 수 있다.

카메라의 시선은 특정 정보를 입력하는 사람, 비밀 문을 통해 물품을 받는 사람, 보안 제어 작업 영역에 있는 사람 등 일반 정보를 제공하는 데 효과적이다. 그러나 매우 구체적이거나 자세한 정보를 얻는 데에는 결점이 있다.

(2) 감시 기록

감시자가 관찰한 내용을 소리로 녹음하거나 수기로 작성한 것은 기록으로 남겨야 한다. 음성으로 기록할 경우 업무에 활용하기 위하여 일시, 장소, 시간, 날씨 등 주석을 넣으면 효율적이다. 메모의 장점은 즉시 사용할 수 있으며 시간, 노력 또는 비용이 소요되지 않으며 단어 처리가 가능하고 전자 메일을 통해 쉽

---

11 CHARLES A. SENNEWALD, JOHN K. TSUKAYMA, SECURITY INVESTIGATION, Butterworth-Heinemann, 2010, p.81.

게 전송할 수 있다는 것이다. 녹음된 자료에 대해서도 마찬가지이다. 또 다른 장점은 간단한 종이와 펜만으로 작성하는 것이 레코더와 같은 장비를 사용하는 것보다 현장에서 더 유용할 수 있다.

하루의 보고서에는 여러 페이지가 있을 수 있지만, 날짜마다 별도의 주석이 있어야 한다. 매일 또는 각 근무 교대에는 비슷한 표제가 있어야 하며, 보안조사 날짜, 사례(이름과 파일 번호), 조사관 또는 조사자의 신원을 표시해야 한다. 둘 이상의 감시자가 동일한 장면을 보고 있는 경우 하나의 기록만 유지해야 한다. 같은 사건을 갖고 두 개 이상의 지역을 감시할 경우, 각각 별도의 감시기록이 유지되어야 한다. 이러한 기록은 공식 사건에 대한 파일로서 영구적으로 보존되어야 한다.

2) 고정 감시

고정 감시는 위치가 고정되거나 지속적이거나 혹은 단기간이거나 매우 일시적인 경우에 적용한다.

(1) 고정 감시

고정 또는 장기 감시는 건물 또는 특수 목적으로 설계·제작되어 해당 건물 내에서 특정 위치를 시각적으로 모니터링할 수 있는 곳으로 한다. 예를 들면 사설 도박 장소에 출입하는 사람들을 감시할 수 있는 건물 외부 벽체, 물건을 받거나 전달할 수 있는 항구 같은 보안감시가 민감한 영역, 또는 고객이 전시장의 귀중한 보석 디스플레이와 같이 귀중한 회사 자산에 즉시 접근이 가능한 지역 등이 해당한다. 눈에 띄지 않는 보안 감시 위치의 예로는 일반적으로 보안 감시 시야를 볼 수 있는 전체 미러를 들 수 있다. 또 다른 눈에 띄는 감시 위치의 예로는 직원이나 고객의 전체적인 시각에서 앞뒤로 움직이는 천장에 설치된 CCTV 카메라가 있으며, 시장 및 약국 벽에서 흔히 볼 수 있는 돌출된 쌍방향 미러 구성으로, 가장 취약한 부분인 통로를 내려다 볼 수 있다.

(2) 단기 감시

단기 감시는 특정 문제를 해결하기 위하여 이용한다. 단기 감시에 주로 이용하는 위치는 무단 침입이 의심되는 지역, 회사 내 많은 사람들이 모여서 환담을 나누는 장소, 개조된 9인승 승합차 등이 있다. 또는 사건의 특징에 따라 오피스 텔이나 아파트를 단기 임대하는 경우도 있다. 영화에서는 내부 고발자나 범죄조 직의 행위를 목격한 목격자 등이 안전가옥에 머무는 주된 대상이 된다. 그러나 수사기관이 혐의자의 범죄 증거를 수집하기 위하여 위장된 오피스텔, 아파트, 술집, 커피숍 등을 안가로 사용하기도 한다.

단기 감시의 경우 감시 요원을 수용할 수 있도록 개조한 승합차가 매우 효과 적일 수 있다. 도로, 주차장 또는 감시 대상 건물 주변에 주차 된 승합차는 의심 을 살 여지가 거의 없다. 차량을 감시 목적으로 감시 대상에 근접하게 주차하여 야 하는 경우, 주변 환경에 맞도록 승합차를 위장하여야 한다. 이러한 차량은 독 단적인 감시를 위한 맞춤형 장비이다. 때로는 밴을 조사의 목적에 맞게 위장하 는 것이 훨씬 더 다채로운 접근법으로 활용할 수 있다.

(3) 일시적 감시

일시적 감시는 감시 대상을 관찰할 수 있는 건물 옥상이나 사무실 창에서 소 유주의 허가를 받아서 수행한다. 일시적 감시는 상황에 따라 한 번, 일주일 또는 그 이상 지속될 수 있다. 일시적 감시는 단기 감사와 감시 기간은 차이가 없으 나, 감시 장소 이용에서 사건의 진행과 상황에 따라 장소가 특정되지 않은 반면 단기 감시는 감시 지역이 고정되어 있다.

3) 미행

일반적으로 미행은 어떤 사람을 감시하려고 몰래 뒤쫓는 것을 의미한다. 미 행은 가능한 모든 장치 또는 하드웨어를 사용하지 않고 인간의 눈으로 수행하여 야 한다. 관찰자가 직접 펼쳐지는 사건의 장면을 볼 때 명확성, 상세성, 색상 및 치수(현장 깊이) 측면에서 전체 이해력을 대체할 수 있는 것은 없다. 즉, 펼쳐지는 사건의 장면을 개인적으로 보는 것이다.

범죄 혐의가 있는 대상자가 이동하고 있는 상태에서 실시하는 미행 즉 이동 감시는 예측할 수 없는 변수가 많아 목적을 달성하기가 가장 어려울 뿐 아니라, 대상자에게 미행 행동을 들킬 수 있다. 대상자가 자신이 미행당하고 있다는 것을 알면 감시자를 따돌리려고 하거나 범죄 관련 행위를 멈추게 되어 혐의 단서를 포착하기 어렵다. 대상자가 증거를 인멸하거나 처분하거나, 사건이 완전히 전개되기 전에 범죄 활동을 중단하거나, 완전히 새로운 전략으로 재개하기 위하여서 일시적으로 활동을 중단하게 할 수 있다.

이동 감시는 (특히 교통이 복잡한 도시지역에서) 도보 또는 자전거, 모터사이클, 자동차, 대중교통 등으로 이루어진다. 조사자가 조사 대상자를 추적할 수 있는 한, 사용 가능하고 실제적인 모든 수단을 사용할 수 있다. 이동 감시의 가장 핵심적인 사항은 노출을 피하는 것이다. 다음은 위험을 최소화하기 위한 몇 가지 방법이다.[12]

(1) 도보 미행 시

- 자신과 대상자 사이에 자연스럽게 여러 사람을 끼어들게 한다.
- 대상자의 머리 뒤를 정면으로 보지 마라. 많은 사람들은 자신을 주시하고 있거나 쳐다보는 것을 느낄 수 있다. 가능하면 대상자를 허리 아래, 특히 발아래로 지켜본다.
- 만약 대상자가 상점 창문에 시선을 멈추거나 누군가와 함께 상점에 들어가거나, 혹은 신문을 구입하는 등의 행동을 취하여 지속적인 감시를 할 수 없다면 대상자를 스쳐 지나 계속해서 걸어가라.

(2) 대중교통 미행 시

- 대상자 바로 뒤에 앉지 않는다.
- 대상자 앞쪽의 같은 방향에 있는 좌석에 앉는다.
- 대상자와 눈이 마주치는 것을 피한다.
- 버스 승차 후 짧은 거리 내에서 내리는 경우, 대상자가 긴장한 것처럼 보이는 경우에는 대상자가 내린 후 다음 정거장에서 내린다. 이때 후방이나 옆 창문을 통해 대상자가 버스에서 내린 후의 방향을 관찰한다.

---

12 CHARLES A. SENNEWALD, JOHN K. TSUKAYMA, SECURITY INVESTIGATION, Butterworth-Heinemann, 2010, pp.88-89.

(3) 자동차 미행 시

• 자동차 감시는 무선 통신 또는 휴대전화와 연결이 가능한 두 대 이상의 차량을 언제든지 준비하여야 한다.

• 전문 운전기사뿐 아니라 여성 보안조사관을 운전기사로 이용한다.

• 차량 거리, 교통량, 도로 구조 및 상태가 허락한다면 대상자 차량과 멀리 뒤따라가면 더 좋다.

• 대상자가 운전하고 있는 같은 차선을 따라 운행하지 않는다. 같은 차선은 미행을 실패할 확률이 더 많다. 다른 차선은 방향전환이 가능하고 손쉬운 방법으로 고속도로를 빠져나갈 수 있다.

• 여러 대의 차량으로 감시하면 보조 차량이 대상 차량을 비교적 가깝게 따라붙을 수 있다. 피사체가 방향을 바꾸거나 왼쪽이나 오른쪽으로 돌리면 보조 차량은 곧장 앞으로 나가야 한다. 이러한 미행기법은 조금 의심스럽더라도, 대상자가 미행당하지 않고 있다는 의식을 심어주기 위한 것이다.

• 여러 차량 감시를 할 경우, 각각의 자동차를 적절한 시간 간격으로 앞지르기를 시도하는데, 맨 끝에 있는 차량이 앞쪽으로 움직이고 맨 앞의 차량이 맨 뒤로 이동하는 방식이다.

• 차량 감시 중에 신체적 언어가 중요하다. 좌석 등받이 위로 드리워진 팔이나 문짝의 창틀에 걸쳐 있는 팔은 편안하고 무관심한 운전자 또는 탑승자의 모습을 나타낸다. 그러나 음악을 크게 틀고 노래하는 행위는 주의를 집중시킬 수 있어 부정적 효과를 야기할 수 있다.

4) 이동감시와 고정감시

대상자 개인 또는 집단에 대한 감시는 이동감시와 고정감시가 복합적으로 실시된다. 복잡한 대도시의 경우 이동감시는 대부분 중도에서 대상자를 잃어버리는 실패가 많다. 이러한 경우 고정감시를 하고 있는 다른 팀과의 관찰 기록을 검토·분석하여 유용한 정보를 도출하여야 한다. 예를 들어 대상자의 퇴근 후의 행동을 이동감시 팀이 미행하다가 중간에 행방을 놓쳐 실패한 경우 대상자가 행동한 지점, 시간 등을 기록한다. 또한 대상자의 자택을 감시하고 있는 고정 팀

자료를 분석하여, 대상자가 탈미한 지점에서 곧바로 집으로 왔는지 또는 중간에 어디에 들렀었는지를 분석하여야 한다. 분석 결과 중간에 미지의 장소를 들렀다면 반드시 확인하도록 한다.

(1) 전체경로 파악

대상자가 탈미한 경우 전체경로가 식별될 때까지 이동하는 경로를 한번에 하나씩 연결하는 작업을 한다. 대부분의 사람은 자신이 친숙한 경로를 이용하여 목적지에 도달하려는 습관이 있다. 이러한 점에 착안하여 단기 이동경로를 이어간다면 전체경로를 파악할 수 있다. 따라서 퇴근 후에 대상자가 자택에 도착하는 시간을 파악하여, 정상적인 시간보다 늦게 도착하였다면 중간에 무엇을 하였는지, 누구를 만났는지 등을 확인할 수 있어야 한다.

(2) 감시 계획수립

조사관들에게 감시는 사건을 해결하기 위하여 거쳐야 하는 필수적인 것이다. 고정감시와는 다르게 이동감시는 조사관에게 돌발적인 사건의 연속이다. 따라서 철저한 사전 감시 계획을 세우기 위하여 모든 노력을 기울이지 않으면 실패할 수 있다. 조사관은 감시 계획의 실질적 요소 이외에 법적 요소도 고려하여야 한다. ① 법적인 권리가 허용되는 장소에서만 감시를 실시하여야 한다. 쇼핑몰, 호텔로비 등과 같은 반 공공장소에서 카메라 사용이 제한될 수 있음을 알아야 한다. ② 타인의 프라이버시를 침해해서는 안 된다. 개인 주택의 내부, 특히 사람들이 자거나 옷을 벗을 때 보거나 사진을 찍는 동작을 하면 안 된다. 또한 개인 사유 지역에 주인 허락 없이 출입해서는 안 된다. 대상자의 동향을 좀 더 확인할 수 있는 채증을 위하여 불가피하게 남의 영역을 출입하는 경우에도 법적인 영향을 받을 수 있다. 훌륭한 조사관은 법적인 부분에 숙련되고 노련한 운영이 필요하다. 이러한 계획에는 아래의 요소를 고려하여야 한다.

① 주요 감시 장소를 지정한다.
② 대상자 주변 인물 정보를 수집한다.
③ 범죄의 핵심과 관련된 물증의 경로를 예상한다.
④ 감시와 관련 안전대책을 수립한다.

⑤ 수사 관련 기관과의 협조체제 구축이다.

⑥ 법적인 고려사항이다.

(3) 추적 장치

GPS는 위성에서 보내는 신호를 받아 사용자의 현재 위치를 계산하는 위성항법시스템이다. GPS 위성이 전송하는 신호는 두 가지가 있다. 코드라고 알려진 1과 0의 독특한 신호와 그보다 더 짧은 파장을 지닌 캐리어 신호이다. 캐리어 신호는 파장이 약 20cm에 불과하므로 고해상도로 지구 표면의 한 지점을 정확히 찾아낼 수 있다. 때문에 GPS라고 하면 자동차나 항공기, 선박 등의 내비게이션 장치만 여겨진다.

개인용 GPS 추적기 또는 개인용 GPS 추적 장치는 작고 컴팩트하여 의류, 가방 또는 코트 주머니에 쉽게 숨겨 사용할 수 있다. 어린이, 취약한 성인 또는 여행자가 실종된 상황에서 귀중한 항목이 될 수 있다. 이전 위치의 역사를 제공하고 실시간 움직임을 제공한다.

GPS 추적 장치[13]는 며칠 또는 몇 주 동안 특정 설정 간격으로 장치의 시간, 날짜 및 위치를 기록하는 간단한 저장장치일 수 있다. 기기로부터 나온 데이터는 회사 컴퓨터에 다운로드 되고, 목록 형식으로 또는 지도의 위치로 표시될 수 있다. 일부 추적 장치는 데이터 다운로드를 용이하게 하기 위하여 물리적인 복구가 필요할 수도 있다. 이러한 장치는 정기적인 기간 또는 조사관이 필요로 할

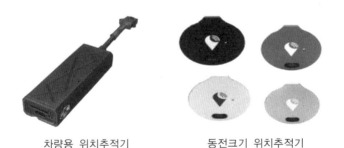

차량용 위치추적기　　　　　동전크기 위치추적기

---

13 김종구, 'GPS 추적장치를 이용한 수사의 적법성 -미연방대법원 판례의 변천과 관련하여-', 法學 論叢 第34輯 2015, 숭실대학교 법학연구소, pp.163-188.

때 전송되는 문자 메시지에 맞추어 실시간 데이터를 제공한다. 데이터는 위도 좌표 또는 디스플레이 소프트웨어를 통하여 위치로 제공될 수 있다.

민간 부문 보안조사 감시와 관련하여 직원이 회사 차량을 가지고 있는 곳을 아는 것이 매우 중요할 수 있다. 예를 들어 배달 운전기사가 "개인 고객"에게 도난당한 회사 재고 물품을 전달할 것이라는 소문이 있는 경우, 용의자의 회사 배달 차량이 알려진 분실물과 일치하는 날, 공식 경로에서 10마일 떨어진 회사 전 고객 위치에 있음을 알 수 있다. 이 경우 보안조사 팀은 구매자 위치에서 제공되는 재고 목록에 도난당한 제품의 위치를 확인하는 데 집중할 수 있으며, 향후 배달을 계획하는 운전자를 관찰하고 문서화하기 위하여 미리 대비할 수 있다.[14]

비록 회사 소유의 차량을 보안조사 목적으로 위치추적을 할 때는 큰 주의를 기울여야 한다. 조사관은 이러한 방법을 사용하기 전에 법률 전문가와 상의하여야 하며, 위치추적 자료는 실제 직원의 근무시간에만 국한되어야 한다. 추적 장치를 동의 없이 비밀리에 부착·이용하는 것은 불법일 경우가 많다.[15] 최신 기술의 사용이 조사활동에 많은 장점이 있지만 감시의 다른 측면과 마찬가지로 침입, 사생활 침해 등과 같이 조사의위험성을 나타낼 수도 있다. 범죄 조사에 대한 입증도 중요하지만 법적인 규정을 따라야 한다.

다음의 사례는 감시할 때의 고려 사항이다.[16]

---

14 CHARLES A. SENNEWALD, JOHN K. TSUKAYMA, SECURITY INVESTIGATION, Butterworth-Heinemann, 2010, p.96.

15 김현숙 , '수사절차와 위치추적 -U.S. v. Jones 판결(2012)과 개정 위치정보보호법을 중심으로-', 경찰법연구, 2012, Vol.10(1), pp.181-204.

16 서울신문, 2015. 9. 15., 구글 검색, https://www.seoul.co.kr/news/newsView.php?id=20150917500056#csidxd87df8649eecd71816a41a76199a23

사례 1

김씨는 외도 행각을 포착하기 위하여 출·퇴근 때 지하철을 이용하는 남편을 몰래 뒤쫓았고 5일 만에 내연녀와 모텔에 들어가는 모습을 사진 촬영했다. 형사처벌 대상인가.

⇨ 개방된 장소에서 사람을 쫓아가거나 자주 가는 곳에 잠복해 있는 것만으로 형사처벌하기는 어렵다. 또, 공개된 장소에서 사진을 촬영하는 행위도 금전적 이득을 얻으려고 초상권을 침해하는 행위로 이어지지 않는다면 처벌 가능성이 낮다. 심부름센터 직원 등에 의뢰해 미행해도 마찬가지다.

사례 2

직원의 절도를 의심해 기업 상사가 위치추적기(GPS)를 회사 소유 승용차 트렁크에 몰래 설치했다. 하지만 트렁크 정리를 하던 직원이 우연히 GPS 장치를 발견해 경찰에 고소했다.

⇨ 타인의 차량 등에 GPS를 몰래 설치하는 행위는 위치정보보호법에 따라 3년 이하의 징역 또는 3천만 원 이하의 벌금형에 처해질 수 있다.

사례 3

기업 경영자는 자사 영업사원들이 회사 업무를 하지 않고 자신들이 이익을 위한 활동한다고 의심하여 인터넷에서 실시간 위치를 확인할 수 있는 앱을 구입하였다. 경영자는 스파이앱을 영업사원들의 스마트폰에 설치했다. 이후 통화 내용을 몰래 녹음하고 메신저 대화 내용 등을 들여다 봤다.

⇨ 스파이앱[17] 설치는 정보통신망법상 악성코드 전달·유포 금지 조항을 위반한 것이다. 또, 타인 간의 대화를 몰래 녹음하면 통신비밀보호법상 도청에 해당하기 때문에 1년 이상, 10년 이하의 무거운 징역형에 처해질 수 있다.

---

17 정영호, '스파이 앱(Spy Application) 범죄 사례연구 및 대응방안', 범죄수사학연구, 2015, Vol.1(1), pp.133－152.

3. 배경 조사

배경 조사는 많은 고용주를 위한 고용 과정의 필수적인 부분이다. 구직자는 고용되기 전에 다양한 심사 절차에 동의해야 하는 경우가 많다. 특히 정부 일자리와 아동 및 장애인과의 협력이 필요한 직책에 지원할 때 그렇다. 어떤 경우에는 보육과 같은 특정 업무를 의무적으로 심사해야 하는 법률이 있으며, 다른 경우 고용주는 이력서에 허위 또는 왜곡된 정보가 포함되어 있는지 여부를 판단하기 위하여 자신의 신원 조회를 실시하고 다른 면으로는 부주의한 고용 소송에서 자신을 보호할 수도 있다.[18]

직원 배경조사 과정만큼 조직의 이익에 부합하는 보안조사 기능은 없다. 보안조사의 전문성에 대한 수요가 증가하고 있는 추세이므로 모든 배경조사는 고용 이전에 실시되어야 한다.

대기업의 경우 취업 제의 전에 중요 직책에 한해서 지원서를 받은 후 시험을 치르게 한다. 조직의 리스크 측면에서 덜 중요한 직책은 간단한 절차만으로 채용되며, 나중에 사원으로 고용된 후에 정밀 검사를 받을 수 있다. 예를 들어 출납원이나 보안 직원은 중요도가 높으며, 식기를 닦는 직원이나 정원사는 일반적으로 위험이 적다고 볼 수 있다. 사전 배경조사를 통하여 지원자를 선별하고 신입 사원을 확정하는 것은 기업의 손실 방지 차원에서 이루어져야 한다. 우선 정규직원을 대상으로 내부적으로 실시하여야 하며 그 다음은 비정규 직원들에게 적용할 수 있다.

법원이 고객의 안전 보호를 위하여 기업의 책임 범위를 확대하는 경향이 증가하고 있다. 만약 소아성애자로 알려진 종업원을 놀이동산의 아동 손님을 안내하는 자리에 배치한다면, 알코올 중독자를 유조선 선장직으로 고용하게 된다면 어떨까? 그러한 전과자는 취업 면접이나 고용 신청 시 자발적으로 그들이 아동을 성추행하거나, 불을 지르고, 사기를 꾀하거나, 술을 너무 많이 마시는 경향이 있음을 인정하여야 한다. 그러나 때대로 고용되기를 바라는 마음에서 불리한 정

---

18 조길형, '미국의 정지 및 신원확인규정에 대한 이해', 경찰학연구 제11권 제2호, 2011. 6, pp.301 – 329.

보를 숨긴다. 따라서 경영자는 최고의 후보자만 선발하여 그 후에 건전한 고용이 유지되도록 최선의 노력을 기울여야 한다. 고용의 약속이나 계약 이전에 경영자가 신입 직원을 검사, 관찰할 수 있는 기회를 갖도록 관찰 기간을 길게 결정할 수 있으면 좋다.

1) 신원 확인

신청자의 신원을 확인하는 것은 직원 고용에서 가장 필수적인 요소 중 하나이다. 고용주는 주민번호, 거주 주소 및 기타 데이터와 대조하여 고용을 지원한 사람이 본인이 맞는지 확인한다. 이는 회사가 추후 별칭으로 사기를 피하는 데 도움이 된다.

2) 범죄 기록

배경 조사의 중요한 요소는 지원자의 범죄 기록을 검토하는 것이다.[19] 여기에는 단순한 경범죄 혐의부터 체포, 법정 출석 및 투옥 기록까지 모든 것이 포함된다. 심사 세부 기준은 기업마다 다르다. 일부 회사에서는 고용주가 경범죄는 고려하지 않는 반면, 다른 회사는 전과보다는 신념만을 고려할 수 있다.

최근에는 직장 폭력 문제가 조직 관리 측면에서 점점 더 중요해지고 있다. 비록 개인이 직장에서 폭력적으로 변할 가능성을 측정하는 것은 어려울 수 있다. 그러나 전문적인 정신과 의사들의 도움으로, 일부 회사는 이러한 위험에 노출되는 것을 줄일 수가 있다. 회사가 거칠고 폭력적인 직원과 장기적인 고용 관계를 맺는다면 조직 분위기는 점점 더 취약하게 된다. 철저한 배경조사를 통하여 폭력이 직장에서 만연되는 것을 막아야 한다.

3) 신용도 평가

금융기관의 신용도 평가를 검토할 수 있다. 여기에는 부동산 소유권에 대한

---

19 황태정, '전과기록의 이용,관리와 형실효법의 문제점', 형사정책 18권2호, 2006, pp.559－594.

데이터뿐만 아니라 모기지 지불, 자동차 지불, 신용 카드 부채 및 연체료와 같은 것을 검사하는 신용 보고서가 포함된다. 특히 지원자가 조직의 금전과 관련된 부서에 배치되는 경우에는 더욱 중요시되는 항목이다. 일부 법에서는 고용주가 금융신용 평가로 차별하지 못하도록 금지하고 있지만 조직의 관리 차원에서 참고 사항은 될 수 있다.[20]

미국 캘리포니아주에서는 고용주는 직원이나 구직 지원자에 대한 신용을 평가할 수 있다. 좋지 않은 신용 정보는 7년 동안 리포트에 남고, 파산하였을 경우 10년 동안 남는다. 파산 관련 정보는 공개된 자료이지만 고용주는 파산하였다고 채용과정에서 차별할 수 없다.[21]

4) 지원 서류

배경조사는 언제, 어떤 절차로 시작하여야 하는가. 체계화된 조직에서는 신청자의 서류가 인사부에 도착한 후 몇 달 또는 몇 년이 걸릴 수도 있다. 철저한 배경 조사와 그에 따른 고용 관계의 성공은 지원자가 구직 과정에서 작성하는 서류들에 대한 철저한 검증이다. 인적자원 관리자, 보안 임원 및 법률 고문 팀이 협력하여 입사 지원 관련 문서들을 검토하여야 한다. 문서 형식 자체에 많은 노력을 기울여야 하지만, 인쇄된 양식 그 이상의 내용을 포함하여야 한다.

다음은 조직에서 입사 지원 서류 세트 및 온라인 고용 애플리케이션 웹 페이지에 포함하여야 할 문서 중 일부이다.

① 지원서

입사 지원서에는 최근 근무한 모든 직업을 기재하여야 한다. 어떤 경우 경영자는 모든 직업에 대한 경력을 요구할 수도 있다. 신청자가 종사하였던 회사의 이름과 전화번호, 고용주의 이름, 주소 및 전화번호를 기재하여야 한다. 지원서에는 제공된 정보가 모든 고용 정보를 포함한다는 것을 지원자가 증명하는 별도

---

20 권영준, 남재현, 조민정, '개인신용평가에서의 비금융정보의 경제적 효과', 한국경제연구, 韓國經濟研究 第29卷 第2號, 2011, pp.81－107.

21 김해원, 종업원 배경조사, 신용 평가, 신원조회시 조심할 점들, 2018. 10. 9., 구글검색, 2019. 12. 6., https://www.ksvalley.com/news/article.html?no=5086.

의 공간이 포함되어야 한다.

② 신용보고서 협조

회사의 법률 부서는 고용 전 또는 고용된 기간에 지원자에 대한 신용 기관의 보고서를 받을 수 있도록 회사에게 권한을 위임하는 양식을 작성하여야 한다. 회사가 외부 조사 또는 연구 지원을 유지하는 광범위한 조사의 대상이 되는 경우 중요한 문서가 될 수 있다.

③ 교육 정보

지원자는 학교, 대학 또는 직업학교에 보관된 모든 교육 기록에 포함된 정보의 공개를 허가하는 양식을 작성하여야 한다.

④ 정보 인증

지원자는 이전 고용주, 감독관, 직장 동료, 지주, 집주인, 의사 및 기타 고용주가 찾는 모든 정보를 제공하도록 특별히 허가하는 양식에 서명하여야 한다. 이 양식에는 신청자의 정확한 식별자가 기재되어야 한다.

⑤ 실업 확인서

근로자에게 이전의 실업 기간을 기재하도록 요구하여야 한다. 실업에 대한 이유는 그 시간 동안 개인이 기본 생활비를 어떻게 채웠는지에 대한 정보와 함께 기재되어야 한다. 정보가 필요하다는 것을 확인할 수 있는 사람의 이름과 전화번호를 함께 기재하여야 한다.

⑥ 배경조사 승인

지원자는 고용 또는 지속적인 고용에 대한 조건이 배경 조사가 만족스럽게 완료되었다는 것을 알리는 서명 통지를 받아야 한다. 보안조사에 필요한 정보를 정확하게 제공하지 못하면 떨어질 수 있음을 신청인에게 알려야 한다. 이는 입증된 의도적인 허위 적용과 거짓 정보가 "실수"로 제공되었다는 주장에 수반되는 불확실성을 모두 포함할 것이다.

⑦ 합리적 검증 불가 시 통지

마지막으로 거짓이나 기만적인 정보가 입증되지 않았더라도, 어떤 이유로 제공된 정보가 합리적으로 검증될 수 없는 경우, 피고용자에게 통지하여야 한다. 예를 들어 학교기록물의 소각으로 인하여 검증이 될 수 없는 경우이다. 회사는 배경조사를 완료하는 것이 불가능하다고 생각할 수 있으며, 이것만으로도 불리한 근거가 될 수 있다. 부당한 차별로 인한 청구를 줄이기 위하여 유사하게 적용되는 모든 신청자에게 이러한 관행을 일관되게 적용하는 것이 중요하다.

5) 경력 조회

경력 조회에서 주요 질문은 다음과 같다.

- 지원자가 실제 회사에 고용된 적이 있었는가?
- 그렇다면 지원자가 기재된 기간 동안 고용되었는가?
- 지원자가 명시된 사유로 회사를 퇴사하였는가?
- 지원자는 다시 고용을 신청할 자격이 있는가? 그렇지 않다면 이유는 무엇인가?
- 지원자의 수입은 주장 대로였는가? (주로 경력직 채용에 적용)
- 지원자가 폭력, 위협, 직장에서의 마약 또는 음주, 성희롱 혐의에 관련된 적이 있었는가?

고용 전의 조사에서 이러한 질문은 대개 인사 담당자, 고용자 또는 보안부서 직원과 같은 과거 고용 관련 책임자와 전화 통화로 대답을 얻을 수 있다. 이러한 기본적인 질문에 신뢰할 수 없는 정보가 접수되면, 보안조사관은 의심스러운 사건의 명확한 사실을 얻을 수 있도록 관련된 질문을 하여야 한다. 그 사건과 관련된 증인의 이름과 연락처 정보를 얻는 것도 추후 중요할 수 있다.

지원자가 산업계에 알려지지 않은 경우 즉, 부정적인 파일이 없는 경우 이전 고용을 검증하여야 한다. 그리고 지원자가 재고용 대상자로 추천되었으면, 신청자에 대한 높은 위험 가능성은 없다. 그러한 경우, 신속한 배경 조사만으로 충분할 수 있다. 그러나 고용 후 더욱 광범위한 조사를 이루어야 한다.

이것은 다른 사전 고용 작업이 불필요하다는 것은 아니다. 최소 기준을 구성하는 배경 조사에 대한 노력의 정도는 특정 회사 (또는 보안부서)의 조직 요구 평가, 위험 측면에서의 민감도 및 배경조사에 사용할 수 있는 보안 자원과 직접 관련된다.

6) 주거지 조사

이웃이나 집주인들은 지원자에 관하여 훨씬 많은 것을 알고 있다. 그들은 지원자뿐만 아니라 지원자를 둘러싼 가족들에서도 상당한 정보를 얻는 경우가 많다. 그들은 지원자의 취미, 운동, 지역 주민에 대한 예의, 음주 행태, 자녀에 대한 관심사 등을 잘 알고 있다. 지원자가 임차인인 경우 집주인은 조사관에게 임대료 지불이 기일 날짜에 정확히 이루어졌는지 여부 등을 파악할 수 있다.

7) 의료 기록

연방 건강정보법(HIPAA)[22]과 캘리포니아 주의 의학정보법(CCMIA)은 모두 입사 신청자들의 의학정보의 비밀에 대하여 엄격한 요구사항을 정하고 있다. 또한, 캘리포니아주의 장애 차별 금지법이나 연방 장애 금지법 모두 고용주가 입사 신청자의 의학적 조건이나 정신·육체적 장애에 관하여 물어보는 것을 금지하고 있다. 고용주는 단지 특정 업무를 수행할 수 있는지 여부만 물어볼 수 있다.[23]

8) 지원서 확인

고용 심사에서 과거 고용의 사실은 대개 전화로 확인한다. 이전 직장에서 동료들은 대부분 부정적인 평가보다는 좋은 것이 좋다는 마음으로 제공하는 경우가 많다. 지원자들이 이러한 허점을 이용하여 부풀리거나 부정확한 경력을 기재할 수 있다. 컨설팅 업체는 허위로 이력을 작성하여줄 뿐 아니라 가짜 학위증이나 경력증명서를 발급하여주기도 한다. 채용 담당자가 이력서상의 이전 직장들에 전

---

22 https://www.cms.gov/Outreach – and – Education/Medicare – Learning – Network – MLN/MLNProducts/Downloads/HIPAAPrivacyandSecurity.pdf.

23 김해원, 종업원 배경조사, 신용 평가, 신원조회시 조심할 점들, 2018. 10. 9., 구글검색, 2019. 12. 6., https://www.ksvalley.com/news/article.html?no=5086.

화하여 평판을 조회하는 행위를 대비하기 위하여서 컨설팅 업체의 전화번호를 기재하는 경우도 있다.

국내의 한 통계자료에 의하면 경력자 지원자가 이력서에 기재한 내용이 실제와 다른 것으로 적발된 비율이 약 11~15%정도다. 경력사항을 속이는 경우가 35%로 가장 많고, 학력 위조 19%, 나머지는 재정적인 신용도, 도로교통법 위반 사항 등이다.[24]

다음은 지원자가 희망하는 직책의 민감성 및 회사의 정책에 따라 다음과 같은 기법도 고용 시 사용된다.

① 서면 테스트

많은 회사들은 신청자가 바람직하지 않은 성격일 경우 과거 활동과 미래의 위법행위의 예측 가능성을 측정하기 위한 일련의 질문에 응답하는 시험을 제공한다. 폭력적 경향, 마약 사용 및 정직은 종종 측정되는 요소이다.

② 거짓말 탐지기

사전 고용 상황에서 이 기법의 사용이 제한되었지만, 거짓말 탐지기의 사용이 여전히 허용되는 산업 분야(약제 제조, 국방 계약자, 보안 서비스 등)가 존재한다.

③ 소송 기록

신청자가 근무하고 거주한 장소에 대한 법원 기록의 확인은 유죄판결 및 이혼뿐만 아니라 신청자가 제기한 소송과 관련된 중요한 정보를 가져올 수 있다. 폭행에 대한 유죄판결이 전혀 없었더라도 신체 상해 원고가 신청자에게 내린 민사판단은 신청자의 폭력이 원인인지 꼼꼼히 따져봐야 한다. 마찬가지로, 신청자에 대한 성희롱 소송이나 기타 차별 청구를 면밀히 검토하여 고용주에 대한 정당한 중요성에 대한 정보를 얻어야 한다. 파산 및 이혼 파일은 또한 특정 직책에 유용할 수 있는 개인에 대한 광범위한 정보를 제공할 수 있다.

---

24 중앙일보, 취업서류조작 백태, 2018. 10. 28., 구글검색, 2019. 12. 5.

9) 약물 검사

약물 검사는 단일 또는 약물 그룹의 과다복용 여부 검출, 평가, 및 감시를 위하여 주로 전문 의사의 처방으로 실시된다. 약물 과다복용은 다양한 전문 의약품과 일반 의약품들, 불법 약물, 그리고 가정용 물질들이 원인이 될 수 있다. 일단 우리 몸에 섭취되면, 이들 물질들은 일정 시간이 지난 후 간에서 대사되어 소변으로 배출된다. 약물 검사는 보안적인 측면보다는 일상생활의 부분이기 때문에 조사관의 전문성과 판단을 필요치 않는다.

우리나라는 1985년경 부산과 서울 용산의 유흥가에서 히로뽕이라 불리는 메스암페타민에 의한 약물 남용자가 인지되면서 마약류에 대한 관심이 고조되기 시작하였으며, 대검찰청 마약부 마약관련 통계에 따르면 마약류 사범이 매년 증가세를 보이고 있어 약물남용 실태가 심각한 수준에 이르고 있음을 알 수 있다. 심각한 사회문제가 되어 있는 마약류 남용에 대처하기 위한 일환으로 약물남용 검사가 실시되고 있으며 약물남용 검사는 불법적으로 약물을 사용하는 것에 대한 법적인 제재를 받게 하고 약물 남용자에게 치료·재활의 기회를 줄 수 있다는 점에서 그 중요성이 증대하고 있다.

약물남용 검사는 검사 시 피검자의 인권 측면의 충분한 배려가 있어야 할 뿐만 아니라, 검사의 신뢰도 확보를 위하여 시료채취, 시료의 전달과정, 표준화된 시험법, 시험과정의 문서화, 실험실 및 검사에 대한 보안조치, 정도관리 등을 고려하여야 한다.[25]

약물검사는 보안기능보다는 인적자원관리 측면에서 실시한다. 따라서 보안적인 전문성과 판단력이 필요하지 않다.

10) 지속적 조사

예비 또는 신입 사원에 대한 배경조사로 심사 과정의 대부분을 소비한다. 이러한 배경조사는 직원에만 국한되어서는 안 된다. 의심스러운 직원 또는 직원 그룹에 대한 배경 조사가 구체적인 보안조사에서 생산적일 수 있다. 또한 컴퓨

---

25 송우, 약물남용 관련검사와 국제기준 및 국내현황, 2003년, 식약청, p.419.

터, 금융, 인력 및 보안 분야의 주요 인사에 대한 배경 정보를 업데이트하는 지속적인 프로그램은 심사팀의 책임 하에 있어야 한다.

제2절 보안조사 기법

1. 면접

범죄 또는 보안 사고가 발생하면 조사관은 두 가지 측면에서 증거를 수집한다. ① 관찰이 가능한 현장의 물리적 증거이다. ② 범죄나 사건을 목격하거나 사람의 서면 또는 진술이다. 물리적 증거만으로는 사건이 사고인지 과실인지 아니면 의도적으로 자행되었는지 주관적으로 판단할 수 없다. 사건을 좀 더 객관적으로 정확하게 판단하기 위해서는 목격한 사람이나 사건에 참여한 사람들의 서면 또는 서면 진술이 필요하다. 훌륭한 조사관은 효과적인 인터뷰 또는 신문을 통해 결정적인 정보를 얻는다.

면접과 신문은 본질적으로 같은 목적을 가지고 있지만 분명히 다른 두 가지 과정이 있다. 그것들은 특정 질문이나 문제에 대한 통찰력과 정보를 찾는다는 공통점이 있다. 인터뷰와 신문은 정보를 찾는 사람과 찾는 정보를 가지고 있다고 생각되는 사람 사이의 질의응답 교환이다.

인터뷰는 범죄나 행동에 관여한 혐의가 없는 증인이나 어느 당사자에 대한 질문이며, 신문은 관여 혐의가 있는 사람에 대한 질문이다. 인터뷰와 신문의 이러한 차이에 신문은 비난 받아야 하며, 부정적이거나 나쁜 것으로 여기는 경향이 있다. 그래서 전문가인 제임스 길버트(James Gilbert)는 범죄수사(Criminal Investigation)에서 모든 경찰들이 신문을 인터뷰로 언급할 것을 권고한다. 가능한 한 보안조사자는 두 가지 과정을 이해하고 이에 따라 각각의 과정에 접근하여야 한다.[26]

---

26 James N. Gilbert , Criminal Investigation, Prentice Hall, 2017.

1) 면담의 목적

수사관련 면담이란 용어는 1990년대 초 에릭 셰퍼드(Eric Shepherd)[27]가 피해자, 목격자, 용의자에 대해 질문하는 것을 묘사하는 용어로 적용할 것을 지지한 이래 영국을 중심으로 서구 국가들에서 사용하고 있다. 면담은 피조사자들을 수사의 대상으로서 강압적으로 면담하는 것에 반대하고 라포 형성을 통한 개인화된 분위기에서 조사자가 한 사람의 개인으로 여겨지도록 면담할 것을 권고하고 있다.[28] 또한 어떠한 물리적·심리적 폭력도 사용하지 않고 미리 범인이라고 예단하지 않은 상태에서 공정하게 면담하도록 하며, 정확하고 풍부한 정보를 이끌어내기 위한 수단으로서 과학적인 면담으로 정의하고 있다.

면담은 사건의 진실을 발견하기 위하여 용의자를 포함한 목격자·피해자 등으로부터 정확하고 신뢰할만한 정보를 얻는 것을 목적으로 하기 때문에, 피의자 신문에 비해 제도적 관점에서 신뢰할 만한 결과를 창출하고 개인적 관점에서 용의자를 존중한다. 또한 진실을 이끌어내기 위한 개인적인 정서적 안정을 조성하려면 조사관은 피의자를 공감과 존중심을 가지고 접근하고, 좋은 대화 분위기를 만들기 위하여 애쓰는 것이 좋다. 친근하고 인간적인 태도가 적대적이고 지배적인 태도와 비교하여 더 좋은 결과를 가져온다.

2) 면접관

현명한 면접관은 목격자가 보유하고 있는 모든 관련 정보를 얻는 데 있어 가장 큰 장애물이 실제로 면접관 자신이라는 사실을 인지할 수 있어야 한다. 상세한 구두 정보를 얻기 위한 좋은 인터뷰는 여러 단계를 거쳐 진행하는 것이 좋다. 면접관은 전문가일수록 이러한 과정을 통해 면담을 잘 안내할 수 있다. 면접을 지휘하는 조사자가 실제로 얻는 정보의 양이 제한될 수 있기 때문에 면접지침은 참고로 사용하여야 한다.

---

27 Eric Shepherd and Andy Griffiths, Investigative Interviewing — The Conversation Management Approach — , oxford, 2013.
28 김시업, '수사면담 시 라포의 구성 — 네 가지 라포형성 기법을 사용해서 —' 한국심리학회지 : 문화 및 사회문제 제19권 제3호, 2013. 8., pp.487 — 506.

면접에 임하는 면접관이 갖추어야 할 기본자세는 다음과 같다.[29]

① 편안한 모습

지원자가 긴장을 풀고 편안한 심리적 상태를 가질 수 있도록 배려하여야 지원자가 경직되지 않는다. 특정 지원자에게 강한 시선을 주는 것을 피하고 골고루 시선을 나누며 가벼운 미소를 지으며, 필요 시 동조의 표현을 하여야 한다.

② 심리적 안정감

면접관이 안정되어 있어야 지원자도 심리적으로 안정된다. 질문 시, 적정한 대화조의 속도로 말하며, 부정적 의미를 줄 수 있는 격앙된 반응이나 표현은 지양한다.

③ 균형적 인내심

지원자의 장황한 답변은 적절한 방법으로 제지하되 얼굴을 찡그리거나 신경질적인 반응은 금물이며, 지원자가 답변 준비에 지나친 시간을 끌면 부드럽게 조치하여 재촉하는 느낌이 들지 않도록 한다.

④ 예리한 관찰력

면접관은 말하는 것이 아니라 말을 시키는 형태가 되도록 하고, 평가목적에 부합되는 질문만 하여야 한다.

⑤ 객관적 분석력

관찰하고 찾아낸 결과를 정확하게 표현함은 물론 객관적 시각에서 평가, 분석할 수 있어야 한다.

⑥ 개방성과 융통성

면접 중 의견이 상이한 면이 있어도 수용하고 융통성이 있는 태도를 유지할 수 있어야 하며, 특이한 답변 행동에 대해서 놀라더라도 티를 내지 않고 자연스럽게 태도를 유지할 수 있어야 한다.

---

29 한국경제, 홍석환의 인사 잘하는 남자, 2018. 6. 4., 구글검색, 2019. 12. 5.

3) 피해자 인터뷰

통상 범죄피해자[30]라고 하면 실제로 가해자의 상대를 의미하는 범죄의 직접적인 피 경험자를 일컫는다. 이 외에도 직접적으로 범죄피해는 경험하지 않았지만, 심리적·사회적인 폐해를 유발하는 간접적인 범죄 피해자도 있을 수 있다.[31]

범죄피해자는 조사를 받는 경우 해당 재판절차 참여 진술권 등 형사절차상 범죄피해자의 권리에 관한 정보, 범죄피해 구조금 지급 및 범죄피해자 보호지원단체 현황 등 범죄피해자의 지원에 관한 정보, 그 밖에 범죄피해자의 권리보호 및 복지증진을 위하여 필요하다고 인정되는 정보를 서면(원칙), 구두, 전화, 모사전송, 우편, 그 밖에 이에 준하는 방법으로 제공받을 수 있다.[32]

피해자들은 정서적으로 자신들의 곤경에 민감하기 때문에 인터뷰하기가 어렵다.

감정의 강도는 사건의 실체가 정점에 이른 다음 시간의 경과와 함께 소멸되는 경향이 있다. 그리고 감정적인 반응은 예측 가능해야 한다. 만약 면접관이 피해자의 감정이 최고조에 달했을 때 만났다면, 피해자에게 어떠한 정보를 요구해서는 안 된다. 면접관은 피해자에게 커피 한잔을 갖다 주거나, 담배를 피우게 하거나 무엇이든 시간을 끌어 긴장을 완화시킬 수 있도록 여유를 가져야 한다.

피해자가 근무 시간이 끝난 후 몹시 지쳐있거나 다른 사람과 선약이 있는 경우 인터뷰는 다음으로 미뤄질 수 있다. 만일 인터뷰를 강요한다면 이는 피해자를 2차적으로 파괴시키는 것이다. 또한 조사관이나 회사에 대한 부정적 이미지 및 분노의 분출로 이어질 수 있다. 조사관은 피해자의 기분이 나아질 때까지 기다리거나 또는 마음이 안정되어 시간적 여유가 생기면 연락할 수 있도록 연락처를 건네주어야 한다.

한 번에 한 문제만 질문하는 것이 중요하며 만약 그 대답이 사건과 관련하여 연관성이 있다고 판단하면, 지속적으로 인터뷰를 이끌어갈 방향을 설정하여야 한다. 그러나 조사관들의 잘못된 인터뷰 실시는 대화의 흐름을 끊을 뿐만 아니

---

30 양소남·장현석·박소연·이상훈, '범죄피해자 전담경찰관의 직무수행 경험에 관한 질적 연구', 한국경찰학회보 70권, 2018, pp.157－193.
31 이윤호, 범죄학, 박영사, 2007, p.422.
32 「범죄피해자 보호법」 제8조의2제1항 및 「범죄피해자 보호법 시행령」 제10조의2제4항.

라 중요 정보를 수집할 수 없게 한다. 예를 들어 과거 학교생활에서 따돌림을 당한 경험이 있는 피해자를 생각해보자. 남성 조사관의 인터뷰에서 억압적이고 권위적인 어투를 느꼈다면 피해자는 질문의 많은 부분에 대해서 정확한 이야기를 하지 않을 것이다. 그러나 매너 좋은 조사관이나 부드러운 여성 조사관이 실시하였다면 적극적인 협조를 얻을 수 있을 것이다. 자녀가 증인이 되는 상황에서도 마찬가지이다. 일반적으로, 어린 아이들은 남성보다 여성을 더 쉽게 믿을 것이고, 노인들은 자신의 나이에 더 가까운 조사관에게 더 친밀감을 느끼게 된다.

다음은 경찰청 범죄수사에 있어서 피해자 조사 시 주의사항이다.[33]

① 경찰관은 피해자에게 권위적인 태도와 불필요한 질문을 함으로써 인권침해에 따른 불쾌감 또는 모욕감을 유발하지 않도록 유의하고, 피해자의 진술이 일관성이 없다는 이유만으로 무혐의 처리하여서는 아니 된다.

② 경찰관은 피해자를 조사할 때에는 피해자의 상황을 고려하여 조사에 적합한 장소를 이용하고, 피해자가 불안 또는 괴로움을 느끼지 않도록 주의하여야 한다.

③ 경찰관은 살인·강도·강간 등 강력범죄 피해자로서 신원 비노출을 요하거나 그 밖의 지원이 필요한 피해자에 대하여는 특별한 사정이 없는 한 현장에 찾아가 조사하거나 필요한 지원을 하여야 한다.

④ 경찰관은 강력범죄 피해자 등 정신적 충격이 심각할 것으로 추정되는 피해자에 대하여는 피해자의 심리상태를 확인 후 지방청장에게 보고하여 피해자 심리 전문요원의 조치를 받을 수 있도록 하여야 한다.

4) 직원 인터뷰

기업의 많은 직원들은 회사의 보안부서와 형사사법 부문의 수사관들을 어느 정도의 거부감을 가지고 보는 경향이 있다. 직원들의 부정직한 사건이 만연한 일부 기업에서 보안에 대한 거부감이 더 강할 수 있다. 보안에 대한 부정적인 태도는 보안담당관과의 원활한 의사소통에 지장을 주어 보안조사를 더욱 어렵게

---

33 경찰청 범죄수사규칙 제202조(피해자 조사 시 주의사항).

할 수 있다. 또한 직원들은 직원들 간의 동료의식으로 불미한 사건에 대한 인터뷰 자체를 거부하려는 의식을 내포하고 있다. 국내 기업 종사원들의 보안의식 조사에서 48% 정도가 부정적인 의식을 갖고 있다.[34]

직원들의 부정적 의식을 극복할 수 있는 두 가지 방법이 있다. ① 권위적인 느낌이 있는 보안부서가 아닌 부드럽고 자연스러운 대화를 할 수 있는 회사 내의 휴게실에서 직원들이 많이 모이는 시간대가 아닌 시간에 직원 인터뷰를 실시하는 것이 좋다. 이때 현장을 담당하고 있는 담당자 또는 작업 팀장이 동행하도록 한 다음, 조사자 대상 직원에게 조사관을 소개하면 더욱 좋다. ② 특히 내부적인 부정행위일 경우, 임원이나 인사 담당자가 조사관을 소개하고 증인을 회사 외부로 불러 별도의 공간에서 진행할 수 있다.

이때 대상 직원에게 부드럽고 위압적이지 않은 방법으로 접근하여야 한다. 예를 들면 "바쁘신데 죄송하지만, 여기 동행하신 분은 우리 회사 보안부서 조사관입니다. 이 분은 회사 민감한 문제에 대해 많은 직원들을 인터뷰하고 있습니다. 사건과 관련된 당신의 도움을 필요로 합니다. 가능한 많은 협조 부탁드립니다. 저는 여기에 앉아 있으니, 당신은 맞은편에 앉지 않겠습니까?" 등으로 실시한다.

5) 정규직 직원 이외 인터뷰

정규직직원 이외 비정규직 직원 또는 협력업체 직원 등의 직원을 인터뷰하는 것은 두 가지의 차이가 있다. ① 대부분의 비정규직 직원은 협력할 의무가 없다고 느끼며, ② 대부분의 비정규직 직원들은 회사에 크게 의존하고 있는 하청업체와 서비스 조직을 제외하고는 기업 보안에 대한 의무감이 없다.

비정규직 직원과의 인터뷰에서 당신이 가지고 있는 정보가 무엇이든 간에, 그 사람의 협조를 얻기 위한 가장 보편적 행동은 대상자에게 좋은 인상을 주며 접근하는 것이다. 예를 들면 사건이 해결되면 회사 이미지가 개선되고, 서비스가 개선될 수 있기 때문에 고객으로서 좋고, 회사 차원에서 직원이나 협력업체

---

34 정보화사회실천연합, '안전불감증이 부른 구멍난 보안', 2016. 12. 7., 구글검색, https://www.cisp.or.kr/archives/13927.

에 대한 인식이 개선될 수 있는 좋은 계기라는 것을 알리는 것이다. 이러한 접근법은 직접적일 필요는 없다. 그것은 암시적일수록 조사관은 많은 정보를 얻을 수 있다.

6) 징계와 보안조사 인터뷰

인터뷰와 신문의 차이점에는 두 가지 현저한 차이점이 있다. 징계를 위한 면접의 예로는 종업원이 규정을 수행하지 못하고 실패함으로 인해 심각한 문제를 야기하거나 원인이 된 경우를 들 수 있다. 그러나 직원이 고의였음을 증명하기는 어렵다. 만약 출입문을 실수로 잠그지 못하여 발생한 절도를 예를 들어보자. 그 직원이 그 범죄에 연루되었다는 강한 의구심을 가질 수는 있지만, 그것은 입증할 수 없다. 인터뷰는 왜 문을 잠그지 못하였는지를 조사할 것이다. 그러나 더 실질적인 정보가 없고, 그 직원이 사건에 개입하였다고 인정하지 않는 한 유일한 조치는 회사 규정에 따라 절차상의 실패에 근거한 징계 조치일 뿐이다.

다음은 회계 직원의 회사 공금을 유용한 사례이다. 회사의 공금이 들어온 실증적 증거는 있으나, 직원은 회계 장부 처리 미숙이나 일이 바빠서 공금이 들어온 것을 모아서 처리하면서 실수하였을 뿐이지 빼돌린 경우는 없다고 할 것이다. 조사관은 공금이 들어 온 경로, 은행의 계좌 상황, 회계 장부 등을 확인할 것이다. 여기에서 직원이 공금을 횡령했다는 증거를 찾지 못하여도, 현금 거래는 판매 시점에 기록되어야 한다는 중요한 규칙을 따르지 않으면 해고된다.

보안조사 인터뷰는 동료들의 부정직한 행동을 고발하는 수단이 될 수 있다. 이때 조사관은 사심이 없는 제삼자처럼 냉정하게 행동해야 한다. 그 예로, 조사관이 내부의 부정직한 사실을 확인하였고, 이제 혐의자들은 혐의점을 부정할 수 없는 상황에 직면하고 있다고 생각하자. 심문 중에 관련자들이 조사와 관련된 알려지지 않은 사람이나 연루된 것으로 의심되는 사람을 연루시킬 때 증거가 불충분한 경우가 있다. 여기서 조사관은 두 가지를 선택할 수 있다. ① 혐의자의 활동에 대한 조사를 처음부터 다시 개시한다. 물론 혐의자가 자신의 연루된 것이 들켰기 때문에 다시 부정행위에 가담하지 않을 수 있다. ② 혐의자들과 인터뷰를 실시한다. 그 인터뷰는 조사관이 종업원을 고발하지 않은 상태에서 증인으로서 출석하도록 한다. 관련자들이 부정직함을 인정한다면 인터뷰는 곧바로 신문으로 바뀐다. 반면에 관련자들이 개입을 부인하고 동료들이 거짓말을 하고 있다고 주장하면 상황에 따라 비밀 조사를 실시하여야 한다.

2. 신문

신문은 공적인 범죄로 간주되는 행위의 누락이나 범죄에 책임이 있다고 여겨지는 사람에 대한 구두 질문이다. 검사 또는 사법경찰관이 범죄의 진실을 파악하기 위하여 피의자에게 질문을 하고 대답을 듣는 수사방법으로, 그 진술을 조서 형식으로 기재한다.[35] 또 하나는 피고와 고발자 사이의 고발적인 대립으로, 그 목적은 피고가 유죄를 인정하도록 유도하는 것이다.[36] 그것은 피고인이 자진하여서 책임을 인정하도록 하는 것이 목적인 신문관과 무죄나 무지의 자세를 가짐으로써 행위의 결과로부터 자신을 보호하려는 피고인의 심리적인 경쟁이다. 처음 부분이 인정되면, 숙련된 신문관은 모든 것이 공개될 때까지 더 많은 것을 인정하게 만들 것이다.

1) 신문 준비

신문은 인터뷰 진행자가 질문자에 대하여 규정한 동일한 기준이 적용된다. 단, 목적적이고 부드러운 말투의 접근법이 더욱 적극적인 질문 표현으로 대체되어야 한다는 점이 다르다. 외모를 단정하게 하기 위하여 신문을 하기 직전에 거울로 스스로를 검사하여야 한다. 남성 신문관은 옷깃 핀이나 화려한 넥타이를 착용해서는 안 되며, 작은 수갑 모양의 넥타이도 착용하여서는 안 된다. 여성 신문관은 한두 개의 손가락 고리, 시계, 팔찌 외에 어떤 보석도 착용하여서는 안 된다. 보이지 않도록 안으로 넣을 수 있는 목걸이나 매우 작고 엉키지 않는 귀

---

35 형사소송법 제200조. "검사 또는 사법경찰관은 수사에 필요한 때에는 피의자의 출석을 요구하여 진술을 들을 수 있다."
36 한국형사정책연구원, 범죄 피해조사란 무엇인가, 한국형사정책연구원, 1991.

걸이 외에는 브로치, 목걸이, 귀걸이도 착용하여서는 안 된다.[37] 신문관은 피험자의 개인 및 업무 경력에 대하여 가능한 한 잘 알고 있어야 한다. 피험자가 거주하고 있는 곳, 학교를 다니는 곳, 부모나 배우자의 직업 등 경우이다. 만약 신문자가 피고인의 부모가 신용불량자라는 사실을 알고 있다면, 그 사실을 이용하여 일련의 질문을 할 수 있다. 예를 들어 "네 부모님이 경제적으로 어려운 상황인데 네가 이런 사건에 연루되었다는 사실을 알면 얼마나 실망할까?"와 같은 예상하지 못한 주제로 상당한 충격을 줄 수 있다. 또한 이러한 질문은 신문자가 모든 사실을 알고 있다는 것을 암시하기도 한다.

또 다른 준비 사항은 신문 사항에 대한 대상자의 예상 반응과 대응 방법에 대한 시나리오 개발이다. 신체적인 반응으로는 대상자가 기절하거나, 걷잡을 수 없이 우는 경우, 발작을 일으키는 경우도 있다. 신문 대상자에 대한 파일이 없는 경우 가짜 파일을 준비하여 완벽하게 알고 있다는 인식을 심어 준다. 파일의 겉표지에는 대상자의 사진과 이름, 생년월일, 소속, 직위 등이 눈에 띄도록 한다. 이러한 파일은 다음과 같은 장점이 있다.[38]

① 주제에 대한 많은 정보가 수집되었다는 인상을 준다.
② 알려진 사실과 피험자의 대답을 비교하는 것처럼 가장할 수 있다.
③ 신문을 재구성하거나 시간을 벌기를 원하는 신문자를 위한 소품으로 사용할 수 있다.

신문관은 속도를 늦추고, 신문자가 자신에 대하여 긍정적인 감정을 느끼고, 준비되었다고 느낄 수 있도록 하여야 한다. 자신감을 가지고 앞으로 나아가고 성공을 기대하여야 한다. 효과적인 신문을 위한 가장 중요한 준비 단계는 수사관이 사건 정보를 냉정하게 분석하는 것이다. 현재까지 알려진 모든 사실을 알고 있으면 용의자가 나중에 후속 조치를 취할 가치가 있는 의미 있는 말을 했을 때 알아차릴 수 있다. 그것은 또한 신문자가 "속임수"에 완전히 이끌리기 전에 언제

37 CHARLES A. SENNEWALD, JOHN K. TSUKAYMA, SECURITY INVESTIGATION, Butterworth – Heinemann, 2010, p.142.
38 CHARLES A. SENNEWALD, JOHN K. TSUKAYMA, SECURITY INVESTIGATION, Butterworth – Heinemann, 2010, p.143.

거짓말을 당하고 있는지를 인식하게 한다. 마지막으로, 이 정도의 준비로 인하여 신문관은 핵심 사항에 대한 무지를 드러낼 어떤 말도 하지 못하게 된다. 그것은 모든 것을 아는 수사 전문가라는 인식을 심어줄 수 있다.

2) 신문실 설정

많은 사람들이 영화나 드라마에서 보는 것과는 달리, 벽면에 아무것도 없는 방은 성공적인 신문을 수행하는 데 필요 충분의 조건은 아니다. 조사관 자신의 사무실을 제외한 전화 통화 소리나 무심코 걸어 들어오는 사람들로부터 방해 받지 않는다면 어떠한 사무실도 이용할 수 있다. 방에 창문이 있는 경우 블라인드로 닫아 멀리 있는 대상자의 시선을 고정시키지 못하도록 하거나, 다른 곳으로 관심을 끌 수 없도록 하여 현재의 상황에 집중하도록 한다.

사무실의 크기는 지나치게 작거나 크지 않아야 하며 오디오 녹음, 비디오 시설, 컴퓨터 문서화가 가능하여야 한다. 신문실은 2개의 의자는 서로의 개인적 공간의 맞은편에 따로 배치한다. 가능하다면, 의자 하나를 문 앞에 놓는다. 대상자는 다른 쪽에 있는 신문관 앞에 앉을 것이다. 이것은 대상자가 문을 직접 쳐다보는 것을 막고, 신문에서 벗어나는 것은 있을 수 없으니 빨리 진행하고자 하는 의도를 암시한다. 또 다른 이유는 조사관이 방에서 나가는 것을 물리적으로 차단하고 고백을 강요한다는 주장을 하기 어렵게 하는 것이다. 똑같은 이유로 신문실 문은 잠그지 않는 것이 좋다. 인터뷰 대상자가 도착하기 전에 신문자는 피험자의 의자에 앉아서 '신문자가 어디의 어느 곳을 보아야 할까? 주의 산만이 될 수 있는 것은 무엇일까?' 고려하며 공상을 하게 하거나 주의를 끌 수 있는 것은 모두 제거해야 한다. 이제 대상자 의자의 오른쪽 약간에 세 번째 의자를 놓는다. 그것은 신문자 파트너 또는 증인이 앉는 자리로서 대상자의 주변 시야에서 직접 바라볼 수 없는 곳이다.

또한 재떨이, 휴지통 또는 음료 컵 등 다른 용기를 모두 제거한다. 대상자와 관련된 파일은 책상 위 또는 대상자가 볼 수 있는 장소에 놓는다. 물적 증거는 실내에 준비하여 적절할 때 제시할 수 있게 한다. 신문실은 너무 차거나 덥거나, 너무 밝거나 어둡지 않아야 하며 정신적으로 편안할 수 있도록 조성하여야 한다.

3) 신문의 시작

신문은 신문자 및 파트너(또는 증인)가 직접적이고 쾌적한 방식으로 회사의 대리인으로서 자신을 소개하는 것으로 시작된다. 피조사자는 앉아 있고, 신문자는 반대쪽 의자에 앉는다. 신문은 특정 사건에 맞는 방법에 따라 시작하지만 대부분 피조사자의 인적사항을 확인하고, 사건에 대한 개요를 설명하고, 피의자가 이야기하여야 할 부분을 강조하여 설명한다.

신문 중에 피조사자가 목이 마르다고 물을 요청하거나, 담배를 피우고자 하면 곧 조사가 끝나니 잠시만 기다려 달라고 자연스럽게 유도한다. 이렇게 피조사를 초조하게 만들거나 분위기를 제압할 때 더 많은 정보를 획득할 수 있다.

다음은 사법경찰관리의 신문 시 주의사항이다.

a. 경찰관은 피의자신문조서와 진술조서를 작성할 때 다음 사항에 주의하여야 한다. ① 형식에 맡기지 말고 추측이나 과장을 배제하며 특히 범의, 착수의 방법, 실행행위의 태양, 미수·기수의 구별, 공모사실 등 범죄 구성요건에 관한 사항에 대하여 명확히 기재한다. ② 필요할 때에는 진술자의 진술 태도 등을 기입하여 진술의 내용뿐 아니라 진술 당시의 상황을 명백히 알 수 있도록 한다.

b. 경찰관은 진술을 기재하였을 때 이를 진술자에게 열람하게 하거나 읽어 들려주어야 하며, 진술한 대로 기재되지 않았거나 사실과 다른 부분의 유무를 물어 진술자가 증감 변경의 청구 등 이의를 제기하거나 의견을 진술하면 이를 조서에 추가로 기재하여야 한다. 이 경우 피의자가 이의를 제기하였던 부분은 읽을 수 있도록 남겨두어야 한다.

c. 경찰관은 제2항의 경우 진술자가 조서에 대하여 이의나 이견이 없음을 진술한 때에는 진술자로 하여금 그 취지를 자필로 기재하게 하고 조서에 간인한 후 기명날인 또는 서명을 하게 한다.

d. 경찰관은 조사가 진행 중인 동안에는 수갑·포승 등을 해제하여야 한다. 다만, 자살·자해·도주·폭행의 우려가 현저한 사람으로서 담당경찰관 및 유치인 보호 주무관이 수갑·포승 등 사용이 반드시 필요하다고 인정한 사람에 대하여는 예외로 한다.

피조사자가 손톱을 물어뜯기 시작하면 질문자는 신문을 중단하고 집중하여야 한다. 눈은 두 가지 일을 한다. ① 끊임없는 눈 접촉은 유죄가 입증된 사람의 의식을 관통하고 스트레스를 만든다. ② 신문자의 눈은 같은 질문을 언제 다시 할 것인지를 안다.

스트레스의 또 다른 신체적 징후로는 구강 건조·피부색·이마 땀구멍·틱(tic) 발병(손으로 제어할 수 없는 떨림)·신문자를 똑바로 보지 못하거나 무심코 하는 행동, 그리고 통제되지 않은 침 등을 배설하는 행동들이다.[39]

신문 도중에 일어서서 피조사자를 내려다보는 것은 앉아있는 사람을 정복하는 경향이 있다. 누가 통제하고 있는지 다시 강조하는 방법이다. 극심한 스트레스를 받는 것은 피조사자인 반면, 신문관은 자유롭게 일어나서 걸어 다니는 '자유'를 누릴 뿐 아니라 상대를 얕보고 있다는 인상도 주게 된다.

4) 신문의 대상 및 금지

다음은 보안 신문자에 도움이 될 수 있는 주의사항 목록이다.

- 침묵을 무기로 사용하라. 직접적인 질문을 한 다음 응답을 기다린다. 침묵은 오랜 시간처럼 보일지 모르지만 피조사자의 마음과 귀에는 천둥 같이 느껴진다.
- 짧게 질문하라.
- 한 번에 한 가지 질문만 하라.
- 대답에 관하여 다시 질문하라.
- 정보를 제공하지 않도록 주의하라.
- 어떠한 종류의 약속도 하지 않아야 한다.
- 인내심이나 끈기를 잃지 마라. 당신이 불안을 느끼면 신문 주제가 흔들리게 된다.
- 제명, 경찰 개입, 폭력 등으로 피조사자를 위협하지 마라.

---

39 CHARLES A. SENNEWALD, JOHN K. TSUKAYMA, SECURITY INVESTIGATION, Butterworth – Heinemann, 2010, p.149.

- 어떠한 대답에도 놀라움을 나타내지 마라.

- 욕설을 사용하지 마라. 어떤 사람들은 터프한 직원이나 외부인과 대화하는 유일한 방법이 그들의 언어와 비슷한 수준으로 말하는 것이라 믿고 있다. 그들에게 맞추어 자신을 낮추지 말고, 신문관 스스로를 상대방에게 크게 보이도록 위엄이 있어야 한다.

- 거드름을 피우지 마라. 오만함과 비웃음은 신문자의 목적을 저해하는 행동이다.

- 거짓말 하지 마라. 모두에게 진실을 말하는 것은 현명하지 않을 수도 있지만, 신문에서 당신이 말하는 내용은 진실해야 한다.

- 거드름을 피우지 마라. 당신이 이성을 잃으면, 스트레스를 받고 신문을 실패하게 된다. 신문하는 과정에서 의도적으로 또는 본의 아니게 상대를 화나게 할 수 있으나 이러한 충동을 억제하고 전문가처럼 행동하라.

3. 면접 및 신문 기법

보안조사의 성공과 실패를 좌우하는 가장 핵심적인 요소는 면접관과 신문관의 효과적인 사용이다. 인터뷰와 신문 과정은 다른 법의학이나 실험실 검사에서 보다 많은 어려움을 해결한다.[40]

인터뷰와 질문을 효과적으로 사용하는 법을 배우는 데 있어 어려움은 거의 모든 기술이나 정보를 얻으려는 시도가 어느 때쯤 효과가 있을 수 있는가를 가늠하는 것이다. 단순히 용의자[41]의 앞에 조용히 앉아 자백을 얻을 수는 있지만, 그러한 방법은 효과적이거나 지속적으로 신뢰할만한 방법이라고 할 수 없다. 조사자가 수백·수천 건의 다른 인터뷰에서 적용했을 때 채택된 기술이 더욱 성공적인 결과를 끌어낼 수 있다.

---

40 김충식, '효율적인 신문기법에 관한 실증적 고찰', 한남법학연구, 2013, Vol.1, p.105 ; 김민지, 권도연, '경찰 신문 기법과 자백에 대한 일반적인 인식', 한국심리학회지 : 법, 2014, Vol.5(2), pp.43－62 ; 허인석, '영미법계 수사기관의 신문기법과 자백의 증거능력', 형사법의 신동향, 2009, Vol.19, pp.195－282.

41 용의자라는 용어는 사고에 책임이 있다고 생각되는 개인에 대해 보안조사를 집중할 때 사용한다. © 2005 Wicklander－Zulawski & Associates, Inc. Reprinted with permission.

1) 면접기법

(1) 자세

일반적으로 사람들을 좋아하고 의사소통이 편안한 사람들은 최고의 면접관과 질문자가 될 수 있는 자질이 있다고 할 수 있다. 그들은 사람들에 대한 자연스러운 호기심을 가지고 있으며, 편안한 접근 방식을 통하여 의사소통의 통로를 열어줄 수 있다. 훌륭한 면접관 또는 질문자는 자신의 태도와 성격을 자신이 말하는 사람과 조화시켜 편안한 대화를 나눌 수 있는 사람이다.

면담이나 신문으로 정보를 얻으려고 할 때 조사관은 정보나 고백을 과도하게 평가하지 않고 있는 그대로의 사실에 입각하여 청취하도록 한다. 피험자가 소유한 정보가 매우 중요한 경우, 정보의 공유에 대한 저항도 증가할 수 있다. 따라서 모든 협상 중에 판매자가 중요성을 알게 되면 구매자는 가격적 불이익을 겪는다. 일단 구매자의 의중이 발각되면, 구매자가 사려는 의도가 분명하기 때문에 가격을 올리는 것이다. 따라서 피험자가 소유한 정보는 보안조사 해결에 실제로 중요할 수 있지만 조사관은 필사적으로 정보가 필요하다는 사실을 숨기면서, 개인의 협조를 장려하기 위하여 설득 방법을 사용하도록 한다.

(2) 친밀감

모든 면접 및 신문의 핵심은 조사자와 정보를 구하는 개인과의 관계 형성이다. 이러한 친밀한 관계 형성은 쉬운 일이 아니다. 많은 사람들은 짧은 시간만에 낯선 사람들과 오랜 친구처럼 대화를 나누는 행위를 이해하지 못한다. 친밀감을 형성하는 능력은 자신과 다른 사람 사이에 공통점을 찾는 것만큼 간단하다. 그것은 공동체, 관심사, 사람, 또는 심지어 교감으로 이끄는 질문으로 시작하는 경우가 대부분이다.

관계가 형성되면 미러링[42]이라는 흥미로운 현상이 관찰될 수 있다. 미러링은 대화의 상대방이 무의식적으로 자신의 자세를 취하기 시작하고, 비슷한 방식으

---

[42] 이재호, 미러링 스피치, 2015, 미다스북스. p.30. "미러링이란 인간이라면 누구나 사랑을 받고 싶어 하는 기본 욕구에 기인한 심리학적 대화의 기술을 말한다. 대화를 하고 있는 상대방의 말을 마치 거울을 보는 것과 같이 반복해서 따라 해주면서 대화를 이끌어 나가는 기술이다."

로 말하는 속도를 내는 것을 의미한다. 같은 방식으로 서서 서로의 자세 변화를 따라가며 교감의 편안함을 유지하는 행동의 반사는 친밀감의 결과이다. 대화하는 자세를 지켜보면 상대방이 갈등 중인지 아닌지를 알게될 수 있다.

개인에 따라 친밀 관계 형성은 빠르게 성취될 수 있거나, 또는 약간의 시간이 걸릴 수 있다. 사람들은 타인의 의도에 대하여 위협적이거나 불확실한 느낌이 들지 않을 때 훨씬 더 신뢰감을 형성할 수 있다. 조사관이 부자연스러운 시도를 하면 이 문제에 대한 의심과 저항을 조장할 수 있다. 반대로 조사자의 지나친 우호적 자세는 상대방의 불확실성과 불신을 야기하여 원하는 정보를 얻는 데 어려움을 겪을 수 있다.

(3) 질문의 유형

면접관은 용의자 면접을 통하여 사건을 파악하고 보안조사에 유용한 정보를 추출할 수 있도록 다양한 질문을 한다.[43] 용의자는 자신을 방어하는 차원에서 다양한 이야기를 전개하기 때문에 면접관의 침묵과 긍정적인 대화 방식도 하나의 전략이 될 수 있다. 면접관의 질문유형은 개방형 질문과 폐쇄형 또는 한정형 유도형 질문으로 분류할 수 있다.[44]

① 개방형 질문

개방형 질문은 응답에 대한 특정구조를 제시하지 않고 응답자가 자유롭게 응답하도록 하는 질문으로 지각의 장을 넓게 하고 여러 가지 견해, 생각, 감정을 표현하게 하며 감정, 사고, 실제와의 접촉을 깊게 한다. 특정한 견해를 가지게 된 과정을 알고 싶다면 개방형 질문이 적합하다. 이는 자신의 생각을 자유롭게 표현할 수 있고, 오해를 제거하고 친밀감을 높일 수 있다. 또한 조사자가 질문에 대해 제한된 지식을 갖고 있으며 응답자에게 광범위한 반응을 얻고 싶을 때, 응답의 범위가 클 것으로 기대될 때, 자발적인 응답에 관심이 있을 때, 응답자의 동기를 좀 더 파고 들어가 보고 싶을 때 유용하다.

---

43 https://rm.coe.int/guide-to-investigative-interviewing/16808ea8f9.

44 영국의 면담기술센터(NSLEC CFIS : Centre for Investigation Skills)에서 발간한 수사면담 실무지침(Practical Guide to Investigative Interviewing, 2004)을 참조. 이형근, 심리학 기반 수사면담 및 진술·행동분석 입문, 2013, pp.184-185.

구체적 질문은 주로 "언제, 어디서, 누가, 무엇을, 어디서, 왜"라는 육하원칙을 묻기 위하여 사용된다. 구체적인 질문의 장점은 불필요한 정보를 최소화하면서 면접자가 면담과정을 통제할 수 있다는 것이다. 그러나 피면담자가 수동적인 자세가 되고 정보를 회상하려는 집중력이 감소되어 얻을 수 있는 정보의 양이 줄어든다는 단점을 가지고 있다. 육하원칙 중 "왜"라는 질문은 개방형 질문 혹은 구체적 질문으로 사용되기도 하지만 가급적 사용하지 않는 것이 좋다. 그 이유는 "왜"라는 질문에 대한 상황을 피면담자가 알지 못하는 경우 당황할 수 있으며, 피면담자의 주관적 판단에 의한 대답이 될 수 있기 때문이다.

　② 폐쇄형 질문

　　"당신은~", "이것은~" 등으로 시작하는 질문이 폐쇄형 질문이다. 이러한 질문에 대한 답변은 통상 질문에 포함된 단어에 한정된 정보만을 제공한다. 예를 들어 "그것이 맞나요?"라는 단답형 질문의 대답으로는 "예", 또는 "아니요"를 선택할 것이다. 또한 선택형 질문이 폐쇄형 질문에 해당한다. 선택형 질문은 몇 가지 대안 중에서 답을 찾게 하는 형태의 질문으로 피면담자가 생각하는 정확한 선택지가 없는 경우에도 한 가지를 선택하여야 하기 때문에 정확한 반응을 얻을 수 없다. 정확한 대안을 스스로 만들어서 이야기할 수 있지만 어떤 경우에는 주어진 선택지 중에서 그냥 골라 버리는 경우가 있는 것이다. 특히 아동 등 피암시성이 강한 사람들의 경우에는 대안 중에서 선택하는 경향이 두드러질 것이다.

　　폐쇄된 질문은 상담자가 제시한 목록에서 응답자가 선택하도록 하는 질문으로 지각의 장을 단절시키고 냉정한 현실이나 사실 자체에 대한 대답만을 요구하며, 감정, 사고, 실제와의 접촉을 국부적으로 제한시킨다. 따라서 응답자의 견해 중 찬성 또는 반대를 알고 싶을 때 사용한다. 장점으로는 조사 작업과 분석 작업이 용이하고, 짧은 시간에 많은 양의 정보 추출할 수 있다. 단점으로는 어쩔 수 없이 하나를 고르게 함으로써 편의가 생길 수 있고, 신뢰성과 타당성을 검토한 정밀한 사전감사를 거쳐야 한다. 개방형 질문보다 응답자의 동기가 약해도 되며 응답거부가 적다.

③ 확장형 질문

인간은 안전지대에 안주하기를 원한다. 확장형 질문은 이러한 안전지대를 벗어나 탁 트인 무대에서 서서 질문을 받는 입장을 조성한다. 예를 들면 "사업을 어떻게 발전시키겠습니까? 금년도 사업을 두 배로 키우신다면 어떻게 키우시겠습니까?", "그것에 대하여 좀 더 자세히 말씀하여 주시겠습니까?", "당신은 어렸을 때, 커서 무엇이 되고 싶었나요?" 등의 질문이 해당한다.

한편 유도질문은 중립적이지 않고 그 내용이나 형식에 피면담자에게 답이 무엇인지를 암시하거나 질문자의 관점이 무엇인지 시사하는 질문이다. 유도 질문에는 바람직한 답이 무엇인지를 암시하는 질문이나 틀린 답을 하도록 암시하는 질문이 있다. 이는 당시 상황을 모르고 있었던 피면담자에게 마치 수사관이 그 사항을 알고 질문을 한다는 인상을 심어주게 된다. 사건 이후의 정보에 의하여 기존의 기억을 재구성함으로써 사건에 대한 회상 정확성을 떨어뜨리는 것으로 실험에 의하면 나이가 어릴수록 유도질문이나 암시에 더욱 왜곡될 수 있다고 한다.

복합질문은 한 번에 한 개 이상의 내용을 물어보는 질문이다. 이러한 질문을 받은 피면담자는 질문 중에서 어떤 부분을 대답할지 모른다. 한 개 하위 질문에 대해 답을 하는 중에 다른 하위 질문에 대한 정보를 이끌어내려고 한다.

④ 종결유형 질문

면접관이 주요 내용에 대한 프레임 워크를 만들고 확장한 후에 구체적인 세부적인 사항을 질문한다. 예를 들면 "왜 도서관은 자료실을 아침 9시부터 오후 6시까지만 개방할까?", "만약 오후 6시부터 10까지 자료실을 개방한다면?", "도서관 야간 개방 시 발생하는 문제를 어떻게 해결할 수 있을까?"

이 질문을 사용할 때 특정 정보를 제공하는 것이 좋다. "당시 자동차의 색상이 어떤 색이었습니까?" 보다는 "당시 자동차의 색상이 검정색이었습니까?"로 검정색의 확인을 요구함으로써 면접관은 개인의 회상을 오염시키거나 실제로 회상되지 않은 잘못된 정보를 제공하지 않도록 도울 수 있다.

반복질문은 같은 질문을 여러 번 하는 것이다. 피면담자는 이러한 반복질문을 통하여 처음 대답한 것이 틀렸다고 추측할 수 있을 것이다. 같은 질문을 하여야 할 경우에도 다른 방식으로 하는 것이 좋다.

⑤ 최종 질문

면접에서 가장 효과적인 마지막 질문은 "우리가 이야기한 것 말고 또 다른 이야기가 있습니까?", "지금까지 이야기 한 것 중 좀 더 보강할 부분이 있습니까?"이다.

면접에서 이 마지막 질문에 직면했을 때 사람들은 추가 정보를 제공하거나 심지어 유죄를 인정하는 경향이 있다.

(4) 면접 및 신문

조사관은 면접 과정과 신문 과정을 구별하는 것이 중요하다. 이 둘은 정반대이기 때문에 조사자는 피조사자와 이야기하기 전에 무엇을 얻어야 하는지를 분명히 설정하여야 한다.

면접은 사실, 사건의 순서, 알리바이를 결정하거나 피해자, 목격자 또는 용의자의 정보를 확인하기 위한 부정확한 사실 수집 또는 행동을 유발하는 대화이다. 면접을 진행할 때에는 서술적 대답을 장려하기 위하여 주제에 관한 공개 질문 형식으로 대화를 이끌어 간다. 후반 단계에서 조사관은 세부 사항을 명확하게 하기 위하여 종결유형 질문을 사용할 수 있다. 면접의 조사관은 자백을 기대해서는 안 되며 주제에 대한 정보를 확인하거나 거부할 수 있다는 것을 인정하여야 한다.

용의자가 유죄로 여겨질 때 신문이 실시된다. 수사 과정에서 얻은 정보를 확증하기 위해서 용의자의 인정 또는 자백을 통하여 진실을 찾는 것이다. 인정 또는 고백은 수사 정보의 세부사항을 뒷받침하고 개인의 법적 권리를 인정하여야한다. 신문에서는 신문자가 피의자의 과실과 정신 상태를 확립하는 정보를 구하는데, 이 정보는 그 사람을 기소, 징계 또는 퇴직시킬 수 있는 충분한 세부사항에 해당한다.

(5) 행동

면접과 신문은 본질적으로 정보를 원하는 두 사람 사이의 대화이다. 각각은 다른 사람들의 질문과 분위기에 반응한다. 면접과 신문의 중요한 측면은 피조사자의 행동을 주의 깊게 관찰하고 그에 따라 반응하는 것이다. 질문을 받을 때 개인의 행동을 관찰하는 것은 종종 면접관/간섭자에게 은닉한 정보를 숨기는 단서를 제공하고, 또한 그 사람의 솔직함을 결정하는 데 도움이 될 수 있다.

피조사자의 단어 선택, 말하는 속도, 음질 및 일시 중지 등을 주의 깊게 살펴보면 훌륭한 조사자는 정보를 어디서 찾을 수 있는지에 대한 단서를 획득할 수 있다. 또한 신문 과정에서의 신체적 행동, 태도 및 행동 변화를 관찰하는 것은 조사관이 추가 정보를 어디서 개발할지를 인지하는 데에 도움이 될 수 있다.

조사관을 속이기 위한 행위를 발견하는 데 필요한 행동 단서는 시간적 흐름과 일관성을 살펴보아야 한다. 항상 개인이 진실하고 있거나 속이려 한다는 것을 나타내는 실마리는 언어적이든 육체적이든 단 하나의 행동으로 이루어지지 않는다. 따라서 조사관은 기만 행위를 탐지할 수 있는 적시성 및 일관성을 유지하여야 한다.

피조사자의 행동은 조사자가 방향을 제시하면 관찰할 수 있지만, 그것의 진정한 의미는 절대 알려지지 않은 대화의 맥락에서만 추론할 수 있다. 조사자는 두 가지 방법으로 피조사의 행동을 관찰할 수 있다.[45] ① 피조사자의 행동은 주어진 상황에서 대부분의 사람들이 행동하는 것과 비교된다. 피조사자의 행동이 일반적인 사람들을 기준으로 다르게 보일 경우 이것은 속임수에 대한 단서가 될 수도 있고 개인의 행동 규범일 수도 있다. ② 두 번째로 할 일은 면접관/간섭자가 현재 대화의 주어진 상황 하에서 개인이 어떻게 진실하게 반응하는지를 규명하는 것이다.

(6) 거짓말의 유형

에크만(Ekman)은 거짓말을 크게 위조(falsification), 은폐(concealment), 왜곡(distortion)으로 구분하였다. 위조란 어떤 정보의 모든 것이 모순되거나 날조된 것을 의미한다. 은폐란 사실의 일부나 전부를 말하지 않는 것을 의미한다. 상대방이 사실적 판단을 하지 못하도록 사실의 전부를 숨기는 침묵도 포함된다. 검찰 조사를 받는 피의자가 경찰에게 말하지 않았던 자신에게 유리한 정황을 진술하는 경우가 있다. 이때 검찰수사관이 "왜 그런 말을 경찰에게 하지 않았나?"라고 물으면 피의자는 "경찰이 물어 보지 않아서 그 말을 하지 않았다."라고 대답

---

45 CHARLES A. SENNEWALD, JOHN K. TSUKAYMA, SECURITY INVESTIGATION, Butterworth − Heinemann, 2010, p.155.

하는 경우가 있다. 이 역시 에크만의 정의에 따르면 거짓말을 한 것이다.[46]

일반적으로 거짓말을 하는 사람은 왜곡보다 은폐를 선호한다. 은폐는 왜곡보다 비난을 덜 받고 미리 거짓말을 생각해놓지 않아도 탄로날 염려가 적으며 "몰랐다", "나중에 말하려 했다" 등의 변명의 여지가 많기 때문이다.

일반적으로 거짓말을 하는 동안 언어적 단서에 영향을 줄 수 있는 측면에 대하여 정서적 접근, 인지적 부하 접근, 통제 시도 접근의 세 가지 접근방식을 제시하였다.[47]

정서적 접근은 거짓말한 것이 진실을 말할 때 겪은 경험과는 다른 정서를 일으킨다고 주장한다. 거짓말을 할 때 사람들은 죄책감, 두려움, 속이는 기쁨 등의 정서를 경험하기 때문에 이러한 감정이 자율신경계에 영향을 주어 생리적 각성을 유발, 거짓말을 식별할 수 있다고 가정한다.

두려움은 거짓말이 발각되지 않을까 하는 발각의 두려움, 상대방이 신뢰하지 않을까 하는 불신의 두려움이 있다. 발각의 두려움은 상대방이 거짓말 전문 탐지자일수록 두려움이 증가한다.

인지적 부하 접근은 거짓말을 하는 것이 진실을 말하는 것보다 정신적 부담이 더 클 것이라고 생각한다. 대화 내용은 마치 자신이 경험한 것처럼 보일 수 있게 자세해야 하지만, 그것을 나중에 다시 반복해서 말해달라고 요청받았을 때 기억해 낼 수 있어야 한다는 점에서 어렵다.

인지적 부하 접근에서 거짓말 탐구 전략 중 대표적인 사례는 인지적 부하를 증가시킬 수 있는 면담 기법을 사용하는 것이다. 인지적 부하를 증가시킬 수 있는 면담기법에는 개방형 질문을 사용하는 방법, 거짓말을 하는 사람이 예상하기 힘든 질문을 사용하는 방법, 면담 동안 눈 마주침을 계속 유지하도록 하는 방법이 있다.

통제시도 접근은 거짓말하는 사람들은 자신의 불안한 행동이 상대방에게 주는 인상에 대하여 인식하고 있다는 가정에서 출발한다. 거짓말하는 사람은 정서

---

46 Paul Ekman, Wallace V. Friesen, Phoebe Ellsworth, 'Emotion in the Human Face : Guidelines for Research and an Integration of Findings', Elsevier, 2013 ; Paul Ekman, 'Telling Lies : Clues to Deceit in the Marketplace, Politics, and Marriage(Revised Edition)', W. W. Norton, 2009.

47 Nolan & Goodman—Delahunty, Legal psychology in Australia, 2105, London : Law Book Company, p.122.

와 같은 내면의 과정이 거짓말의 단서를 드러낼 것임을 알고 있으며, 따라서 자신의 거짓말이 발각되는 것을 피하기 위하여 그러한 단서를 최소화하려고 시도한다.[48] 또한 진실된 인상을 주기 위하여 인상관리를 사용한다. 인상관리의 내용은 진실한 사람이 나타낼 것으로 기대되는 비언어적 행동 및 특징에 대한 일반인들의 고정관념을 이용하는 것이다.

조사관은 정보 제공자가 제공하는 정보에 대하여 부정적이고 회의적인 자세를 유지하는 것이 중요하다. 인터뷰 중 개인이 말한 거짓말은 고백만큼이나 강력한 증거가 될 수 있다. 조사자는 피조사자가 정보를 보류하거나 의도적으로 기만하려고 시도할 가능성을 항상 알고 있어야 한다. 피조사자의 구두 및 신체 행동의 변화와 제공된 정보의 평가는 진실성을 결정하는 데 도움이 된다.

2) 신문 기법

신문은 법원이나 기타 국가기관이 어떤 사건에 관하여 증인, 당사자, 피고인 등에게 말로 물어 조사하는 일이다. 신문은 법원이 당사자나 그 밖의 이해관계가 있는 사람에게 서면이나 구두로 개별적인 진술 기회를 주는 일을 의미한다.

신문의 목적은 보안조사 결과를 독립적으로 뒷받침하는 세부 사항을 가진 개인으로부터 진실을 얻는 것이다. 대부분의 경우 보안조사를 성공적으로 끝내기 위한 증거의 최종 요소를 제공하는 것은 용의자 자신의 말이다. 고백은 모든 사건의 핵심적 증언이며 개인의 죄의식을 입증하는 결정적인 요인과 직결된다.

신문 과정은 하나의 장이 다루기에는 너무 복잡하다. 그러나 자백을 구하는 것은 사실상 용의자의 필요에 따라 맞춤식으로 배울 수 있는 과정이라는 점에 유의하여야 한다. 자백을 구하려고 시도할 때 여러 가지 방법으로 용의자에게 접근할 수 있다. 많은 사람들이 다른 학생을 관찰함으로써 질문하는 법을 배우고 학생의 성적을 멘토하여 학생의 기술을 개발하는 데 도움을 준다. 이는 프로세스를 이해하는 스승이 있는 경우에 효과적이다.

불행히도, 많은 신문관은 자신이 하는 일, 용의자와 의사소통하는 기술에서

---

48 편집부(편집자), '거짓말탐지기 검사결과의 증거능력', 고시계, 2018, Vol.63(9), pp.158−162.

덜 능숙하다. 숙련된 신문을 하려면 실습, 인내심, 과정과 인간 행동에 대한 이해가 필요하다.

(1) 신문 준비

유죄를 인정한 용의자를 신문할 준비는 면접을 준비하는 것과 같다. 신문자는 사건의 사실과 보안조사 중에 발견된 증거의 의미를 분명히 이해하여야 한다. 신문자가 보안조사 결과에 확신을 가지고 있어야 신문 과정에서 얻은 정보를 체계적으로 분석할 수 있다. 신문자는 조사에 임하기 전 용의자가 곧 범인이라는 인식을 갖고 용의자를 대하게 되는데, 이는 심리학적으로 확증편향 문제를 유발할 수 있다. '확증편향'은 일반적으로 불확실한 문제에 대해 선호되는 가설이 있는 경우 그 가설에 부합되지 않는 정보는 무시하고 부합하는 증거들만 탐색하고 해석함으로써 가설에 대한 부적절한 확신을 가지게 되는 현상을 말한다. 신문관의 피의자에 대한 유죄 확증편향은 신문기간 내내 심리적인 틀로 작용하게 되고, 신문관의 행동이나 판단에 막대한 영향을 미치게 된다.[49]

신문자는 신문 중에 발생할 수 있는 잠재적인 문제를 고려하여야 한다. 신문자는 문제를 예측함으로써 그것들에 대한 쟁점을 피하거나 해결할 계획을 세울 수 있다. 신문 전에 발생할 수 있는 모든 문제를 예측하는 것은 어렵지만 예측가능한 함정을 고려하여야 한다.

고려하여야 할 또 다른 측면은 직원들에게 접촉할 때 회사 규정을 고려하여야 한다. 신문자의 행동을 통제하는 정책이나 규정보다 먼저 특정한 지침이 있을 수 있다. 신문자는 직원이 해고 또는 기소될지 여부를 결정하는 조직의 기준을 알아야 한다. 의사 결정자의 행동 기준을 분명히 이해하면 신문자가 용의자의 진술에 어떤 정보가 포함되는지 결정하는 데 도움이 된다.

(2) 자백

신문자는 용의자가 왜 자신이 저지른 범죄에 고백하거나 자백하지 않는지 이해하여야 한다. 신문자의 위협적이고 고압적인 태도에 심리적으로 위축되어, 이

---

49 김동률·이훈, '피의자신문과정에서 실체적 진실의 왜곡가능성', 한국공안행정학회보, 2016, Vol.25(4), pp.61－82 ; 김충식, '효율적인 신문기법에 관한 실증적 고찰', 한남법학연구, 2013, Vol.1, p.105.

를 회피하고자 원하지도 않는 진술을 하거나 사실과 다른 진술을 할 가능성이 있다. 신문관은 용의자에게 자백이 결과적으로 이익이 될 것이라고 이야기한다. 그러나 용의자는 범죄를 인정함으로써 직장을 잃거나 형사적 처벌, 금전적 손해 배상, 다른 사람으로부터의 신뢰감 상실 등으로 인하여 주저하게 된다.

그러나 용의자가 자백을 하게 되는 동기는 자신의 행위에 대한 죄책감을 알았고, 신문자가 그것을 증명할 수 있다고 믿는 경우이다. 또한 자백의 가장 흔한 이유는 피의자가 그 사람의 입장을 좀 더 이해할 수 있도록 이야기를 빙빙 돌리게 하려는 욕망이다. 단순히 여과 장치 없이 증거를 제시하면 압도적인 증거에도 불구하고 용의자가 고백하기 어려울 수 있다.[50]

(3) 합리화

감정적인 호소의 핵심은 용의자의 체면을 살리는 합리화의 사용이다. 신문자는 개인의 배경을 활용하여 합리화를 선택한다. 예를 들어, 신문자가 용의자의 배경에서 재정적인 어려움을 알고 있다면 재정적 압박에 근거하여 합리화가 사용될 수 있다. 이러한 재정적 어려움 때문에 사람들이 오류를 범하는 이야기를 설명할 수 있다. 신문자는 개인의 돈 절도가 자신의 가족을 돌볼 필요가 있기 때문에 저질렀다고 제안할 수 있다. 합리화를 통하여 용의자는 범죄의식 희박으로 고백할 수 있다. 그러나 가족을 부양하기 위하여 돈을 절도했다는 사실은 절도죄의 요소를 바꾸지는 않는다.

개인이 범죄에 개입하였음을 입증하는 중요한 증거가 있을지라도, 합리화는 용의자가 자백하는 것을 더 쉽게 만든다. 본질적으로, 용의자가 그 범죄를 저지른 이해할 수 있는 이유를 제시하는 것을 허용하여 증거를 확인할 수 있다.

(4) 부인

모든 신문에서 가장 흔하게 겪는 어려움 중 하나는 연루를 부정하는 유죄용의자이다. 신문자는 신문을 회피하려는 용의자들이 시도하는 두 가지 형태의 부정에 대한 준비가 되어 있어야 한다. 거부의 가장 일반적인 형태는 강력한 부인

---

50 김성진·이춘산, '자백증거의 증거능력에 관한 법해석론적 고찰', 중앙법학, 2015, Vol.17(3), pp.275-305.

이다. 용의자는 신문자의 비난이나 합리화에 대한 응답으로 단순히 "나는 모른 다."라고 말한다. 덜 숙련된 조사관은 용의자의 부정을 처리하는 대신 직접적인 증거를 제시한다.

숙련된 신문자는 강력한 부인과 관련된 용의자의 신체적 행동을 관찰하여 지 적하면서 합리화를 계속 진행한다. 또한 용의자의 거부 빈도를 앞의 것과 비교 하여 용의자의 방어력을 강화 또는 약화 시킬지의 여부를 결정한다. 강인한 거 부가 약화되지 않을 경우 신문자는 합리화를 바꾸어 용의자의 입장을 살릴 수 있는 자세로 변경하여야 한다. 그럼에도 불구하고 태도에 변함이 없을 경우 직 접적인 증거를 제시하여도 된다.

거부의 또 다른 형태는 설명 거부이다. 설명을 거부하면 용의자는 사건에 개 입할 수 없었던 이유를 제시하여야 한다. 대부분의 경우, 설명 거부는 진실된 진 술 또는 신문자가 증명하기 어려운 것들이다. 설명 거부의 추가 예제는 다음과 같다.

- 나의 일을 위태롭게 하고 싶지 않기 때문이다.
- 돈을 필요로 하지 않기 때문이다.
- 나의 평판이 너무 중요하기 때문이다.

이러한 각각의 진술은 질문자가 반증하기가 어려울 것이다. 진술을 반증하려 고 시도하는 대신에, 신문자는 액면 그대로 그것을 받아들이고 용의자의 사고 과정을 이용하기 위하여 합리화를 바꾼다.[51] 그렇게 하기만 하면 용의자에게 사 건에서 멀어지지 않은 신문을 비위협적이고 비물질적인 문제로 옮길 수 있는 기 회가 제공된다.

(5) 진술거부권 고지

신문방법은 형사소송법에 따르면 피의자 신문 전에 진술거부권을 고지한다. 고지내용은 ① 일체의 진술을 하지 않거나 개개의 질문에 대하여 진술을 하지

---

51 CHARLES A. SENNEWALD, JOHN K. TSUKAYMA, SECURITY INVESTIGATION, Butterworth – Heinemann, 2010, p.175.

아니할 수 있다는 것 ② 진술을 하지 않더라도 불이익을 받지 아니한다는 것 ③ 진술 거부의 권리를 포기하고 행한 진술은 법정에서 유죄의 증거로 사용할 수 있다는 것 ④ 신문을 받을 때에는 변호인의 조력을 받을 수 있다는 것 등이다.[52]

이렇듯 진술거부권과 변호인의 조력을 받을 권리를 행할 것인지의 여부를 질문한 후에 이에 대한 피의자의 답변을 반드시 조서에 기재하여야 한다. 답변은 피의자로 하여금 자필로 하게 하거나 검사 또는 사법경찰관이 피의자의 답변을 기재한 부분에 기명날인 또는 서명하게 하여야 한다. 또한 피의자임에 틀림없음을 확인하는 인정신문을 하여야 한다.

피의자의 진술은 영상 녹화할 수 있다. 이때 미리 영상 녹화사실을 고지하여야 하며, 동의는 필요 없다. 녹화가 완료되면 지체없이 그 원본을 봉인하고 피의자로 하여금 기명날인 또는 서명하게 하여야 한다. 요구가 있을 때에는 녹화를 재생하여 시청하게 한다. 이의를 진술할 때에는 그 취지를 기재한 서면을 첨부한다.

수사기관이 피의자를 신문함에 있어서 피의자에게 미리 진술거부권을 고지하지 않을 때에는 그 피의자 진술은 위법하게 수집된 증거로서 진술의 임의성이 인정되는 경우라도 증거능력이 부인되어야 한다는 판례가 있다.[53]

용의자가 보안조사 중인 사건에 고백하지 않을 수도 있다. 신문자가 증거를 확보하지 못하고 신문을 철회할 준비를 하는 경우, 후퇴하기 전에 신문자는 보안조사 과정에서 수집된 증거를 제시한다. 경우에 따라 용의자는 증거를 설명하거나 무죄임을 입증할 수 있다. 용의자가 증거에 대한 적절한 설명을 제공하지 못하면 감정적인 요소중 하나를 사용하여 신문을 계속할 수 있다. 때로는 이 시점에서 증거를 제시하면 용의자가 고백을 하거나 거짓말을 하게 되어 추후 혐의점에 대하여 추측할 수 있다.

---

52 백강진, '피고인의 진술거부권', 법조, 2011, Vol.60(2), p.79 ; 강수진, '진술거부권의 고지 대상으로서의 "피의자"의 의미', 안암법학, 2012, Vol.38, p.133.
53 이완규, '진술거부권 행사와 증거이용금지 및 피의자 신문권과의 관계', 刑事判例研究, 30 June 2011, Vol.19, pp.389-440 ; 김두식, '진술거부권을 고지하지 않고 얻은 자백의 증거능력 배제 근거', 법학연구, 2015, Vol.43, pp.327-350 ; 조인현, '진술거부권 행사 피고인의 양형 가중 문제 고찰', 형사정책, 31 August 2014, Vol.26(2), pp.223-254.

4. 증거

형사재판이 공정하게 진행되려면 먼저 범죄에 대한 사실관계가 확정되어야 한다. 증거란 사실관계를 확실하게 하기 위하여 사용되는 자료를 말한다. 형사소송법에서는 사실의 인정은 증거에 의한다고 규정하고 있는데 이를 증거재판주의라 한다.[54] 또한 증거는 다음과 같이 다양하게 정의된다. 즉, 명백한 상태·표시와 같은 다른 것을 분명하게 만드는 것, 그리고 법정에서 문제의 요지를 지키거나 확증하는 증인, 증거물 등의 진술이다.[55]

1) 직접증거와 간접증거

직접증거는 직접적으로 사건이 있었음을 증명하는 데 이용되는 증거로서 피고의 자백이나 범행현장을 목격한 증인의 진술, 위조통화, 위조공문서, 사건이 찍힌 영상이나 화상 등이 이에 해당한다.

간접증거는 간접적으로 사건이 있었음을 증명하는 데 이용되는 증거이다. 지문, 혈흔, 체액, 증인의 증언 등이 간접증거가 된다. 정황증거라고도 한다. 과학기술이 발전하면서 간접증거의 중요성이 부각되고 있다.

직접증거와 간접증거 간 증명력의 차이는 없다. 법관의 심증 형성은 간접증거에 의할 수도 있다. 동일한 증거라고 할지라도 사건을 증명하는 사실에 따라 직접증거가 되기도 하고 간접증거가 되기도 한다. 자유 심증주의에 의하여 직접증거와 간접증거의 구별은 의미가 없으며, 최근에는 과학 증거수집의 기법이 발달함에 따라 간접증거의 중요성이 더욱 강조되고 있는 추세이다.

과학적 증명방법[56]은 ① 오류의 가능성이 전혀 없거나 무시할 정도로 극소한 것으로 인정되는 경우라야 법관이 사실을 인정함에 있어 상당한 정도로 구속력을

---

54 형사소송법 307조(증거재판주의). ① 사실의 인정은 증거에 의하여야 한다. ② 범죄사실의 인정은 합리적인 의심이 없는 정도의 증명에 이르러야 한다.

55 CHARLES A. SENNEWALD, JOHN K. TSUKAYMA, SECURITY INVESTIGATION, Butterworth—Heinemann, 2010, p.182.

56 천진호, '최신판례분석 : 검사 작성 피의자신문조서의 진정성립의 입증방법으로 '그 밖의 객관적인 방법' – 대법원 2016. 2. 18. 선고 2015도16586 판결 –', 법조, 2016, Vol.65(8), p.676.

갖는다. ② 전문 감정인에 의하여 공인된 표준검사 기법으로 분석을 거쳐 제출된 것 뿐 아니라 모든 과정에서 자료의 동일성이 인정되고 인위적인 조작·훼손·첨가가 없음이 담보되어야 한다.

2) 인증·물증·서증

정보 매개체, 즉 증거방법의 성격 측면에서 본 분류이다. 인증이란 피고인, 증인, 감정인 등과 같이 사람이 증거가 되는 경우를 말한다. 인증은 증거조사를 위한 강제처분으로 소환의 방법이 사용되며 경우에 따라 구인 또는 과태료의 제재가 가해지기도 한다. 이에 대하여 물증은 사람 이외의 유체물이 증거가 되는 경우이다. 물증의 증거조사를 위한 강제처분은 압수이다. 서증은 물증의 일종이고 서면인 유체물이 증거가 되는 경우이다. 서류 가운데 특히 서류의 존재·성질·상태 및 의미내용(증거물인 서면)이 모두 증거로 사용되는 경우나 또는 그 의미내용 자체만 증거로 사용되는 경우(증거서류)를 포함하여 서증이라 한다.

3) 인적 증거, 물적 증거, 증거 서류

인적 증거는 사람이 언어로 진술하는 내용이 증거가 되는 경우를 말한다. 진술은 서면 또는 구술의 형태로 이루어진다. 증인의 증언, 감정인의 진술, 피고인의 진술 등은 인적 증거에 해당한다. 인적증거에 대한 조사는 신문의 형식에 의한다.

물적 증거는 증거방법의 존재 또는 상태가 증거로 되는 경우를 말한다. 예를 들어 범행에 사용된 흉기, 절도죄에 있어서 장물 등은 물적 증거에 해당한다. 사람의 신체도 상처의 정도(상해죄 등 경우)나 특징과 같이 신체의 물질적 성질이나 상태가 증명할 때에는 물적 증거가 된다. 물적 증거에 대한 조사는 검증의 방법에 의한다. 물적 증거는 법관이 오관으로 조사 객체의 성질과 상태를 감득하여야 하기 때문이다.[57]

---

[57] 사법연수원, 형사증거법 및 사실인정론 : 법률실무과목, 사법연수원 출판부, 2018.

4) 증거 규칙

증거를 둘러싼 네 가지 기본 규칙이 있다.[58]

① 사건과 관련될 수 있는 모든 증거를 얻는다.

범죄 수사의 3대 원칙 중 '현장보존의 원칙'은 범죄 현장은 증거의 보고이므로 현장을 잘 보존하고 관찰하여야 한다는 것이다. 신체적 증거는 범죄 현장에서 사건과 관련된 모든 것을 수집하여야 한다. 일단 수사관이 범죄 현장을 떠난 후에는 그 장면을 보존하기 위한 구체적인 조치가 취하여지지 않는 한, 남겨진 증거는 영원히 없어지는 경우가 많기 때문이다. 증거 영역에서의 수집은 너무 많이 하는 것이 너무 적은 것보다 낫다. 그러한 과잉 증거 수집은 법정에서 제시하여야 할 증거를 선택할 수 있다는 것이다.

② 증거를 표시하여야 한다.

증거 표시는 사건번호와 함께 언제, 어디에서 발견되었는지를 표시하여야 한다. 표식은 어떤 식으로든 물체의 증거 또는 물체에 손상을 주어서는 안된다.

③ 증거물을 올바르게 포장하거나 보존하여 오염으로부터 증거를 보호한다.

현장에 남겨져 있는 혈흔, 토사물, 배설물 및 족적 등은 사람이 손대거나 밟지 않도록 하는 것만으로는 불충분하다. 이런 것들은 광선, 열, 눈, 비, 바람 등에 의해서 변질, 변형 또는 소실될 염려가 있기 때문에 텐트, 판자, 세숫대야 등 적당하다고 생각되는 물건으로 덮어두는 등의 방법에 의하여 그 원상을 보존하도록 힘써야 한다. 또한 경우에 따라서는 속히 사진을 촬영하는 등의 조치를 필요로 하는 경우도 있다. 현장 보존에 실패한 경우로는 살인사건에서 사체를 불결한 가마니로 덮어놓아 현장자료의 식별을 할 수 없도록 하는 경우, 금고털이 도난사건에서 금고나 열쇠구멍만 보전하여 침입구나 도주로를 무시하는 경우, 강도사건에서 범인이 침입하여 뒤져놓은 방에 피해자나 관계자를 불러들여 수사하는 경우 등이 있다.

---

[58] 손지영·김주석, '디지털 증거의 증거능력 판단에 관한 연구', 대법원 사법정책연구원, 2015 ; 정해상, 과학수사와 범죄＝모든 범죄는 증거를 남긴다, 서울 : 일진사, 2018.

④ 증거 발견과 후속 발표 간의 연속성을 확립한다.

증거 발견과 후속 발표간의 체계적인 일관성을 유지하여야 한다. 증거에 대한 사건이름, 시간, 날짜별로 증거를 취급하는 사람을 기재하여야 한다. 또한 증거를 취급하는 사람이 적을수록 좋다. 증거를 발견하고, 수집하고, 표시하고, 포장하고, 운반하고, 금고에 보관하고, 보관실에서 그것을 회수하여 청문회에 가져온 사람이 적을수록 좋다.

증거는 변경되거나 손상되거나 도난당하지 않도록 보관 방법이 완전히 안전해야 한다. OJ 심슨(O. J. Simpson) 차량 증거의 많은 실패는 오랫동안 이러한 종류의 고전적인 실패 사례로 기억되고 있다.

증거물의 보존방법은 다음과 같다.[59]

a. 경찰관은 지문, 족적, 혈흔 그 밖에 멸실할 염려가 있는 증거물은 특히 그 보존에 유의하고 검증조서 또는 다른 조서에 그 성질 형상을 상세히 기재하거나 사진을 촬영하여야 한다.

b. 경찰관은 시체해부 또는 증거물의 파괴 그 밖의 원상의 변경을 요하는 검증을 하거나 감정을 위촉할 때에는 전항에 준하여 변경 전의 형상을 알 수 있도록 유의하여야 한다.

c. 경찰관은 제1항 및 제2항의 경우 또는 유류물 그 밖의 자료를 발견하였을 때에 증거물의 위치를 알 수 있도록 원근법으로 사진을 촬영하되 가까이 촬영할 때에는 되도록 증거물 옆에 자를 놓고 촬영하여야 한다.

d. 경찰관은 전항의 경우 증명력의 보전을 위하여 필요하다고 인정되는 참여인을 함께 촬영하거나 자료 발견 연월일시와 장소를 기재한 서면에 참여인의 서명을 요구하여 이를 함께 촬영하고, 참여인이 없는 경우에는 비디오 촬영 등으로 현장상황과 자료수집 과정을 녹화하여야 한다.

---

59 경찰청 '범죄수사규칙' 제165조(증거물의 보존).

5. 정보제공자

정보원(Informat)이란 정보제공자와 경찰첩자, 경찰의 *끄나풀*(Stool Pigeon)을 포함하는 개념으로 보는 견해도 있다. 사전적으로는 정보원은 경찰에 정보를 파는 직업적 밀고자를 뜻하여 이를 정보원으로 해석하고, 정보원은 통지자 혹은 정보제공자를 의미하기도 한다.[60] 정보제공자는 한 개인이나 조직·단체에 관한 내부 정보를 수사기관이나 정보기관 등 다른 조직에 제공하는 인물의 총칭이다. 제보자라고 부르기도 한다. 밀고자와 배신자라고 부르는 경우는 정보를 누설한 쪽의 입장에서 비판적인 뉘앙스가 담겨있다. 한편, 내부 고발자라는 표현도 있지만, 선의적인 고발자를 주로 가르킨다. 정보원은 기밀을 제공하는 기밀 정보원과 일반 정보원과 구분된다. 비공개 파일의 다양한 자료는 모든 조사자가 이용할 수 있다. 이러한 일반적인 정보가 조사자에게 중요하고 필수 불가결하므로 정보원은 더욱 중요하다. 정보제공자는 조사자가 일반적으로 접근할 수 없는 정보를 제공하는 사람들이다.[61]

보안조사는 사건의 결정적인 단서를 확보하기 위한 일련의 과정이다. 절도·폭행 등 특정 기록에 포함된 정보는 범죄의 행위를 시사할 수 있지만, 정확한 접촉은 그 이유를 확실하게 설명하여 준다. 기록과 문서는 주어진 사건이 특정 날짜 이전 또는 이후에 있었음을 나타내거나 증명할 수 있다. 접촉한 사실은 정확한 시간을 뒷받침할 수 있다. 일반적인 정보 출처는 감독관이 쉬는 날에 일어나는 절도 같은 미래의 행동을 예상할 수 있는 식이지만, 정보원은 다음 계획범죄의 구체적인 내용을 제공할 수 있다. 유능한 정보원의 개발과 유지는 조사관뿐 아니라 공공법 집행관에게도 큰 가치가 있다.[62]

또한 조사관은 정보제공자를 보호하여야 할 의무를 갖는다. 수사관은 고소·고발 범죄에 관한 신고, 기타 범죄수사의 단서 또는 범죄수사의 자료를 제공한 자의 명예나 신용을 해하는 일이 없도록 주의하는 동시에 피의자 기타의 관계자

---

60 이동환·표창원, '경찰의 범죄정보 수집 및 분석 체계화 방안', 형사정책연구원 연구총서, 2005, pp.7 - 138.
61 정세종, '경찰내사의 활성화방안에 관한 연구', 한국경찰학회보, 2011, Vol.30, p.173
62 CHARLES A. SENNEWALD, JOHN K. TSUKAYMA, SECURITY INVESTIGATION, Butterworth - Heinemann, 2010, p.382.

에게 정보제공자의 성명 또는 이들을 알게될 만한 사항을 누설하지 아니하도록 하고 특히 필요한 경우에는 적당한 보호를 하여야 한다.[63]

1) 전문가 접촉

민간 정보의 첫 번째는 전문가 접촉이다. 그들은 대부분 다른 수사관이나 보안 요원, 보안 간부들이다. 원칙적으로 직접 요청하는 경우에만 기밀 정보를 제공한다. 조사 결과, 대중 교통업에 종사하고 있는 A 수사관은 중공업계에 근무하는 B 수사관에게 전화하는 것만으로 자동적으로 원하는 정보를 얻을 수 없을 것이다. 정보의 전달을 억제하는 매우 실질적이고 합법적인 규제가 있기 때문이다. 그리고 수사관 B는 개인적으로 수사관 A를 알지 못하기 때문에, 조사관이 "일반적으로 접근하지 못할" 정보를 제공하는 것에 대하여 주저할 수도 있다. 조사관 B는 이러한 딜레마를 어떻게 해결할까?

B씨는 종종 미국산업안전협회의 회원명부와 같은 전문 출판물을 참고하여 A씨의 신원과 신분을 확인할 수 있다. 목록을 찾을 수 없는 경우 B는 A의 고용주 상호 참조 목록을 참조하여 해당 회사의 구성원에 속하는지 또는 목록에 있는지 여부를 판단할 수 있다. 수사관 B가 다른 이름을 찾으면 B는 그 사람을 불러 A의 신원을 확인할 수 있다. B는 심지어 A의 관계자에게 정보 요청에 대해 조언하고 그러한 정보가 필요하고 공개되어야 하는지를 문의하기까지 한다. B는 그 당시에만 찾는 정보를 제공할 수 있다. 요점은 일반적으로 많은 사람들이 B가 가진 정보에 접근할 수 없다는 것이다.

개인이나 기업이 서로 알려져 있는 곳에서는, 사적으로 정보를 공유하는 것이 더 쉽게 이루어진다. 한 회사의 조사원이 귀중한 정보를 입수하여 다른 회사와 공유하기를 원할 수 있다. 예를 들어, A사에서의 조사 과정에서, B사에서는 종업원이 점원으로 고용된 남자친구를 가지고 있다는 정보가 개발된다. 그 남자친구는 트럭 회사의 운전사와 결탁하여 일하고 있는 것으로 밝혀졌다. A사 직원은 B사 남자친구가 훔친 물건을 아주 싼값에 동료들에게 팔고 있다. B사의 조

---

63 철도특별사법경찰관 범죄수사규칙 제8조(자료제공자의 보호).

사관은 결국 A사의 조사관으로부터 매우 중요하고 민감한 정보를 받는 사람으로 귀결된다.[64]

2) 정보제공자

민간 정보의 두 번째는 정보원으로 더 널리 알려진 사적인 접촉이다. 기업 수사관에 의하여 수행되는 중요한 조사의 많은 부분이 정보제공자들로부터 시작된다. 이는 결코 과장이 아니다. 정보원의 적절한 사용과 관리는 전문 수사관이 숙달하여야 할 중요한 기술이다. 정보제공자는 일반적으로 정보를 제공한다는 사실을 널리 알리려 하지 않는다는 점을 제외하고는 목격자와 유사하다. 통제된 정보제공자는 다른 유형의 정보제공자와 비교하여 엄청난 양의 정보를 제공할 수 있는 잠재력을 가지고 있다.

(1) 일회성 정보제공자

일회성 정보제공자는 일반적으로 매우 구체적인 정보를 가지고 있으며, 그 정보가 가치 있다는 것을 알고 싶어 한다. 정보를 제공하는 동기는 일반적으로 도덕적 근거에 기반한다. 그들은 자신이 하는 일에 대하여 긴장하며 자신의 신분이 공개되지 않을 것이라고 확신한다. 일부 사람들은 시민의 의무 또는 종교적 신념을 지키기 위한 행위로 간주한다. 일회성 제보자는 대부분 직원들이며, 이들은 조직의 발전을 위하여 기여하고 있다는 신념을 갖는 경향이 있다. 따라서 이들로부터 지속적인 정보를 제공받기란 매우 어렵다.

일회성 정보제공자의 또 다른 의도는 복수이다. 이 경우 정보제공자는 자신이 정보를 제공한 것에 대하여 '매우 잘한 일'이라고 정당성을 가지려는 경향이 있다.

(2) 수시 정보제공자

통상적으로 정보를 제공하는 사람을 기회주의자라고도 하는데, 그들은 어떠

---

64 CHARLES A. SENNEWALD, JOHN K. TSUKAYMA, SECURITY INVESTIGATION, Butterworth – Heinemann, 2010, p.384.

한 필요성이 있을 때 정보를 전달한다. 정보제공자는 경영층의 곤란한 문제가 자신에게 이익이 된다면 이러한 사실을 제공할 수 있는 사람이다. 또한 수시 정보제공자는 조직에서 인정과 칭찬을 원하는 사람일 수 있다.

금전적인 보상 없이 자신에게 도움을 원하지도 않으면서 동기가 무엇이든 간에 때때로 정보를 제공하는 사람은 조용히 격려하고 칭찬하여야 한다. 수사팀의 일원처럼 느껴지도록 만들어야 한다. 격려만으로도 깊은 관계를 지속할 수 있다.

(3) 고정 정보제공자

직원은 일회성 정보원일 수도 있고 수시 정보원일 수도 있다. 특히 조직의 직원은 정보원으로서의 잠재력 때문에 특별한 관심과 배려를 하여야 한다. 작업 현장에서 조직의 부정직한 행동을 강하게 의심하거나 확실히 알고 있는 직원들이 있다. 이들 직원 중 일부는 부정한 행위에 동조하거나 묵인하는 동료들을 인정하지 않는다. 대부분의 경우 도둑질을 하고 도망치는 타인을 보는 정직한 직원은 회사 경영진이 도둑질을 막지 못한 것에 대한 분노를 느낀다. 그러나 경영진은 어떠한 불법적인 행위를 인지하지 못하는 경우가 있다.

정직하고 선의가 있는 직원은 발생한 상황을 경영층에 알리기 위한 합법적이거나 구조화된 방법이 없을 때, 익명의 서신이나 전화를 통하기보다 좌절감을 느낀다. 경영진에게 정보가 전달될 수 있는 합법적이고 구조화된 프로그램의 구축의 필요성이 여기에 있다.

많은 회사들이 직원들이 비밀스럽게 부정행위를 신고하도록 장려하기 위한 공식화된 프로그램을 시행하고 있다. 이때는 성명의 보호가 핵심이다. 절도 등 범죄행위로 인한 조직의 피해금액에 비례하여 포상금을 주는 것도 포함하면 좋다. 또한 신입사원 교육 시 관련 자료를 제공하는 방법을 자세히 설명하도록 한다. 팸플릿에는 내부 감사 담당, 최고위 경영진 및 보안 요원을 제외한 모든 직원을 포함하여 참여 자격을 설명한다.

3) 익명 정보제공자

익명 정보제공자는 자신의 신원을 보호하려고 노력하는 사람이다. 이전에 논의한 직원 정보원에서 보았듯이 익명을 요구하는 것은 정보제공자가 회사에 재직 중에 있거나 회사와 밀접하게 연결되어 자신의 신원이 알려지기를 원하지 않는 의도이다. 정보제공 기관이 어떠한 방식으로든 회사와 연결되어 있지 않으면 정보를 전달하는 것 이상으로는 정보에 개입하지 않기를 원할 수 있다. 외부 정보원은 '여기에 몇 가지 정보가 있는데 당신이 원한다면 가져가도 좋다'는 방식으로 정보를 제공하기도 한다. 또는 '이 정보는 회사와 관련이 있을 수도 없을 수도 있으니 당신이 판단해서 사용하기를 바란다'고 할 수 있다.

익명 정보제공자의 의도가 조직원들이 서로를 믿지 못하도록 만드는 등의 적대감을 목적으로 하는 악의적인 데에 있을 수도 있다. 그러나 공식화된 정보제공자 프로그램을 운영하면 악의적인 익명의 전화, 이메일 등을 감소시킬 수 있다.

익명 정보제공자는 때때로 좋은 정보를 제공하기도 하지만, 다른 정보제공자보다 신뢰의 측면에서 낮다.

(1) 범죄 정보제공자

범죄 정보 제공자는 민간 보안보다 형사사법의 공공 부문과 친밀하다. 범죄 정보원은 일반적으로 경찰과 다른 법 집행 기관에서 필수적인 것으로 여겨지지만, 기업 및 산업 분야의 조사관들에게 중요한 정보원은 아니다. 범죄 정보제공자는 매춘 여성, 좀도둑, 마약 사용자, 가석방자 및 기타 여러 사람들에 대한 정보를 경찰에게 자주 제공한다. 비록 정보제공 대가로 받는 돈이 일부 정보제공자들의 주된 동기이기는 하지만, 그들은 종종 기소로부터의 자유, 장기간 수감, 또는 감옥으로의 복귀를 위하여 정보를 제공하고 있다.

민간 분야에서 범죄 정보제공자는 불법 행위로 구속 수감된 사람이 보안요원과 거래할 것을 제안하거나, 도난당한 상품이 은폐된 장소에 대한 정보를 제공한다든지 하는 거래를 할 수 있다. 또는 다른 종업원들의 불법 행위에 대한 정보를 제공하고 대가를 바라는 경우가 있으나, 이는 흔한 일은 아니다.

(2) 인적 정보제공자

인적 정보제공자는 그 상황에 맞는 수사관만을 접촉하여 정보를 제공하는 특성을 갖는다. 이러한 정보 제공은 조사관이 먼저 다가가서 말을 걸어 접촉하면서 이루어지는 경우가 대부분이다. 조사관은 정보제공자의 곤란한 상황을 해결해 주었을 경우 보답의 차원에서 정보를 받기도 한다.

(3) 통제 정보제공자

통제 정보제공자는 모든 유형의 정보제공자와 마찬가지로 보안조사와 관련된 정보를 제공할 수 있는 사람이다. 통제 정보제공자는 위장 정보제공자와 유사하다. 통제 정보제공자는 위장 정보제공자와 달리 범죄조직의 신뢰를 형성하기 위한 시간과 노력이 필요하지 않다. 통제 정보제공자는 보안조사 중인 범죄 행위에 대한 핵심 정보 또는 직접 관련이 있으며 내부 조직에서 신뢰할 수 있는 사람이다.

조사관은 통제 정보제공자와 단순한 교감이상의 관계를 수립하는 것이 가장 중요하다. 통제 정보제공자는 적어도 조직이 갖고자 하는 권위를 갖고 있는 사람으로서 조직 전체 구성원으로부터 증오를 받는 것을 원하지 않는다. 조사관이 정보제공자와의 강력한 신뢰 관계를 수립하지 않으면 사건과 관련된 핵심정보를 획득하는 것은 어렵다. 이것은 정보제공자의 관계 형성에 있어, 처음 단계에서 형성되어야 한다.

4) 정보제공자 관리

정보제공자와의 협력 관계가 형성되면 채용, 생산적 처리 및 사례 후 처리 등 여러 단계를 거쳐 관리된다.[65]

(1) 채용

일부 정보제공자는 자발적으로 나타나지만 다른 정보제공자는 이미 진행 중인 보안조사를 위하여 채용된다. 조사관은 정보제공자가 정보를 제공하려는 이유를 알고자 시도하여야 한다. 조사관은 정보제공자의 동기에 따라 정보의 신뢰

---

[65] 이현희, '경찰의 범죄정보관리시스템 개선방안', 한국공안행정학회보, 30 June 2005, Vol.20, pp.2–29 ; 이재상, '범죄정보획득을 위한 특수수사기법들에 대한 형사소송법적 고찰', 경성법학, 2000, Vol.9, p.139 ; 양문승, '경찰과 교정기관간 범죄정보 유통시스템 구축에 관한 연구', 형사정책, 1998, Vol.10, p.367.

성을 측정할 수 있다. 또한 정보제공자의 동기를 이해하면 향후 조사관－정보제공자와의 미래지향적인 관계를 유지할 수 있다. 일반적으로 정보 제공자의 동기는 자기 이익, 자기 보존 및 양심으로 나눌 수 있다. 가능한 동기 부여 목록은 다음과 같다.

① 이기심
- 재정적 보상
- 재판 전 석방, 형사 고발 철회 또는 해고, 형량의 감소, 형을 선고할 위치 선택
- 라이벌 또는 원치 않는 범죄자 제거, 범죄 활동에 참여한 경쟁 업체 제거, 자신의 범죄 행위 은닉, 복수

② 자기 보존
- 다른 사람의 피해에 대한 두려움
- 체포 또는 고발의 위협, 감금의 위협
- 증인 보호 프로그램에 대한 욕구

③ 양심
- 도덕적 갈등
- 죄의식
- 법 집행 및 정의 사회를 지원하려는 진정한 욕구

(2) 정보협조 과정

일단 정보제공자가 모집되고 조사관이 정보제공자의 동기를 이해하면, 조사관은 정보제공자로부터 유용한 정보를 최대한 얻어야 한다. 이것은 때때로 단 한 번의 만남에서 이루어질 수 있지만, 현명한 수사관은 항상 정보원과 지속적으로 접촉한다. 조사관이 정보제공자의 정보를 신뢰하기 위해서는 추가적인 조사활동이 요구된다. 제보자로부터 받은 정보를 검증하는 과정에서 더 많은 의문이 발생하기 때문이다. 또한 정보제공자가 조사관의 정보 요구에 적극 동의하고 보고한다면 통제된 정보제공자가 되었다고 할 수 있는데, 이 통제 정보제공자는

자신의 활동의 노출에 대한 두려움을 가질 수 있다. 조사관과의 정기적인 접촉은 이러한 두려움을 진정시키고, 정보제공자의 협력이 인정된다는 느낌을 줌으로써 관계를 강화한다.

정보를 받는 과정에 있어서 최우선 순위는 정보제공자의 보안 및 안전이다. 조사관은 제보자에게 협조에 수반되는 어떠한 위험을 감수하도록 요청할 때, 도덕적으로 책임이 있다. 조사관은 제보자와 관계를 비밀로 부치기 위하여 정보원을 조심하도록 훈련시켜야 한다. 배우자, 친구 또는 동료들에게 이루어지는 부주의한 언행은 의심을 불러일으키고 진행 중인 조사를 위태롭게 할 수 있다. 또한 조사관은 정보제공자와 접촉할 수 있는 방법을 마련하여야 한다. 정보원이 조사관에게 연락할 수 있는 것만으로는 충분하지 않다. 조사관은 자신이 필요할 때 접촉할 수 있어야 한다. 정보원에게 더 많은 정보를 요청하여야 하는 순간에 정보원이 전화를 걸기를 기다려야 하는 것만큼 답답한 일은 없다. 정보원의 연락을 기다리는 사이에 몇 시간, 며칠 또는 몇 주가 흘러갈 수 있으며, 많은 조사기회를 놓칠 것이다.

더 중요한 것은 다른 경로를 통하여 정보원의 협조가 드러날 수도 있다. 이러한 상황에서 제보자에게 접근하는 것은 제보자의 안전과 수사 보존에 매우 위험할 수 있다. 가짜 회사 이름이나 가명은 정보원이 자신의 조직이나 주위로부터 안전을 확보하기 위한 수단으로 사용된다. 이를 참고하여, 조사관은 정보제공자가 협조에 대한 심경의 변화를 가져왔을 가능성이 있는 단서가 있는지 정보원을 주의 깊게 관찰하여야 한다. 정보제공자가 친구·조직을 배신하는 것에 대한 죄책감을 느끼면 진행중인 조사를 철저하게 손상시킬 수 있다. 조사관은 상황을 통제하고 조사를 신속하게 진행하여 일이 만족스럽게 마무리되기 전에 이런 일이 일어나지 않도록 하여야 한다.

이러한 통제는 조사관이 정보원과 강력한 관계를 구축하고 정보원의 안전과 복지가 조사관의 주요 관심사임을 확인시켜줄 때 가장 잘 이루어진다. 또한 조수사관이 돈을 지불한 정보제공자와 커피나 식사를 나누는 시간을 갖는 것은 정보제공자를 단순한 도구로 보지 않고, 친구로 여긴다는 것을 전달하는 데 매우 도움이 된다. 정보제공자의 전화 연락 요청에 대하여 즉각적인 응답을 보여주는 것도 이와 비슷한 효과가 있다. 또한 조사관은 정보원에게 접촉할 때마다 지시를 따르도록 훈련시키고 조사에 도움이 되는 작은 위험을 받아들이도록 작은 임무를 부여한다. 그러나 어떤 대가를 치르더라도 조사관의 직접적인 동의 없이는 의심스러운 일이 없도록 훈련시켜야 한다. 왜냐하면 정보제공자의 지나친 행동이나 잘못된 행동은 현재 진행 중인 보안조사를 위태롭게 할 수 있기 때문이다.

(3) 정보제공자 해고

사건이 성공적으로 조사되고 불법 행위에 대한 결정적 증거가 밝혀지면 관련자들은 체포되고 고소될 것이다. 이때 경영층은 정보제공자가 적극적이고 정직하다면 정보제공자의 사건 기여도에 대한 여러 요소를 고려하여 처벌여부를 고심하여야 한다. 조사관은 정보제공자의 진정한 지원 활동에 대하여 객관성을 잃지 않으면서 회사가 완전히 이해할 수 있도록 도와야 한다.

정보제공자의 협조적 역할을 보호하기 위하여 외견상으로 가짜 처벌을 받는 경우도 있다. 정보제공자를 일시적으로 지방으로 보낸다든지, 외국 지사로 발령을 보내는 경우가 이에 해당된다고 할 수 있다. 이러한 현명한 결정은 조직원들에게 회사의 기여도에 대한 충성심을 심어 줄 수 있다. 훌륭한 조사관은 새로운 문제가 발생했을 때 정보를 협조 받기 쉬운 위치에 정보제공자를 배치한다.

5) 정보제공자의 대우

정보원에 관하여 경멸적으로 말하는 조사관은 정보원과 신뢰적 관계를 유지할 수 없다. 정보원을 스니치(snich), 스팅커(stinker), 핑크(fink), 카나리아(canary), 스툴리 비둘기(stool pigeon)와 같이 저속한 은어를 사용해서는 안 된다. 조사관은 제보자를 타인이 알 수 없는 비밀출처, 접촉자 등으로 호칭하여 보호한다. 조사관은 정보원의 동기에 관계없이 항상 예의와 존경을 가지고 신뢰 관계를 구축하여야 한다.

FBI는 정보제공자가 수사기관의 고용원이나 종업원이 아니므로 정보수집 시 불법적인 방법을 사용하지 않아야 하며, 기소 또는 체포를 면제받을 수 없다는 것, 보상금을 주고받은 영수증을 반드시 보관할 것을 지침으로 명시하고 있다. 또한 정보원의 기관과 해야 할 일·해서는 안되는 일을 가능한 구체적으로 주고받아 명시하여야 한다는 것, 믿기 어려운 정보가 생산되는 되는 것을 막기 위하여 정보제공자에게 다른 여러 믿을만한 정보원천이 있음을 주지시킬 것, 정보제 공자로부터 반드시 정보의 원천 또는 제공자 신원을 알 수 있는 자료를 취득할 수 있어야 한다는 것을 지침으로 제정하고 있다.

6) 보강증거의 필요성

일반적으로 정보원으로부터 받은 정보는 직접 사건과 직결되는 경우가 많지 않다. 따라서 확증 과정을 가져야 한다. 정보원에게 받은 정보로 인하여 사건이 왜곡되거나 핵심을 비켜 나갈 수 있기 때문에 이에 대한 검증이 필요하다.

조사관은 가능하면 추가 출처에서 검증하고 확증함으로써 정보원에게서 받은 정보를 항상 업그레이드하고자 노력을 하여야 한다. 검증할 수 없는 정보는 사 건의 본질적 진행을 위하여 버려야 한다.

어떤 식으로든 검증할 수 없는 정보 제공자의 정보는 제한된 가치를 가진다. 그러나 그러한 정보가 확증될 수 있는 곳은 수사에 귀중한 도움을 줄 수 있다. 조사관은 정보 제공자의 한계와 동기를 신중하게 고려하여 공공뿐만 아니라 민 간부문에서 조사 사건에 도움이 되도록 운영한다. 진정한 전문성을 갈망하는 모 든 조사자는 반드시 적절하고 효과적인 정보제공자 활용을 배워야 한다.

6. 보고서 및 메모 작성

사건과 관련된 조사 내용을 서면으로 기록하는 것은 아무리 강조하여도 지나 치지 않는다. 사건이 기록되지 않으면 곧 완전히 또는 부분적으로 잊혀지거나 시간이 지나면서 왜곡될 수 있다. 보고서 작성은 조사자의 직무에서 자연스럽고 필수적인 부분이다.

조사 보고서는 원칙적으로 증거능력을 갖지는 않는다. 그러나 조사상 매우 중요한 역할을 한다. 조사보고서는 조사 초기부터 접촉한 모든 조사 사항을 수 사의 중추부에 보고하는 것이다. 그런 의미에서 조사보고서는 조직적 조사를 위 한 조직 간과 각 조사서류 간의 연결을 명확하게 하는 기능을 갖고 있다.

1) 보안조사 보고서 정의

보안조사 보고서는 조사행위와 관련된 사항을 기록한 서류들을 말한다. 법적 근거는 두고 있지 않으며, 보고서의 법정 서식도 마련되어 있지 않다.

보안조사 보고서는 명확하고 포괄적이며 사실에 대한 문서로서 시간 순으로 제시되고 조사자의 경험이나, 대화와 특정 과제에 관한 관찰 및 시간이 경과된 후에도 보안조사 사건을 재구성할 수 있어야 한다. 보안조사 보고서는 실제로 조사에 종사한 자가 그 상황이나 결과 등을 보고하는 것이므로 사건에 대한 조사관의 노력이 최대한 반영되어야 한다. 수사에 종사하지 않은 자가 작성해서는 안 되며, 2인 이상이 조사한 경우에는 사건 내용을 가장 잘 아는 조사관이 작성한다.

보안조사 보고서는 내용이 진실하여야 하며 그 내용이 사실과 부합되지 않으면 가치를 상실하게 된다. 사람의 기억은 시간의 경과에 따라 희미해지기 마련이다. 따라서 조사 내용을 메모하고, 보고할 필요가 있을 때에는 그때그때 즉시 조사 상황을 보고하여야 한다. 사건 상황이 급박할 경우 구두 보고 후에 정식으로 지침을 받는 경우도 있으나, 보고 체계에 따라 서면으로 보고하는 것이 좋다.

보안조사 보고서 작성이 끝나면 보고사항이 누락되지 않고 전부 기재되어 있는지, 제삼자도 이해할 수 있는지 등을 검토하여 수준 높은 보고서를 작성하도록 노력하여야 한다. 보안조사 보고서는 체계 형식상 서술보고서, 구조화된 보고서로 구분할 수 있다.

2) 서술 보고서

일반적으로 수사과정이 범죄 사실인식, 수사, 증거자료 확보 과정으로 이루어지는 것과 마찬가지로 보안조사는 사건 인식, 조사, 확인 자료를 근거로 한 조사결과 도출이라는 과정을 갖는다. 이러한 일련의 과정을 제삼자에게 쉽게 이해시키기 위해서는 1인칭 서술을 사용하는 것이 좋다. 서술형 보고서는 내용을 쉽게 이해할 수 있으며, 요점을 빨리 찾을 수 있고, 요점을 추가하거나 삭제하기가 쉬우며, 빠진 항목을 확인하기 쉬운 장점이 있다. 단점으로는 생략하거나 축약하는 과정에서 의미를 왜곡시킬 여지가 있으며, 쌍방향 소통에 부적합하다.

보안조사 보고서는 읽는 사람이 의문이 없이 납득할 수 있도록 논리정연하여야 하며, 읽는 사람의 입장에서 용어에 대한 이해가 필요할 경우 주석을 달고, 반드시 서술에 대한 근거가 존재하여야 하며, 결과 중심으로 작성한다. 서술 보고서에 갖추어야 할 요소는 다음과 같다.

(1) 논지의 명확성

보안 조사 보고서는 조사자의 추측, 가설, 편견을 위한 자료가 아니다. 또한 애매모호한 표현을 사용하여서는 안 된다. 형용사나 부사 표현을 최소화하고 구체적인 데이터를 제시한다. "용의자의 수입이 상당히 좋아졌다." 보다는 "지난 6개월간 용의자의 수입이 100% 증가 했다."와 같이 구체적인 숫자로 비교기준을 표시한다.

또한, 조사자의 판단 근거를 명확하게 제시하여야 한다. "용의자는 전 직장에서도 이와 같은 유형의 사건을 저지른 적이 있다." 보다는 "A사 ○○직책에 있던 용의자는 지난 2018년 8월 20일 유사 사건으로 ○○경찰서에서 조사받은 적이 있다. 이 사건으로 용의자는 ○○처벌을 받았다."와 같이 구체적인 근거를 제시한다.

(2) 연대기 방식

보안조사 보고서는 범죄과정이나 사건 중심이 아니라 조사관 자신의 업무 기록이다. 조사관이 수행한 조사업무를 시간 순서대로 전개한 것이다. 조사 중인 범죄의 연대기는 보고서 자체에 대한 소개 또는 용의자의 고백을 요약 형식으로 함께 표시하여 제시한다. 보안조사 보고서는 장기간이 흐른 뒤에도 보안조사 결과가 재구성 될 수 있도록 작성하여야 한다.

(3) 간결성

보고서는 제삼자가 이해하기 쉽도록 작성한다. 따라서 긴 복합 문장보다 짧고 분명하고 직접적인 문장이 바람직하다. 기술적인 용어가 사용될 경우 이를 정의하거나 주석으로 처리한다. 가능하면 한 문장을 20단어 이하로 구성한다.

또한 구체적이고 관련 사실의 범위와 깊이를 모두 갖추었으며 포괄적이어야 한다. 일반적으로 우리가 알고 있는 전통적 안보개념은 외부의 군사적 위협으로부터 국가를 보전하는 군사력 중심의 안보를 의미한다. 그러나 최근 국가안보에 대한 위협의 변화에 따라 안보개념을 확대한 포괄적 국가안보관이 대두되고 있다. 포괄적 안보개념은 안보의 고려 영역을 확대하여 군사뿐만 아니라 경제, 환경, 자원, 마약, 인권, 난민 등의 개념을 포함한다. 보안조사의 포괄적인 개념은 조사과정에서 오류를 저지르지 않기 위한 다각적인 검증 활동을 말한다.

3) 구조화된 보고서

보안조사 보고서는 제목, 본문, 결말을 포함하여 구조화된 양식을 사용한다. 보고서는 제목만 보고도 전체 내용을 이해할 수 있도록 핵심사항을 압축하여 작성한다. 본문의 내용을 최대한 포괄하되 본문에서 전혀 언급되지 않은 내용은 포함하지 않도록 유의한다. 제목만으로도 어느 정도 의미를 전달할 수 있도록 하여야 하며, 의미 전달에 지장 없는 낱말은 과감히 생략하여 간결·명료성을 유지한다. 사용자가 쉽게 이해할 수 없는 전문용어나 생소한 약어는 풀어서 표기한다. "경기도 연천 아군 GP 총기 사망사고 발생"은 "경기도 연천 아군 비무장지대 소초에서 총기 사망사고 발생"으로 표기한다.

사건 개요 작성은 개요만으로도 핵심 내용이 파악될 수 있도록 결론과 핵심 메시지를 넣는다. 개요는 5줄을 넘기지 않도록 압축한다. 사건 내용, 범죄 행위에 대한 구제적인 행위를 단계적, 구조적 형식으로 열거하되 시간적 순으로 한다.

본문의 주요 내용은 사건과 관련하여 단서의 입수 경위, 조사한 사실을 육하원칙에 따라 기재하며, 관계자 또는 증거의 제시는 직접증거, 간접증거, 진술증거 등 중요도 순서대로 인용한다.

마지막으로 조사자의 의견을 명시한다. 이것은 조사자가 사건을 바라보는 주관적 시각일 수 있지만, 보고자에게 사건의 본질적인 핵심을 전달하는 최선의 방법이다.

4) 메모

조사자가 조사 과정에서 작성한 메모를 참조하지 않고는 구조화된 형식으로든 완전한 서술로서든 종합 보고서를 작성하는 것은 어렵다. 보안조사 과정에서 메모는 필수적이다. 현장을 직접 조사하면서 조사 시간, 사건과 관련된 인물, 직장, 주소 등을 메모 내용에 필수적으로 정확히 기재한다. 보안조사 과정에서 증거 수집, 관련자 증언, 제삼자의 제보를 메모할 때는 일자, 장소, 관련 인물의 기본 인적 사항 및 외모적 인상 등을 상세히 기재하여야 한다. 따라서 후에 메모를 바탕으로 그 당시의 상황을 재현할 수 있도록 한다.

용의자 또는 변호사들은 사건 발생 날짜나 대화 날짜와 사건이나 대화가 공식 보고서에 기재된 시간 간의 차이를 발견함으로써 수사관의 보고서와 사건 기억의 가치를 떨어뜨리려고 하는 경우가 많다. 예를 들어 "당신은 사건 증인 A로부터 제보를 받았다고 했는데, 증언을 제보 받고 즉시 확인해 보셨나요? 당신은 그러한 사실을 상사에게 5일 지나서 보고 했습니다."라는 주장이 나올 경우, 이러한 상황은 조사자의 보고서에 대한 불신을 야기할 수 있다. 이러한 상황에서 조사자가 사건과 관련된 일련의 메모 사항을 제시할 수 있다면 어느 정도 신용을 회복할 수 있다.

5) 대용량 보고서

앞서 논의된 보고서 형식은 수사 종료 시점에 작성된 연대기적 서술 등을 중심으로 민간 조사관들이 작성하는 수사보고서의 대다수로서 충분할 것이다. 그러나 개별 보안조사가 완료되기까지는 수개월 또는 수년이 걸릴 수도 있으며, 수 백 건 인터뷰와 많은 문서 페이지가 포함될 수 있다. 이러한 종류의 대형 사건 보안조사 보고서를 작성하는 것은 매우 어려울 것이다. 메모가 체계적으로 작성된 경우에도 공식적인 기록을 완성하기 전에 몇 주 또는 몇 달이 지나면 세부 정보가 손실될 가능성이 있다. 따라서 메모가 작성된 직후에 검토하면 양호한 메모가 조사자의 기억으로 연결된다.

대규모 사건 보안조사에 대한 엄격한 서술은 필연적으로 모든 사용자가 효율적으로 사용하기 극도로 어려운 대량의 정보를 초래할 것이다. 이러한 경우 대체할 보고 방법을 생각하여야 한다. 대형사건 보고서는 일상 보고서 형식과 크게 다르다. 보안조사 자체가 아니라 사건의 조사 과정에도 집중하며, 보안조사가 끝날 때 준비될 수 있지만 큰 보고서 형식은 메모 작성과 메모 준비 사이의 중간 단계에 의존한다. 큰 보고서 형식은 주제별로 구성되며, 보안조사의 연대기별로 구성되지는 않는다. 또한 최종 사용자의 요구사항 (합리적으로 확인할 수 있는 경우)을 염두에 두고 구성된다.

사건에 대하여 명료하고 간결하게 작성한 보고서는 보안조사 중인 사안에 대하여 명확한 이해를 제공한다. 대규모 보안조사 보고서는 해당 사건의 개별 사건이나 범죄에 초점을 맞추어야 한다. 대규모 보안조사는 때로는 몇 주 또는 몇 달 동안 지속적으로 추진될 것이다. 이에 따라 많은 수사관들로 구성된 팀의 작업을 포함할 수 있으며, 이들 각각은 수많은 동시적 노력에 종사하고 있다. 진행 중인 보안조사의 모든 노력과 결과가 문서화될 수 있는 수단은 제출할 메모를 사용하는 것이다. 메모는 본질적으로 각 개별 인터뷰, 중요한 기록 검사, 중요한 전화 대화 및 보안조사 신문에 관한 보고서이다.

제3절 전문 보안조사 기법

1. 영상 정보

일반적으로 영상정보는 서면 또는 구두로 신뢰성 있게 재현할 수 없는 많은 정보를 내포할 수 있다. 미국 정보기관에서는 '정보성 보안(Intelligence Information)' 라는 용어로 흔히 사용된다. 이 용어는 별도의 평가나 분석이 가해지지 않아도 정보로서의 가치가 있는 첩보를 의미한다.[66] 간단히 말해서, 그림은 천 단어의 가치가 있다. 우리는 하나의 좋은 이미지로 모든 상황을 받아들일 수 있다. 같은 장면의 영상 시리즈를 중요한 세부사항과 중요한 증거로 이용할 수도 있다.

영상정보의 이해력만큼 중요한 것은 일관성과 객관성이다. 다른 시간에 다른 사람들에게 제시된 영상정보는 서술자가 사용할 수 있는 부정확한 언어나 의도

---

66 국가정보포럼, 국가정보학, 2006, 박영사, p.79.

하지 않은 설명의 변형, 또는 각 청취자가 사용할 수 있는 해석의 차이에 의존하지 않는다. 보안조사 측면에서 영상정보는 다음과 같은 용도로 이용된다.

- 주요 사건 또는 사건의 일반적인 위치 묘사
- 범죄의 현장에 남겨진 흔적의 범죄 여파에 대한 묘사
- 은밀한 행위(주머니에 돈을 넣는 출납원 등)의 묘사
- 공개적이지만 불법적인 행위(트럭으로 도난당한 물건을 고객에게 배달하는 행위)의 묘사
- 핵심 증거 자료 상태 설명

1) 사진

보안조사 중에 스틸 이미지를 담는 도구로서는 일반적으로 디지털 카메라를 사용한다. 카메라는 보통 작업자가 두 가지 방법 중 하나로 사진을 찍을 수 있도록 제작된다. 미리 포장된 일회용 필름 카메라와 같은 뷰파인더 카메라는 실제 렌즈 개구부보다 약간 위에 작은 창을 가지고 있다. 이것은 일반적인 장면과 스냅사진에 사용하기 편리하다. 대부분의 뷰파인더 카메라는 고정된 렌즈나 제한된 확대경을 가진 단순한 줌 렌즈로 나온다.

뷰파인더 카메라는 다른 사진장비를 사용하지 못하고 세련된 장면을 포착할 기술이 없는 초보자가 사용하기에 적합하다. 최근에는 고해상도 카메라가 스마트폰에 탑재되어 있어 더욱 편리하게 사용할 수 있다. 뷰파인더 카메라의 또 다른 활용법은 수사관의 신분 위장이다. 관광객이나 인근 주민으로 가장할 때에 카메라를 이용한다. 예를 들어 수백 명의 직원이 탑승한 유람선에서 특정 대상 직원의 신원이 중요할 때, 조사관들은 대상자가 사진을 찍힐 때 포즈를 취하게 한다. 아무도 사진 촬영의 목적이 용의자 신원을 파악하는 것이라고는 의심하지 않는다.

일안 반사식 카메라(SDL)는 렌즈와 필름 사이에 움직이는 거울을 사용하여 화상을 메트 초점 스크린에 투사하는 카메라를 말한다. 대부분의 일안 반사식 카메라는 상단 부분에 빛을 굴절시켜주는 루프 펜타프리즘이나 펜타미러를 장착하여 렌즈를 통과한 화상이 뷰 파인더에 맺히도록 한다. 일안 반사식 카메라는 시차

(parallax)가 없으며, 렌즈교환이 가능하다는 장점이 있다. 단점으로는 화상이 필름 또는 센서에 맺히는 순간 거울이 올라가게 되어 셔터가 열리는 동안은 화상을 볼 수 없으며, 반사거울의 동작시스템으로 인해 셔터스피드에 제약이 발생하고, 화상이 필름 또는 센서에 맺히는 순간 거울이 움직이면서 약간의 진동이 생긴다는 점이 있다.[67] 35mm 일안 반사식 카메라는 디지털 일안 반사식 카메라(DSLR)로 대체되었다. 디지털 싱글 렌즈 반사 카메라는 프리즘과 미러의 배열을 통하여 비디오 센서가 배치되고 집중되는 대로 사용자가 실제 렌즈로써 장면을 볼 수 있다. 따라서 렌즈(TTL) 방법을 통해 뷰파인더 카메라에 있는 이미지 오프셋이 제거된다.

디지털 카메라는 콤팩트 디지털 카메라(compact digital camera), 하이엔드 카메라(Hi-end Digital Camera), 하이브리드 카메라(hybrid Digital Camera), DSLR 카메라(digital single lens reflex camera), DSLT 카메라(digital single lens Translucent camera)가 있다.

카메라가 사용하는 렌즈의 종류로는 광각렌즈, 망원렌즈, 어안렌즈, 매크로렌즈가 있다. 광각렌즈는 넓은 화각과 다이나믹한 영상을 촬영할 수 있는 것으로 배경과 풍경사진 촬영에 적합하다. 망원렌즈는 초점거리가 이미지 센서 대각선 길이보다 긴 렌즈를 말한다. 화각이 좁고 시각적으로 안정감 있는 원근감이 연출되며 멀리 있는 피사체를 더욱 가깝게 촬영할 수 있다. 따라서 보안조사나 수사에 많이 사용된다. 어안렌즈는 이미지를 둥글게 보이도록 왜곡된 영상을 촬영한다. 매크로렌즈는 작은 물체를 근접 촬영할 때 사용한다.

경찰청 범죄수사규칙에 따르면 실제 수사관이 수사와 관련된 사진을 촬영함에 따른 사항이 있다. 사법경찰관은 변사자에 관한 검시, 검증, 해부, 조사를 할 때, 특히 인상·전신의 형상·착의 그 밖의 특징 있는 소지품의 촬영, 지문 채취 등을 진행한다(제35조 사진 촬영과 지문의 채취). 경찰관은 피의자를 체포·구속한 때에는 지문 채취, 사진 촬영 등 감식 자료를 작성한다(제102조 범죄경력 조회 등). 경찰관은 압수물을 폐기 처분할 때에는 사전에 반드시 사진을 촬영하여야 한다(제13조, 폐기, 대가 보관시 주의사항 1항). 실황조사서를 작성할 때에는 범죄현장을 조

---

67 구글 위키백과, 2019. 10. 8. 검색.

사하여 객관적으로 정확하게 기재하도록 하고, 현장 도면 및 사진을 첨부하여야 한다(제136조 실황 조자서 기재).

디지털 카메라는 보안조사에서 다음과 같은 장점을 지닌다.
① 디지털 영상은 가공 실험실을 사용하지 않고도 제작할 수 있다.
② 디지털 카메라는 부착된 화면으로 특정 이미지가 캡처되었음을 즉시 확인할 수 있다.
③ 디지털 카메라는 중복되거나 다른 이유로 사용할 수 없는 이미지를 즉시 삭제할 수 있다.
④ 디지털 이미지는 보고서와 프레젠테이션에 쉽게 사용할 수 있을 뿐만 아니라 메일을 통하여 다른 사용자에게 전송하기에 용이하다. 컴퓨터 파일에 복사된 이미지는 조사자가 이미지를 사용하여 만들고자 하는 강조를 위하여 쉽게 표시, 향상 또는 잘라낼 수 있다.
⑤ 디지털 이미지는 레이저나 잉크젯 프린터에 컬러 또는 흑백으로 인쇄할 수 있으며, 필름 사진과 거의 구별이 안 되는 광택 용지에 선택 가능한 품질로 인쇄할 수 있다.
⑥ 디지털 사진은 이미지를 내부에서 완전하게 얻을 수 있으므로 사진 현상을 위하여 외부에 아웃소싱하는 경우보다 완벽한 기밀성을 갖는다.
⑦ 일부 디지털 카메라는 저렴하고 풍부하며 액세서리 없이 컴퓨터에서 즉시 접속하여 사용할 수 있다. 일반적으로 플래시 드라이브나 메모리 카드 등 다양한 유형의 메모리 미디어를 사용하고 컴퓨터에 이미지를 전송할 수 있다.

2) 폐쇄 회로(CCTV)

보안 업계에서는 보안 감시 및 문서화를 위하여 CCTV(Closed Circuit TV) 카메라와 저속 비디오 레코더를 수십 년간 사용하여 왔다. CCTV 카메라는 보통 은행, 소매점, 공항 등 일상생활에서 흔히 볼 수 있다.

튜브를 비디오 픽업 장치로 사용하여 처음 CCTV 카메라가 제작되었다. 이후 튜브 카메라는 몇 가지의 장점을 더한 충전식 CCD(전하 결합 장치)와 보조 금속

산화물 반도체(CMOS) 카메라로 대체되었다. 일반용 CCD/CMOS 카메라는 튜브 카메라보다 빛에 더 민감한 경향이 있다. 또한 카메라에서 직접 투영되는 밝은 빛과 관련된 이미지 "굽기"나 손상 가능성이 적은 경향이 있다. CCD/CMOS 센서는 부피가 큰 튜브 대신 빛에 민감한 반도체를 사용하여 매우 콤팩트한 카메라에 장착할 수 있다.

조사자는 목적에 따라 공공연하게 노출되거나 또는 은밀하게 눈에 띄지 않는 두 가지 유형의 CCTV를 사용한다. 공개설치 시 카메라와 부속품들을 일반 통행인이 쉽게 볼 수 있다. 이것은 쇼핑몰, 공항, 소매점, 은행, 그리고 범죄가 일어나는 것을 막기 위하여 카메라를 사용하는 전형적 배치이다. 과거 범죄에 대한 사후보안조사를 자주 하는 조사관에게는 범죄가 발생했을 가능성이 있는 지역의 CCTV 카메라 테이프 원본이나 사본을 확보하는 것이 증거 수집에 있어 중요하다. 보안 카메라는 일반적으로 교통량이 많고 진입이 제한되며 범죄 위험이 높은 지역에 설치한다. 비디오 신호는 대부분의 설치에서 유선 케이블을 통하여 모니터링 및 기록 스테이션으로 전송된다. 케이블 설치가 어렵거나 광범위하며, 또는 위험한 작업공정 지역에는 무선 전송시스템을 사용하기도 하지만 비용이 많이 드는 단점이 있다. 무선 전송에는 무선 주파수(RF)와 마이크로파 두 가지 전송 방식을 사용한다. 시스템 구성은 단일 카메라에서 수백 대의 카메라를 모두 수용할 수 있는 다양한 구성이 있다.

일반적으로 여러 대의 카메라를 관리하려면 카메라 간을 전환하거나 단일 모니터에 여러 대의 카메라를 동시에 표시하는 두 가지 방법 중 하나가 필요하다. 동시 디스플레이에는 두 가지 이상의 방법이 있다. 일부 소형 시스템에서는 모니터 화면을 작은 세그먼트(일반적으로 2개)로 나누는 스플리터를 사용하여 여러 대의 카메라에서 비디오 세그먼트를 관찰할 수 있다. 따라서 카메라 2개 분할기는 각 카메라의 이미지 절반을 모니터나 레코더로 전달할 수 있다. 이것은 또한 각 카메라 장면의 반이 관측되지 않게 한다.

최신 기술은 멀티플렉서를 사용한다. 멀티플렉서는 일반적으로 분할기보다 더 많은 카메라 피드를 표시할 수 있다. 현재 멀티플렉서 기술로는 최대 16개의 카메라 뷰를 표시할 수 있다. 멀티플렉서의 장점은 각 카메라의 전체 이미지 보기 또는 녹화를 위해 전달된다. 카메라를 4대 이상 멀티플렉싱하는 경우에는 9인치 비디오 모니터에서 개별 이미지가 상당히 작을 수 있으므로 대형 모니터를 사용하여야 한다. 또한 다른 카메라에서 피드의 보기 또는 기록에 영향을 주지 않고 별도의 모니터에 요청 시 단일 카메라의 피드를 표시할 수 있다. 이 기능은 한 카메라에만 캡처된 작업이 보안조사와 관련이 있을 수 있고 다른 카메라 뷰는 조사관이나 이미지 뷰를 방해할 수 있는 보안조사 시 특히 유용하다.

(1) CCTV 시스템 구성

① 블렛(Bullet) 카메라

박스형 카메라와 비슷한데 총알 형태로 만들어져 있다. 카메라 하우징 자체는 방수방진이 되도록 제작되어 실내 및 실외에 그대로 부착이 가능하다. 익숙하고 귀여운 것부터 성인 머리만한 크기까지 다양한 모양이 준비되어 있으며 제공하는 성능 범위 역시 가장 넓다. 고정된 시야각·초점 범위를 가지며, 돔 카메라에 비하여 시공 후 후조정에도 좀 더 관용도를 가지므로 시공 난이도가 낮다는 장점이 있다. 그러나 카메라 자체가 외부로 노출되어 있기 때문에 카메라 파손 대비에 있어서는 취약한 편이다. 케이블 절단에도 취약한 관계로 사람의 손이 닿지 않는 높은 고도의 구조물에 부착된다.

② 파노라마 카메라

어안렌즈(Fisheye) 계통을 사용하여 어안영상을 촬영하거나 여러 개의 카메라가 보낸 영상을 합성한 뒤 파노라마 형태의 영상으로 가공하여 전송해주는 카메라다. 매우 광범위한 구역에서 발생하는 이벤트들을 사각지대 없이 한 번에 담아낼 수 있어 감시 범위가 매우 넓은 카메라이다. 또한 가상PTZ 등을 사용할 경우 어안 영상이 아닌 플렛 영상으로 재연산된 데이터를 던져주는데 이 기능이 매우 막강하여 한 카메라로부터 FHD PTZ 영상을 3스트림씩 뽑을 수도 있다. 단일 카메라로 광범위한 곳을 감시하고자 한다면 최적의 선택지이나, 주변부 화상의 해상도가 낮으며 어안 영상 특유의 외곡이 생각보다 보기 어렵기 때문에 아직까지 크게 보급이 되진 않고 있다.

③ 자외선 감시

코로나 카메라(속칭 코로캠)가 달려있어 전기시설이 많은 경우 코로나 방전에 의하여 발생하는 자외선을 감지, 절연체나 각종 구조물의 손상을 사전에 감지하는 목적으로 사용된다. 주거 지역일 경우 화재를 감시하는 데에 자외선을 유용하게 활용하곤 한다. 스펙트럼을 구분할 수 있으므로 화재에 의한 자외선 방출과 일반적인 사용 패턴에 의한 자외선 방출을 구분하기 때문이다.

(2) 합법적인 CCTV 설치

합법적으로 설치할 수 있는 CCTV는 개인정보보호법에 근거하며, 이에 근거하지 않은 설치는 불법이다. 법령에서는 보통 "영상정보처리기기"라는 용어를 사용하고 있는데, 그 범위는 엄밀히 말하면 CCTV보다는 좀 넓다.

개인정보보호법(제2조 정의)에서 사용하는 용어의 뜻은 다음과 같다. "영상정보처리기기"란 일정한 공간에 지속적으로 설치되어 사람 또는 사물의 영상 등을 촬영하거나 이를 유·무선망을 통하여 전송하는 장치로서 대통령령으로 정하는 장치를 말한다(동법 제2조 제7항). 동 법 시행령 제3조(영상정보처리기기의 범위) 제2조 제7호에서 "대통령령으로 정하는 장치"란 다음 각 호의 장치를 말한다.

① 폐쇄회로 텔레비전 : 다음 각 목록의 어느 하나에 해당하는 장치
   a. 일정한 공간에 지속적으로 설치된 카메라를 통하여 영상 등을 촬영하거나 촬영한 영상정보를 유무선 폐쇄회로 등의 전송로를 통하여 특정 장소에 전송하는 장치
   b. 가목에 따라 촬영되거나 전송된 영상정보를 녹화·기록할 수 있도록 하는 장치
② 네트워크 카메라 : 일정한 공간에 지속적으로 설치된 기기로, 촬영한 영상정보를 그 기기를 설치·관리하는 자가 유무선 인터넷을 통하여 어느 곳에서나 수집·저장 등의 처리를 할 수 있도록 하는 장치이다.
   같은 법에서 CCTV 설치를 의무화하고 있는 곳도 있다. 자연공원(도시공원 및 녹지 등에 관한 법률 제19조의2), 도시철도(도시철도법 제41조), 사격장(사격 및 사격장 안전관리에 관한 법률 제5조 제2항), 어린이집(영유아보육법 제15조의4)이 이에 해당한다.

불특정 다수 누구나 쉽게 접근이 가능한 공공장소의 경우 안전 등의 이유로

CCTV를 설치할 수 있으나, 다음 사항을 준수하여야 한다. ① 범죄예방, 시설안전, 화재예방 목적으로만 설치 ② CCTV 안내판을 알아보기 쉬운 장소에 부착(설치목적과 촬영범위, 관리책임자 등을 명시하여야 함) ③ 녹음 금지 및 임의조작 금지(위에서도 서술한 것처럼 녹음은 사법처리 대상이다.) ④ 영상정보의 무단 유출·공개 금지 ⑤ CCTV 운영관리 방침수립·공개(관리책임자와 운영방침을 홈페이지 등에 공개) ⑥ 영상정보의 안전성 확보조치(관리자 외 접근 통제) 등이다.

CCTV에 촬영되는 모든 사람에게 동의를 받은 경우는 합법이다. 다만 사람 수가 많아지면 사실상 동의를 받기가 불가능하므로 보통은 사업장처럼 공공장소가 아니면서 드나드는 사람이 일정한 경우에 해당된다. 이때 동의라 함은 '당신이 찍힙니다. 괜찮습니까?'의 수준이 아니라 사용목적을 반드시 나열하여야 하며, 회원가입이나 휴대폰을 구입할 때처럼 개인정보 수집 항목, 이용목적, 보유기간 등을 명시하여야 한다. 그리고 '동의하지 않을 권리와 동의하지 않았을 경우의 불이익' 또한 반드시 함께 고지하여야 한다.

직장 내의 중요한 시설이나 위험물 관리를 위하여, 혹은 기밀유출을 방지하기 위하여 직원들(혹은 노조)에게 동의를 받은 후 설치할 수 있다. 그러나 사실 동의서 상에 '근태감시' 목적을 명시하지 않았다면 CCTV화면을 근거로 징계를 내릴 수 없다. 또한 직장이라는 특성상 30인 이상의 사업장은 '근로자 참여 및 협력증진에 관한 법률'에 의해 노사협의회를 구성하도록 되어 있고, CCTV문제도 이를 통하여 해결할 것을 명시하고 있다.

3) 몰래카메라

몰래카메라는 찍히는 사람이 인식하지 못하도록 크기를 줄이거나 은폐시킨 카메라로 매우 작고, 조용하며, 간편하게 설치할 수 있다.

보통 보안영화에서 볼 법한 모자 내장 카메라, 볼펜 카메라 등 기발한 물건들이 많으며, 촬영 및 기타 이유로 소음이 발생하지 않으며 조작도 매우 간편하다. 기술 개발을 통하여 업계에서 꾸준히 더 작고 더 또렷한 카메라를 만들고 있긴 하지만 아직까지 영화처럼 초고성능 수준까지 가는 것은 무리이다. 방송국 등은 깨끗하고 질 좋은 화질을 얻기 위하여 일반적인 카메라를 가방 등으로 위장해서 사용하는 경우도 있다.

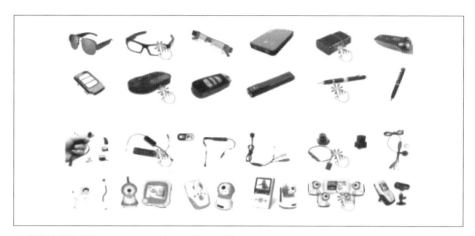

▶ 몰래카메라 종류, hub.zum.com/ziksir/29791 참조.

몰래카메라를 사용하는 이유는 확고한 물질적 증거를 잡기 위해서이다. 어떤 사건에 관련한 대상자의 비밀을 파헤쳐야 할 경우, 대상자가 그 비밀을 순순히 알려주지 않는 경우가 태반이므로 사진 촬영 내지 녹화를 통하여 확실한 물증을 잡고자 하는 용도이다. 물론 오래전부터 애용된 녹음기도 훌륭한 증거 수집 도구이지만, 녹음기로 만들어진 증거는 목소리만 담겨져 있기 때문에 모든 정황을 제대로 파악하기가 힘들다. 반면 카메라는 상황 자체 그대로 시각적 매체로서 저장해두므로 목소리만 녹음되어 있는 것보다 더 구체적인 물증을 담아둘 수 있다. 이러한 공익적 목적 때문에 해당 장비가 불법으로 규정되면 해당 장비로 촬영한 영상도 불법촬영으로 간주되어 3자 간 대화녹음처럼 법적효력이 발생하지 않는다.

도둑 촬영(일명 도촬)은 몰래카메라와 비슷하면서도 다르기 때문에 구분할 필요가 있다. 도촬은 당사자의 허락 없이 촬영하는 것이지만, 모든 도촬이 무조건 범죄인 것은 아니다. 범죄가 아닌 대표적인 예로는 길거리에서 사진 촬영을 하다가 우연히 찍힌 수많은 사람들의 얼굴이 범죄 성립 요건이 아니라는 점을 들 수 있다. 길거리에서 우연히 찍힌 사진일 경우 '다른 사람의 얼굴이 찍힌 사진을 인터넷이나 기타 정보통신망 매체에 공공연하게 올리는 경우'에 '초상권 침해'와 정보통신법 위반에 해당할 수 있다.

▶ 숨은 몰래카메라, hub.zum.com/ziksir/29791 참조.

4) 영상 분석

최근에 스마트폰, CCTV, 블랙박스, 고화질 카메라 등으로부터 수집되는 영상 데이터의 양이 급격히 증가하고 있다. 이에 따라 비정형 영상 빅데이터를 기반으로 인물이나 사물 등을 인식하여 의미 있는 정보를 추출하고 내용을 시각적으로 분석하고 활용하기 위한 요구사항이 증대되고 있다. 영상분석은 사진이나 영상물의 화질 또는 이미지 개선, 합성·조작여부, 동일인 여부, 문자 또는 물체 등의 식별, 기타 필요한 사항에 대하여 분석·감정을 수행하는 것이다.[68]

(1) 영상검색 및 내용분석 기술

일본 히타치 연구소에서는 영상 빅데이터 기술과 관련된 이미지가 포함되어 있는 유사한 장면을 자동으로 검출하고 해당 장면으로 이동하고, 영상으로부터 특정 객체를 검출하며, 추출한 영상에 대하여 주석(annotation)을 자동으로 태깅하는 3가지의 기술 요소를 제시하였다.

① 유사 이미지 검색기술

쿼리 이미지와 비슷한 이미지를 데이터베이스에서 찾아오는 기술로, 이 기술을 이용하면 대량의 영상 데이터 중에서 원하는 이미지를 추출할 수 있다. 히타

---

68 대검찰청, 과학수사 영상분석, 대검찰청 홈페이지(spo.go.kr). 2019. 10. 9. 검색.

치에서는 특징량 벡터 클러스터링을 기반으로 고속 유사 벡터 검색기법을 사용하여 이미지 검색을 제공한다.

② 객체 탐지 기술

이미지 중에서 사람의 얼굴이나 자동차 등의 객체 영역을 식별하는 기술이다. 유사 이미지 검색의 특징량 기준으로 입력 이미지의 부분 영역과 검출 대상의 사례 이미지와 일치하는 객체 영역을 검출한다. 이 기술을 사용하면 점포 내의 인원수를 세거나 이상 행동을 탐지하고, 대량의 감시 영상에서 특정 장면을 찾을 수 있다.

③ 이미지 주석 기술

이미지가 나타내는 내용에 해당하는 메타 데이터를 자동으로 부여하는 기술로 주어진 이미지 쿼리에 대하여 유사 이미지를 검색한다. 검색결과의 이미지에 나오는 텍스트의 단어를 확률적 지표에 의하여 평가한 뒤, 특별한 사전학습 없이 이미지에 의미를 부여하는 키워드를 추정할 수 있다.

(2) 영상 빅데이터 데이터베이스

IBM은 영상검색을 위한 데이터베이스를 구성하였는데, 2012년에는 50만 개의 이미지들로 구성한 총 630개의 클래스들로 이루었다. 스탠포드 대학의 'ImageNet'은 이미지 검색을 위한 대규모 영상 데이터베이스로 2012년에는 총 1천 6백만 이미지들로 구성된 2만2천 개의 범주로 나누어졌다. MIT는 대규모 장면 인식과 분류를 위한 SUN(SceneUnderstanding) 데이터베이스를 구축하고 벤치마크 자료를 공유하고 있다. 웹으로부터 장면 관련 이미지를 유형별로 수집하여 데이터베이스로 구축하고, 정제된 397개 카테고리를 사용하여 최대 908개 카테고리까지 확장이 가능한 특징이 있다. 최대 확장 가능한 카테고리는 분류가 가능하다는 것을 의미하며 인식의 정확도를 고려하여 908개 중에서 상위 397개 카테고리를 사용하고 있다.[69]

---

69 고종국, 영상 빅데이터 분석기술 동향, 전자통신동향분석 제29권 제4호, 2014년 8월, p.24－25.

5) 영상정보의 문서화

영상정보는 민간 부문 조사관들이 관심 있는 보안조사 장면을 기록하는 일반적 수단으로 사용된다. 많은 경우에 사고, 강도, 또는 공공 기물 파손 행위는 이미지로 보존된다. 이러한 현장 설명서의 목적은 조사원이나 경영진, 변호사 등이 나중에 현장에서 사용할 수 있는 시각적 증거를 검토하고 평가할 수 있도록 하는 것이다.

다음은 영상매체가 필름인지, 디지털인지, 비디오테이프인지, 디지털 비디오인지 상관없이 적용된다.

① 현장에서 발견된 물품을 이동하기 전에 장면을 기록하여야 한다.
② 관련 영역을 외부에서 침범하기 전에 가능한 한 많은 장면을 문서화한다.
③ 현장의 네 명의 참가자들이 서로 다양한 관점에서 장면의 이미지를 촬영한다.
④ 첫 번째 대응자의 관점에서 이미지 장면을 촬영하고 피해자가 멈춘 각 위치에서 무엇이 보이는지 기록한다.
⑤ 보안조사 중인 사건 당시 여러 차례 있었을 법한 장소를 확인할 수 있는 목격자의 시각에서 현장 모습을 촬영한다.
⑥ 씬(scene)에서 개별 관심 항목의 특정 위치를 문서화하기 위하여 객체에 "이동"하는 항목의 연속 영상을 촬영한다. 전체 영역을 촬영하는 광각 촬영, 장면의 다른 항목과 관련된 특정 항목을 보여주는 중간 줌 촬영, 그 다음 객체의 클로즈업 촬영 등의 방법으로 실시한다.
⑦ 도착 시 처음 목격된 장소에 대한 증거의 개별 항목을 문서화한다.
⑧ 특정 물품이 이동된 경우 먼저 재배치된 위치에 놓고 문서화한다. 다른 모든 이미지를 찍은 후 처음 찾은 물품을 배치하고 해당 원래 위치에서 이미지를 촬영한다.
⑨ 가구를 옮기기 전에 가구 위에 카메라를 올려놓고, 가구 뒤의 부분을 가리키며, 그곳에서 발견된 물건들의 원래 위치를 기록한다.
⑩ 중요한 개체와의 거리를 서로 비교하여 측정하고, 동일한 방법으로 영상 스케치를 준비한다.

⑪ 찍은 스틸 이미지의 로그는 사용된 날짜, 시간, 방향, 렌즈 조리개 및 셔터 속도 설정과 각 사진에 대한 간략한 설명을 포함한다.

⑫ 각 과제를 시작할 때마다 로그에 해당하는 세부 정보를 작은 카드에 기록한다(롤 또는 테이프 번호, 날짜, 문서화할 위치 등). 문서화할 때 새로운 폴더를 만들어서 유사한 이미지를 저장한다. 이것은 나중에 유사하지만 위치나 시간이 다른 많은 영장자료를 정렬하거나 다른 이미지를 올바르게 식별하는 데 도움이 된다.

⑬ 가능한 경우 이미지에서 알려진 길이의 항목이 포함된 개별 증거 조각의 이미지를 촬영하는 것이 좋다. 일반적으로 항목 옆에 배치된 눈금자는 이미지를 통하여 물체의 크기를 확인할 수 있다. 더 큰 항목의 경우, 알려진 폭의 어둡고 가벼운 밴드(6인치, 1피트 등)를 교대로 표시한 스틱을 사용하면 나중에 이미지 사용자가 항목 크기를 신속하게 참조할 수 있다.

이미지에 배치된 이러한 크기의 참조 객체를 척도라고 한다. 척도는 현장 상황에서 알려진 크기의 것은 무엇이든 3x5인치 카드나 수첩처럼 규모를 입증하는 데 사용할 수 있다. 담배나 펜도 사용할 수 있다.

⑭ 가능하면 이전에 다른 용도로 사용되지 않은 이동식 미디어를 사용한다. 영상 문서가 완료되면 해당 이동식 미디어를 안전하게 유지하고 복사본에서만 작동하도록 한다.

2. 정보보안 기술

현재 전문 조사관이 직면한 문제는 대부분의 범죄가 컴퓨터의 취약성에서 비롯되며, 생각보다 우리 사회가 컴퓨터에 너무 많이 의존하고 있다는 것이다. 한편 컴퓨터는 우리에게 컴퓨터 범죄뿐만 아니라 전통적으로 범죄를 조사할 수 있는 도구로서 엄청난 역할을 하였다.

민간 부문 보안조사에 사용되는 컴퓨터는 보안조사 도구 또는 증거 대상이라는 두 가지 범주 중 하나에 해당된다고 볼 수 있다. 컴퓨터를 보안조사 도구로 사용한다는 것은 ① 보안조사 관련 정보를 수집하는 것이며, ② 프로세스 및 분석의 도구로서 대용량 자료에서 자동 검색으로 자료를 찾는다. 또한 ③ 보안조사의 보고 및 설명으로 사용하며 그래프, 다이어그램, 영상자료가 디지털로 조립되고 재현될 때 사용한다. 증거 객체로서의 컴퓨터는 ① 범죄의 도구이며, ② 침입 현장 또는 직접 공격 현장이며, ③ 컴퓨터 범죄 및 비 컴퓨터 범죄에 대한 증거의 보관소이며 ④ 노트북 컴퓨터 절도와 같이 컴퓨터 자체 또는 구성품을 도난당하는 경우에 해당한다.

보안조사에서는 동일한 컴퓨터가 두 개의 범주 내에서 여러 가지 역할을 수행한다. 예를 들어 대규모 사기 조사에서 조사관이 단일 컴퓨터를 사용한다고 가정하자. ① 우선 조사관은 사건 관련하여 계획을 설계할 것이다. ② 수천 개의 사용된 수표를 분류한다. ③ 인터뷰 내용 및 보고서 작성, 보관 ④ 개인 또는 사건과 관련된 시간대를 연결하여 분석하고 ⑤ 문서, 관련 인물, 위치, 디지털 영상자료 등을 처리한다 ⑥ 최종 보고서를 작성한다.

마찬가지로 침입자는 컴퓨터에 앉아 ① 데이터를 변경하거나 암호를 손상시킬 수 있도록 특정 해커 소프트웨어 도구를 로드하며 ② 변경된 데이터를 남겨두고 귀중한 독점 정보를 훔치기 위하여 네트워크에 접속한다. 이후 ③ 시스템 기능 상실 또는 데이터 파괴의 원인이 될 수 있는 바이러스를 침투시킨다. 이와 같이 컴퓨터는 침입의 현장, 절도 행위의 수단, 범죄의 증거 보고가 될 것이다. 각각의 역할에서 컴퓨터는 아마도 귀중한 증거를 가지고 있을 것이다. 보안조사 중에 이러한 다양한 역할을 수행하는 것이 일반적이지만 조사자는 두 가지 광범위한 범주에서 단일 컴퓨터를 사용하도록 허용해서는 안 된다. 즉, 원본 증거를 포함하는 개별 컴퓨터가 보안조사의 도구로 사용되어서는 안 된다.

1) 컴퓨터를 도구로 사용

(1) 스프레드시트 프로그램

엑셀(Excel) 또는 콰트로 프로(Quattro Pro)와 같은 스프레드시트 프로그램을 사용하면 정보를 행과 열로 정렬할 수 있으며, 이 행과 열을 빠르게 정렬하거나 컴파일 및 합계를 할 수 있다. 이는 수많은 유사한 사건을 나열하거나 비교하여야 할 필요가 있는 조사관에게 매우 유용한 프로그램이다. 예를 들어, 중소기업

회계 담당자의 횡령에 대한 보안조사에서 스프레드 프로그램은 조사관이 중요한 증거를 포착할 수 있도록 돕는다. 스프레드 프로그램의 기능으로 계정별, 일자별, 사용자 등의 기준으로 자금 사용을 정렬하여 현금이 국고로 전용된 수십 건의 사례를 확인한 바 있다. 만일 수천 건의 자금 사용 내용을 수동으로 분리·정렬하였다면 어려웠을 업무를 짧은 시간만에 객관적인 범죄 증거 자료로 활용할 수 있게 되었다.

화이트칼라의 범죄 관행 중에서 횡령의 범증 자료로써 자회사로의 자금 유출과 경영층의 요약된 일정을 비교하는 것이다. 횡령자들은 각각의 유출한 자금의 금액과 일자를 오픈된 자료에 기록하지 않기 때문에, 조사관은 범인의 재소환과 법적 조치를 돕기 위해서 관련 정보를 수집하여야 한다. 스프레드시트 프로그램의 또 다른 특징은 추세나 비율을 그래픽으로 표현할 수 있는 것이다. 차트는 횡령으로 인한 회사의 순이익 감소 계획이나 각 출납원의 시간당 총 매출 비교와 같은 주요 요소의 변화를 보여주는 효과적인 수단이 될 수 있다.

(2) 데이터베이스 프로그램

관계형 데이터베이스(Ralational Database)는 키(key)와 값(value)들의 관계를 테이블화한 데이터베이스다. 이 프로그램을 사용하면 대량의 데이터에서 정보를 통합할 수 있다. 또한 데이터베이스를 사용하면 세심하게 정의된 기준에 따라 사용자 정의 리포트에 유사한 특정 항목을 수집할 수 있으며 수천, 수백만 건의 문서, 사건, 증언 등을 색인화할 수 있다. 대개의 경우 모든 문자, 사건, 증언 또는 계약서로부터 정확한 키워드를 뽑아 색인하여 정보를 분석하는 것은 모래사장에서 바늘 찾아내기와 같다.

검찰청에서 운영하는 'DNA신원확인정보 데이터베이스'는 살인·청소년 대상 성폭행 등의 재범의 우려가 높은 범죄를 저지른 사람의 DNA신원확인정보를 DB로 보관한 것이다. 이를 비슷한 범죄가 새로 발생하였을 때 활용할 수 있다. 현장에 남아 있는 증거물로부터 획득한 DNA정보를 데이터베이스 내의 정보와 비교함으로써 관련성이 높은 사람을 특정화하고 조기 검거할 수 있다. 사람마다 DNA 구조가 독특하고 복잡한 구조와 형태를 가지고 있어 사람의 수작업으로는 할 수 없는 일에 컴퓨터의 데이터베이스를 이용하면 분석할 수 있다.

(3) 프레젠테이션 프로그램

보안조사 중에는 많은 부분에서 경영진, 정부 기관, 고객 또는 기타 사람들에게 브리핑이나 보고를 해야 하는 경우가 많다. 프레젠테이션 프로그램은 일반적으로 의사결정을 할 수 있도록 충분한 정보를 제공하거나, 조사를 위한 협력 또는 지속적인 권한을 얻거나 유지하기 위하여, 또는 완성된 조사의 결과를 설명하고자 사용된다. 이것은 전화상으로 간단한 구두 보고의 형태를 취할 수도 있고, 실제로 집행 위원회, 규제당국, 입법자, 배심원, 판사 또는 중재자에게 전달된 서약 진술의 일부가 될 수도 있다.

그러한 브리핑이나 증언은 일반적으로 많은 양의 정보 요약이 주요 목표이다. 이에는 도표, 그리고 사진들이 모두 도움이 된다. 마이크로소프트사의 파워포인트와 같은 프레젠테이션 소프트웨어를 사용하면 많은 전자 슬라이드를 손쉽게 작성할 수 있다. 슬라이드를 종이에 인쇄하여 유인물과 노트를 작성하는 것은 브리핑 받는 사람에게 유용하다.

(4) 전문 소프트웨어

범죄 보안조사 분야는 과학적 연구와 군사 정보 분석에 이용되었던 분석 기법의 사용으로 많이 향상되었다. 이러한 종류의 분석 프로그램을 처음 개발한 조직은 캘리포니아 주 산타 바바라의 아나카파과학(Anacapa Sciences)이 있다.[70] 아나카파과학은 '링크 분석'이라고 알려진 프로세스를 통하여 개인, 조직 및 사건을 연결하기 위한 기본 프레임워크를 개발하였다. 링크 분석 기법을 사용하면 추론의 개발을 촉진함으로써, 조사자들이 명확하게 식별할 수 있는 것 이상으로 보안조사를 진척시킬 수 있다.

아나카파과학은 분석적 조사 방법 코스 자료에서 개념에 익숙하지 않은 사람들에게 몇 가지 기본적인 사용 정보를 제공한다. 정보는 관찰, 감시, 보고서, 소문 및 기타 출처로부터 파생된 정보를 포함하여 모든 설명의 소재이다. 정보 자체는 참 또는 거짓, 정확하거나 부정확할 수 있고, 확인되거나 확인되지 않거나, 관련이 있거나 없을 수 있다. 따라서 분석 프로세스는 정보를 평가, 구성, 저장

---

[70] https://www.anacapasciences.com/company/index.html.

및 검색하여야 한다. 분석의 일부는 아니지만 프로세스를 지원하기 위하여 이러한 기능이 필요하다.

추론은 분석 과정의 핵심이다. 그것은 수집된 정보가 무엇을 의미하는지 설명하는 것이다. 분석의 목적은 이용 가능한 정보로부터 가능한 한 가장 정확하고 유효한 추론을 개발하는 것이다. 또한 분석은 필요한 데이터를 식별하는 역할을 하며, 결과적으로 추가적인 정보 수집에 초점을 맞추고 제공하는 데 도움이 된다. 이러한 진술에서 볼 수 있듯이, 보안조사 분석의 산물은 많은 양의 정보가 무엇을 의미하는지 설명하고, 보안조사가 나아갈 방향을 제시하는 데 도움을 준다.

또 다른 보안조사 소프트웨어 패키지는 원래 스코틀랜드 야드로 알려진 영국 런던 경찰청 특수 소프트웨어 솔루션의 개발로 영국에서 설립된 회사인 i2 Inc.가 제공한 것이다. i2 회사는 유럽, 미국, 캐나다, 라틴 아메리카, 아시아 전역에서 정부 범죄 정보 분석가와 법 집행 전문가가 사용하는 분석 노트북으로 알려진 매우 정교한 분석 도구를 개발하였다. 이 프로그램은 비용이 많이 드는 소프트웨어 프로그램이지만 전 세계 1,500명 이상의 사용자를 보유하고 있다. 이 회사는 자사의 제품이 수십만, 심지어 수백만 건의 기록이나 보고서로부터 정보를 분석할 수 있다고 말한다. 이러한 정보의 양은 그러한 정교한 도구를 사용하지 않으면, 개인과 사건 사이의 중요한 연계를 수동으로 처리하고 식별하기가 불가능하다. IBM은 2011년에 i2 Inc.를 인수하여 법 집행 보안조사, 인텔리전스 분석 및 부정 보안조사의 도구로 출시하였다.

완료된 보안조사의 결과는 경영진, 경찰 또는 때로는 대중에게 제시된 추론이어야 한다. 그 추론은 연루되거나 무죄임이 입증될 수 있다. 특히 처리할 정보가 많은 경우, 전문 분석 소프트웨어를 사용하여 보안조사 분석을 완료하고 제공하는 것이 매우 중요하다.[71]

---

71 CHARLES A. SENNEWALD, JOHN K. TSUKAYMA, SECURITY INVESTIGATION, Butterworth-Heinemann, 2010, p.349.

2) 증거 객체로서의 컴퓨터

컴퓨터는 범죄를 저지르는 수단일 뿐만 아니라 범죄가 발생한 위치(예 컴퓨터 침입 또는 서비스 거부 공격)가 될 수 있다. 이에 따라 컴퓨터들은 유명 살인 사건이나 폭탄 테러 사건 장소만큼이나 증거 처리에 신경을 써야 하는 새로운 유형의 범죄 현장이 되었다. 어떤 면에서는, 디지털 증거의 극도로 파괴되기 쉽고 일시적인 특성 때문에 전통적인 범죄 현장보다 훨씬 더 많은 주의를 기울여야 한다. 또한 컴퓨터는 종종 수사관에게 아동 포르노 유통, 횡령, 마약 밀매, 돈세탁, 신분도용, 성희롱, 또는 무역상의 절도를 포함한 수많은 악행의 증거로 변할 수 있는 정보를 저장하기 위하여 범죄자들이 사용하는 파일 캐비닛과 같은 첨단 기술이다.

(1) 전문 기술

일반적으로 디지털 증거를 얻기 위한 기법은 보안조사관이나 컴퓨터 전문가들에게 충분하게 인정받지 못하고 있다. 한편, 조사관은 컴퓨터 파일의 중요성을 아는 반면에 컴퓨터 분석가는 같은 파일을 부활시키는 방식에 거의 주의를 기울이지 않을 수 있으며, 그렇게 함으로써 법원과 준사법적 절차의 증거로서 작용할 유용성을 완전히 파괴할 수 있다. 이러한 이해의 부족으로 야기된 문제의 결과로, 법 집행 기관들이 매우 고심하는 방법을 개발하였다. 전문화된 법의학 분석 소프트웨어는 의심스러운 컴퓨터로부터 정보의 신뢰성과 권위성을 법적으로 인정받을 수 있도록 개발되었다.

(2) 컴퓨터 증거 수집

모든 자료가 컴퓨터로 처리되어 저장되는 디지털 시대이다. 이러한 추세를 반영해서 사법기관에서도 컴퓨터 증거 혹은 디지털 증거를 자료로 제출하는 사례가 많아지고 있다. 디지털 증거와 컴퓨터 증거는 차이가 있다.

디지털 증거의 경우, 대검찰청의 '디지털수사관의 증거 수집 및 분석규정'에는 '범죄와 관련하여 디지털 형태로 저장되거나 전송되는 증거로서의 가치 있는 정보'라고 되어 있다. 경찰청의 '디지털 증거 수집 및 분석규정'에는 '디지털 압수물 중 범죄사실의 증명에 필요한 디지털 데이터'라고 되어 있다. 즉, 디지털 증거는 디지털 형태로 저장되거나 전송되는 증거 가치가 있는 정보라고 할 수 있다. 컴퓨터 증거는 컴퓨터로 처리되는 정보 중 증거로서 의미가 있는 증거이다. 이는 정보처리장치인 컴퓨터에 초점을 맞추었기 때문에 디지털 증거의 개념을 명확히 포함하지 않을 수 있다.[72] 컴퓨터 증거의 확보는 사무실 도난 현장에서 발견된 드라이버의 사진, 봉투에 넣는 것, 꼬리표 붙이기처럼 간단하지 않다. 첨단 기술의 침입은 쉽게 나타나거나 오래갈 수 있는 증거를 좀처럼 남기지 않는다.

다음은 사고가 발생한 컴퓨터에 처음 대응할 때 고려하여야 할 사항이다.

① 사고 컴퓨터를 켜거나 조작하지 말아야 한다. 먼저 백업 소프트웨어를 사용하여 시스템을 백업하여야 한다.
② 상주하고 있는 "컴퓨터 전문가"의 도움을 요청하지 않는다. 컴퓨터 증거 처리절차에 대한 교육을 받은 컴퓨터 전문가의 도움을 받아야 한다.
③ 회사 내부 규정이 허용하지 않는 한 직원 이메일을 보지 않아야 한다. 회사 규정에 따라 컴퓨터에 저장된 모든 데이터가 회사에 속하여 있다고 구체적으로 명시되어 있다면 아마도 안전한 곳에 있을 것이다. 그러나 이러한 정책을 가지고 있더라도 관련 직원이 규정을 이해하고 있는지 확인하여야 한다. 기업전문 변호사와 상담하는 것이 좋다.

컴퓨터를 압수 수색할 때의 절차는 다음과 같다.

① 대상 컴퓨터를 분리한다.
② 전원과 통신 연결을 분리한다.
③ 컴퓨터의 데이터가 지워지지 않았는지 확인한다.
④ 컴퓨터 디스크의 물리적 결함 여부를 살핀다.

조사관들이 취하는 첫 번째 조치는 그들이 수색을 시작하는 순간에 존재하는 증거가 수색 전이나 과정에 용의자들이 취한 보호 조치로 인하여 파괴되거나 손상되지 않도록 하여야 한다.

---

72 이원상, '디지털 증거의 증거능력', 법학논총, 2016, Vol.28(3), pp.605-638 ; 이관희, 김기범, '디지털증거의 증거능력 인정요건 재고(再考)', 디지털포렌식연구, 2018, Vol.12(1), pp.93-106.

3. 디지털 포렌식

1) 디지털 포렌식 일반론

(1) 의의

포렌식(Forensic)이라는 단어는 고대 로마시대의 포럼(Forum)과 공공(public)이라는 라틴어에서 유래하였으며 '법의학적인, 범죄 과학수사의, 법정의, 재판에 의한'이라는 의미를 가지고 있다. 포렌식은 범죄수사와 관련된 모든 수사를 말한다.[73] 이러한 포렌식 중 하나인 디지털 포렌식은 PC나 스마트폰 같은 디지털 기기에 저장되어 있는 데이터를 수집·추출한 뒤, 이를 바탕으로 범죄의 단서와 증거를 잡아내는 과학수사 기법을 말한다.[74] 또는 디지털 증거물을 분석하여 수사에 활용하는 과학수사 기법의 총칭이라고도 한다.

이는 범죄에 사용된 데이터의 특성상 숨겨져 있거나, 삭제된 경우가 대부분이다. 따라서 디지털 증거물을 수집하기 위해서 기록매체에 복원 프로그램을 사용하고, 암호 등 보안을 해제하고, 메타데이타를 활용하거나 하드디스크 내부에 삭제로그를 저장하는 화일에서 삭제로그를 복원하여 범죄를 저지를 정보를 추적, 조사한다.

해킹과 디지털 포렌식은 컴퓨터 기기에 대한 행위 면에서 비슷해 보이지만 해킹은 피해자의 정보를 악용하는 것이고, 디지털 포렌식은 해킹 행위를 한 사람을 역 추적하여 밝혀내는 것이다. 형사소송법에서 "진술서의 작성자가 공판준비나 공판기일에서 그 성립의 진정을 부인하는 경우, 과학적 분석결과에 기초한 디지털 포렌식 자료나 감정 등 객관적 방법으로 성립의 진정함이 증명되는 때에는 증거로 할 수 있다[75]"고 하여 디지털 기기의 증거 능력이 확대되었다.

---

73 전자통신연구소, 디지털 포렌식 기술 및 동향, 전자통신동향분석 제22권 제1호, 2007. 2, p.2.
74 김준래, 첨단기술 해결사, '디지털 포렌식', 사이언스타임즈, 2017. 5. 2., 구글검색(2019. 10. 11.).
75 형사소송법 제313조(진술서등).

(2) 유용성

디지털 포렌식은 범죄의 증거를 법정에 제출하는 것에 중점을 두고 있다. 포렌식 도구와 기술 또한 컴퓨터 보안사고 처리와 범죄의 수사 차원에서 발전되어 왔다. 디지털 포렌식 기술의 유용성은 다음과 같다.

① 로그기록 감시

컴퓨터 시스템으로부터 로그를 추출하고 분석하여 상호 연관성을 판단하고, 나아가 사고처리, 정책 위반사실 적발, 감사 등에 활용할 수 있다. 최근 사회적 문제가 되고 있는 피싱 또는 해킹 등의 사건을 해결하는 데에 로그기록의 감시 기법을 적용할 수 있다. 스마트폰에서 흔히 사용되는 피싱 방법으로는 이메일이나 문자 메시지로 '보안승급이 필요하다'라는 허위의 보안 경고를 보내어 스마트폰으로 위조된 사이트에 접속토록 한 뒤에, 주민번호와 계좌번호, 보안카드번호 입력을 유도하여 사용자가 이를 송신하면 바로 예금을 인출하는 방식이 있다.

이러한 피싱 사건은 사후적인 범죄수사로서 대응할 수 있지만, 피싱 사이트로의 관문 역할을 하는 피싱 메시지를 사전 차단하는 방식의 가능성을 생각해 보아야 한다. 이를 위해서는 포렌식 절차를 활용하여 메시지 서버의 로그를 분석한 뒤 데이터베이스화하고, 피싱 메시지의 패턴을 파악하여 차단 시스템을 구축할 수 있다.[76]

② 데이터 복구

포렌식 툴을 사용하여 컴퓨터 시스템에서 의도적으로 삭제하였거나 변조된 데이터를 복원 가능하다. 상황에 따라 완전한 복구는 어렵지만 일부 강력한 포렌식 도구는 심각하게 훼손된 데이터를 복구할 수 있다.

③ 데이터의 추출 및 파기

포렌식 도구로 재배치나 폐기하는 시스템으로부터 데이터를 추출하여 보관한다. 범죄 혐의가 있는 회사 직원의 컴퓨터로부터 정보를 추출하여 나중에 활용

---

76 노명선·백명훈, 디지털 포렌식, 고시계사, 2017. 1., p.27-27.

할 수 있는 형태로 별도 저장하여 사용할 수 있다. 대부분 포렌식 도구는 특정 파일이 언제 생성되었고 수정되었는지를 시계열별로 표시하는 기능을 갖고 있다. 이러한 도구는 업무의 흐름을 파악하는 데 도움이 되며 보관된 데이터의 가용성이 크게 증대될 수 있다.

④ 법적 책임 이행

개인정보보호법 등 다양한 법령과 규정에 의하여 각 기관들에게는 추후 감사에 활용할 수 있도록 민감한 데이터를 보호하고 특정한 기록을 보존할 책임이 부여된다. 포렌식 절차 수립은 데이터 유출 등 컴퓨터 보안 사고에 능동적으로 대처할 수 있으며, 법적 책임과 의무를 수행하는 데 도움이 된다.

⑤ 업무 응용상 해결책

포렌식 도구와 기술은 업무 정보시스템 운용상의 문제점을 해결하는 데 유용하다. 응용 프로그램의 기능오류를 찾아내거나 사용하고 있는 운영체제(OS)를 검토하고 설정을 확인하는 데에도 유용하다.

(3) 디지털 포렌식의 일반원칙

디지털 포렌식 조사에 있어 수립된 절차에 의하지 아니한 증거수집은 위법하다.[77] 형사소송법에 '위법하게 수집한 증거는 증거로서 사용될 수 없다'라고 되어 있다.[78]

① **적법성** : 증거는 적법절차를 거쳐 입수하여야 한다.
② **검증가능성** : 같은 조건에서 항상 같은 결과가 나오도록 검증하여야 한다.
③ **신속성** : 전 과정은 지체없이 신속하게 진행되어야 한다.
④ **연계보관성** : 증거물 획득에서 법정제출까지의 과정이 무결하여야 하고 담당책임자가 명확하여야 한다.
⑤ **동일성** : 증거가 위·변조 되지 않았음을 증명하여야 한다.

---

[77] 한현희, 차정도, 고대영, 양해용, Hayes, Darren Richard, 컴퓨터 포렌식 수사 기법: 디지털 포렌식 전문가의 강력한 수사 기법 및 사례 연구, 서울: 에이콘, 2017; 다니엘, 라즈, 백제현, 다니엘, 래리, (포렌식 전문가와 법률가를 위한) 디지털 포렌식, 서울: 비제이퍼블릭: Bj퍼블릭, 2012.
[78] 형사소송법 제 308조의 2.

(4) 디지털 포렌식의 유형

① 분석목적에 따라
- 사고대응 포렌식 : 침해 사고 시스템의 로그, 백도어 등을 조사하여 침입자의 신원, 피해내용, 침입경로 등을 확인하는 것.
- 정보 추출 포렌식 : 디지털 저장 매체에 기록되어 있는 데이터를 복구하거나 찾아내어 범행을 입증할 증거로서 데이터 분석을 목적하는 것.

② 분석 대상에 따라
- 디스크 포렌식
- 시스템 포렌식
- 네트워크 포렌식
- 인터넷 포렌식
- 모바일 포렌식
- 데이터베이스 포렌식
- 암호 포렌식
- 침해사고 대응 포렌식
- 사물인터넷 포렌식

2) 전자적 증거의 특성

전자적 증거는 자동으로 생성되는 증거, 인위적으로 생성되는 증거, 휘발성 증거가 있다. 컴퓨터에서 자동으로 생성되는 자료로는 인터넷 사용기록, 방화벽 로그, 운영체제 이벤츠 로그, 각종 메타데이터 등이다. 인위적으로 생성되는 데이터는 문서파일, 동영상, 암호 데이터 등이다. 휘발성 데이터는 프로세스, 예약 작업, 인터넷 연결정보, 네트워크 공유 정보, 메모리 등이다. 전자적 증거의 특성은 다음과 같다.

(1) 매체 독립성

전자적 증거는 유체물이 아니고 각종 디지털 저장매체에 저장되어 있거나 네트워크를 이용하여 전송 중인 정보를 말한다. 전자적 증거는 저장 매체와 독립된 정보 내용이 증거가 되는 특성이 있다. 어떠한 정보가 내용이 같다면 어느 매체에 저장되어 있든지 동일한 가치를 지닌다. 즉 컴퓨터 하드디스크에 저장되어 있는 특정한 한글 파일은 이를 USB 저장장치나 다른 하드디스크에 복사를 하더라도 동일한 가치를 가진다.

현행 형사소송법에는 이러한 전자적 증서의 압수·수색 방법으로서 원칙적으로 이를 출력하거나 가져간 USB 메모리에 복사하고, 현저히 불가능하거나 사실상 곤란한 경우 예외적으로 이를 저장하고 있는 특수저장매체를 압수하는 방법에 의하도록 하고 있다(제106조 제3항).[79]

(2) 비가시성

디지털 저장장치에 저장된 전자적 증거 그 자체는 사람의 지각으로 바로 인식하지 못한다. 따라서 일정한 변환 과정을 걸쳐 모니터 화면으로 출력되거나 프린터를 통하여 인쇄된 형태로 출력되어야 내용을 확인할 수 있다. 따라서 이와 같이 컴퓨터를 작동하여 화면에 시현해 보는 것은 영장의 집행과정에서 영장 범죄사실과 관련성 여부를 따져봄으로써 압수·수색에 필요한 조치로 가능하다.

(3) 변경·삭제의 용이성

전자적 증거는 삭제·변경 등이 용이하다. 컴퓨터 명령어 하나로 하드디스크 전체를 포맷하거나 특정 파일만 삭제할 수도 있다. 특정 워드 파일을 열어보는 것만으로도 비록 의도하지는 않았더라도 파일의 속성이 변경된다. 따라서 압수·수색하는 과정에서 피압수자가 관련 정보를 삭제할 우려가 있으므로 이를 예방하기 위한 신속한 조치가 필요하다. 컴퓨터가 작동 중에 전원을 끄면 저장되지 않은 정보가 많으므로 필요시 사진촬영을 하는 것은 적법하다.

(4) 대용량성

회사의 업무처리에 있어 컴퓨터의 사용은 필수적이 되었다. 회사의 모든 자료는 컴퓨터 저장장치에 저장된다. 수사기관에 의하여 컴퓨터가 압수되는 경우에는 업무에 막대한 지장을 주게 된다. 한편으로 저장매체에 저장된 자료에는 범죄와 관련 없는 사람들의 개인정보가 포함될 수 있기 때문에 압수수색의 범위에 대한 다툼의 여지가 존재한다.

(5) 전문성

전자적 증거의 압수, 분석 등에 있어서 포렌식 전문가가 수행하지 않으면 증

---

[79] 노명선.백명훈, 디지털 포렌식, 고시계사, 2017. 1., p.42.

거의 신뢰도가 하락할 수 있다. 특히 전문 조사관의 증언 능력, 사용된 포렌식 도구의 신뢰성이 문제가 된다.

(6) 네트워크 관련성

오늘날 디지털 환경은 인터넷을 비롯한 각종 네트워크에·연결되어 있다. 전자적 증거는 국가간의 장벽을 넘는 시·공간을 추월하여 범죄가 이루어질 수 있는 특성을 지닌다. 따라서 국내의 관할을 넘는 법집행을 어느 정도까지 인정할 것인지의 문제가 있다.

3) 디지털 포렌식 수행과정

포렌식에서 증거를 처리하는 절차는 증거물을 획득하고 이를 분석한 후 보관을 하는 것이다. 증거물 보고서의 경우 증거물과 같이 제시되어야 하며, 각각의 증거물에는 색인표를 붙여 일련의 과정에 문제가 없음을 증명하여야 한다.

(1) 증거의 수집

컴퓨터를 압수하여 원본 데이터에서 사본 데이터를 생성하거나 휘발성 메모리의 내용을 저장하고 백업 데이터를 찾는 등의 과정이다. 또한 증거물의 획득과정에서 원본 데이터의 무결성을 유지하기 위하여 데이터 이미징의 절차나 범죄에서 사용된 컴퓨터의 시간 확인 및 모니터 화면 사진, 실행중인 프로세스 등을 확인하는 과정이다. 디지털 포렌식에서의 증거 수집은 대상 매체의 운영체제에 따라 다음과 같이 나눌 수 있다.

① 데드 시스템상 증거 수집

운영체제가 종료된 컴퓨터나 핸드폰 같은 기기에 대한 증거 수집을 말하며, 주로 하드디스크나 플래시 메모리로부터 데이터를 얻는 것을 말한다.

② 라이브 시스템상 증거수집

운영체제가 종료되지 않은 컴퓨터나 핸드폰 같은 기기에 대한 증거 수집을 말하며, 하드디스크와 같은 비휘발성 저장 매체뿐만 아니라 컴퓨터 메모리와 같은 휘발성 저장 매체로부터 데이터를 얻는 것이다.

(2) 증거 분석

포렌식의 다양한 도구는 증거물 획득 및 분석 기능을 제공한다. 분석을 수행하기 위해서는 획득 과정에서 생성한 증거분석용 이미지 파일을 이용하여 삭제파일 복구, 은닉 및 암호화 되어 있는 파일 탐색, 파일 시스템 분석, 로그 분석 등을 진행한다. 조사과정에서 범죄와 관련된 증거를 발견하면 파일의 분석과 확인과정이 어떻게 되었는지 문서화하여야 한다. 이 과정에서 원본 데이터의 무결성을 유지하면서 분석하고 분석 결과물의 신뢰성을 보장하는 것이 중요하다.

① 덤프 메모리 분석

프로세스가 사용 중인 가상 메모리의 덤프를 획득했을 경우에 사용자 ID나 패스워드와 같은 유용한 정보가 가상 메모리에 남아있을 수 있다. 프로세스를 위한 가상 메모리는 보통 코드 영역, 데이터 영역, 스택 영역 등으로 나누어지며, 데이터 영역이나 스택 영역이 프로세스에서 필요한 여러 정보를 저장하고 있으므로 포렌식 툴은 프로세스가 가상 메모리를 어떻게 사용하는지를 분석할 수 있어야 한다.

② 윈도우 레지스트리 분석

윈도우(Windows)는 레지스트리(registry)에 프로그램이나 시스템에 관한 다양한 정보를 저장하고 있으므로 포렌식 툴로 이를 분석할 수 있어야 한다. 레지스트리 Hive 파일들은 [SystemRoot]₩System32₩Config 폴더에 위치하며, regedit와 같은 명령으로 살펴볼 수 있다. 레지스트리 Hive 파일들 중 SAM 파일은 패스워드들의 해시 정보를 가지고 있으며, 운영체제에 의해서 암호화되어 보호되고 있다. 포렌식 툴은 SAM 파일의 패스워드들을 복구할 수 있어야 한다.

③ 타임라인 분석

파일 시스템들은 각각의 파일들이 만들어진 시간 정보와 마지막으로 접근된 시간 정보 그리고 마지막으로 수정된 시간 정보들을 가지고 있다. 포렌식 툴이 이런 시간 정보를 가지고서 시간의 흐름에 따라 어떤 파일들이 생성되고 접근되었는지를 알기 쉽게 보여줄 수 있다면 증거 분석을 좀 더 수월하게 할 수 있다. 또한 NTFS 파일 시스템에서는 $LogFile과 $UsrJrnl이라는 시스템 파일이 존재하며, 파일 시스템에 대한 사용 로그를 남기고 있으므로 이로부터 좀 더 많은 정보를 얻을 수 있다.

④ 삭제된 파일 복구

하나의 파일은 여러 클러스터들의 리스트로 이루어져 있으며, 이러한 리스트 정보가 파일 시스템에 들어 있다. 일반적으로 하나의 파일을 삭제할 경우에 파일 시스템은 클러스터들에 들어 있는 파일 내용을 지우는 것이 아니라 파일에 할당된 클러스터들을 프리시키는 것으로 파일을 지운다. 따라서 프리된 클러스터들이 다른 파일에 할당되지 않는 한 삭제된 파일을 복구할 가능성이 있다.

⑤ 이메일 분석

파일 시스템에서 삭제된 파일을 복구하는 것과 비슷하게 삭제된 이메일을 복구할 수 있다. 하나의 이메일을 삭제할 경우에 이메일 프로그램은 메일박스에 있는 이메일의 내용을 지우는 것이 아니라 이메일의 헤더 값을 바꾸어서 이메일을 삭제하게 된다. 따라서 삭제된 이메일을 복구할 가능성이 있다.[80]

(3) 증거 보관

증거물로 채택되었다면 무결성을 보증할 수 있는 환경에서 보관·관리하여야 한다. 증거물 보관관리에서 오염된 증거물은 증거로서 효력이 없다. 전자적 증거물도 보관 도중 물리적으로 훼손되거나 바이러스에 의한 파괴 또는 다른 이유로 무결성이 침해되었다면 증거물로서의 효력이 상실된다.

(4) 증거 제출과 증거조사

입수된 디지털 증거가 법적 증거로 채택되기 위해서는 증거자료의 신뢰성이 확보되어야 한다. 이를 위해 법률적으로 디지털 포렌식에 대한 표준 절차뿐만 아니라 포렌식 툴에 대한 검증 절차 또한 이루어져야 한다. 제삼자의 전문가가

---

80 정익래 등, '디지털 포렌식 기술 및 동향', 전자통신동향분석 제22권 제1호, 2007. 2., p.98 – 101.

조사하였을 때도 신뢰성을 보장할 수 있는 문서화 작업은 필요하다. 문서화 작업은 분석, 보관 등의 일련의 과정에서 획득한 각각의 증거물에 색인을 붙여 실시한다. 획득, 분석과정에 있어 제삼자의 전문가가 검증할 수 있는 방안으로 증거가 조작되지 않았다는 것을 증명할 수 있어야 한다. 위 과정을 거쳐 증거로 수집된 전자적 증거물은 법정에서 범죄의 사실을 증명하는 데 유용하게 사용되어야 한다. 전자적 증거와 관련한 진정성에 대하여 원본과 동일하며, 위조 혹은 변조되지 않았다는 사실을 제출자가 증명하여야 한다.

제 **7** 장

산업보안조사와 디지털 포렌식

07장 | 산업보안조사와 디지털 포렌식

제1절 디지털 포렌식의 이해

1. 디지털 포렌식 개요

디지털 포렌식이란 범죄에 사용된 개인 컴퓨터, 서버 등의 시스템이나 전자장비에서 수집할 수 있는 디지털 증거물에 대하여 과학적으로 수집, 분석하고 발견된 범죄 관련 디지털 데이터를 복구, 조사하는 활동으로서 범죄사실을 입증하고자 디지털 증거가 법적인 효력을 잃지 않도록 증명하는 것이다.[1] 디지털 증거는 일반 범죄를 입증하는 것뿐만 아니라 고도화되고 지능적으로 발전하는 해킹 범죄를 입증하는 데 크게 도움을 주고, 이에 따라 디지털 포렌식 기술도 전문적으로 연구·발전하고 있다. 컴퓨터에 숨겨져 있는 정보를 찾아내는 기술 또한 디지털 포렌식의 핵심이다.

디지털 증거에 대하여 적용되는 일반적인 디지털 포렌식 절차는 다음의 [그림7-1]에서 보는 것과 같이 크게 증거수집, 증거보존, 증거분석, 문서화, 법정제출 다섯 단계로 구성된다.

다섯 단계의 과정을 거쳐 증거로 제출된 디지털 자료는 법정에서 범죄의 사실을 증명하는 데에 유용하게 사용된다. 다양한 정보가 저장되어 있는 디지털 매체의 데이터에서 범죄의 사실을 증명하는 증거를 찾기는 매우 어렵다. 특히

---

1 Sans(2001). "Interesting in learning more about security?", http://www.sans.org/reading_room/whitepapers/incident/developing-computer-forensics-team_628.

그림 7-1 디지털포렌식 절차

증거수집 ▶ 증거보존 ▶ 증거분석 ▶ 문서화 ▶ 법정제출

범죄자가 해당 디지털 매체에 대하여 전문가적 지식을 가지고 있는 경우 자신의 범죄행위를 은닉하기 위해서 수단과 방법을 가리지 않을 것이다.

디지털 포렌식 전문가, 연구자 또는 관련 교육을 받은 사람에게는 다양한 분야의 이해와 폭넓은 사고 등이 요구된다. 증거수집단계에서는 범죄에 사용된 대상 디지털 매체를 압수하여 원본 데이터에서 사본 데이터를 생성하고 휘발성 메모리의 내용을 저장, 백업 데이터를 검색하는 등의 다양한 수집 방법을 포함하고 있다. 증거물을 획득하는 과정에서 실수로 증거물을 훼손하거나 변경해서는 안된다.

따라서 증거의 수집 과정에서는 원본 데이터의 무결성을 유지하기 위해서, 데이터 이미징 절차 또는 범죄에서 사용된 디지털 매체의 시간 확인, 실행 중인 프로세스 확인 등의 과정이 필요하다. 디지털 증거가 될 수 있는 대상은 하드디스크에서 삭제된 데이터 및 변경된 데이터, 암호 파일 및 숨겨 놓은 파일 등 매우 다양하다. 또한 휘발성 메모리에 존재하는 임시파일, 백업 데이터를 저장해 놓은 CD/DVD나 서버의 각종 로그 기록 및 IP 기록 등도 증거의 대상이 될 수 있다. 이러한 증거의 대상들에서 증거를 획득하기 위해서는 다양한 방법이 필요하다.

디지털 증거를 보호하기 위해서는 현장에 도착하자마자 범죄자의 자료 삭제·파괴 행위를 방지하고 범죄 현장 범위의 구분과 경계선을 수립하는 과정 등이 이루어져야 한다. 현장 수색 및 시스템을 파악함으로써 관련 시스템과 증거를 수집할 수 있는 시스템 목록을 작성하게 되어 있다. 수사자가 도착하기 전 사라질 가능성이 있는 증거가 있다면, 카메라나 메모를 통해서 현장을 기록하여야 한다. 수색 영장이 허용하는 범위에서 모든 하드웨어, 소프트웨어, 메모, 로그, 주기억장치, 보조 기억장치 등을 정밀 수색하여야 한다.

또한 법원에서 제출한 디지털 증거가 무결성을 가지며, 증거수집 과정이 적법 절차를 거쳐 이루어졌음을 입증할 수 있어야 한다.[2] 각종 증거 수집 도구들은 법원에서 인정을 받았거나, 기능에 대한 명세가 명확한 도구여야 한다. 증거 수집 과정을 비디오로 녹화할 때 사용되는 카메라는 조작 의혹을 없애기 위하여 아날로그 또는 전자 서명 및 워터마킹이 가능한 디지털 카메라를 사용하여야 한다.

증거보존단계는 수집한 증거를 안전하게 보존하는 단계이다. 보존 절차를 명백하게 하려면 증거물 보관 사항에 대해서는 모두 문서화하여야 한다. 현장에서 수집된 증거가 법정에 제출될 때의 시점까지 거친 경로, 담당자, 장소, 시간 등을 기록하여 연계 보관이 가능하도록 한다. 증거의 무결성 증명을 위해서는 증거 담당자 목록을 통하여 최초 수집자로부터 법정 제출자까지 담당자를 명확하게 명시하여야 한다. 하드 디스크 등의 기록 매체는 물리적인 증거이지만 내부 정보는 외관 확인만으로는 증거물의 상태를 확인할 수가 없다. 특히 디지털 증거는 변형, 조작, 대체, 삭제가 쉽기 때문에 각 인수인계 단계마다 검증을 하여야 한다. 만약 검증 과정에서 증거물의 변형을 확인하였다면, 그 원인을 파악하고 이를 연계 보관 목록(Chain of Custody Record)에 명시한 후 증거물 담당자가 해당 내용을 법정에서 증언하여야 한다.

증거분석단계는 수집한 증거를 분석하는 단계이며 다양한 기법이 활용된다. 증거를 분석하기 위해서 우선 수집 과정에서 복사한 사본들을 이용하여 파일을 확인한다. 확인 과정에서 범죄의 증거를 발견하게 된다면, 파일의 확인 과정이 어떻게 이루어졌는지에 대하여 문서화한다. 발견된 증거는 원본의 데이터에 직접

그림 7-2 증거분석 기술

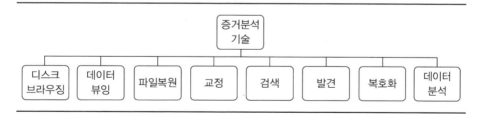

2 김경태·이규민·강구민, 디지털 증거 인증시스템(DAS)을 통한 진정성 입증에 관한 연구, 형사법의 신동향 제64호, 대검찰청, 2019, pp.71－108.

접근하지 않았기 때문에 무결성을 증명할 수 있다. 증거분석에는 디스크 브라우징, 데이터 뷰잉, 파일 복원, 교정, 검색, 발견, 복호화 등의 기술이 요구된다.

이렇게 수집된 증거를 보존하고 분석하는 과정을 거친 증거는 각각 어떠한 과정을 거쳤는지 문서화할 필요가 있다. 이러한 문서화 작업은 증거물의 획득 과정을 알 수 있도록 하여 증거로 채택되었을 때 증거물로서의 타당성을 제공한다. 특히 증거의 수집, 분석과정에 증거가 조작되지 않은 것을 전문가가 검증할 수 있는 방안으로 증명할 수 있어야 한다. 디지털 증거물은 생성이 용이하기 때문에 실수가 있는 경우 정당한 증거물임에도 불구하고 의심 받을 수 있는 여지가 매우 많다. 그러므로 일련의 과정이 명백할 수 있도록, 문제가 발생하지 않기 위하여 문서화 작업이 필요하다. 보고서를 읽는 법관, 배심원, 변호사 등은 디지털 매체에 대한 기본 지식이 부족한 경우가 대부분이기 때문에, 누구나 알기 쉬운 형태로 작성되어야 한다. 증거수집, 증거보존, 증거분석 등의 과정을 육하원칙에 따라 명백하고 객관성 있게 기재하여야 한다. 예상하지 못한 사고로 데이터가 유실되어 변경이 생겼을 경우 증거 담당자 목록에 이를 명확히 기재하고, 범죄 혐의 입증에 무리가 있는지 없는지를 논리적으로 설득할 수 있어야 한다.[3]

2. 산업기밀유출 사고 시 디지털 포렌식 조사의 필요성

산업기밀유출 사고는 해마다 증가하는 반면에 혐의 입증에 실패하여 처벌하지 못하는 경우가 종종 발생한다. 산업기술유출 사고에 대한 조사는 검찰이나 경찰에 의한 수사방법이 아닌 관련 행정부서의 조사방법에 의하여 사실관계를 파악하는 한계점이 있다. 국가핵심기술과 관련해서는 「산업기술의 유출방지 및 보호에 관한 법률(이하 '산업기술보호법')」에 의해 규율되고, 중소기업기술과 관련해서는 「중소기업기술 보호 지원에 관한 법률(이하 '중소기업기술보호법')」에 의해 규율되고, 방위산업기술 관련해서는 「방위산업기술 보호법(이하 '방산기술보호법')」에 의해 규율

---

3 원용기, 디지털 증거의 계층화 연구, 형사법의 신동향 제59호, 대검찰청, 2018, pp.143-182.

되고 있다. 각 법령마다 수사가 아닌 조사방법이나 실태조사방법에 의하여 산업기술유출 사고의 사실관계를 파악하도록 규정되어 있다.

특히 조사는 원칙적으로 임의적인 방법에 의하도록 하고 있어 당사자로부터 제출된 관련 자료나 한정된 정보에 의존하다 보니 실체적 진실 발견에 어려움을 겪고 있다. 예를 들어, 당사자가 거짓된 정보나 위·변조된 자료를 임의제출한 경우 산업기술유출 사건을 조사하는 담당 기관은 이들 정보와 자료에 기초하여 사실관계를 파악하기 때문에 실체적 진실 발견에 접근하기 어렵다.

만약, 조사기관이 압수·수색과 같은 대물적 강제처분으로 사실관계를 파악한다면 이는 국가의 월권행위로서 사건의 실체적 진실을 발견하였더라도 훗날 위법조사로 증거능력이 부정되어 사건 자체를 그르치게 된다.

특히 산업기밀을 유출할 때 이메일이나 유에스비와 같은 디지털저장매체를 이용한다는 점에서 대상자가 사용하였던 컴퓨터나 디지털저장매체에 대한 디지털 포렌식 분석방법이 필요하다. 산업기밀유출에 대한 신고 접수 후 조사과정에서 수집된 디지털 증거들은 '원본성·무결성'이 입증되어야만 재판에서 증거로 사용할 수 있다.

3. 산업기밀유출 사건 디지털 증거의 특성

대법원은 "압수물인 디지털 저장매체로부터 출력한 문건을 증거로 사용하기 위해서는 디지털 저장매체 원본에 저장된 내용과 출력한 문건의 동일성이 인정되어야 하고, 이를 위해서는 디지털 저장매체 원본이 압수 시부터 문건 출력 시까지 변경되지 않았음이 담보되어야 한다. 특히 디지털 저장매체 원본을 대신하여 저장매체에 저장된 자료를 '하드카피' 또는 '이미징'한 매체로부터 출력한 문건의 경우에는 디지털 저장매체 원본과의 사이에 자료의 동일성도 인정되어야 한다. 또한 이를 확인하는 과정에서 이용한 컴퓨터의 기계적 정확성, 프로그램의 신뢰성, 입력·처리·출력의 각 단계에서 조작자의 전문적인 기술능력과 정확성이 담보되어야 한다."고 판시하였다.[4]

---

4 대법원 2007. 12. 13. 선고 2007도7257 판결.

또한 대법원은 전자적 증거의 진정성 인정과 관련하여 "출력 문건과 정보저장매체에 저장된 자료가 동일하고 정보저장매체 원본이 문건 출력 시까지 변경되지 않았다는 점은, 피압수·수색 당사자가 정보저장매체 원본과 '하드카피' 또는 '이미징'한 매체의 해쉬(Hash)값이 동일하다는 취지로 서명한 확인서면을 교부받아 법원에 제출하는 방법에 의하여 증명하는 것이 원칙이다. 그러나 그와 같은 방법에 의한 증명이 불가능하거나 현저히 곤란한 경우에는 정보저장매체 원본에 대한 압수, 봉인, 봉인해제, '하드카피' 또는 '이미징' 등 일련의 절차에 참여한 수사관이나 전문가 등의 증언에 의하여 정보저장매체 원본과 '하드카피' 또는 '이미징'한 매체 사이의 해쉬값이 동일하다거나 정보저장매체 원본이 최초 압수 시부터 밀봉되어 증거 제출 시까지 전혀 변경되지 않았다는 등의 사정을 증명하는 방법 또는 법원이 그 원본에 저장된 자료와 증거로 제출된 출력 문건을 대조하는 방법 등으로도 그와 같은 무결성·동일성을 인정할 수 있다."고 판시하였다.[5]

산업기술유출 사건에 있어서 조사단계에서부터 수집된 대다수의 디지털 증거들은 대법원에서 제시하고 있는 디지털 증거의 진정성 요건들을 충족하여야만 훗날 법정에서 증거로 채택될 수 있으며, 유죄의 입증 증거로 사용할 수 있다. 만약 이러한 요건들을 충족하지 못한 채 조사단계에서 관련 자료들을 수집하게 된다면 산업기밀유출 사건에서 피해자만 있을 뿐 유출한 자를 처벌할 수 없게 되는 상황이 발생하게 된다.

혹자는 디지털 포렌식을 수사의 방법으로 생각하여 임의조사 방식을 취하는 산업기밀유출 사건에서 강제수사의 방법을 취하는 것은 적절하지 않다고 주장한다. 관련 법령들에서는 산업기술 침해가 발생하면 조사기관은 대상기관에 자료 제출을 요구할 수 있고, 대상기관은 특별한 사유가 없는 한 자료를 제출하여야 하고, 만약 제출하지 않거나 허위로 제출하면 행정처분까지 받게 된다.

따라서 대상기관에서는 산업기밀유출 건이 발생하면 임의적으로 관련 자료 및 PC나 디지털저장매체 등을 조사기관에 제출하고, 조사기관은 디지털 포렌식을 통하여 임의제출된 PC나 디지털저장매체를 분석하여 사실관계를 좀 더 명확하게 파악할 수 있다. 결국 조사기관은 임의적인 방법으로 디지털 포렌식 절차

---

5 대법원 2013. 7. 26. 선고 2013도2511 판결.

를 수행할 수 있으며, 최초 수집된 디지털 증거의 무결성과 원본과의 동일성을 유지한 채 관련 증거들을 수집할 수 있게 된다.

제2절 디지털 포렌식 조사의 용어와 원칙

디지털 포렌식 절차와 관련하여 공인된 표준절차는 없으나 각 조사기관의 특성에 맞게 그 절차를 규정하고 있다. 가장 대표적으로 검찰의 「디지털 증거 수집 및 분석 규정」과 경찰의 「디지털 증거 처리 표준 가이드라인」이 있다. 이 외에도 공정거래위원회, 금융감독원, 저작권위원회, 선거관리위원회, 국방부조사본부 등 각 조직의 포렌식 조사 특성에 맞게 디지털 증거 처리 가이드라인을 규정하고 있다.

하지만 각 규정과 가이드라인에서 제시하고 있는 디지털 포렌식 방법은 형사소송법 제106조 제3항에서 규정한 원칙적 선별압수와 예외적 저장매체압수의 방법만을 언급하고 있을 뿐 구체적인 절차의 방법을 제시하는 규정은 없다.

마찬가지로 산업보안조사에 있어서도 디지털 포렌식 관련 절차를 언급한 내용은 없다. 이하에서는 산업보안조사와 관련하여 조사주체는 다르지만, 디지털 증거를 수집하고 분석하는 디지털 포렌식 절차는 동일하다는 점에서 그에 대한 표준절차를 제시하고자 한다.

1. 용어 정의

'디지털 포렌식'이란 과학적·기술적 방법을 활용하여 증거가치의 상실 없이 디지털 형태의 데이터를 수집·분석·처리하는 일련의 절차를 말한다. '디지털 데이터'란 신호로 구성된 정보로서, 숫자 또는 경우에 따라서는 특수문자와 공백문자가 함께 표현되는 데이터를 말한다. '디지털 정보저장매체'란 하드디스크 드라이브(HDD), USB 플래시 드라이브, 메모리 카드, SSD(Solid - State Drive) 등 이와 비슷한 정보저장매체를 말한다. '디지털 기기'란 개인용 컴퓨터, 서버 컴퓨터, 정보기기, 네트워크기기(라우터, 허브, 스위치 등), 사무기기, 디지털 카메라, MP3 플레이어 등을 말한다. '디지털 영치물'이란 범죄사실과 관련 있는 것으로 형사소송법 제106조 및 제215조부터 제218조까지의 규정에 따라 출력·복제한 디지털 데이터, 디지털 정보저장매체 또는 디지털 기기를 말한다. '선별수집'이란 디지털 정보저장매체에서 범죄사실과 관련성이 있는 것으로 판단되는 디지털 데이터의 범위를 정하여 문서로 출력하거나 복제하여 수집하는 것을 말한다. '정보저장매체 영치'란 범죄사실과 관련성이 있는 정보저장매체 원본을 영치하는 것을 말한다.

'별건정보'란 현장출입조사서에 기재된 조사대상 사실과 무관한 별도의 범죄사실과 관련된 디지털 정보를 말한다. '하드카피·이미징'이란 디지털 저장매체 내에 존재하는 각종 정보를 압축된 파일 또는 동일한 이미지 형태로 변경하여 사용자가 원하는 다른 디지털 저장매체에 저장하는 것을 말한다. '조사대상자'는 조사과정에 참여하는 대상자 또는 변호인을 말하며, '참여인'은 형사소송법 제123조에 규정한 공공기관의 책임자, 가족, 관리인, 이웃주민 또는 지방공공단체의 직원을 말하고, '입회인'은 디지털 포렌식 전문가로서 디지털 증거 압수·수색과정에 입회하는 자를 지칭한다. 그리고 '디지털 증거'란 디지털 형태로 저장하거나 전송하는 정보로서, 조사대상 사실의 증명 또는 증거가치가 있는 정보를 말한다.

2. 디지털 포렌식 조사절차의 기본원칙

① 적법절차를 준수하여야 한다.

조사기관의 디지털 포렌식은 비록 임의조사의 방법에 의하여 집행되지만, 수사기관의 대물적 강제처분처럼 일반 국민의 기본권을 침해할 수 있다는 점에서 형사소송법의 기본원칙인 적법절차에 준하여야 한다.

② 동일성을 유지해야 한다.

디지털 저장매체에 저장된 데이터를 출력·복사하거나 디지털 저장매체를 하드카피·이미징할 때에는 원본과의 동일성을 반드시 유지하여야 한다.

③ 무결성을 담보하여야 한다.

디지털 증거는 압수시부터 법정제출까지의 디지털 포렌식 과정에서 위·변조되지 않았다는 무결성이 담보되어야 한다.

④ 정확성과 신뢰성이 중요하다.

디지털 포렌식의 전 과정은 지체 없이 신속하게 진행되어야 한다. 디지털 포렌식 과정에 사용한 도구 및 프로그램은 오류의 가능성이 전무하거나 무시할 정도로 극소한 것이어야 하며, 절차를 수행하는 조사원(분석관)은 디지털 포렌식에 관한 전문적인 지식·기술·경험 또는 전문가로서의 자격을 가지고 있어야 한다. 디지털 증거의 결과는 같은 디지털 포렌식 절차 조건에서 항상 같은 결과가 나오도록 검증이 가능하여야 한다. 그리고 디지털 증거는 획득 — 이송 — 보관 — 분석 — 법정제출에 이르기까지의 일련의 과정에 최소한의 인원이 담당하고 각 단계에서 담당자의 책임을 명확히 한다.

1. 현장조사 전 단계

본격적인 조사 전 단계에서는 디지털 포렌식과 관련하여 사전에 조사대상 장소에 대한 정보, 네트워크 시스템 및 대상자 소유의 컴퓨터 사양 정보 등을 파악하여 디지털 포렌식을 어떻게 실시할 것인가에 대한 조사계획을 수립한다. 이후 디지털 포렌식 전문 조사관을 중심으로 한 조사팀을 구성하고, 필요한 장비들을 준비한다.

만약 영장청구 시 디지털 증거에 대한 압수·수색의 방법을 구체적으로 기술한다. 또한 압수할 디지털 증거의 내용 및 범위, 그리고 디지털 증거를 삭제·암호화·안티포렌식 등으로 은닉한 경우 자세한 분석을 위하여 원본 압수의 필요성 등을 기술한다. 대량의 디지털 증거를 압수할 시 영장집행 시간을 초과할 수 있기 때문에 사전에 야간에도 영장 집행할 수 있다는 내용을 반드시 기술한다.

1) 사전준비

조사기관은 조사하기 전 조사대상자가 사용하는 디지털 저장매체의 특성을 파악하고, 다음 각 호의 사항을 고려하여 준비한다.

(1) 사전 조사계획 수립

- 대상기관의 장소 및 조사대상자에 관한 정보
- 조사대상자가 사용하는 디지털 저장매체 정보
- 컴퓨터 하드웨어, 소프트웨어, 저장장치 정보
- 데이터베이스 및 네트워크 관련 정보
- 시스템 또는 네트워크 책임자나 관리자 정보
- 그 외 필요하다고 인정되는 정보

(2) 사전 조사팀 구성

- 디지털 포렌식 관련 전문자격증을 보유하고 있거나, 관련 교육 및 실무 경험이 있는 자를 팀에 배치한다.
- 조사대상자가 특별한 시스템이나 프로그램을 사용하는 경우, 관련 내용을 알고 있는 자를 팀에 배치한다.
- 조사팀이 구성되면 조사의 방법, 범위, 주의사항에 대한 사전 교육을 실시한다.
- 대상 시스템에 대해 사전지식을 습득한다.
- 포렌식을 담당하지 않는 일반 조사관들에게도 일반 포렌식 교육을 실시한다.

(3) 디지털 포렌식 장비 준비

- 검증된 포렌식 도구 및 프로그램으로 준비한다.
- 분석 대상의 종류와 특성을 고려하여 어떠한 방법으로 포렌식을 진행할 것인지에 따라 관련 포렌식 도구 및 프로그램을 준비한다.
- 디지털 증거수집 및 분석용 컴퓨터
- 원본 증거의 위·변조 방지를 위한 쓰기방지 장치
- 증거 수집을 위해 공 USB 플래시 드라이브, 공 하드디스크 드라이브 등
- 안전한 이송을 위한 정전기 방지 봉투, 에어캡 봉투, 증거 테이프, 증거박스 등

• 분해와 해체를 위한 공구

(4) 그 외 준비사항

• 디지털 포렌식 과정에 참여할 대상자 및 참여권자를 파악한다.
• 공무소 등에 대한 조사 시 그 책임자가 누구인지 파악한다.
• 주거지에 대한 조사 시 참여할 수 있는 대상자의 가족 여부, 인거인 등을 파악한다.
• 사무실에 대한 조사 시 참여할 사무실 직원 여부, 관리인 등을 파악한다.
• 디지털 포렌식 절차의 객관성 및 조사대상자의 포렌식 조력권 보장을 위하여 포렌식 전문가를 입회인으로 참여시킬 수 있다.

표 7-1 디지털 증거수집 장비 분류 및 설명

분류	장비 설명
분해·해체 공구	컴퓨터 및 디지털 기기의 분해를 위한 드라이버, 케이블 절단용 니퍼, 플라이어 등
디스크 복제 장치	현장에서 디스크 복제 업무를 수행할 때 사용
쓰기방지 장치	사본 이미지 작성, 분석 업무 등을 수행할 때 원본디스크의 데이터 훼손을 방지하기 위해 사용
증거 사본 보관용 대용량 저장장치	디스크 복제 또는 사본 이미지를 복제하는 경우 사용할 대용량 HDD, 다양한 유형의 HDD를 연결할 수 있는 인터페이스 장비, 휴대용 RAID 저장장치 등
외장형 저장 매체	데이터 검색·수집을 위한 USB 플래시 드라이브 또는 휴대용 디스크 등
분석용 소프트웨어	휘발성 데이터 수집 프로그램, 이미지 작성 프로그램, 해쉬 프로그램, 압축 프로그램, 기타 분석에 필요한 프로그램
다양한 규격의 연결 케이블 및 어댑터	멀티 플러그, 전원 케이블과 어댑터, 네트워크 케이블, 각종 데이터 전송 케이블과 어댑터 등
증거 포장 및 운반용 세트	충격 완화용 보호 박스, 정전기 차단용 백, 전자파 차폐용 장치, 운반용 하드케이스 등
증거수집 및 분석용 휴대용 컴퓨터	현장에서 증거수집 및 초동 분석 업무 등을 수행할 때 사용
기타 장비	현장 촬영 및 기록을 위한 카메라, 캠코더, 모바일 프린터 등

2) 현장출입조사서의 신청

(1) 조사 대상사실 관련 정보

기밀유출 사실과 관련된 디지털 정보의 내용을 기재한다.

(2) 구체적 조사의 방법

현장출입조사서는 수사기관이 법원에 청구하여 발부받는 압수·수색·검증 영장과 달리 별도의 사법적 판단을 받지 않기 때문에 대상기관 및 조사대상자가 사용하는 디지털저장매체에 대한 영치의 가능성, 조사기관 분석실 등의 제3지에로의 이동 가능성, 영치 후 정밀 분석 여부, 현장에서 사용되는 도구의 종류, 분석기술의 유형 등을 현장출입조사서에 구체적으로 기재하여 사전에 해당 조사기관장으로부터 판단을 받아둘 필요가 있다.

(3) 원본 영치의 필요성

디지털 정보저장매체 원본을 영치하여야만 하는 경우 다음의 사유를 기재한다.
- 범위를 정하여 출력 또는 복제하는 방법이 불가능한 경우
- 저장매체를 영치하지 않을 경우 영치의 목적을 달성하기에 현저히 곤란하다고 인정되는 경우
- 디지털 저장매체가 몰수할 물건에 해당되는 경우
- 조사대상자가 암호해독 프로그램 또는 안티포렌식(Anti - Forensic) 등의 특수한 프로그램을 사용하는 경우

(4) 현장조사 집행 시간

디지털 증거에 대한 분석 시 디지털 데이터의 양에 따라 현장조사 시간이 달라지기 때문에 "현장조사를 일몰 후에도 할 수 있다."는 내용을 현장출입조사서에 기재한다.

(5) 「조사 대상 및 방법의 제한」 별지 첨부

산업기밀 유출 사건에 있어 조사대상기관이나 조사대상자가 사용하였던 디지털 저장매체에 대한 분석 시, 다양한 저장매체가 존재할 뿐만 아니라 그 내용도

조사 대상 및 방법의 제한

1. 문서에 대한 영치

가. 해당 문서가 몰수 대상물인 경우, 그 원본을 영치함.

나. 해당 문서가 증거물인 경우, 조사대상자 또는 참여인[1](이하 '조사대상자 등'이라 한다)의 확인 아래 사본하는 방법으로 영치함(다만, 사본 작성이 불가능하거나 협조를 얻을 수 없는 경우 또는 문서의 형상, 재질 등에 증거가치가 있어 원본의 영치가 필요한 경우에는 원본을 영치할 수 있음).

다. 원본을 영치하였더라도 원본의 영치를 계속할 필요가 없는 경우에는 사본 후 즉시 반환하여야 함.

2. 컴퓨터용 디스크 등 정보저장매체에 저장된 전자정보에 대한 디지털 포렌식 조사

가. 전자정보의 탐색·검증

탐색·검증만으로 조사의 목적을 달성할 수 있는 경우, 영치 없이 탐색·검증만 함.

나. 전자정보의 수집

(1) 원칙 : 저장매체의 소재지에서 탐색·검증 후 혐의사실과 관련된 전자정보만을 범위를 정하여 문서로 출력하거나 조사기관이 휴대한 저장매체에 복제하는 방법으로 수집할 수 있음.

(2) 저장매체 자체를 반출하거나 하드카피·이미징 등 형태로 반출할 수 있는 경우

(가) 저장매체 소재지에서 하드카피·이미징 등 형태(이하 '복제본'이라 함)로 반출하는 경우

- 혐의 사실과 관련된 전자정보의 범위를 정하여 출력·복제하는 위 (1)항 기재의 원칙적 수집 방법이 불가능하거나, 수집 목적을 달성하기에 현저히 곤란한 경우[2]에 한하여, 저장매체에 들어 있는 전자파일 전부를 하드카피·이미징하여 그 복제본을 외부로 반출할 수 있음.

(나) 저장매체의 원본 반출이 허용되는 경우

1) 위 (가)항에 따라 조사현장에서 저장매체의 복제본 획득이 불가능하거나 현저히 곤란한 때[3]에 한하여, 조사대상자 등의 참여 하에 저장매체 원본을 봉인하여 저장매체의 소재지 이외의 장소로 반출할 수 있음.

2) 위 1)항에 따라 저장매체 원본을 반출한 때에는 조사대상자 등의 참여권을 보장한 가운데 원본을 개봉하여 복제본을 획득할 수 있고, 그 경우 원본은 지체 없이 반환하되, 특별한 사정이 없는 한 원본 반출일로부터 10일을 도과하여서는 아니됨.

(다) 위 (가), (나)항에 의한 저장매체 원본 또는 복제본에 대하여는, 혐의사실과 관련된 전자정보만을 출력 또는 복제하여야 하고, 전자정보의 복구나 분석을 하는 경우 신뢰성과 전문성을 담보할 수 있는 방법에 의하여야 함.

(3) 전자정보 수집 시 주의사항

(가) 위 (1), (2)항에 따라 혐의사실과 관련된 전자정보의 탐색·복제·출력이 완료된 후에는 지체 없이, 조사대상자 등에게 ① 수집 대상 전자정보의 상세목록을 교부하여야 하고, ② 그 목록에서 제외된 전자정보는 삭제·폐기 또는 반환하고 그 취지를 통지하여야 함[위 상세목록에 삭제·폐기하였다는 취지를 명시함으로써 통지에 갈음할 수 있음].

(나) 봉인 및 개봉은 물리적인 방법 또는 조사기관과 조사대상자 등 쌍방이 암호를 설정하는 방법 등에 의할 수 있고, 복제본을 획득하거나 개별 전자정보를 복제할 때에는 해시 함숫값의 확인이나 디지털 포렌식 과정의 촬영 등 원본과 동일성을 확인할 수 있는 방법을 취하여야 함.

(다) 디지털 포렌식의 전체 과정(복제본의 획득, 저장매체 또는 복제본에 대한 탐색·복제·출력 과정 포함)에 걸쳐 조사대상자 등의 참여권이 보장되어야 하며, 참여를 거부하는 경우에는 신뢰성과 전문성을 담보할 수 있는 상당한 방법으로 조사가 이루어져야 함.

---

1) 조사대상자 - 혐의자나 변호인, 소유자, 소지자 // 참여인 - 형사소송법 제123조에 정한 참여인

2) ① 조사대상자 등이 협조하지 않거나, 협조를 기대할 수 없는 경우, ② 혐의사실과 관련될 개연성이 있는 전자정보가 삭제·폐기된 정황이 발견되는 경우, ③ 출력·복제에 의한 집행이 조사대상자 등의 영업활동이나 사생활의 평온을 침해하는 경우, ④ 그밖에 위 각호에 준하는 경우를 말한다.

3) ① 조사 현장에서의 하드카피·이미징이 물리적·기술적으로 불가능하거나 극히 곤란한 경우, ② 하드카피·이미징에 의한 집행이 조사대상자 등의 영업활동이나 사생활의 평온을 현저히 침해하는 경우, ③ 그밖에 위 각 호에 준하는 경우를 말한다.

광범위하여 조사 현장에서 다양한 변수가 발생할 수 있다. 따라서 이에 대한 방법을 구체적으로 기술한 별지를 현장출입조사서에 함께 첨부하여 해당 조사기관장으로부터 검토받을 필요가 있다.

수사기관에서도 이미 압수·수색영장에 「압수 대상 및 방법의 제한」이라는 별지를 함께 첨부하여 다양한 현장에서 디지털 포렌식 절차가 수행될 수 있도록 하고 있다. 수사기관의 영장별지 내용을 산업보안조사에 적용하면 현장출입조사서에 첨부되는 별지로 작성되어진다(371쪽 참조).

2. 현장조사 단계

현장조사에서 디지털 증거와 관련하여 분석 시 다섯 가지 범주로 나누어 살펴볼 수 있다. 우선 현장에서 범죄 관련 디지털 증거를 선별하여 수집하는 방법, 현장에서 선별수집의 방법이 불가능하거나 현저히 곤란한 경우 복제본 형태로 반출하거나, 저장매체 원본을 반출하는 경우이다. 그리고 범죄의 도구로 이용되거나 선별수집의 방법이 불가능하거나 현저히 곤란한 경우 디지털 기기를 현장에서 영치한다. 마지막으로 디지털 증거를 선별하여 분석하는 과정에서 별도의 범죄혐의와 관련된 디지털 정보를 발견한 경우로 나누어 볼 수 있다.

디지털 증거에 대한 조사의 종료는 조사대상자에게 「영치조서」 및 「전자정보상세목록」을 교부함으로써 종료되고, 그 후 영치 또는 수집된 디지털 증거는 이송 및 보관 과정에서 손상되지 않도록 충격완화용 증거박스에 담아 별도로 관리한다.

조사대상자에게 현장출입조사서를 제시하고, 열람케 하여 조사의 집행을 고지한다. 그리고 디지털 데이터를 삭제하거나 조사원의 조사 집행 방해를 방지하기 위하여 타인의 출입을 금지하거나 퇴거하게 한다. 필요시 간수자를 붙여 조사 집행에 참여하게 한다.

1) 현장조사 실시

(1) 현장 스케치

• 현장조사팀은 본격적인 조사에 앞서 캠코더 및 카메라를 이용하여 조사대

상 현장의 전체 모습을 녹화 및 촬영한다.

- 컴퓨터 대상물 및 주변장치 등을 자세히 촬영·녹화한다.
- 컴퓨터의 전원이 켜져 있는 경우에는 모니터 화면을 촬영·녹화한다.
- 기술유출사실 관련 증거 및 디지털 정보가 발견되면 즉시 카메라로 촬영한 후 발견된 장소, 시간, 간략 내용 등을 적어 조서에 그 사실을 기재한다.
- 조사원은 발견된 내용을 본인의 조사수첩에 기억환기용으로 상세히 기록한다.

(2) 영상녹화 장비 설치

- 조사 현장의 전체 모습을 녹화할 수 있도록 영상녹화 장비를 설치한다.
- 디지털 포렌식을 수행하는 장면이 녹화될 수 있도록 영상녹화 장비를 설치한다.

(3) 디지털 포렌식 준비

- 조사 현장에서 디지털 포렌식을 신속히 실시할 수 있도록 포렌식 테이블을 구축한다.
- 포렌식 테이블에는 조사원을 제외한 외부인의 접촉을 차단한다.
- 디지털 포렌식 장비의 상태를 확인한다.

(4) 참여권 보장과 고지

- 조사원은 각각의 디지털 저장매체에 대한 분석 시 조사대상자의 참여권을 보장해준다.
- 조사 현장에서 디지털 포렌식이 실시되는 경우, 조사원은 조사대상자 등에게 디지털 포렌식 절차 및 포렌식 도구에 대하여 설명해주고 절차에 참여할 것을 고지한다.
- 조사원이 참여권을 고지하였음에도 불구하고 조사대상자가 거부한 경우, 캠코더를 이용하여 참여권 고지 및 거부의 상황을 촬영함으로써 고지의무를 위반하였다는 조사대상자의 주장에 대하여 선의의 항변을 할 수 있다.
- 조사대상자 또는 참여인[6](이하 '조사대상자 등'이라 함)이 참여할 수 없는 경우,

---

6 공무소 책임자, 주거인, 인거인, 관리인, 지방공공단체 직원 등.

디지털 포렌식 전 과정을 캠코더를 이용하여 촬영하거나 디지털 포렌식 전문가를 입회인으로 참여하게 할 수 있다.

2) 현장 디지털 포렌식 조사

(1) 조사 현장에서 데이터의 범위를 정하여 출력·복제

① 원칙

조사 현장에서 기술유출 사실과 관련된 디지털 데이터의 범위를 정하여 문서로 출력하거나 저장매체에 복제하는 방법으로 수집한다.

② 수집방법

- 조사대상자 등에게 참여권을 고지한다.
- 기밀유출 사실과 관련된 디지털 데이터만을 선별하여 출력·복제한다.
- 해쉬값을 산출하여 조사대상자 등에게 확인시켜준 후 서명을 받는다.
- 전자정보상세목록에 해당 디지털 데이터의 내용을 기록한다.

(2) 조사 현장에서 복제본 형태로 반출

① 원칙

기밀유출 사실과 관련된 디지털 데이터의 범위를 정하여 출력·복제하는 수집 방법이 불가능하거나, 수집 목적을 달성하기에 현저히 곤란한 경우에 한하여 저장매체에 들어 있는 디지털 데이터 전부를 조사대상자의 참여하에 하드카피·이미징한 후 그 복제본을 외부로 반출한다.

② 수집방법

- 조사대상자 등에게 참여권을 고지한다.
- 조사 현장에서 분석용과 보관용 복제본 2개를 생성 후 해쉬값을 산출하여 조사대상자 등에게 확인시켜준다.
- 조사 현장에서 증거테이프를 이용하여 복제본을 봉인하고 조사대상자 등에게 봉인상태를 확인시켜준 후 서명을 받는다.
- 외부반출 후 조사대상자 등에게 참여권을 보장해주고, 복제본의 봉인상

태를 조사대상자 등에게 재확인시켜준 후 봉인을 해제한다.

- 조사대상자 등에게 참여권을 보장해주고, 복제본에서 범죄사실과 관련된 디지털 데이터만을 출력·복제한 후 해쉬값을 산출하여 조사대상자에게 확인시켜준 뒤 서명을 받는다.
- 전자정보상세목록에 해당 디지털 데이터의 내용을 기록한다.
- 전자정보상세목록에 기재된 디지털 데이터를 제외한 나머지 데이터에 대해서 삭제·폐기하고 그 취지를 고지해준다.

③ 복제본 반출의 예외

- 컴퓨터 포맷, 파일 암호화 등 증거의 삭제 또는 은닉의 흔적이 발견된 경우
- 사건이 복잡하고 방대한 디지털 데이터에 대한 종합적인 관련성 분석이 필요한 경우
- 조사대상자 등이 협조하지 않거나 협조를 기대할 수 없는 경우
- 조사대상자 등의 영업활동이나 사생활의 평온을 침해하는 경우
- 그 밖에 위 사유에 준하는 경우

(3) 조사 현장에서 디지털 저장매체 원본 반출

① 원칙

조사 현장에서 디지털 저장매체의 복제본 획득이 불가능하거나, 수집 목적을 달성하기에 현저히 곤란한 경우에 한하여 조사대상자 등의 참여하에 저장매체 원본을 봉인한 후 외부로 반출한다.

② 수집방법

- 조사대상자 등에게 참여권을 고지한다.
- 조사 현장에서 원본에 대한 해쉬값을 산출하여 조사대상자 등에게 확인시켜준다.
- 현장에서 증거테이프를 이용하여 원본을 봉인하고 조사대상자 등에게 봉인상태를 확인시켜준 후 서명을 받는다.
- 외부반출 후 조사대상자 등에게 참여권을 보장해주고, 봉인된 원본의

봉인상태를 조사대상자에게 재확인시켜 준 후 봉인을 해제한다.

- 조사대상자 등에게 참여권을 보장해주고, 원본으로부터 분석용과 보관
용 복제본을 생성한 뒤 해쉬값을 산출하여 조사대상자에게 확인시켜준
후 서명을 받는다.
- 조사대상자 등에게 참여권을 보장해주고, 복제본에서 범죄사실과 관련
된 디지털 데이터만을 출력·복제한 후 해쉬값을 산출하여 조사대상자
에게 확인시켜준 뒤 서명을 받는다.
- 전자정보상세목록에 기재된 디지털 데이터를 제외한 나머지 데이터에
대해서 삭제·폐기하고 그 취지를 고지해준다.
- 원본은 특별한 사정이 없는 한 10일 이내 조사대상자 등에게 반환해주
고, 반환취지를 고지해준다.

③ 원본 반출의 예외
- 디지털 저장매체 등의 특성으로 현장에서 복제 또는 출력할 수 있는 장
비가 구비되어 있지 않거나 미개발되어 있는 경우
- 방대한 양의 디지털 데이터를 복제하는 시간이 과도하게 소요될 것으로
예상되거나, 해당 디지털 데이터를 저장할 수 있는 저장매체가 없는 경우
- 조사대상자 등이 협조하지 않거나 협조를 기대할 수 없는 경우
- 조사대상자 등의 영업활동이나 사생활의 평온을 현저하게 침해하는 경우
- 그 밖에 위 사유에 준하는 경우

(4) 조사 현장에서 디지털 기기의 영치

① 원칙

범죄사실 관련 디지털 데이터의 범위를 정하여 출력·복제하는 방법이 불
가능하거나, 수집의 목적을 달성하기에 현저히 곤란한 경우, 또는 형법 제
48조 몰수의 대상인 경우에는 조사 현장에서 디지털 기기를 영치한다.

② 영치방법
- 디지털 포렌식 조사원은 디지털 기기에 대한 영치의 필요성 여부를 판
단한다.

- 영치가 필요하다고 판단되면, 조사대상자 등에게 참여권을 고지한 후 영치의 필요성에 대하여 설명해준다.
- 조사 현장에서 디지털 기기에 대한 해쉬값을 산출하여 조사대상자 등에게 확인시켜 준다.
- 조사 현장에서 디지털 기기에 대한 해쉬값 산출이 불가능한 경우, 증거 테이프를 이용하여 디지털 기기를 봉인하고 조사대상자에게 봉인상태를 확인시켜준 후 서명을 받는다.
- 외부반출 후 조사대상자 등에게 참여권을 보장해주고, 봉인된 원본의 봉인상태를 재확인시켜준 뒤 봉인을 해제한다.
- 조사대상자 등에게 참여권을 보장해주고, 원본으로부터 분석용과 보관용 복제본을 생성한 후 해쉬값을 산출하여 조사대상자에게 확인시켜준 뒤 서명을 받는다.
- 조사대상자 등에게 참여권을 보장해주고, 복제본에서 범죄사실과 관련된 디지털 데이터만을 출력·복제한 후 해쉬값을 산출하여 조사대상자에게 확인시켜준 후 서명을 받는다.
- 전자정보상세목록에 기재된 디지털 데이터를 제외한 나머지 데이터에 대해서 삭제·폐기하고 그 취지를 고지해준다.
- 디지털 기기 원본은 특별한 사정이 없는 한 10일 이내 조사대상자 등에게 반환하고, 반환취지를 고지해준다.

③ 디지털 기기 영치의 예외
- 디지털 기기가 물리적으로 손상된 경우
- 디지털 기기의 파일시스템의 메타데이터 영역이 손상된 경우
- 암호화되어 데이터를 확인할 수 없는 경우
- 디지털 기기가 레이드시스템으로 구성되어 재구성할 수 없는 경우
- 도박·음란·기타 불법사이트 운영 사건 등 디지털 기기가 다시 범죄에 이용될 우려가 있는 경우
- 디지털 기기에 아동·청소년 음란물 또는 사생활 보호의 대상이 되는 내용 등을 담고 있어 유포 시 개인의 인격에 상당한 피해가 우려가 되는 경우

- 디지털 기기에 불법 또는 정당하지 않은 방법으로 취득한 타인의 영업 비밀에 관한 내용이 포함되어 있는 경우
- 디지털 기기 존재 자체가 범죄의 증명에 필요한 경우
- 디지털 기기가 형법 제48조 몰수의 대상물인 경우

(5) 별건 디지털 정보의 수집

① 원칙

현장출입조사서(제1조사서)에 기재된 산업기밀유출과 관련된 디지털 정보를 선별하는 과정에서 다른 별도의 범죄혐의와 관련된 디지털 정보를 우연히 발견한 경우, 별건정보에 대한 추가 탐색을 중지하고 별도의 범죄혐의에 대하여 해당 기관에 통보하여 준다. 별건 정보에 대한 추가적인 탐색이 필요한 경우, 별도의 별건 정보에 대한 현장출입조사서(제2조사서)를 받아 조사를 진행한다.

② 수집방법

- 별건 정보에 대한 새로운 현장출입조사서(제2조사서) 집행 시에도 조사대상자 등에게 참여권을 고지한다.
- 별건 범죄사실과 관련된 디지털 데이터만을 선별하여 출력·복제한다.
- 해쉬값을 산출하여 조사대상자 등에게 확인시켜준 후 서명을 받는다.
- 전자정보상세목록에 해당 디지털 데이터의 내용을 기록한다.

(6) 영치목록 등 교부

① 영치목록 유형

- 출력·복제한 「전자정보상세목록」
- 디지털 저장매체(기기 포함)를 영치한 경우 「매체영치조서」

② 조사 현장에서의 교부

- 조사 현장에서 디지털 데이터를 선별하여 수집한 시점에 교부한다.
- 디지털 저장매체를 원본 또는 복제본의 형태로 수집한 시점과 외부 반출 후 조사기관 분석실 등에서 디지털 데이터를 선별하여 수집한 시점

에 교부한다.
- 디지털 기기를 영치한 시점에서 영치조서를 교부한다.

③ 제외정보 삭제·폐기 통지
- 영치조서 교부 후, 조서에 기재된 이외의 디지털 정보는 삭제·폐기되었음을 조사대상자 등에게 통지한다.
- 전자정보상세목록 교부 시, 목록에서 제외된 디지털 정보는 삭제·폐기 또는 반환하였다는 취지를 명시함으로써 통지에 갈음할 수 있다.

(7) 증거의 이송 및 보관

① 기본원칙
디지털 증거인 디지털 저장매체 및 기기를 수집·영치하여 이송 및 보관하는 과정에 파손되거나 손상되지 않도록 관리하여야 한다.

② 이송 및 보관 절차
- 증거목록 작성 : 수집된 디지털 증거물마다 라벨링하여 목록을 작성함으로써 증거의 식별을 용이하게 할 수 있다.
- 디지털 증거 포장 : 디지털 저장매체(기기)를 우선 정전기 차단용 봉투에 1차적으로 담고 다시 에어캡 봉투에 2차적으로 담아 증거테이프로 봉인한다. 증거테이프로 봉인한 후 겉표지 봉투에 담긴 매체에 관한 간략한 정보를 기재하고 조사대상자의 확인서명을 받는다.
- 디지털 증거 이송 : 증거목록의 내용을 보면서 누락된 증거가 없는지 확인하며, 외부충격에 약한 디지털 증거물 보호를 위하여 스티로폼 또는 스펀지 등이 내장된 충격완화용 보호박스에 담아 이송한다.
- 디지털 증거 보관 : 충격완화용 증거보관 박스에 담아 습기, 정전기, 전자파 등을 차단하는 등의 조치를 취하고, 복사본을 만들어둠으로써 손상에 대비한다.

3. 디지털 증거 분석 단계

1) 증거분석 의뢰 및 접수

조사원은 조사 현장에서 수집한 증거 및 디지털 기기에 대한 분석 의뢰 시 디지털 증거분석관에게 증거 분석에 필요한 정보를 제공하고, 조사원 및 증거분석관은 증거물의 무결성과 연계보관성을 유지하여야 한다.

(1) 증거분석 의뢰 시 유의사항

- 디지털 영치물의 원본 또는 복제본이 충격, 자기장, 습기 및 먼지 등에 의하여 손상되지 않도록 안전하게 보관할 수 있는 용기에 담아 송부하여야 한다.
- 디지털 영치물은 조사원이 직접 운반하거나 등기우편 등 신뢰할 수 있는 방법으로 송부하여야 한다.
- 분석의뢰 시에는 정해진 양식에 따라 증거분석 의뢰서를 작성한다.

(2) 증거분석 의뢰서 작성 시 기재사항

① 주요내용
- 조사개요
- 증거물 수집 일시 및 장소
- 제조일자, 고유번호, 모델명 이외 기타 정보
- 분석의뢰 내용
- 조사담당자 소속과 계급, 이름 및 연락처
- 기타 참고사항

② 세부내용
- 키워드 : 분석에 참고할 수 있는 사건 관련 주요 단어
- 파일 : 작성일자, 확장자, 파일크기 등 찾고자 하는 파일과 관련된 상세 정보
- 인터넷 : 인터넷 사용내역 분석이 필요한 시간대 특정 및 접속 사이트 등
- 전자우편 : 분석이 필요한 시간대 특정 및 사용자나 상대방 이메일 주소 등

- 메신저 : 분석이 필요한 시간대 특정 및 사용자나 상대방 메신저 ID 등
- 인쇄내역 : 분석대상 컴퓨터에서 출력한 것으로 추정되는 인쇄물의 내용 등
- 프로그램 : 특정 프로그램의 설치 여부 확인, 프로그램 이름 등 참고자료
- 기타 : 분석 시 필요한 참고사항

(3) 증거분석 의뢰서 접수

- 디지털 증거 분석팀 등은 의뢰사항 및 증거물 등을 확인하여 증거분석을 접수하여야 한다.
- 의뢰 받은 디지털 압수물의 증거분석은 전문성이 인정된 증거분석관이 하여야 한다.
- 디지털 증거의 수집 및 분석 시에는 정확성과 신뢰성이 있는 과학적 기법, 장비 및 프로그램을 사용하여야 한다.

2) 증거분석의 기본원칙과 유의사항

(1) 증거분석 기본원칙

① 증거의 안전한 보존 및 무결성 확보

디지털 증거 분석은 원본에 대한 복제본을 생성하여 증거분석을 수행하도록 한다. 다만, 조사상 긴박한 사정이 있거나 복제본을 생성할 수 없는 불가피한 사정이 있는 경우에는 디지털 영치물로 분석할 수 있다.

② 증거 분석기법과 도구의 신뢰성 확보

분석 시에는 정확성과 신뢰성이 있는 과학적 기법, 장비 및 프로그램을 사용하여야 한다.

③ 증거 분석자의 전문성 확보

디지털 증거에 대한 분석은 형사소송법상 검증과 감정에 해당하기 때문에 형사소송법이 규정하고 있는 감정인으로서의 전문적인 자격을 갖추어야 한다. 분석자의 전문성은 자격증, 학식, 경험 등을 종합적으로 고려하여 판단한다.

(2) 증거분석 시 유의사항

① 분석장비 점검

증거분석 실행 전 장비 및 필요한 자재를 미리 준비하고, 사용법 등을 숙지한다.

② 증거분석실 등의 출입제한

특별한 사유가 있는 경우를 제외하고 디지털 증거분석실 또는 증거물 보관실은 증거분석관 등 관계자외 출입을 제한한다.

3) 결과보고서 작성 및 통보

증거분석관은 분석을 종료한 때에는 지체없이 디지털 증거분석결과보고서를 작성하여야 한다.

(1) 결과보고서 기재사항

① 필요적 기재사항
- 사건번호 등 분석의뢰정보 및 분석의뢰자정보
- 증거분석관의 소속 부서 및 성명
- 분석의뢰물의 정보 및 의뢰 요청사항
- 분석의뢰물의 접수일시 및 접수자 등 이력정보
- 분석에 사용된 장비·도구 및 준비과정
- 증거분석으로 획득한 자료 등 분석과정 및 결과

② 임의적 기재사항
- 상세분석 결과
- 분석과정을 기록한 사진 및 영상자료의 첨부
- 그 밖에 분석과정에서 행한 조치 등 특이사항

(2) 결과 통보방식 및 기간

① 결과 통보방식
- 증거분석관은 디지털 증거분석 결과보고서를 문서 또는 전자정보 형태

로 작성하여 분석의뢰자에게 통보한다.
- 통보 시 디지털 영치물, 복제본 및 증거분석을 통하여 획득한 디지털 증거를 송부하여야 한다.

② 결과 통지기간

증거분석관은 다음 어느 하나에 해당하는 경우를 제외하고 의뢰 증거물 접수시점으로부터 1개월 이내에 분석결과를 회신하여야 한다.
- 획득 또는 분석기법이 개발되지 않아 연구개발이 필요한 경우
- 획득 또는 분석을 수행하기 위하여 새로운 장비나 소프트웨어가 필요한 경우
- 그 밖에 상당한 사유로 인해 기한 내에 통보하기가 어려운 경우

4) 증거분석용 사본 처리

디지털 영치물, 복제본 및 증거분석을 통하여 획득한 디지털 증거는 분석의뢰자에게 반환 후 지체 없이 삭제·폐기하여야 한다.

1. 서설

'산업기밀 유출자의 행위분석을 통한 포렌식 조사기법'이란 유출자가 사용하였던 PC로 업무시간 동안의 행위를 분석하여 비위사실이나 산업기밀 유출 경로를 밝혀냄으로써 기밀 유출자를 특정하기 위한 디지털 포렌식 분석기법 중 하나이다. 실제 수사실무에서도 피의자를 특정하거나 증거를 추적할 때 사용하는 수사기법이기도 하다.

행위분석은 인터넷 생활에서도 종종 적용되고 있다. 우리는 인터넷 쇼핑사이트에서 원하는 제품을 몇 번 클릭했는데, 그 후 관련 제품들이나 클릭하였던 제

품들이 인터넷상에 계속 노출됨을 볼 수 있다. 쇼핑사이트에서 어떻게 내가 원하는 제품을 미리 알고 이렇게 관련 제품들을 보여주는 것일까 하는 의구심이 들겠지만, 이미 프로그램화되어 사용자의 쇼핑행위 패턴을 분석한 뒤 관련 제품을 보여주는 것이다.

이러한 행위분석기법은 산업기밀유출 사건에도 적용할 수 있는 조사기법이다. 대다수의 기업들이 영업비밀이나 기밀자료가 유출된 후 3개월 이내에 관련 사실을 인지한다고 한다(한국산업기술보호협회, 2015). 대기업이나 중견기업의 경우 기밀 유출 인지시간이 3개월, 중소기업의 경우는 1년이란 인지시간이 걸리기도 한다. 기밀 유출자는 그 기간 내에 증거를 인멸하거나 해외로 도피할 것이다. 그만큼 유죄입증을 위한 증거를 수집하기 위해서는 얼마나 빠른 시간 안에 증거를 수집하느냐가 중요하다.

이처럼 인지시간이 오래 걸리는 이유 중 하나는 기술유출사고의 73%가 내부 직원에 의해서 산업기밀이 유출되고 있기 때문이다. 보통은 '설마 저 직원이 회사를 배신하겠어?'하면서 무한한 신뢰감을 품겠지만, 결국 가장 무서운 적은 내부의 적이다. 그렇다고 가족과 같은 회사직원을 신뢰하지 못한다면 그 또한 기업

그림 7-3 대기업·중견기업·중소기업의 기술유출 사고 감지 시간

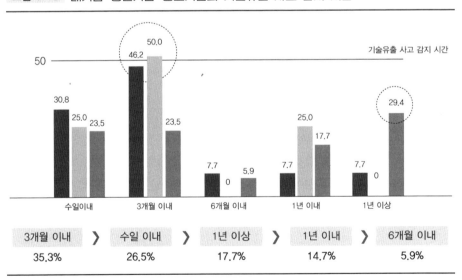

출처: 한국산업기술보호협회, 2015

그림 7-4 산업기밀 유출 경로

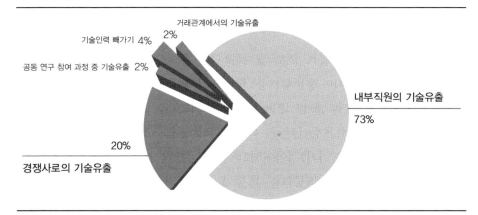

경영에 있어 큰 손실이 아닐 수 없다.

이러한 이유로 기업들은 직원에 대하여 보안교육을 강화하고, 기술유출을 미연에 방지하고자 지속적인 모니터링을 한다. 하지만 치밀한 계획을 세우고 전문 조력자의 도움을 받아 산업기밀을 유출하는 자를 막기엔 역부족이다. 더욱이 기업에서는 산업보안에 대하여 최소한도에서 보안을 유지할 뿐이지 최대치로 보안을 유지하지 않고 있다. 아마도 이윤을 추구하는 기업의 입장에서는 산업보안에 대해서 투자가 아닌 비용 지출로 인식하고 있기 때문일 것이다.

산업보안의 가장 최우선은 예방이다. 하지만 예방을 한다고 하여도 산업보안의 최전방은 늘 새로운 기술과 방법으로 뚫리고 있는 상황이다. 사고 예방도 중요하겠지만, 유출자들에 대한 사후 처리방안도 중요하다. 즉 유출행위를 적발하여 관련 입증 자료를 수집하고 법의 처벌을 받게 함으로써 산업기밀 자료를 유출하려고 준비하는 자들에게 본보기가 될 수 있다.

산업기밀유출 사고에서 유출행위는 굉장히 단순하게 몇 번의 클릭으로 이루어지고 있다. 유출자의 이러한 클릭행위는 컴퓨터상에 매순간 기록된다. 유출자가 사용한 컴퓨터 등 디지털 흔적을 찾아 포렌식적인 조사기법으로 접근해야만 신속하고 정확한 대처를 할 수 있다.

2. 행위패턴분석

디지털 포렌식(Digital Forensic)이라는 개념은 지난 '최순실 국정농단 사건'이나 최근 '드루킹 불법댓글 사건'을 통하여 언론에 언급되면서 많은 사람들에게 익숙해졌다. 디지털 포렌식은 범죄사실 관련 디지털 데이터를 수집하여 분석한 후 법정에 증거로 현출하기 위한 수사기법 중의 하나이다. 요즘에는 수사기관의 이러한 디지털 포렌식에 대응하기 위한 '안티 포렌식(Anti - Forensic)'이라는 새로운 개념이 등장하였다.

안티포렌식은 수사기관이 디지털 포렌식을 통하여 범죄 관련 데이터를 찾기 못하게 하기 위하여 데이터를 암호화하여 은닉하거나 파괴하는 행위를 말한다. 수사기관은 이러한 안티 포렌식에 대응하기 위한 안티안티 포렌식(Anti - Anti Forensic)을 또 하게 된다. 이처럼 찾는 자와 숨기는 자의 구도는 창과 방패 같아서 그 우위의 결정이 참으로 어려운 기술환경에 처해있다.

[그림7-5]를 보면, 두 그래프는 서로 다른 곡선을 보여주고 있다. 결론적으로 실선 그래프가 정상적인 생활패턴이고, 점선 그래프는 비정상적인 생활패턴이다. 일반적으로 직장인들이 9시에 출근하여 컴퓨터를 켜고, 본격적인 업무 시작 전에 인터넷에 접속하여 주식 현황이나 비트코인 현황을 잠깐 체크한다. 짧은

그림 7-5 사용자의 행위패턴 그래프

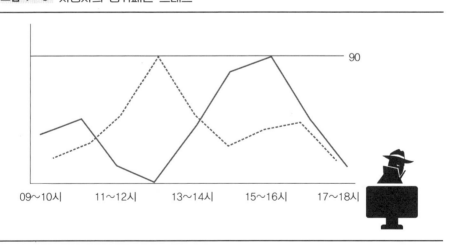

오전 시간이라 많은 업무를 처리하지 못하고 곧 있을 점심에 무엇을 먹을 것인지 맛집을 검색한 뒤 직장동료들과 식사를 하러 나간다. 이후 밀린 업무를 열심히 처리하다 퇴근시간이 가까워지면서 업무량은 급격하게 떨어진다. 아마도 이러한 모습이 일상적인 직장인의 하루 생활패턴이며 그러한 모습이 실선 그래프처럼 나타난다.

하지만 산업기밀을 유출하려는 자의 비정상적인 점선 그래프를 보면 출근 후 업무를 하기 보다는 인터넷을 통하여 기밀을 유출한 후 중국기업에서의 생활, 연봉, 가족과 함께 갈 때 자녀의 학교문제, 기밀유출이 적발되었을 때 처벌 정도 등 여러 가지를 검색한다. 그리고 오후에도 업무 수행보다는 기밀자료를 자신의 USB에 저장하고 그 흔적을 지우기 위하여 파일을 삭제한 뒤 메일의 비밀번호를 바꾼다. 이후 저녁에 상대회사의 관계자를 만나 기밀자료가 담긴 USB를 전달하기 위하여 적당한 장소를 검색한다.

그렇다면 무엇을 통해 이처럼 상반된 곡선을 보여주는 행위패턴을 알아챌 수 있을까. 사용자가 클릭하거나 검색하거나 다운로드 받는 등의 모든 행위에 대한 기록은 컴퓨터 곳곳에 남겨진다. 산업기밀유출 사고가 발생하면 조사원은 유출자가 사용한 컴퓨터 및 관련 디지털 기기에 대한 분석을 통하여 유출경로나 그 흔적들을 찾아낼 수 있다. 이러한 포렌식 기법을 '윈도우 아티팩트(Windows Artifact)' 분석기법이라고 한다.

윈도우 아티팩트란 윈도우가 가지고 있는 특유의 기능들과 그 기능을 구현하는 데 필요한 파일이나 레지스트리로부터 찾을 수 있는 여러 가지 정보들을 의미한다. 따라서 기밀유출 사고 시 조사원은 이러한 윈도우 아티팩트로 관련 정보들을 찾아 유출자를 특정하고 증거를 찾아낼 수 있다.

그림 7-6 여러 윈도우 아티팩트

3. 윈도우 아티팩트

(1) File Download

PC에서 특정 프로그램이나 애플리케이션을 실행하기 위해서는 프로그램을 개발한 기업에서 제공하는 특정 파일을 다운로드 받아야 프로그램을 이용할 수 있다. [그림7-7]에서 유출자가 특정 파일이나 암호화되어 있는 파일을 보기 위하여 'TarTool' 프로그램을 다운로드 받은 기록을 볼 수 있다.

그림 7-7 유출자가 파일을 다운로드 받은 기록

FILENAME	FILESIZE	
C:₩Users₩Administrator₩Downloads₩Mobius-master.zip	2936378	(
C:₩Users₩Administrator₩Downloads₩TarTool.zip	582935	(
C:₩Users₩Administr...utils.exe	108032	(
C:₩Users₩Administ...ool.zip	582935	(
C:₩Users₩Administ...utils.exe	108032	(
C:₩Users₩Administrator₩Downloads₩automatic-graph-layout-master.zip	39216198	(
C:₩Users₩Administrator₩Downloads₩zulu10.2+3-jdk10.0.1-win_i686.zip	192313125	(
C:₩Users₩Administrator₩Downloads₩TarTool (1).zip	582935	(
C:₩Users₩Administrator₩Downloads₩FileFolderDialog.zip	1090	(
C:₩Users₩Administrator₩Downloads₩DaumGameControllerSetup.exe	1326208	(
C:₩Users₩Administrator₩Downloads₩GameClient_live.exe	11357032	(
C:₩Users₩Administrator₩Downloads₩uTorrent.exe	2971704	(
C:₩Users₩Administrator₩Downloads₩uTorrent (1).exe	2971704	(
C:₩Users₩Administrator₩Downloads₩Zombie.World 2.2018.HDRip.XviD.AC3-EVO.torrent	110687	(
C:₩Users₩Administrator₩Downloads₩analyzing-malicious-document-files.docx	31425	(

(2) Program Execution

[그림7-8]에서 유출자는 'A-Bag'이라는 특수 프로그램을 실행하여 기업의 기밀문서 파일을 숨겨 외부 반출을 시도하였다.

그림 7-8 유출자가 실행한 프로그램 기록

		NAME
242		{7C5A40EF-A0FB-4BFC-874A-C0E2F0B9FA8E}₩ESTsoft₩ALUpdate₩ALUpProduct.exe
243		ESTsoft.ALTools.ALZipApp0511282.
244		ESTsoft.ALTools.ALZipA
245		D:₩솔루션 - 복사본₩ ₩A-Bag.exe
246		ESTsoft.ALTools.ALZip
247		ESTsoft.ALTools.ALZipApp014677797.1
248		D:₩솔루션 - 복사본₩갈매기₩A-Bag.exe
249		C:₩Users₩Administrator₩AppData₩Local₩Temp₩IDC2.tmp₩xw_install_control.exe
250		Microsoft.AutoGenerated.{D51C1DFF-4248-6DDB-6BDE-1D82ECDD543E}
251		avast.antivirus
252		ESTsoft.ALTools.ALZipAppID477875687.1
253		ESTsoft.ALTools.ALZipAppID582580453.1
254		D:₩솔루션 - 복사본₩고니₩A-Bag.exe
255		ESTsoft.ALTools.ALZipAppID1099058734.1
256		C:₩Users₩Administrator₩AppData₩Local₩Temp₩IDC2.tmp₩xei_control2.exe
257		C:₩Users₩Administrator₩AppData₩Local₩Temp₩WZSE0.TMP₩XEISetup2.exe
258		{1AC14E77-02E7-4E5D-B744-2EB1AE5198B7}₩spool₩drivers₩x64₩3₩us008sm.exe

(3) File Opening/Creation

유출자가 자신의 PC를 이용하여 한글파일 형식인 기업의 기밀문서를 링크한 것을 [그림 7-9]의 기록에서 알 수 있다. 링크한 시간과 자신의 USB에 저장한 시간을 비교하여 유출한 시간을 특정할 수 있다.

그림 7-9 유출자가 링크한 문서파일 기록

FILENAME	LINKNAME
320사이버테러 기반 훈련시나리오 개발.hwp	coresectes 기반 훈련시나리오 개발.lnk
coresectest - 복사본.hwp	본.lnk
기밀문서.hwp	기밀문서.lnk
대외비.hwp	
copy카피룸룸.hwp	碳薪↔甄流nk
삭제 된 한글.hwp	삭제 된 한글.lnk
북한방송 주요논조.hwp	북한방송 주요논조.lnk
파일 이름 변경 탐지 및 분석.hwp	파일 이름 변경 탐지 및 분석.hwp.lnk
2007-19.pdf	2007-19.lnk
2012+디지털+증거+압수수색에+관한+개정법률안+공청회+자료집.pdf	2012+디지털+증거+압수수색에+관한+개정법률안+공청
CheatSheet_v2.3.pdf	CheatSheet_v2.3.lnk
Penguins.jpg	펭귄.lnk
05-Computer Forensic Tools.ppt	05-Computer Forensic Tools.lnk
ch03_정보 전송 방식과 기술.ppt	ch03_정보 전송 방식과 기술.lnk
Registry.ppt	Registry.lnk
ch02.ppt	ch02.lnk

(4) Deleted File

우리는 흔히 '딜리티드 파일(Deleted File)'을 휴지통이라 부른다. 이는 휴지통에 파일을 넣은 것으로, 화면상에서 삭제되어 일반인 입장에서는 완전 삭제된 것으로 보일 수 있다. 하지만 휴지통을 클릭하면 해당 파일들이 여전히 컴퓨터 상에 존재하고 있으며, 실제 휴지통 비우기를 하였더라도 그 파일은 여전히 컴퓨터 어딘가에 존재하고 있다. 따라서 유출자가 기업비밀 자료를 다운로드 받고 그 파일을 삭제하였더라도 유출자가 다운로드한 그 '기밀문서' 파일은 여전히 존재하고 있다.

그림 7-10 유출자가 문서파일을 삭제한 기록

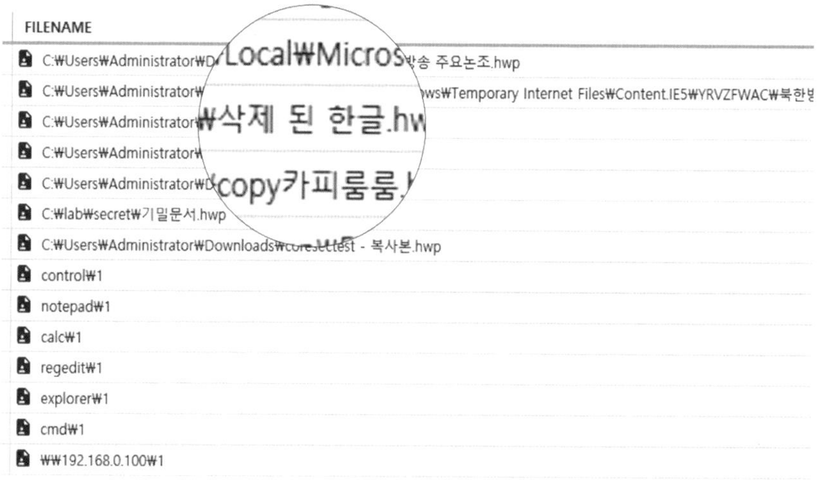

(5) USB or Drive Usage

디지털저장매체의 기술발달로 USB 등 저장매체의 용량은 커지고 그 크기는 작아지고 있다. 이러한 USB를 특정 파일을 저장하거나 보내기 위하여 컴퓨터에 꽂으면 그 순간 접속 시간 및 USB 정보, 해당 데이터 정보 등 사용 이력이 기록된다. [그림7-11]을 보면, 유출자는 '샌디스크(SanDisk)'라는 USB를 사용하였고, 사용한 USB의 시리얼 번호는 '4C530001170131104485'임을 확인할 수 있다. 만약 유출자에 대한 조사가 시작되어 그가 소지하고 있는 USB의 시리얼번호와 그가 사용하였던 PC에서의 USB기록을 비교하면, 그가 기밀문서를 유출하였을 때 사용하였던 USB임을 특정할 수 있다.

그림 7-11 유출자가 USB를 컴퓨터에 접속한 기록

		DEVICENAME	SERIAL	
1		HL-DT-ST DVDRAM GP50NB40 USB Device	KZPH4694549_____	C
2		ADATA USB ~~~e USB Device	1492214011240041	D
3		SanDis~ ~ Device	4C530009910326117034	D
4		SanDi~	4C530001170131104485	D
5		SanDis~ ~ice	4C5301232211113118050	D
6		WIBU - Co~~ ~tick USB Device	000002082610	D
7		ipTIME External USB Device	WD-WX91E13RUH91_	D
8		HL-DT-ST DVDRAM GP50NB40 USB Device	KZPH4694549_____	C
9		ADATA USB Flash Drive USB Device	1492214011240041	D
10		SanDisk Cruzer Blade USB Device	4C530009910326117034	D
11		SanDisk Ultra USB Device	4C530001170131104485	D
12		SanDisk Ultra Fit USB Device	4C5301232211113118050	D
13		WIBU - CodeMeter-Stick USB Device	000002082610	D
14		ipTIME External USB Device	WD-WX91E13RUH91_	D
15		SanDisk Cruzer Blade USB Device	20060774110F55D31009	D

(6) Browser Usage

브라우저는 인터넷에서 웹서버의 모든 정보를 볼 수 있게 해줄 뿐만 아니라 하이퍼텍스트 문서 검색을 도와주는 응용프로그램이다. 웹 페이지 열기, 최근 방문한 인터넷주소(URL)의 목록 제공, 자주 방문하는 URL 기억 및 관리, 웹 페이지의 저장 및 인쇄 등의 기능이 있다. 이러한 기능들로 인하여 인터넷에 접속 후 검색창에 초성만 넣어도 예전 기록이 남아서 빠르게 찾고자 하는 단어가 나올 수 있고, 어떤 사이트를 처음 접속하였을 때보다 또다시 접속하였을 때 웹사이트 로딩속도가 점점 빨라지는 것을 느낄 수가 있다.

브라우저는 보통 크롬이나 익스플로러를 많이 사용하고 있으며, 해당 브라우저는 유출자가 어떠한 것을 검색하였고, 어떤 홈페이지에 접속하였는지 등의 히스토리, 쿠키, 캐쉬 정보를 저장하게 된다. [그림7-12]에서 유출자는 크롬 웹브라우저를 통하여 기밀문서를 안전하게 삭제하는 방법, 기밀문서를 유출하였을 때 받는 형량, 안티포렌식의 방법 등을 검색하며 기술유출을 치밀하게 준비하고 있음을 알 수 있다.

그림 7-12 유출자가 웹브라우저를 통해 검색한 기록

	TYPE	
5060	Chrome	검색
5061	Chrome	검색
5062	Chrome	Google 검색
5063	Chrome	검색
5064	Chrome	oogle 검색
5065	Chrome	강남역 토즈 - Google 검색
5066	Chrome	강남역 토즈 - Google 검색
5067	Chrome	강남역 토즈 - Google 검색
5068	Chrome	강남역 술집 : 네이버 통합검색
5069	Internet Explorer above 10	우리은행 - Bing
5070	Internet Explorer above 10	http://www.pangyonoin.cr.kr/ - Bing
5071	Internet Explorer above 10	우리은행 - Bing
5072	Internet Explorer above 10	http://www.pangyonoin.cr.kr/ - Bing

안전하게 삭제
외부유출 실형
안티포렌식 프

(7) Account Usage

어카운트 유세지(Account Usage)에서는 아이디와 비밀번호에 관련된 계정정보를 입력할 때 생성되는 정보들을 기록한다. 어카운트 유세지를 통해 최근 언제 접속하였는지, 최근에 비밀번호를 언제 변경하였는지, 로그인 횟수 등의 기록들이 저장된다. 아래 그림을 보면, 유출자는 2017년 5월경에 비밀번호를 변경하였고, 최근 접속기록은 2018년 11월 19일 오후 2시 13분 1초로 기록된다. 그리고 총 203번 로그인한 것을 확인할 수 있다.

그림 7-13 유출자의 계정정보 기록

	USERNAME	LASTLOGIN	LOGINCOUNT	RESETPA
1	Administrator		0	
2	Guest		0	
3	DefaultAccount		0	
4	WDAGUtilityAccount		0	2018-04-2!
5	hero7		0	2018-04-2!
6	Administrator		0	
7	Guest		0	
8	DefaultAccount		0	
9	count		0	2018-04-2!
10			0	2018-04-2!
11	Administrator	2018-11-19 오후 2:13:01 - (UTC+09:00) 서울	203	2017-05-0
12	Guest		0	
13			0	
14	WDAGUtilityAccount		0	2018-02-0

(8) Physical Location

PC나 스마트폰 등으로 위치정보를 허용할 경우 자신이 있는 지점을 중심으로 주변에 맛집, 주유소, 편의점, 극장, 영화관 등이 어디 있는지가 구글지도 (Google Map)나 네이버지도 등에 표시된다. [그림7-14]를 참고하면, 유출자는 구글지도에서 '부천시와 동탄푸르지오시티오피스텔'을 검색하여 그 위치를 확인하였다. 유출자는 중국회사의 관계자를 부천에서 만나 기밀문서가 담긴 USB를 건네주었다. 따라서 조사 시, 검색된 위치정보에 기초하여 당일 유출자가 부천에 간 사실이나 그가 갖고 있는 스마트폰을 분석하여 해당일의 유출자 위치 좌표값을 비교함으로써 유출자가 기밀문서를 전달한 시점과 장소 등을 특정할 수 있다.

그림 7-14 유출자의 위치 검색 및 좌표 기록

	TITLE
.74.82t/data=!3m6!1e1!3m4!1srsgovT2zvQNcM02m2Lkjvg!2e0!7i13312!8i6656!	Google, Inc. - Google 지도
.68.14t/data=!3m6!1e1!3m4!1srsgovT2zvQNcM02m2Lkjvg!2e0!7i13312!8i6656!	Google, Inc. - Google 지도
.100.01t/data=!3m6!1e1!3m4!1srsgovT2zvQNcM02m2Lkjvg!2e0!7i13312!8i665€	Google, Inc. - Google 지도
h,118.3t/data=!3m6!1e1!3m4!1srsgovT2zvQNcM02m2Lkjvg!2e0!7i13312!8i€	Google 지도
13!1m7!3m6!1s0x357b62ae068837ef:0x81da578d2f62ac6a!2z6rK96riwf	Google 지도
13!1m7!3m6!1s0x357b62ae068837ef:0x81da578d2f62ac6a!2z6rK96riv	부천시 - C…지도
a=!4m5!3m4!1s0x357b62ae068837ef:0x81da578d2f62ac6a!8m2!3d37.	지도
ta=!4m5!3m4!1s0x357b62ae068837ef:0x81da578d2f62ac6a!8m2!3d37.	부천시 - C…오피스텔 - Google 지도
2338,13z/data=!4m13!1m7!3m6!1s0x357b62ae068837ef:0x81da578d2f62ac	오시티오피스텔 - Google 지도
626,13z/data=!4m13!1m7!3m6!1s0x357b62ae068837ef:0x81da578d2f62ac6a!2:	동탄푸르지오시티오피스텔 - Google 지도
3947,13z/data=!4m13!1m7!3m6!1s0x357b62ae068837ef:0x81da578d2f62ac6a!	동탄푸르지오시티오피스텔 - Google 지도
9236,13z/data=!4m13!1m7!3m6!1s0x357b62ae068837ef:0x81da578d2f62ac6a!	동탄푸르지오시티오피스텔 - Google 지도
6399,13z/data=!4m13!1m7!3m6!1s0x357b62ae068837ef:0x81da578d2f62ac6a!	동탄푸르지오시티오피스텔 - Google 지도
3451,13z/data=!4m13!1m7!3m6!1s0x357b62ae068837ef:0x81da578d2f62ac6a!	동탄푸르지오시티오피스텔 - Google 지도
2879,13z/data=!4m13!1m7!3m6!1s0x357b62ae068837ef:0x81da578d2f62ac6a!	부천시 - Google 지도
ta=!4m5!3m4!1s0x357b62ae068837ef:0x81da578d2f62ac6a!8m2!3d37.5034138	부천시 - Google 지도
/data=!4m5!3m4!1s0x357b62ae068837ef:0x81da578d2f62ac6a!8m2!3d37.5034	부천시 - Google 지도

4. 행위패턴분석 결과

지금까지 여러 아티팩트들이 기록하고 있는 정보를 바탕으로 유출자의 행위를 분석할 수 있었다. 정상적인 행위패턴인 점선 그래프와 대조적인 비정상적 행위패턴의 실선 그래프를 살펴보면, 우선 유출자는 어느 때와 마찬가지로 아침에 출근해서 자신 계정의 아이디와 패스워드를 입력하고 중국 기업으로부터 특수한 프로그램을 다운로드 받아 실행한다. 그리고 인터넷에 접속한 뒤 기밀문서를 유출하여 체포되었을 때 몇 년 형에 처해지는지, 해당 파일을 안전하게 삭제하여 흔적을 없앨 수 있는 방법, 그리고 안티포렌식을 통하여 수사기관의 디지털 포렌식을 피해갈 수 있는 방법 등을 검색한다. 그리고 기밀문서 파일을 링크한 후 다운로드하여 특수 프로그램으로 유출할 때 걸리지 않도록 암호화한 뒤 자신이 소지하고 있는 USB안에 저장한다. 그리고 다운로드한 기밀문서 파일은 휴지통으로 버려진다. 마지막으로 구글지도를 통하여 부천시를 검색하고 퇴근시

그림 7-15 유출자의 행위패턴 기록

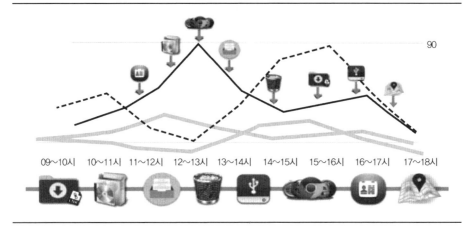

간 후 중국기업의 관계자를 만나기 위하여 부천으로 가서 기밀문서가 담긴 USB를 건넨다.

5. 타임라인

유출자의 사용 컴퓨터 내에 저장된 디지털 데이터를 종합적으로 분석하면 유출자의 행위를 시간대별로 나열할 수 있다. 즉 유출자에 대한 타임라인을 구축하여 그 과정에서 유출자의 기밀문서 유출행위를 특정할 수 있다.

이러한 디지털 포렌식에 의한 분석방법은 단순하게 분석하는 기술만을 요하는 것이 아니다. 각 과정에서 요구되어지는 디지털 증거에 대한 특성들을 감안하여 동일성과 무결성을 입증할 수 있도록 고도의 전문성이 요구된다.

디지털 포렌식 분석과정에서 일부라도 무결성이 깨진다면 동일성 및 원본성을 담보할 수 없기 때문에 법정에서 해당 디지털 증거에 대한 진정성을 인정받을 수 없어 결국 유출자에 대한 유죄 입증이 어렵게 된다.

그림 7-16 유출자 PC에 대한 타임라인 분석 기록

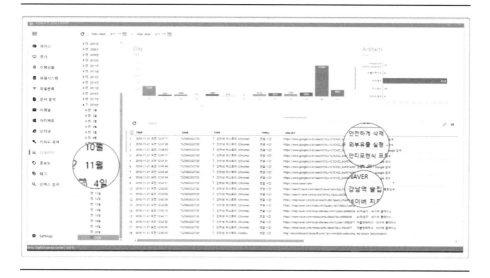

제**8**장

———

보안조사관의 자격과 민간조사제도

08장 | 보안조사관의 자격과 민간조사제도

　외국의 경우 민간조사는 민간영역뿐 아니라 공공영역에서도 시행한다. 하지만 업무범위는 민간영역에서의 수요와 범위가 매우 넓고 다양하게 분포되어 있다. 공공영역의 조사업무도 수행하지만 주로 사적영역에 의한 조사활동에서 나타난다. 민간조사제도는 사람의 생사나 그 소재, 재산상 이익의 소재 또는 권리·의무의 기초가 되는 사실관계 등에 대하여 관련 정보를 수집하고 사실을 조사하여 의뢰인에게 제공하는 업무이다. 민간조사원의 조사결과는 재판과정에서 원고나 피고의 이익을 위하여 제공된다. 공공기관의 의뢰나 요청으로 공공영역을 대신하거나 정부기관에 고용된 때에는 범죄조사, 형사사건 및 행정사건에 대한 조사 등의 증거를 수집할 수 있다.

　민간조사제도는 외국의 여러 나라에서 일반화되어 있다. 우리나라에서는 공인탐정으로 논의되기도 하였으나 아직 입법화되지 못하고 있다. 그런데 최근 산업보안을 위한 민간조사제도의 필요성이 제기되고 있다. 기업에서 보안책임 관리사와 민간조사원 등 산업보안 관리사를 두어 기업의 기술과 정보를 철저히 관리할 필요가 있다는 것이다. 구체적으로 기업의 부정비리 조사업무에서부터 임직원 윤리교육 업무, 기밀유출 및 산업스파이 조사업무, 기술유출에 대한 증거수집 등에 이르기까지 기술유출방지를 위한 제도적 장치를 필요로 한다. 여기에서는 외국의 민간조사제도가 어떻게 운영되고 있는지 살펴보고, 향후 민간조사제도의 도입 시 고려하여야 할 시사점을 검토하고자 한다.

1. 민간조사의 의의

'민간조사'란 영어로 'Private Investigation'을 번역한 용어로 민간조사원은 일반적으로 'Private Investigator' 또는 'Private detective'로 사용된다. '민간(民間)'은 '일반 백성들 사이, 관청이나 정부 기관에 속하지 않음'을 뜻하며, '조사(調査)'는 '사물의 내용을 알기 위하여 자세히 살펴보거나 찾아봄'으로 설명된다. 국내에서는 탐정(探偵)에 대한 의미를 찾아보면 '드러나지 않은 사정을 몰래 살펴 알아냄. 또는 그런 일을 하는 사람.'으로 설명하고 있다.[1] 따라서, 민간조사란 '타인으로부터 보수를 받고 개인 자격으로 사실관계를 조사하고 정보를 수집하는 활동'을 의미한다.

1999년 최초 「공인탐정법」안 마련 당시에는 '탐정'이라는 단어를 사용하였다. 그러나 「신용정보의 이용 및 보호에 관한 법률」 제40조 제5호에 따르면 탐정이란 용어를 사용할 수 없게 되어 있고 탐정이라는 용어는 심부름센터, 흥신소와 비슷한 업무를 수행한다는 부정적인 표상(表象)이 내재된 것으로 보고 '민간조사원', '민간조사관'이란 단어를 사용하고 있다.

이후 2016년 9월 8일 국회 20대 윤재옥 의원 대표 발의 「공인탐정에 관한 법률안」에서 '탐정'이라 하고 있으며, 2017년 7월 13일 국회 20대 이완영 의원 대표 발의 「공인탐정 및 공인탐정업에 관한 법률안」에서는 공인탐정의 자격과 업무 등 민간조사제도에 필요한 사항을 규정하고 있다.

또한 통계청 한국산업 분류 코드에서 탐정업을 '경비, 경호 및 탐정업'으로 명시하고 있으며 '탐지, 감시, 경호 및 기타 보호 서비스를 제공하는 업으로서 개인 및 재산을 보호하기 위하여 지문채취, 거짓말탐지기 및 유사서비스를 제공'하는 것으로 정의하고 있다.

표준산업분류 코드 75330인 '탐정 및 조사 서비스업'은 개인 및 사업체에 관

---

1 국립국어원 http://stdict.korean.go.kr(검색일 2019. 9. 28).

련된 각종 정보를 조사하는 산업 활동을 말한다. 예시로는 ① 흥신소·사설탐정 서비스 ② 필체감정·지문조사 서비스 ③ 거짓말탐지기 서비스를 할 수 있으며, 제외사항으로 ① 신용조사 및 채무자 추적 서비스 ② 보험에 관련된 조사활동은 금지하고 있다.

또한 외국 탐정의 정의를 살펴보면 미국은 「사설 탐정법」에 따라 '고용목적이나 조사에 대한 목적 또는 정보획득을 위한 사업'으로, 영국은 「민간경비산업법」에 따라 '사람의 활동이나 소재에 대한 정보를 획득할 목적으로 수행하는 감시, 질문, 조사와 관련된 활동'을 탐정이라 하고 있으며, 일본은 「탐정업무의 적정화에 관한 법률」에 따라 '타인의 의뢰를 받아 특정인의 소재와 행동에 대한 정보를 입수하여 해당 의뢰인에게 수집된 정보를 제공할 목적일 경우에만 면접을 통한 탐문, 잠복, 미행, 그 밖의 유사한 방법으로 사실조사를 실행해 해당 의뢰인에게 결과를 보고하는 업무'라 한다.

표 8-1 경호·경비·보안의 표준산업분류

산업분류 코드					산업분류명
대분류	중분류	소분류	세분류	세세분류	
					사업시설관리 및 사업 지원 서비스업
					상업지원 서비스업
					경비·경호 및 탐정업
N	75	753	7531	75310	경비 및 경호 서비스업
			7532	75320	보안시스템 서비스업
			7533	75330	탐정 및 조사 서비스업

출처 : 통계청 한국표준산업분류, 2018. 재구성.

따라서 "탐정업"이란 수익자 부담원칙에 의한 타인의 의뢰를 받아 필요한 정보·첩보를 수집하여 제공하는 일이 주요업무로 정보의 수집 및 조사에 대하여 제공 대상의 정의에 있어 각 국가별로 차이를 두고 있음을 알 수 있다. 외국의 탐정에 대한 정의는 [표8-2]와 같다.

표 8-2 외국 탐정에 대한 정의

국가별	정의
미국	주나 도시마다 조직과 운영방식이 다른 자치경찰이 존재하듯 탐정제도도 주마다 다른 형태로 운영되고 있다. 뉴저지 주의 경우 탐정이란 '고용의 목적이나 조사에 대한 보수의 목적 또는 정보획득을 위한 사업'을 의미한다. 「사설 탐정법(Private Detective Act of 1939)」
영국	사람의 활동이나 소재에 대한 정보를 획득할 목적으로 감시나 질문, 조사와 관련된 활동을 하는 사람을 탐정이라 한다. 「민간경비 산업법(The private security Industry Act 2001)」
일본	타인의 의뢰를 받아 특정인의 소재와 행동에 대한 정보를 입수하여 의뢰인에게 수집된 정보를 제공할 목적일 경우에만 면접을 통한 탐문, 미행, 잠복, 그 밖의 비슷한 방법에 따라 사실조사를 행해서 결과를 당해 의뢰인에게 보고하는 업무를 말한다. 「탐정법 업무의 적정화에 관한 법률(제2조 1항)」

출처 : 김종식, kpisl 학술지, 2013. 재구성.

2. 민간조사의 특성

공인탐정의 활동은 조사정보의 적실성과 적시성, 정보수집자와 의뢰자의 분리, 비권력적 사실행위성의 특성이 있다.

① 조사정보의 적실성과 적시성

의뢰자의 사용목적과 관련된 정보로 사용권자의 의사결정에 반드시 필요한 내용을 제공하여야 하며 일반적으로 시간이 지날수록 정보의 가치가 줄어드는 특성을 갖는다.

② 정보수집자와 의뢰자의 분리

업무활동면에서 권력없이 사실을 밝히며 민간조사자의 임무는 조사로 끝나고 정보의 사용권은 오로지 의뢰자만이 갖는다.

③ 비권력적 사실행위성

민간조사는 국민의 권리 또는 이익에 직접적·구체적 변동을 초래하는 처분 등을 행하는 법률행위 및 공권력의 행사와는 관계없는 사실행위로 국민에 대하

표 8-3 탐정수사와 범죄수사의 특성 비교

구 분	탐정수사	범죄수사
주 체	개인 및 비영리단체	공공영역
의뢰자	피해자	주정부
목 적	손해 배상	처벌·벌금·특정 교정활동
조 사	피해자의 의뢰에 의하여	주정부에 의하여
조 치	손해배상 교정 행동 또는 행위	구금 및 벌금 특정 교정 활동
유죄판결	증거가 우세할 때	무죄라고 여길만한 합리적 의심의 여지가 없을 때
항 소	상대방의 의해 가능	피고에 의해 가능

출처 : Robert D. McCrie(2001). 재구성.

여 명령·강제할 수 없다.

공인탐정의 조사활동은 비권력적인 사실행위로서 공권력을 갖는 법률행위와는 구분된다. 공인탐정이 수집한 정보는 의뢰자에게 주어지며 정보의 사용권도 의뢰자에게 있다. 즉 정보수집자인 공인탐정과 정보사용자인 의뢰자가 분리된다는 특성을 갖는다.

또한, 민간조사의 특성은 범죄수사의 특성과 비교하여 설명할 수 있으며 자세한 내용은 [표8-3]과 같다.

민간조사는 국가기관의 범죄수사와 달리 개인 및 비영리단체가 주체로서 피해자의 의뢰에 의한 조사활동을 한다. 주로 손해 배상 및 교정 행동 또는 행위를 목적으로 하며 수사 활동으로 인하여 증거가 충분히 우세할 경우 유죄판결을 얻어낼 수 있다.

민간조사의 조사영역은 의뢰자의 이익을 위하여 제공되며 민간영역에 해당한다. 공인탐정이 국가기관의 의뢰 및 지시, 위임을 받거나 고용이 될 경우에는 공공영역을 대신하여 증거를 수집할 수 있고 형사사건이나 행정사건에 대해서도 조사를 할 수 있다.

1. 법적 업무범위

민간조사의 업무범위는 민간영역에서의 수요와 범위가 매우 넓고 다양하게 분포되어있다. 공공영역의 조사업무도 수행할 수 있지만 사적영역에 의한 조사 활동도 나타난다.

2017년 7월 이완영 의원이 발의한 「공인탐정 및 공인탐정업에 관한 법률」안에서 사용하는 공인탐정업무의 정의는 다른 사람의 의뢰를 받아 사람의 생사나 그 소재, 재산상 이익의 소재 또는 권리·의무의 기초가 되는 사실관계 등에 대하여 관련 정보를 수집하고 사실을 조사하여 의뢰인에게 제공하는 업무를 말한다.

민간조사원의 조사결과는 주로 재판과정에 있어 원고나 피고의 이익을 위하여 제공된다. 공공기관의 의뢰나 위임 및 요청으로 공공영역을 대신하거나 주정부기관에 고용된 때에는 범죄조사, 형사사건 및 행정사건에 대한 조사 등 공공영역을 대신하여 증거를 수집할 수 있다.

표 8-4 민간조사원의 업무범위

인적조사	물적조사	불법행위조사	사이버조사	신용조사	증거조사
• 실종자 조사 • 지명수배자 조사 • 소송참고인 조사 • 비인가자 조사	• 분실·도난 재산 조사 • 소송사건 • 자산·부채 조사	• 보험범죄 피해 사실 조사 • 산업기밀 유출 조사 • 기업내부자 비리조사 • 지식재산권 침해조사 • 불법 도청· 몰래카메라 조사	• 온라인상에 서의 자료 수집 및 불법 행위조사 • 정보보안 시스템 진단 및 유출조사	• 기업 및 개인 신용조사 • 재무·리스크 신용조사 • 계약 및 중요 서류조사	• 민·형사소송 증거조사 • 보험사고 증거조사 • 재산권 침해 증거조사 • 교통사고 증거조사

Charles P. Nemeth, 델파이와 IPA 분석을 통한 민간조사원의 업무범위 설정에 관한 연구, 2001. 재구성.

2. 기업의 업무범위

민간조사의 업무는 최근 산업보안이 이슈화되면서 기업과 사이버 보안 분야에서도 산업보안에 관련된 조사활동과 정보수집, 불법행위 감시의 조사활동을 이루고 있다. 또한 법률·보험 분야에서 소송 및 범죄에 대한 조사 및 증거수집으로 법률행위에 관련된 업무활동도 이루고 있다. 이외에도 인적조사, 물적 조사, 불법행위조사, 사이버조사, 증거조사 등 민간조사의 활동 분야는 원칙적으로 제한되어 있지 않아 누구나 할 수 있는 사실조사 및 정보수집활동을 법 테두리 안에서 수행할 수 있으므로 다양한 업무로 발전하고 있다.

신기술 개발에 주력한 회사가 오랜 시간 동안 연구비와 인력을 투입하여 개발한 제품에 대한 정보를 경쟁사에 빼앗기는 일이 발생할 경우 산업체의 피해는 이루 말할 수 없고 더 나아가 국가경제 전체에 영향을 미칠 수 있다. 이에 대기업을 중심으로 기업 및 조직들은 기술유출에 대한 예방을 강조하고 있어, 더욱 전문적인 산업보안조사관 채용이나 전문 민간조사자와의 계약 등으로 조사업무에 관련된 기업 내 업무분야가 성장하고 있다. 특히 기업의 산업보안에 관한 조사는 범죄 외에도 기업의 정책, 규정, 규율, 규칙위반 등과 같이 보안을 위하여 외부 조사전문가들을 고용하거나 보안에 관련된 부서 및 인원을 고용하여 운영함으로써 산업보안과 관련된 민간조사원의 고용의 필요성이 증대되고 있다.

기업 임직원에 의한 부정, 절도, 보안침입, 산업스파이로 인한 기업비밀 유출, 자금세탁 등은 이미 심각한 수준에 달하고 있으며, 2007년 ASIS 특별보고서 (Trends in Intellectual Property Loss)에 따르면 74%에 이르는 지적 재산권 침해사건이 "신뢰하는 관계"의 임직원, 퇴직한 직원, 계약업체, 납품업자들에 의하여 저질러진다고 한다. 이와 같은 기술유출에 대하여 예방 및 대응이 이루어지지 않는다면 직접적으로는 금전적 피해에서부터 임직원의 사기 저하, 기업이미지 실추에 이르기까지 기업경영 전반에 걸친 광범위한 손실을 가져올 수 있다.

이 외에도 임직원들의 부정행위(매출, 비용, 생산, 매입 관련 부정행위)나 횡령, 리베이트, 뇌물수수, 분식회계 등의 회계부정과 음반·게임·영화 및 컴퓨터 소프트웨어의 복제에서부터 최첨단 정보통신 기술, 그리고 명품 브랜드를 복제하는 등의 지적 재산권 침해, 절도·사기·조직적인 범죄 행위로 말미암아 발생하는 기업 내외적 자산손실, 기업체의 가장 중요한 무형자산인 기업정보와 영업비밀을 저장하는 컴퓨터 운영체계 및 시스템 침해 등의 사건유형들이 있으며 이에 대한 조사를 기업 내외의 전문 민간조사원이 담당하여 조사할 수 있다.

따라서 기업에서 민간조사원이 수행할 수 있는 조사업무는 기업 경영활동의 전반에 걸쳐 발생하는 비리 및 부정행위와 기술유출에 대한 컨설팅으로 기술유출침해 행위를 사전에 예방하고 방지할 수 있도록 하여야 하며, 조사에 필요한 전문적인 조사업무를 위임받아 수행하여야 한다.

기업 내 임직원의 부정은 민·형사상 범죄와는 달리 매우 복잡하고 전문적으로 고도화되어 있으므로 쉽게 노출되지 않고 단독범행이 아니라 유관조직이나 공모자가 존재하는 경우 기술유출의 탐지가 더욱 어려워진다. 산업스파이의 경우 주요센서, 항공, 전자, 무기, 에너지 관련 물질, 바이오테크, 정보전 기술, 생산과정, 핵시설, 우주공학, 정보통신과 무기 등 기계설계와 제품생산 등에 관련된 기업체의 영업활동에 절대적으로 필요한 기술과 경영상의 정보를 주로 노린다.

기업의 중요핵심기술과 경영정보는 대부분 컴퓨터 프로그램이나 파일로 만들어져 보관되는데 이러한 기술과 정보는 개발회사가 장기간에 걸쳐 엄청난 재산과 인력을 투자하는 것이 보통이고, 경쟁회사가 이를 취득하여 경쟁 사업에 이용한다면 개발회사는 엄청난 피해를 입게 된다. 또한, 인터넷 환경은 물리적인 공간을 벗어난 사이버 공간에서 아주 적은 비용과 노력으로 별다른 통제나 발각의 우려가 없이 기업의 핵심기술이나 경영정보를 유출할 수 있다는 점에서 주로 악용되고 있다.

이에 기업에서는 보안책임 관리사와 민간조사원 등의 산업보안 관리사를 두어 기업의 정보를 철저히 관리하여야 하며 기업의 부정비리 조사업무에서부터 임직원 윤리교육 업무, 기밀유출 및 산업스파이 조사업무, 기술유출에 대한 증거수집 등에 이르기까지 기술유출방지를 위한 노력이 필요하다.

제3절 주요 국가별 민간조사제도

1748년 영국 런던 보스트리트의 치안판사 H.필딩이 창설한 '보스트리트러너'는 세계 최초의 탐정기관이다. 지방자치단체의 조직으로 범죄에 대한 정보를 수집하는 역할을 맡다가 1829년 런던 경시청이 창설되자 이에 흡수되었다. 영국의 탐정 활동은 사람의 소재 파악과 기업 감시, 범죄 조사이며 국가직업인증시험(NVQ)에 따라 탐정기법과 지식 등을 평가하여 1~5레벨 중 3레벨 이상을 인정받아야 공인 탐정이 될 수 있다.

세계 최초의 사설탐정사무소는 1850년 미국 시카고에서 문을 연 '핑커톤 사립탐정소'다. 이는 링컨 암살 첩보를 입수한 일로 유명세를 탔다. 1925년 핑커톤은 '우리는 절대 잠들지 않는다(We Never Sleep)'라는 문구와 함께 눈 모양의 로고를 내걸었고, 그 이후부터 미국에서는 사립탐정을 '프라이빗 아이즈(Private Eyes)'라고 부르기도 한다. 미국의 모든 주는 탐정을 합법화하고 있는데 영국과 마찬가지로 까다로운 공인시험을 치러 자격을 취득하여야 한다. 응시자격은 경찰·군·수사기관에서의 수사경력 3년 이상인 자로서 형사소송법과 조사기술, 보고서작성법 등의 과목을 치러야 한다. 평균 합격률은 20~30%에 밖에 되지 않는다고 한다. 핑커톤, 크롤, FTI 등 손꼽히는 대형 탐정기업들은 탐정은 물론 변호사·경찰·군인·기자 등 다양한 전문 인력들을 확보하고 있다. 이들은 불륜 등의 사생활 조사 같은 일보다 은닉 재산 추적, 인수합병 관련 기업 조사 등 수준 높은 기업 업무를 맡는다. 월가에서는 "They are Krolled."라는 말이 쓰이기도 하는데 크롤사의 신용평가를 받는 수준에 달할 정도로 성장하였다는 의미다. 전 세계 33개국에서 65개 도시에 사무소를 두고 있으며 4,200명의 직원을 운용하는 크롤사는 국내 산업보안 업체와 계약을 맺고서 우리나라에서도 활동하고 있다.

일본 최초의 탐정업체는 1892년 오사카의 신용정보업체인 '상업흥신소'이다. 증권 및 상업 거래 시 관련 업체의 신용정보를 파악하는 것을 주 업무로 하였다. 이후 업무영역이 확장되고 업체들이 우후죽순처럼 늘면서 야쿠자와 연계되어 불법행위가 난무하는 등 시장질서가 어지러워지자, 일본은 2006년 '탐정업 업무의 적정화에 관한 법률'을 제정하여 이를 시정하고 있다. 이 법은 탐정업자가 공안위원회에 신고하는 것을 의무화하고 탐정 계약 시에 의뢰업무 내용을 명시하고 법령 준수 및 비밀유지를 의무화하는 등을 규정하고 있다.

1. 미국

1850년 앨런 핑커튼(Allan Pinkerton, 1819~1884)이 시카고에서 창설한 핑커튼 내셔널 탐정사무소를 시작으로 탐정제도의 사회적 공감이 형성되어 그 조직과 활동이 발전하였다. 이후 사익보호는 물론 치안에도 크게 기여하는 보안 산업으로 발전하였다(김종식, 2013).

미국은 단일 정부가 아닌 50개 주(States) 정부와 수많은 카운티·시가 지역마다 다른 제도를 가지고 있으며, 자체 법률시스템과 제도가 있지만 연방·주·카운티·시 정부가 가지고 있는 권한과 업무를 각각 분리하여 업무에 대한 충돌 없이 조화를 이루고 있다.

현재 미국은 탐정제도를 통하여 탐정업을 전문적으로 인정하고 있으며, 다수의 주에서는 자체적으로 주 정부의 해당 면허를 취득하도록 규정하고 일정액의 책임보험에도 가입하도록 규정하고 있다. 모든 요건을 갖추고 소정의 서류를 제출하면, 주 정부의 집행기관 및 미국연방수사국(FBI)에서 범죄경력을 조사한 뒤에 면허를 발급하여 주고 있다. 탐정업을 하려는 사람들은 주로 전직 수사관 출신들이 대부분이기 때문에 업무에 대한 경험이 부족한 18세 이상의 일반인이 탐정업 분야에 종사한다는 것은 거의 불가능하다고 볼 수 있다. 탐정업은 자유업이지만 공공의 복리에 봉사하기에 적합하여야 한다는 최소한의 의무가 주어져 있다고 볼 수 있다.

1) 관련법규 및 감독 기관

미국의 탐정 제도는 본래 연방법으로 관리하다가 각 지역적 특성에 따라 독자적인 제도를 마련하고 면허 제도를 주 정부에 이관해 관리하고 있다.

표 8-5 미국의 탐정 관리 감독기관

주	관리 감독기관	규정
앨라배마	없음	×
알래스카	없음	×
애리조나	공공안전과 라이선스부	○
아칸소	알칸사스 민간조사관 및 사설 보안 기관위원회	○
캘리포니아	보안 및 조사 서비스국 라이선스 부서	○
콜로라도	없음	×
코네티컷	공공안전부, 주 경찰국	○
델라웨어	형사 라이센스, 델라웨어 주 경찰	○
플로리다	플로리다 주 농무부 소비자 서비스 부서	○
조지아	국토안보부 보좌관	○
하와이	사설 탐정 및 감시위원회 DCCA, PVL	○
아이다호	없음	×
일리노이	일리노이 재무 및 전문 규제 부서	○
인디애나	사립 탐정 면허부	○
아이오와	아이오와 공공안전국 윌리스 주행정서비스 부서	○
캔자스	캔자스 수사국	○
켄터키	켄터키 사립 탐정 면허 부서	○
루이지애나	루이지애나 주 민간 조사관 국 검사관	○
메인	주 경찰청	○
메릴랜드	주 정부 경찰 라이선스 부서 메릴랜드 주 경찰, PI라인센스 부서	○
매사추세츠	매사추세츠 주 경찰 특별 허가부	○
미시간	소비자 및 산업서비스 부서	○
미네소타	공공안전부 사설 탐정 및 보호 에이전트 서비스위원회	○
미시시피	없음	×
미주리	없음	×
몬타나	사설 보안위원회 순찰 임원 및 수사관	○
네브래스카	국무장관	○
네바다	법무 장관 사설 탐정위원회	○
뉴햄프셔	주 경찰청 면허 및 허가	○
뉴저지	주 경찰청 법률 및 공공안전담당 사설탐정 부서	○
뉴멕시코	사설탐정국	○

뉴욕	라이센스 서비스 부서	○
노스캐롤라이나	사설 보호 서비스위원회	○
노스다코타	사립 탐정 및 보안위원회	○
오하이오	오하이오 국토안보부 공공안전부	○
오클라호마	법 집행 기관 교육 및 훈련 협의회 개인 보안 부서	○
오리건	오리건 수사위원회	○
펜실베이니아	없음	×
로드아일랜드	로드 아일랜드 주 섭리 재배지 주	○
사우스캐롤라이나	주 법 집행 부서 규제 서비스	○
사우스다코타	없음	×
테네시	상무부 민간 보호 서비스과	○
텍사스	텍사스 개인 안전위원회	○
유타	공공 안전 및 법 집행 기관	○
버몬트	사설 탐정 및 무장 보안 서비스 위원회	○
버지니아	버지니아 형사 사법부 민간보안과	○
워싱턴	라이선스 부, 공공보호 부서	○
웨스트버지니아	주 정부 라이선스부 장관 사설 탐정 면허	○
위스콘신	규제 및 라이선스 부서	○
와이오밍	별도 규정 있음	×

자료 : 한상암, 민간조사업 관리감독의 실효성 제고방안, 2015.

　　미국의 연방정부에서는 탐정업과 탐정에 대한 법규를 별도로 정하지 않았다. 각각의 50개 주(States)가 자체적으로 독자적인 법규와 관련 규정을 만들어 행하고 있으며, 관련 법규 없이 사업자 허가(business license)만 받으면 영업을 허락하는 주도 있다. 현재 알라바마(Alabama)외 8개 주에서는 탐정업에 대한 법규가 제정되어 있지 않은 상태이다.

　　주 정부 차원에서 탐정 관련 법규를 가지고 있는 42개 주 중에서 뉴햄프셔 (New Hampshire) 외 6개 주는 주(States) 경찰청에서 직접 관리 및 감독하고 있다. 또한 별도의 위원회를 구성하는 경우도 있는데 인디애나(Indiana), 네바다 (Nevada)의 경우 탐정에 대해서 별도로 관리하는 위원회가 설치되어 있다.

　　일리노이주는 금융, 직업규제부(Department of Financial & Professioal Regulation), 텍사스 주 민간조사원 라이센스는 텍사스주 공공안전부(Texas Department of

Public Safety) 내 보안위원회(Private Security Board)에서 관리하지만 테네시주의 경우는 상무부 소속의 거짓탐지위원회(Polygraph commsission)에서 관리한다. 또한 와이오밍, 미시시피, 아이다호 사우스다코타주에서는 주가 따로 발행하는 라이선스는 없지만 주 내의 각 도시들이 그들만의 라이선스를 발행하고 있다.

각 주마다 다른 라이선스로 생기는 불편함을 해소하기 위하여 캘리포니아, 플로리다, 조지아, 루이지애나, 노스캐롤라이나, 오클라호마, 테네시버지니아 주가 상호 협의하여 민간조사원이 위의 주 중 한 곳의 라이선스를 유지하였으면 타 주에서도 일할 수 있도록 하고 있다.

탐정을 관리·감독하는 위원회는 탐정업과 관련하여 탐정원 자격증 소개, 자격증 취득방법과 발급요금, 자격증 발급요건, 응시자의 탐정원 자격을 취득할 수 있는 요건을 갖추었는지 심사를 한다. 또한 자격증 소지자의 위법행위에 대한 감시도 실시하며, 위법행위 발생 시 자격증을 박탈시키거나 자격증 갱신을 제한하는 권한도 갖고 있다.

2) 업무범위

미국의 대부분의 주에서 모든 사립탐정이나 사립탐정사무소는 일단 신뢰를 기반으로 시민들에게 봉사하는 것을 원칙으로 하며, 주 정부가 공공의 이익(Public Interests)과 조화의 법적 근거로 사립탐정을 간섭할 수 있다. 즉, 사립탐정은 자유업에 속하지만 공공의 복지에 봉사하면서 이에 적합한 최소한의 의무가 부여되어 있기에 업무 한계를 명시하여야 한다.

플로리다(Florida) 주 규정[2]을 살펴보면 탐정원의 업무는 ① 범죄 및 위법행위, 정부에 대한 위협을 종식시키기 위한 활동을 위해서 정부와 하청계약을 맺는 일 ② 특정인이나 특정집단의 신원확인과 습관, 행동방식, 동기, 소재, 친자확인, 교재, 거래, 명성, 성격 등을 파악하는 일 ③ 법정에서 증언할 증인이나 그 밖의 사람의 신빙성을 파악하는 일 ④ 실종된 자 또는 귀속되거나 포기된 재산의 소유자 및 부동산의 상속인 등의 소재를 파악하는 일 ⑤ 분실 또는 절취된 재산의 행방을 찾거나 회복하는 일 ⑥ 화재, 명예훼손, 비방, 손해, 사고, 신체장

---

2 플로리다 주 면허국 "The Private Investigative Industry" 참조.

애, 부동산이나 동산에 대한 침해의 원인 등을 밝혀내는 일 ⑦ 범죄수사나 심판위원회, 중재, 민·형사재판이 행하여지기 전에 앞으로 사용될 증거를 미리 확보하는 일 등으로 각 주마다 조금씩 차이가 있다.

그렇다면 미국의 탐정업무 중 어느 분야가 우리나라의 산업보안조사제도에 연계될까? 현재 우리나라의 경우 법령이 없어 그 직접적인 업무범위를 구체적으로 정할 수는 없다. 그러나 산업기술이나 국가핵심기술을 보유한 기업 혹은 연구소들의 기술유출 방지와 관련된 업무를 수행할 수 있을 것이다. 재판과정에서 유죄 혹은 무죄 관련 입증자료를 조사하고, 변호인의 업무 등을 일정부분 조력할 수 있다. 또한 기업내부에서도 실제 실무자나 담당 임직원이 수행할 수 없는 전문적 조사나 기법 등을 활용하여 기술유출의 방지 및 원상회복 등을 도모할 것이다. 따라서 향후 관련 법령과 정책을 통하여 기술유출방지와 관련된 업무 및 자격 등이 명시되어야 할 필요가 있다.

3) 자격요건

탐정 면허법은 각 주 정부마다 약간의 차이는 있으나 탐정 회사는 영업허가에 대한 부분을 취급할 뿐 업무를 수행하는 모든 탐정이 자격을 소유하여야 한다. 즉 회사의 소유주가 공인탐정이어야 하며 미국에서 탐정회사의 정식 명칭은 「Private Detective Agency」 또는 「Private Investigation Agency」라는 단어로 사설수사기관이다.

미국은 탐정의 자격요건을 각 주별로 다르게 규정하고 있다. 연령, 시민권 또는 영주권 확보 여부, 취업허가 대상자, 범죄 경력 등을 일반적 요건으로 두고 있다. 플로리다 주는 만 18세 이상인 자로서 미 시민권자 또는 영주권자, 연방이민 귀화국(USCIS)에서 취업할 권한을 부여받았어야 한다.

뉴저지(New Jersey)주의 경우 25세 미만은 결격사유이며 법인의 관리자 중 적어도 1명이 조사원이고 주, 카운티, 관련 지방자치단체 수사요원 활동경력이 5년 이상 되어야 한다. 캘리포니아(california) 주에서 탐정원 자격을 취득하기 위해서는 만 18세 이상의 연령으로 주 사법부 및 FBI 범죄경력 조회가 필요하며, 이외에 경찰학과목이나 형법, 사법행정 등의 과목을 포함한 소정의 교육을 이수하고, 3년 또는 6천 시간 동안 사립탐정 사무소에서 연수를 받은 경력이 있어야 면허

표 8-6 미국의 탐정 자격요건

주	나이	범죄경력	경력학위	미국시민	주에거주	취업적격	불명예전역	자격시험	보험가입	좋은품성	약물중독	심신상실
캘리포니아	18	○	○					○	○			
콜로라도	21	○		○					○			
플로리다	18	○		○		○				○	○	
캔터키	21	○	○							○	○	○
루이지애나	18	○		○		○				○	○	
메인	18	○	○	○			○					
매사추세츠	–	○	○		○					○		
미시건	25	○	○				○		○		○	
네바다	21	○	○	○		○						
뉴멕시코	21	○						○		○		
노스다코타	18	○	○							○		
오클라호마	18	○		○				○	○	○		
오리건	18	○	○	○		○		○				
로드아일랜드	–	○	○	○						○	○	○
유타	21	○	○	○						○		
위스콘신	–	○						○		○	○	○

자료 : 한상암, 2015. 각 주별 자격규정을 참조하여 재구성.

시험을 치를 자격을 부여한다. 탐정은 3~5년 이상 수사조사 관련 계통의 경력을 쌓은 후에 전문 면허국이 실시하는 면허시험을 응시하여 합격한 후, 공인탐정과 면허를 가진 공인 탐정업체에 속하여 회사의 업무지시에 의한 탐정업을 할 수 있는 일반 탐정으로 구별된다.

(1) 공인 탐정

미국 내에서는 공인탐정(Licensed Detective) 면허시험에 응시하려면 5년간 최소 3년 이상(6천 시간)의 공인탐정소를 거쳐 주 정부 면허국에 등록한 후 조사업무를 종사하였거나, 3년 이상 경찰이나 각 관청 또는 군 수사기관에서 근무를 하였으면, 6천 시간 경력으로 인정하여 공인탐정 면허 시험을 응시할 수 있는 자격이 생긴다. 또한 범죄기록이 없어야 하며 경범죄 전과의 경우는 집행유예 등 형량이 모두 끝난 후 5년이 경과하면 응시자격이 부여되고 군·공무원 등에서 불명예 퇴직한 경우 자격미달로서 응시자격이 없다. 마약사용, 알코올 중독, 정신이상자 또한 응시자격이 없으며 일부 주 정부는 음주운전에 대한 기록을 가진 자도 부적격자로 분류하기도 한다. 또한 뉴저지, 인디애나, 플로리다, 메릴랜드주의 경우 2~5년간의 경력이 있고 정해진 규정에 의한 결격사유가 없다면 시험 없이 면허를 발급하고 있다(안동현, 2007). 미국 시민권자 혹은 외국인의 경우 영주권 또는 미국 국세청이 관련업계의 취업을 허가한 사람에게 응시 자격이 주어지기도 한다.

(2) 일반 탐정

일반 탐정은 면허를 가진 공인탐정업소의 업무지시에 따라서만 업무활동을 할 수 있으며 단독으로 계약하거나 업무할 수 없다. 일반 탐정의 자격증은 일반적으로 면허라 부르지 않고 취업을 할 수 있는 취업허가증(Employee Registration Card)이라고 부른다. 일리노이(Illinois)주의 경우 일반 탐정은 면허국에서 허가를 받은 다음 탐정학교를 졸업하여야 하며 간단한 시험과 신원조회를 거쳐 취업허가증을 받게 된다. 위스콘신(Wisconsin)주의 경우 탐정법이 더 엄격하여 일반탐정도 면허시험에 합격하여야 하고, 인디아나(Indiana)주의 경우 신원 조회만 거쳐 면허국에 등록하고 교육은 회사에서 책임지게 되어 있다.

미국에서는 미행·감시를 하는 일반분야의 탐정이 있는가 하면 경제범죄 수사·범인송환 전문도 있으며, 형사사건 전문, 형사사건 전문 중에서도 살인·방화사건 전문 탐정 등 분야별로 구분된다.

2. 영국

영국의 사립탐정 기원으로는 헨리필딩(Henry Fielding, 1707~1754)이 1748년 런던시의 서부 자치구 웨스트민스터(Westminster)시의 치안판사로 임명되어 사무실을 "보(BOW)"가에 설치한 후 3년이 지난 1751년, 직속 휘하에 조사원들을 둔 것이 탐정의 시초로 본다.

영국은 영미법계 국가로서 불문법주의를 채택하였지만 민간경비에 대한 실정법을 마련하고 있다. 자치경찰 시스템이 정착되어 있는 영국에서 탐정들의 업무활동은 경찰의 공백을 메우며 경찰의 동반자이자 협력자로서의 역할을 수행하고 있으나, 경비업을 영위하는 자들에 의한 공공범죄행위 예방 등 법 제정의 필요성을 느끼게 되었다. 1999년 3월 영국정부는 "잉글랜드와 웨일즈 지역의 민간경비 산업의 규제를 위한 정부의 계획안"이라는 백서에서 민간경비 산업의 규제안을 제시하였다. 이를 통해 민간경비 산업의 평균적인 수준을 향상시키고, 일괄된 경비서비스를 제공함으로써 민간경비 산업을 끌어 올릴 수 있다는 확신에서 시작되었다(영국 민간경비산업위원회, 2017). 최근 영국 민간경비 산업에 있어서 획기적인 전환점은 2001년 5월 11일 탐정 제도 등 민간경비업 전반을 규정하는 「민간경비 산업법」(Private Security Industry Act 2001)을 제정하였고, 일종의 새로운 '비정부 공공기관'(NDPB : Non Departmental Public Body)의 설치에 대한 규정을 근거로 하여 2003년에 설립되었다는 것이다.

1) 관련법규 및 감독 기관

영국은 2001년 「민간경비산업법(PSIA)」이 제정되었고, 탐정업을 포함한 민간경비업 전반을 규율한다. 이 법에 따르면 민간경비업 및 탐정업 등 민간의 보안서비스업에 대한 법률로서 단계적으로 시행하여, 탐정과 관련하여서는 2006년 1월경 시행하게 되었다. 같은 법에 따라 탐정을 포함한 민간경비업 전부를 '보안산업국(Security Industry Authority)'이 관리·감독하게 된다. 이러한 '보안산업국(SIA)'은 2003년 내무부 산하에 설립된 것으로 독립적 기구로서 내무부의 감독을 받아야하는 의무를 가지고 있다. 주된 업무로는 탐정 면허발급·관리에 대한 업무이며 경비업체의 경비업무를 감독하고 민간경비원들의 교육 기준을 제시 또는 승인하는 업무를 담당하고 있다(정일석, 2008). 탐정업에 있어서도 「민간경비산업법」에 따라 독립 기관인 '보안산업국(SIA)'에 의하여 면허제의 적용과 허가 및 규제를 시행하고 있다.

2) 업무범위

영국의 「Private Security Industry Act 2001」에서는 탐정업무의 범위를 감시, 조사 또는 수사업무로서 특정한 사람이나 활동 상황 또는 특정한 사람의 소재에 대한 정보를 얻고자 하는 것을 목적으로 하거나 절도 등으로 인한 재산의 손실이나 피해에 대한 손해를 보상하기 위하여 관련 정보를 수집하는 것[3]으로 규정하고 있다.

탐정으로 활동하기 위해서는 위 법령 규정에 따라 '보안 산업국(SIA : Security Industry Authority)'으로부터 면허를 받아야 한다. 따라서 영국의 탐정이란 국가에 지정한 법 집행권에 의하여 그들을 조사하고 연구할 수 있도록 경험과 전문적인 훈련과 자격증을 가지고 있는 사람을 말한다. 탐정업무는 의뢰자가 보험회사일 경우 교통사고조사, 산재조사 등으로 보험금을 부정취득하는 것을 조사하기 위하여 증거 수집을 하는 등의 보험사기 예방을 위한 업무가 많고, 기업 상대 업무로는 인수·합병 등의 제휴 예정 기업들에 대한 신용조사와 직원에 대한 배경조사가 주로 많다. 기타 실종자 추적, 채무자 추적, 컴퓨터 데이터 복구 등이 있다.

표 8-7 영국의 탐정 업무

분류	업무내용
보험회사 의뢰	교통사고조사 또는 산재조사를 통한 보험금 부정취득 조사 및 증거수집
기업 의뢰	인수·합병 등의 제휴 예정 기업들의 신용조사 또는 직원 고용을 위한 배경조사
사무변호사 의뢰	변호사가 담당하는 민사·형사재판의 변론자료가 되는 증거·정보수집, 증인·목격자 파악, 피고인 대상 법률문서 전달
실종자 추적	국내 및 해외의 정확한 현재 위치와 주소를 추적하여 정보를 제공
컴퓨터 데이터 복구	기계적 기술을 사용하여 손실되고 숨겨진 파일을 복구 및 추적
기타	증거자료 조사, 소환장 송달업무, 결혼관련 조사, 범죄 조사, 재산 추적, 사기 조사, 배우자의 부정 조사 등

출처 : 나영민(2006), 안동현(2008), 장정범(2014)을 참조하여 재구성.

---

[3] Private Security Industry Act 2001 Schedule 2 제4조 1항.

3) 자격요건

영국에서는 탐정이 되기 위한 자격으로 만 18세 이상자의 신원증명서, 범죄
경력 증명서(유죄판결이나 경고가 2년간 없어야 하고 중대범죄 즉 폭행, 무기, 마약, 절도, 관명
사칭의 경력이 5년간 없어야 함), 탐정으로서 적합한 능력보유 등을 요구한다. 영국의
「민간경비 산업법(The Private Security Industry Act 2001)」 제3조에 의하면 영국에
서 탐정업을 영위하기 위해서는 당국으로부터 면허를 받아야만 가능하도록 되어
있고 탐정면허는 '보안 산업국(SIA)'에서 발급한다.[4] 이러한 면허를 취득하기 위
해서는 신원증명서 제출 및 범죄이력 부존재 그리고 탐정원으로 적합한 자격요
건을 갖추어야 한다.

수사업무 및 수사법에 대한 전문적 지식을 가진 전직경찰과 헌병 수사관, 정보기
관 출신들이 탐정으로 활동하고 있기에 비전문가들이 탐정이 되기 위해서는 수사에
대한 전문기법이나 전문지식을 교육하는 탐정교육기관에 등록하고 연수를 받아 국
가 면허국에서 발급하는 국가직업인증(NVQ : National Vocational Qualification)을

표 8-8 영국의 탐정 자격요건

요 건	내 용
나이	18세이상
능력	탐정으로서 적합한 능력
직업훈련	• 탐정업무에 관련된 법률 등을 중심으로 한 내용 • SIA가 인정한 교육훈련 기관의 교육을 수료
범죄경력	• 유죄판결, 경고가 2년간 없을 것 • SIA가 규정한 중대범죄 경력이 5년간 없을 것
예외규정	• 범죄와 탐정 업무의 관련성 • 범죄의 중대성 • 범죄 후 경과 시간

---

4 Private Security Industry Act 2001 Section 7. Licensing Criteria.
  면허를 부여하기 전에 당국의 의무가 된다.
  (1) 면허를 부여할지 여부를 결정할 때 적용 할 것을 제안하는 기준.
  (2) 면허를 취소하거나 수정하기 위해 이 법에 따라 권한을 행사하는 데 적용하도록 제안하는 기준.

취득하여야 한다. 국가직업인증(NVQ)은 특정한 직업을 분류하여 대상자가 일정 수준의 기술과 지식을 갖추고 있음을 인증해주는 5단계로 구성한 제도이다. 국가직업인증(NVQ)은 국가직업 면허시험을 통하여 자격증이 발급되고 여러 공인된 평가기관에서 시험을 주관한다. 영국에서는 2006년부터 탐정업에 대해서도 면허제도가 시행되고 국가직업인증(NVQ) 3등급을 취득해야만 탐정업을 영위할 수 있게 되었다(이상원, 2008).

영국의 경우 탐정에게 피의자 체포나 수사와 같은 경찰의 특별한 권한이 부여되어 있지 않다. 또한 영국 탐정의 불법행위를 협박·공갈·재판의 방해·편지 훔쳐보기·도청 등으로 유형화 하였으며, 이를 범하였을 때는 탐정면허제도와 '영국탐정협회(ABI : The Association of British Investigators)' 윤리규정에 따라 면허를 취소 및 제명처분에 따른 책임을 지게 하고 있다.

3. 일본

일본은 메이지 시대인 1889년에 최초의 탐정회사가 설립된 이후 민간, 기업, 정부차원에서 흥신소를 필요로 하는 수요로 운영되어 왔다. 일본은 미국의 탐정과 같은 엄격한 자격요건이 없으며 조사결과의 신빙성 문제도 제기되어 1910년 3월, 오사카부에서 흥신소를 경찰서 감시하에 두고 조사원을 등록시켜 부당요금 및 허위 보고를 금지하는 것을 시작으로 전국 부·현으로 확산되었다.

1999년 3월, 국회에서 최초로 경찰청 생활안전국장을 상대로 탐정업의 필요성이 질의되고 2003년 5월, 개인정보보호법이 성립되면서 같은 법에 따라 국가공안위원회가 소관하는 사업을 하는 자 등이 강구해야 할 '개인정보보호를 위한 조치에 관한 지침'과 함께 2005년 2월, 경찰청 생활안전국의 "개인정보보호를 위한 조치의 특례에 관한 지침"이 제정되었다. 또한 탐정업의 명확한 업무지정 등 규제를 목적으로 하는 입법을 2006년 5월 25일 중의원, 6월 2일 참의원 본회의에서 심의를 거쳐 가결 처리함으로써 2007년 6월 1일부터 시행되는 「탐정업 업무의 적정화에 관한 법률(법률 제60호)」이 제정·공포되었다.[5]

---

5 加藤伸宏 칼럼 탐정업적정화법 강좌 경찰법 제2권, 타치바나서점 , 2014. p.118.

표 8-9 일본 「탐정업법」 개요

구분	주요내용
제1조 목적	탐정업에 대한 필요한 규제를 정함에 의하여 그 업무의 적정을 도모하고, 개인의 권리이익을 보호하는 데 이바지하기 위한 목적
제2조 정의	• 탐정업무란 ① 타인의 의뢰를 받아 ② 타인의 소재·행동에 대한 정보로 당해 의뢰의 관계 사항 수집을 목적으로 ③ 탐문, 미행, 잠복 기타 이와 유사한 방법으로 현장 조사를 실시하여 ④ 그 결과를 당해 의뢰자에게 보고하는 업무 • 탐정업이란 탐정업무를 행하는 영업을 의미하고, 다만 방송기관이나 신문사 등 보도기관의 의뢰로 보도를 제공하고자 행하는 것은 제외
제3조 결격사유	• 성년 피후견인, 피보좌인 또는 파산자로 복권되지 아니한 자 • 금고 이상의 형에 처해지거나 탐정업법 위반으로 벌금형에 처해져 집행이 끝난 날 등으로부터 기산하여 5년을 경과하지 아니한 자 등
제4조 신고제 도입	• 탐정업을 영위하고자 하는 자는 영업소마다 영업소 소재지를 관할하는 도도부현 공안위원회에 상호, 주소 등을 기재하여 신고할 필요 • 위 신고서는 관할경찰서장을 경유하여 제출(시행규칙 1조)
제6조 탐정업무 실시원칙	• 탐정업자는 탐정업무를 함에 있어 다른 법령에서 금지·제한하는 행위를 하여서는 안 되며, 사람의 생활의 평온을 해하는 등 개인의 권리이익을 침해하여서는 안 된다고 규정
제7조 서면을 교부받을 의무	• 탐정업자가 의뢰인과 탐정업무 계약을 체결하고자 할 경우, 의뢰자로부터 조사 결과를 범죄행위나 위법한 차별적 취급 기타 위법한 행위에 사용하지 않는다는 취지의 서면을 교부받을 의무 부과
제8조 중요사항의 설명의무 등	• 탐정업자가 계약을 체결하고자 할 경우, 개인정보보호에 관할법률 준수 등의 중요사항에 관하여 의뢰자에게 서면 교부하고 설명할 의무를 부과
제9조 탐정업무 실시에 관한 규제	• 탐정업자는 조사 결과가 범죄행위나 위법한 차별적 취급 기타 위법 행위를 위하여 사용되는 것을 안 때에는, 당해 탐정업무를 행하여서는 안 되며, 탐정업자 이외의 자에게 위탁해서는 안 된다고 규정
제10조 비밀의 유지	• 탐정업자는 정당한 이유 없이 그 업무상 알게 된 사람의 비밀을 누설 하여서는 안 된다고 규정
제13조~제15조 감독	• 공안위원회는 탐정업자에 대하여 보고 또는 자료제출을 요구할 수 있고, 경찰직원으로 하여금 영업소에 입회하여 업무 상황·장부 검사 및 질문을 할 수 있도록 규정 • 또한, 탐정업법 등 위반 시 탐정업자에 대하여 필요한 조치가 가능하며, 영업정지 명령이나 영업폐지 명령 등이 가능
제17조~제20조 벌칙	• 영업정지 명령 위반, 미신고 영업, 신고 시 허위기재, 명의대여, 보고 또는 자료 제출 불응, 입회검사 불응 등에 대하여 벌칙을 규정

출처 : 일본 「탐정업 업무의 적정화에 관한 법률」, 2013. 재구성.

주요내용으로는 탐정업은 개인정보에 밀접하게 관련된 업무인 데 반하여 법률적으로 규제 및 허가가 이루어지지 않음으로 필요한 규제를 정함으로써 그 업무의 적정을 도모하고, 개인의 권리이익을 보호하는 데 이바지하기 위한 목적으로 관련 규제를 마련한 것이 바로 일명 「탐정업법」이다.

일본 「탐정업법」은 전문 26개조와 부칙 3개조로 구성된 법률로서, 탐정업계에 대한 지도 감독이 불비한 상황을 타개하고 불법행위를 근절하며 개인정보를 보호한다는 측면이 강조되는 '관리·규제' 중심의 입법이다.

1) 관련법규 및 감독 기관

「탐정업법」에 따르면 탐정업을 영위하기 위해서는 내각부령에서 정하는 바에 따라 영업소마다 관할하는 도도부현 공안위원회에 신고서를 제출하여야 한다. 공안위원회는 「탐정업법」을 영위하기 위하여 필요한 한도 내에서 탐정업자에게 업무상황에 대한 보고 또는 자료 제출을 요구할 수 있고 담당 경찰관이 영업소에 출입하여 업무의 상황 또는 장부, 서류 기타 물건을 검사하고 관계자에게 질의할 수 있도록 하였다.

공안위원회는 탐정업자가 「탐정업법」 또는 탐정업무에 관한 다른 법령의 규정을 위반한 경우, 탐정업무의 적정한 운영이 저해될 우려가 있다고 인정될 경우, 지시를 위반한 경우에는 당해 탐정업자에게 6개월 이내의 기간을 두고 그 영업 전부 또는 일부 정지를 명할 수 있다. 결격사유를 갖춘 자가 탐정업을 운영하고 있는 경우에는 그 자에 대하여 영업정지 및 폐지를 명할 수 있다.

(1) 탐정업 소관부처 관련

일본 국회 내각위원회의 2006년 5월 19일 속기자료에 의하면, 개인정보에 밀접하게 관련되는 업무인데도 아무런 법적규제가 없으며, 최근 업체의 수가 급격히 증가하면서 요금문제 등 계약내용에 관한 불만, 조사대상자의 비밀을 이용한 공갈사건, 불법적인 수단에 의한 조사 등이 급증함에 따라 탐정업에 대한 필요한 규제를 정하였다. 이로써 업무 운영의 적정을 도모하고 개인의 권리, 이익의 보호에 이바지하는 것을 목적으로 탐정업의 업무의 적정화에 관한 법률을 제안하게 되었다고 입법배경을 설명하고 있다.

또한 다른 법령에서 금지·제한되는 행위는 할 수 없으며, 생활의 평온을 해치는 등 개인의 권리·이익을 침해하지 못하도록 규정하고 있다.

추가적으로 신고제(경찰서를 경유 공안위원회)를 도입, 결격사유와 계약 시 탐정업자의 의무, 교육제도, 위반행위 시 징역형 및 벌금 등 처벌규정과 함께 공안위원회의 출입검사, 자료 요구권을 규정하고 있다.

(2) 소관부처 지정 과정에서의 갈등사안 및 해결과정

일본에서는 탐정업이 관련 법률제정 이전부터 국가공안위원회(경찰청)의 소관업무로 인식되어 왔으며, 입법과정에서도 법무성 등 타 부처와 갈등을 겪은 사례가 전혀 없다.

이에 안전 및 수사업무가 국가공안위원회(경찰청) 소관 고유의 기본업무로 인식되어 탐정업 등 소관부처 지정과 관련한 타 부처와의 갈등 자체가 전혀 없었다.

한편, 한국의 금융정보분석원(FIU)과 유사한 부서가 최초 일본 금융청에 설치되었다. 이후 권한강화 입법화를 추진하는 국회 논의과정에서 수사를 담당하는 국가공안위원회(경찰청)가 소관부서로 지정되는 것이 바람직하다는 결론에 따라 경찰 형사국의 조직범죄대책부 소속 조직범죄대책기획과 산하에 범죄수익이전방지대책관실(총경급)을 설치하여 운용하며 타 부처와의 갈등 논란은 발생하지 않고 있다.

2) 업무범위

일본 「탐정업법」 제2조는 '탐정업무', '탐정업' 및 '탐정업자'를 정의하고 있다. '탐정업무'란 타인의 의뢰를 받고[6] 특정인의 소재·행동에 관한 정보로서 당해 의뢰인과 관계되는 정보를 수집하는 것을 목적으로 면접에 의한 탐문·미행·잠복 기타와 유사한 방법에 의한 현장 조사를 실시하여 그 결과를 당해 의뢰인에게 보고하는 것으로 정의[7]한다. 이는 신용조사업무 등을 포함한 '조사업무' 전체를 대상

---

6 다음과 같은 업무는 자신의 본래 업무로 조사를 하는 것이므로 탐정업무에서 제외 된다 : 작가, 저술자, 저널리스트, 인터넷 미디어 등이 스스로 보도, 저작 등을 위해 하는 취재활동 등 ; 학자, 연구자 등이 스스로 학술조사활동의 일환으로서 하는 조사 등의 활동 ; 변호사, 공인회계사, 세리사 또는 변리사가 스스로 수임한 사무를 하기 위해 필요한 활동.

으로 하는 것은 아니고 개인의 권익의 보호를 위해서는 특별히 필요한 형태의 것에 한한다는 취지이다. 또한 '탐정업'은 탐정업무를 행하는 영업을 의미하고, 다만 방송기관이나 신문사 등 보도기관의 보도 제공 목적으로 행하는 것은 제외한다. '탐정업자'는 「탐정업법」에 따른 신고를 하여 탐정업을 운영하는 자를 말한다.

사립탐정의 업무영역 중 기업조사는 기업들이 처한 산업 환경 및 재무, 인재, 재산 등을 종합 분석하는 것은 물론 신용정보를 제공하는 것이다. 신규채용 조사의 경우 기업의 인재 채용과 직원들의 자질 관리와 더불어 기타 위험요인을 사전에 조사하여 제공하며, 시장 관련 조사는 기업들을 둘러싼 마케팅 환경의 조사·분석 및 컨설팅 용역제공을 하고, 부동산 관련 조사는 개인 및 기업의 부동산 보유실태 및 담보 여력 등에 관한 정보를 제공하고 있다. 특히 기업의 조사용역 관련해서는 직업적성조사를 통하여 채용 전 대상자의 객관적인 평가로 '산업스파이' 침입을 사전에 차단하고 횡령이나 비행 경력을 사전에 파악하여 예상하지 못한 피해를 방지한다. 뿐만 아니라 소행 확인 및 행적조사로써 금전 취급 직원의 절도·횡령 행위를 조기 발견하여 피해를 예방하고 회사의 기밀을 경쟁사에 누설하는 행위를 조기 발견 후 차단하고, 근무시간외 별도의 취업유무나 기업에게 불이익과 유해한 행위여부를 파악하며, 거래처 신용조사를 통하여 거래처의 이상 유무를 정기적으로 확인함으로써 경영진의 안정적인 사업운영과 스트레스 감소 효과를 준다. 더불어 파산으로 인한 외상매출채권 회부불능 등의 위험요인을 사전에 감지한다. 직원신용조사를 통해 직원 개인의 채무를 파악하여 잠재적 금전사고 사전대처와 다중채무자를 파악하여 부서를 재배치하고 신원보증인의 금전적 상환능력 파악으로 사전 대처를 한다. 인터뷰 및 면담 대행을 통하여 고객과의 면담으로 얻은 자료를 평가한 뒤 사업 활동에 반영한다. 이로써 회사에 대한 직원들의 불만파악과 취업환경, 처우개선을 도모하여 근무의욕 고취로 매출을 증대하고, 경쟁사의 헤드헌팅을 방지하며, 신규 사업의 실행가능성과 사업내용 관련 관계 전문가의 의견을 청취할 수 있다.

---

7 일본 「탐정업 업무의 적정화에 관한 법률」 제2조1항

3) 자격요건

(1) 결격사유

일본의 탐정은 탐정업에 대하여 신고만 하면 되므로 그 외 자격요건을 요구하지 않고 결격사유를 따로 두고 있지 않다. 탐정업 영업소를 운영하고자 하는 자는 지역공안위원회에 신고만 하면 가능하므로 진입 요건이 매우 완화되어 있다. 탐정업을 영위하려는 자는 「탐정업법」에 따라 다음의 결격사유에 해당하여서는 안 된다.

① 성년피후견인(成年被後見人), 피보좌인(被保佐人) 또는 파산자로 복권되지 아니한 사람
② 금고 이상의 형에 처해지거나 탐정업법 위반으로 벌금형에 처해져 그 집행이 끝난 날 등으로부터 기산하여 5년을 경과하지 아니한 사람 등
③ 최근 5년간 본 법률 제15조의 규정에 의한 처분을 위반한 사람
④ 「폭력단원에 의한 부당한 행위의 방지 등에 관한 법률」 제2조 6항에 규정한 폭력단원 또는 폭력당원이 아닌 날로부터 5년을 경과하지 아니한 사람
⑤ 영업에 관하여 성년자와 동일한 능력을 보유하지 않은 미성년자로서 그 법정대리인이 결격사유 중 하나에 해당할 때
⑥ 법인에 소속된 임원의 결격사유 중 하나에 해당하는 사람이 있을 때

(2) 의무 및 벌칙

일본 탐정은 명의대여를 할 수 없으며 탐정업무를 수행하는 데 있어 탐정업자는 타 법령에 금지 및 제한되는 행위를 할 수 없다. 또한 다른 사람의 사생활을 침해하는 등 개인의 권리이익을 침해하여서는 안 된다.

탐정업자의 업무에 관련된 조사결과가 범죄행위 및 차별적 취급, 기타 위법행위에 사용된 것을 알았을 경우 해당 탐정업무를 수행해서는 안 되고 다른 탐정업자에게 위탁해서도 안 된다. 또한 탐정업자는 의뢰인과 계약을 체결할 때에 의뢰인으로부터 위 행위와 관련하여 조사결과를 사용하지 않는다는 취지를 표명

한 서면을 교부받아야 한다. 이하 정당한 이유 없이 업무상 알게 된 비밀을 누설해서도 안 되며 영업정지를 위반한 사람, 신고 없이 탐정업을 영위한 사람, 명의대여금지를 위반한 사람, 지시를 위반한 사람의 경우 징역 또는 벌금형에 처해진다. 또한 신고 서류 제출 시에 허위로 기재를 한 사람, 자료를 미제출한 사람, 입회 검사를 거부하거나 방해·기피한 사람에 대해서는 벌금형에 처하고 있다.

4. 탐정제도의 비교 분석

1) 관련법규 및 감독 기관

주요국가의 경우 통합 법률로 인정하는 미국, 영국 국가와 개별 법률로 인정하는 일본으로 나눌 수 있다. 한국의 경우 여전히 법률안이 국회를 통과하지 못하고 있다. 그러므로 입법 준비과정에 있는 법률안으로 다른 나라의 제도와 직접적으로 비교하는 것은 한계가 있다. 다만 비교법적 차원에서 한국의 관련 법률안들을 보면 개별 법률로 규정하는 일본의 제도와 유사하다고 할 수 있다.

미국은 주에 따라 다소 차이는 있으나, 대부분의 주에서 탐정업과 민간경비 관련 분야의 다른 업종을 포함하여 통상같이 법을 규정하고 있으며, 영국의 경우 민간경비·경호 및 탐정과 함께 규정하고 있다. 한국은 윤재옥 의원의 발의안 「공인탐정에 관한 법률안」은 단일법을 규정하고 있다.

따라서 한국도 유사직역의 효율성 측면에서 접근하고 있는 외국 주요국가의 규범 정립방식을 반영하고 관련 산업의 보호와 육성을 위하여 단일 법률 형태의 입법인 가칭 「공인탐정업법」에 규정해야 할 것으로 사료된다.

표 8-10 외국의 탐정 법규 비교

구분	국가	법률명
통합법률	미국	「탐정 및 보안서비스」
	영국	「시큐리티 산업법」「Private Sercurity Act 2001」
개별법률	일본	「탐정업 업무의 적정화에 관한 법률」

2) 업무범위

주요국가의 탐정업무를 살펴보면 공권력의 수사기능보다는 사실관계 확인이라는 조사에 가깝다고 볼 수 있으며, 변호사의 재판과정에 중요하게 영향을 줄수 있는 증거자료 및 정보자료를 주 업무로 하고 있음을 알 수 있다.

미국은 주 정부에 따라 법률로 탐정의 업무범위를 정하여 놓았지만, 광범위하게 인정하고 있으며, 매우 많이 이루어지는 법률소송에 따라 사건의 사실관계

표 8-11 외국의 탐정 업무 비교

국가	업무범위
미국	• 미국 연방이나 주 혹은 미국 영토에 대하여 발생하거나 위협이 되는 범죄나 불법 행위에 대한 조사 • 개인이나 단체, 협회, 조직의 신원, 습관, 행동, 소재, 제휴협정, 명성, 평판 등에 대한 확인 • 증인이나 다른 사람들의 신뢰도 조사 • 실종자 소재파악, 버려진 재산, 국유편입재산, 상속재산 파악 • 도난당하거나 분실당한 재산 파악 • 화재, 명예훼손, 모욕, 손실, 사고, 부상에 대한 원인과 책임, 개인 실 소유 재산에 대한 조사 • 민·형사상 재판, 중재위원회, 조사위원회에 사용될 증거에 대한 준비 • 개인의 신체나 생명의 위협에 대한 조사와 보호
영국	• 보험 회사 : 교통사고조사 또는 산재조사를 통한 보험금 부정취득 조사 • 기업 의뢰 : 인수·합병 등 제휴 예정 기업들의 신용조사 또는 직원 고용을 위한 배경조사 • 사무 변호사 의뢰 : 변호사가 담당하는 민·형사재판의 변론 자료가 되는 증거 정보수집, 증인·목격자 파악, 피고인 대상 법률문서 전달 • 실종자 추적 : 국내 및 해외의 정확한 현재 위치와 주소를 추적하여 정보를 제공 • 컴퓨터 복구 : 기계적 기술을 사용하여 손실되고 숨겨진 파일을 복구 및 추적
일본	• 불륜 조사 • 소행 조사 • 사람 찾기 파악 및 소재 파악 • 신용 조사 : 개인 및 기업 • 인연, 적정조사 • 사생활보호 조사 • 재판자료 수집 조사 • 각종 감정 조사

를 파악하는 것이 주요 업무이다.

　영국은 「민간경비 산업법」에 따라서 개인보다는 주로 보험회사, 기업의뢰, 변호사 등에 따른 업무이며, 보험회사에서는 교통사고 조사를 통하여 보험사기를 방지하고, 산업재해 조사로 부정한 방법으로 보험금을 취득하는가를 조사하고 증거를 수집한다. 사무 변호사 의뢰에서는 변호사가 담당하는 재판의 변론자료가 되는 증거와 정보를 수집하며, 개인의뢰 경우의 주로 실종자의 추적을 통하여 입양된 경로 또는 친부모에 대한 위치와 주소의 소재를 파악하는 등이 공인탐정의 업무이다.

　일본은 미행·잠복, 탐문 등에 의한 조사대상자의 행동이나 행선지를 파악하는 행동조사로 배우자, 애인의 이성 관계, 특정 인물의 행동이나 행선지 등의 조사와 증거확보를 하며 기업의 비밀누설이나 금품수수, 근무시간외의 취업유무, 횡령 등의 조기발견과 증거획득을 위한 소행조사를 업무영역으로 보고 있다. 사람 찾기 및 소재 파악으로 가출인·실종자·친구 등 특정인의 근무처 및 소재를 조사하는 업무와 개인 또는 기업에 대한 자산이나 부채, 거래처의 신용도, 재무상태, 부채회수 리스크 등의 신용조사를 하고 있으며 변호사 및 유자격자에 대한 연대에 따라 각종 증거를 취득하여 개인 및 기업의 다양한 소송문제 등에 대응하는 업무까지 포괄적으로 규정하고 있다.

　따라서 대부분의 외국에서는 탐정의 업무범위가 포괄적으로 공권력의 한계를 뒷받침해주는 역할로서 발전하고 있음을 알 수 있다. 한국에서도 탐정의 업무영역을 수사가 아닌 사실 확인의 조사의 범위까지는 인정하여야 한다고 보며 미아, 가출자, 실종자에 관련된 소재파악조사, 도난, 분실, 소재 확인, 의뢰인의 피해사실에 대한 조사, 재판에 관련된 해당 변호사로부터 의뢰받은 정보자료의 수집 등으로 업무를 규정하는 것이 바람직하다고 사료된다.

　특히 산업기술보호법상의 기술보호와 관련하여 기업차원에서 보면 사전에 이를 예방하기 위하여 필요한 조사, 전직 등에 의한 기술유출 혐의 조사, 재판과정에서 발생하는 입증 자료의 조사 등을 수행할 수 있도록 할 필요가 있다.

3) 자격요건

주요국가에서는 연령의 자격 요건을 미성년자가 아닌 만 18세 이상으로 규정하고, 범죄경력 증명서 및 신원증명 등 전과사실이 없는 사람으로 규정하여 범죄에 연루되어 있으면 절대 불가하도록 하였다.

또한 자격기준을 엄격히 다루며, 시험을 통하여 탐정의 자격을 인정하고 있다.

미국의 경우 연령은 만 18세 이상인 사람으로서 시민권자 또는 영주권자 확보 여부 등으로 규제하며, 범죄 경력이 있으면 탐정을 할 수 없다. 탐정회사는 영업 허가만 가지고 모든 탐정은 자격을 소유하여야 한다.

영국은 연령은 만 18세 이상인 사람으로서 신원증명서와 범죄경력증명서를 통하여 자격을 규제하고 있으며, 탐정으로 적합한 능력을 갖추기 위한 국가 면허국에서 발급하는 국가직업인증 단계를 거쳐 취득하여야 한다.

일본의 경우 신고만 하면 되고 별다른 자격요건을 요구하지 않지만 결격사유에 해당하여서는 안 되며, 그에 따른 의무와 벌칙이 적용된다.

표 8-12 외국의 탐정 자격요건 비교

국가	자격요건
미국	• 만 18세 이상 • 미 시민권자 또는 영주권자 • FBI 범죄경력 조회 • 자격시험을 통하여 선발
영국	• 만 18세 이상 • 범죄경력 증명서 및 신원증명서 • 국가직업인증 면허시험을 통하여 선발
일본	• 성년 피후견인, 피보좌인 또는 파산자로 복권되지 아니한 사람 • 금고 이상의 형에 처해지거나 법률 규정을 위반하여 벌금형에 처해져, 그 집행을 종료 또는 집행을 받지 않기로 한 날부터 기산하여 5년을 경과하지 아니한 사람 • 최근 5년간 영업정지 또는 금지에 의한 처분을 위반한 자 • 폭력단원 또는 폭력단원이 아닌 날로부터 5년을 경과하지 아니한 사람 • 영업에 관하여 성년자와 동일한 능력을 보유하지 않은 미성년자로 그 법정대리인이 결격사유 중 하나에 해당할 때 • 법인에 소속된 종업원 중 결격사유 중 하나에 해당하는 사람이 있을 때

한국의 「경비업법」을 살펴보면, 제10조(경비지도사 및 경비원의 결격사유) ① 만 18세 미만인 사람, 피성년후견인, 피한정후견인 ② 파산선고를 받고 복권되지 아니한 사람 ③ 금고 이상의 실형의 선고를 받고 그 집행이 종료되거나 집행이 면제된 날부터 5년이 지나지 아니한 사람 ④ 금고 이상의 형의 집행유예선고를 받고 그 유예기간 중에 있는 사람 ⑤ 「형법」, 「폭력행위 등 처벌에 관한 법률」, 「성폭력범죄의 처벌 등에 관한 특례법」, 「아동·청소년의 성보호에 관한 법률」 등의 범죄를 범하여 벌금형을 선고 받은 날부터 10년이 지나지 않았거나 금고 이상의 형을 선고받고 그 집행이 종료된 날 또는 집행이 유예·면제된 날부터 10년이 지나지 않은 사람 등으로 엄격히 규정하고 있다.

따라서 공인탐정제도를 국내에 도입 시 「경비업법」에 준하는 범죄 경력 사항을 적용하여야 하며, 국가 공인 자격시험을 통해 선발되도록 하여야 할 것이다.

제4절 민간조사제도 도입방안

1. 민간조사제도 법적현황

민간조사사업은 외국의 여러 나라에서 일반화되어 있지만, 아직까지 국내에서는 법제화되고 있지 않다.

민간조사사업을 제도화하기 위한 법률안은 17대 국회부터 제출되기 시작하여 20대 국회에 이르기까지 지속적으로 제출되었으며, 제출된 법률안들의 차이점은 민간조사사업에 관한 관리·감독 권한을 경찰청 또는 법무부의 이견으로 보고 있다.

국회의원이 발의한 법률안의 국회심사 진행 단계는 접수 후 위원회 심사를 거쳐 체계자구심사에서 다음 단계인 본회의 심의하고 정부 이송에서 통과 후 공포하여 발의하게 된다.

표 8-13 탐정에 관한 입법 법률안 현황

대표 발의	년도	법률안	소관위원회	법률안상 소관기관	심사경과
이상배	2005	민간조사업법안	행정자치 위원회	경찰청	임기만료 폐기
최재천	2006	민간조사업법안	소관위 미정	법무부	임기만료 폐기
이인기	2008	경비업법 일부 개정법률안	행정안전 위원회	경찰청	체계자구심사 중 임기만료 폐기
강성천	2009	민간조사업법안	법제사법 위원회	법무부	임기만료 폐기
윤재옥	2012	경비업법 전부개정 법률안	안전행정 위원회	경찰청	전체회의 상정 후 임기만료 폐기
송영근	2013	민간조사업에 관한 법률안	법제사법 위원회	법무부	전체회의 상정 후 임기만료 폐기
윤재옥	2015	민간조사업의 관리에 관한 법률안	안전행정 위원회	경찰청	임기만료 폐기
윤재옥	2016	공인탐정법안	안전행정 위원회	경찰청	위원회 심사 중
이완영	2017	공인탐정 및 공인탐정업에 관한 법률안	행정안전위원회	경찰청	위원회 심사 중

출처 : 국회 발의 법안, 재구성

2. 민간조사제도 도입방안

민간조사와 관련된 법령 및 제도는 아직 국내에서는 미비한 상태로 남아있으며 앞으로 민간조사영역의 확대를 위해서 해결하여야 할 큰 과제이다.

산업보안조사의 목적은 산업체의 중요한 보안사고 경위에 대한 실체적 진실규명과 함께 자산의 신속한 회수 및 재발방지에 중점을 두고 있다. 이러한 목적에 따라 주로 기업체 내에서 보안업무를 담당하는 부서가 직접적으로 조사하는 것을 원칙으로 하고 있지만 기업내부의 상황·여건이나 객관성 및 조사역량 등의 문제로 어려움을 겪고 있는 것이 현실이다.

특히, 증가하는 기술유출범죄사건에 있어서 '영업비밀'과 '침해행위'를 입증하기가 어려워 기술유출을 적발했더라도 처벌이 이뤄지는 비율은 매우 낮은 실정이다. 민간조사영역은 국가사법기관이 행하는 수사와 달리 조사활동에 있어서 여러 가지 제약을 받기에 대부분의 영업비밀 성립 입증을 중심으로 수사기관이 대응하고 있지만 실제 기소와 유죄 입증을 위해서는 기술유출자의 부정한 목적 입증이 필수이며 기업의 피해 및 범죄 고의성 등 기술유출사건에 대한 분석 및 판단이 필요하다. 이러한 분석과 판단에 있어 민간조사원이 사전관리로써 약정서 구비 및 임직원 관리를 강화하고 사후대응으로써 기술유출사건에 대한 회사자료 반출 여부 및 제삼자를 이용한 직·간접 유출 등 기술유출의 혐의를 확인하는 부분에 큰 기여를 할 수 있다.

이 외에도 기업에서 민간조사원이 기업 경영활동의 전반에 걸쳐 발생하는 비리 및 부정행위와 기술유출에 대한 컨설팅 및 교육·관리업무로 기술유출침해행위를 사전에 예방하고 방지할 수 있도록 하여야 하며, 조사를 위하여 필요한 전문적인 조사업무를 위임받아 수행할 수 있도록 민간조사제도를 법적근거로 마련하여야 한다.

이러한 민간조사제도의 발전방안으로는 다음과 같다.

첫째, 민간조사제도의 입법안을 독립법안으로 한다. 2008년 「경비업법 일부개정 법률안」과 2012년 「경비업법 전부개정 법률안」과 달리 민간조사제도의 제도적 안정성과 민간조사업의 전문성 및 건전성 확보에 초점을 맞출 수 있도록 민간조사에 관한 법률을 독립법안으로 하여 경제안보와 산업기술유출수사에 있어서 민간기업에서의 조사영역을 확대하는 동시에 부정적인 영향을 최소화하여야 할 것이다.

둘째, 민간조사원의 감독·관리기관을 일원화하여야 한다. 국가의 정보수사기관에서의 산업보안조사는 국가정보원(산업기밀보호센터), 검찰청, 경찰청, 군사안보지원사령부 등에서 실시하고 있기에 산업통상자원부, 중소벤처기업부, 대·중소기업 등과 연관성이나 협력체계가 구축된 기관에서 민간조사업무를 관리·감독하는 것이 조사업무에 효율적이며 통제성도 유리할 것이다.

셋째, 민간조사원 관련된 자격증 및 자격제도를 신설하여 민간조사 관련 업무 경력자의 전문성을 확보하여야 한다. 기술유출조사에 필요한 보안책임자 양성, 컨설턴트 고급, 디지털포렌식 등의 필수과목과 '산업보안관리자' 등 국내 산업보안 전문자격증 제도를 계속 육성하는 한편 민간조사원의 업무역량을 분석하여 자격제도를 신설하는 방안도 실시하여야 한다.

넷째, 민간조사의 업무범위는 소송관련 증거자료 수집업무와 보조적 업무로 구별하여 국내 기업의 상황과 현실에 맞도록 긍정적 형식의 업무보다는 구체적 업무 유형을 업무로서 ① 기술유출에 대한 피해사실의 사실정보조사 및 증거 수집 ② 기술보호 관련 시스템 구축 및 컨설팅 ③ 기밀누설·유출 및 산업스파이 조사업무 ④ 특정범죄에 대한 산업보안 유출 및 기업범죄, 보험범죄, 지적재산권(유사상표) 침해 등 위법행위 조사를 규정하여야 한다.

다섯째, 민간조사원의 전문 인력 양성을 위한 민·학·관의 협력으로 지속적인 상호 교류와 연구로써 도입발전을 위하여 전문대학 이상 과정에 민간조사 및 산업보안 전공을 새로 신설하여 맞춤형 전문 인력을 양성하는 것이 바람직하다. 기술의 발전에 따라 고도의 전문성을 지닌 산업보안인력은 대학원을 중심으로 산·관·학이 함께 양성하도록 할 필요가 있다. 또한 가칭 '민간조사원협회' 설립을 통하여 기업들의 다양한 요구와 기술유출방지에서 나타나는 어려운 점들을 개선하고 교육으로 기술보호를 강조하며, 상위 정보수사기관과의 상호협력체제와 정보 공유를 이루어 협회와 공권력 기관의 양측 모두의 역량이 발전할 수 있을 것이다.

제**9**장

산업보안조사의 개선 및 발전방안

09장 | 산업보안조사의 개선 및 발전방안

산업기술보호법에 따른 조사는 전통적인 의미에서의 행정조사에 해당하는 제
17조의 실태조사와 기술침해 행위를 조사하는 제15조의 산업보안조사로 구성되
어 있다. 여기에서는 우선 제17조의 실태조사와 관련한 행정조사의 개선방안을 제
시하고자 한다. 구체적으로 행정적 개선방안, 입법 동향과 개선방안, 사법적 차원의
처벌과 대응방안 그리고 보안정책 차원에서의 개선방안을 제시하고자 한다.

그런데 기술침해행위에 대한 조사는 전통적인 행정조사와 다르다. 사실상 형
사적 처벌을 전제로 조사한다는 차원에서 보면 전통적 의미의 행정조사법을 적
용하는 데 한계가 있다. 따라서 기존의 행정조사에서 논의가 되지 않았던 많은
쟁점들이 등장한다. 그 핵심은 기술침해 행위에 대한 산업보안조사가 결국 형사
적 절차인 수사로서의 성격을 지니기 때문이다. 문제는 조사와 수사, 자료와 증
거의 경계가 어딘가 하는 점이다. 따라서 영장주의, 수사, 단속, 고발권, 진술거
부권, 질문검사권, 위법수집증거 배제, 위법성의 승계 등의 문제가 등장한다. 여
기에서는 각각의 쟁점들이 산업보안조사에 어떻게 적용되어야 하고, 그 한계는
무엇인가를 검토하고자 한다. 물론 가장 좋은 해결방법은 법령으로 정하고, 이
를 제도화하는 것이다.

그리고 산업보안 전문 인력의 양성과 관련하여 기존의 교과과정을 분석하고
자 한다. 융합학문으로서의 산업보안 특성을 감안할 때 우수한 산업보안 인력의
양성이 산업기술 침해에 대처하는 가장 좋은 전략이기 때문이다.

1. 행정조사와 행정적 개선방안

1) 실태 평가

2017년, 정부가 행정조사기본법 실시 10주년을 계기로 조사한 보고서에 따라 그동안 제기되었던 문제점을 정리하면 다음과 같다.[1] 첫째, 법적근거 없이 조사를 실시하거나 법적근거만 있고 조사를 미실시하는 경우다. 법령에 실시근거가 없거나 위임근거 없이 실시하고 있는 사례가 있었다. 예를 들면 국유특허 무상실시 실적을 특허청에 제출하도록 하고 있지만 국유특허를 무상으로 사용하고 있는 기업을 대상으로 실시하는 강제성 있는 조사의 근거가 법령에 없었다. 또한 일부 행정조사는 최근 3년간 전혀 실시하지 아니하였다. 예를 들면 기재부의 귀속재산 관리 조사는 일제강점기 일본인 소유재산 관리를 위한 귀속 재산 조사에 관련된 사항인데, 1964년 이후 조사 실적이 전무한 사문화된 조사였다.

둘째, 과도한 자료를 요구하거나 종이문서로만 제출을 요구하는 경우다. 자료제출 항목이 과도한 조사도 있었고, 종이문서로만 제출토록 하여 정보통신망 활용이 불가한 경우도 있었다. 국토부의 건설 산업정보 종합관리를 위한 자료제출과 관련하여, 건설업자는 매 건설공사 시 건설 산업 종합정보망에 140여 개 항목을 입력하고, 내용을 변경할 경우 수정하도록 하였다. 일부 행정조사는 유사한 내용이 부처 내·부처 간에 중복 실시되고 있었다. 관세청의 경우 특허 보세구역 운영상황 점검과 자율관리보세구역 운영 적정성 심사와 관련하여, 특허 보세구역 중 자율관리보세구역으로 지정된 경우 매년 1월에 특허보세와 4월에 자율 관리보세의 운영 자료를 제출하여야 하지만 조사내용인 재고현황 등이 중복되고 있었다.

셋째, 조사요건이 불명확하거나 조사의 사전통지가 미흡한 경우다. 행정조사

---

1 이하의 내용은 국무조정실, 국민불편 부담경감을 위한 행정조사 혁신방안, 2017. 12, pp.1 – 35를 참조하여 작성한 것임.

는 필요 최소한의 범위에서 실시되어야 하나 조사개시 요건이 포괄·추상적으로 규정되어 조사남용의 우려가 있다. 예를 들면 고용부의 공인노무사회에 대한 지도·감독과 관련하여, 고용부장관이 공인노무사회를 대상으로 실시하는 '보고·자료제출 지시, 출입검사' 요건이 '감독상 필요한 경우'로 규정되어 있어 임의로 조사실시가 가능하다. 문제는 행정조사의 시기·내용 예측 등을 할 수 없는 것이다. 그리고 조사 전 사전통지를 하지 않거나 조사개시에 임박하여 통보하는 등 사전통지 기간인 7일전 통보라는 절차 요건을 준수하지 않았다.

넷째, 신규 행정조사에 대한 통제가 미흡한 경우다. 행정조사가 지속적으로 확대되고 있으나 신설된 행정조사에 대한 심사절차가 없는 등의 문제점이 지적되었다. 결국 행정조사가 행정 부담이 된다는 점을 현실적 문제점을 직시한 정책적 조치라고 할 수 있다.[2]

2) 주요 개선 방향

정부는 행정조사의 정비방향으로 다음과 같이 정리하였다. ① 행정조사 실시주기 완화 및 불요불급한 조사를 폐지·축소하도록 한다. 즉, 조사 실시주기 완화·조정, 실효성 없는 조사 폐지, 공동 행정조사를 실시하도록 하였다. ② 국민·중소기업 편익중심으로 조사방식을 개선 및 간소화하도록 하였다. 즉 행정조사 항목 축소, 전자문서도 가능, 조사대상자 편익 중심으로 방식 개선하였다. ③ 행정조사의 근거·요건·절차를 구체화하였다. 즉, 행정조사를 근거 법령에 명시하고 포괄적 조사개시 요건을 구체적으로 규정하도록 하였으며, 행정조사기본법에 따른 사전통지 절차를 준수하도록 하였다. ④ 행정조사 점검·평가 등 사전·사후 관리를 강화하도록 하였다. 즉 신설 행정조사의 적정성을 심사하고, 기존 조사 점검·평가를 강화하도록 하였다. 결과적으로 175건의 행정조사를 정비하였고, 구체적으로 폐지 5건과 개선 170건을 하도록 하였다.

---

2 행정조사의 문제점으로 과도한 재량권, 불투명성, 전문성 결여, 형식화, 권리보호 미흡 등이 거론된다. 김신·최진식, 행정부담 감축을 위한 행정조사 개선방안 연구, 현대사회와 쟁점, 2015, pp.303−305.

표 9-1

구 분		정 비	합 계
조사 폐지		5건	5건
개 선	실시주기 완화·조정	6건	170건 (중복 17건 제외)
	개별 행정조사 → 공동 행정조사 실시	15건	
	행정조사 항목 축소	9건	
	종이문서만 허용 → 전자문서도 가능	26건	
	조사대상자 편익 중심으로 방식 개선	7건	
	행정조사 근거 법령에 명시	15건	
	포괄적 조사개시 요건 → 구체적으로 규정	59건	
	사전통지 강화	50건	

자료 : 국무조정실, 국민 불편 부담경감을 위한 행정조사 혁신방안, 2017. 12., pp.1-35.

3) 구체적 정비 방안

정부는 구체적인 정비방안으로 다음과 같은 조치를 실시하였다. 첫째, 주·월·분기별로 실시되는 6건의 행정조사는 조사주기를 반기 이상으로 완화하도록 하였다. 화물운송 실적자료 제출(국토부)과 관련하여, 화물운송사업자가 운송실적(운송의무 확인)을 국토부에 제출하는 주기를 분기에서 연간으로 조정하여 영세업자의 부담을 완화하였다. 다만 '소비자 물가조사'(월별) 등 국가통계조사 또는 안전관리를 위한 조사는 분기 이내의 현행 조사주기를 유지하였다.

둘째, 실시근거가 없거나 운영 실적이 미흡한 행정조사 중 실효성이 없는 3건의 행정조사는 완전 폐지하고, 유사한 행정조사가 있는 경우 통합·대체하도록 하였다. 기재부의 귀속재산 관리 조사와 관련하여서는, 일제강점기 일본인 소유 귀속재산의 처리 완료로 조사 대상이 없어 행정조사 존치 필요성이 상실되었다. 관세청의 통관고유부호 등록사항 조사의 경우 조사 실적이 없고, 국세청 전산을 통한 수시확인이 가능하기 때문에 폐지하였다. 다만 실적이 없는 조사 중 '주차장 관리자·검사기관 보고·검사' 등은 향후 법위반시 조치, 사고 예방·대응 등을 위하여 존치하였다.

셋째, 동일 조사대상자에게 실시되는 유사한 행정조사나 통합·폐지가 곤란한 경우에는 공동으로 실시하도록 하여, 15건의 중복조사를 해소하였다. 특허보세구역 운영상황 점검(관세청)과 자율관리보세구역 운영 적정성 심사(관세청)의 경우에는 향후 '특허보세구역 운영자료'와 '자율관리보세구역 운영자료'를 1회 공동 제출하도록 개선하였다. 현행 유해화학물질 취급 연구실은 향후 과기부 점검대상 연구실의 같은 점검결과를 활용하고 환경부 검사대상에서 제외하도록 하였다.

다른 한편으로 행정조사 간소화 및 조사방식의 개선을 추진하고 있다. 첫째, 중복·불필요한 자료 등을 조사항목에서 제외하도록 하고 있다. 의료기기 생산 및 수출·수입·수리실적 보고(식약처)의 경우 의료기기업체는 매년 식약처장에 의료기기 생산·수입량, 생산·수입단가, 생산·수입금액 등을 보고하도록 하였으나 의료기기 유통실태 파악 목적에 직접 관련이 없는 '생산·수입단가' 항목을 삭제하도록 개선하였다.

둘째, 자료제출 방식으로는 종이문서만 허용했던 행정조사를 전자문서로도 가능하도록 개선하였다. 유해화학물질 영업자 관리감독(환경부)의 경우 유해화학물질 취급시설 설치·운영 사업자는 수백에서 수천 페이지의 '화학사고 장외영향평가서'와 '위해관리계획서'를 각각 인쇄물로 환경부장관에 제출해야 하였으나 전자문서도 허용하였다. 다만 '분양보증 이행방법 조사' 등 전자문서로는 진위 확인이 어렵거나 개인정보 유출 우려가 있는 경우 종이문서만 허용하도록 하였다.

셋째, 조사대상자의 편익이 확대되도록 조사방식을 개선하고, 조사 전 사전검토를 통해 조사대상자를 축소하였다. 다중이용시설 실내 공기질 측정결과 보고(환경부)의 경우 다중이용시설 소유자는 시설종류별로 상반기(대규모 점포, 영화관, 목욕장 등)와 하반기(의료기관, 어린이집, 체육시설 등)에 실내 공기질을 측정·보고하도록 되어 있다. 그러나 동일건물에 측정시기가 다른 시설이 있는 경우 연 2회 측정하도록 하였지만 측정시기가 다른 2개 이상 시설 소유자에 대해서는 연 1회로 통합 측정하도록 개선하였다.

4) 행정조사 요건 및 관리강화 방안

정부는 행정조사의 정비방안과 관련하여, 행정조사의 요건 및 관리강화 방안을 구체화하였다. 첫째, 법령에 실시·위임 근거가 없는 행정조사 중 존치가 필요한 경우는 소관 법령에 근거를 명확하게 규정하도록 하였다. 공공하수도 관리대행업 지도점검(환경부)의 경우 환경부가 하수도 관리대행업 점검을 실시하고 있으나 법령이 아닌 환경부 행정규칙(공공하수도 관리대행업 등록관리 업무처리지침)에 따라 실시하고 있었다. 이에 「하수도법 시행령」에 조사근거를 신설하도록 하였다. 문화산업전문회사 감독·검사(문체부)의 경우 문화산업전문회사에 대한 자료제출 요구 및 조사업무는 문체부장관의 직무이나 위임근거 없이 한국콘텐츠진흥원에서 수행하고 있었다. 이에 조사 위임근거를 「문화산업기본법」에 규정하도록 하였다.

둘째, 조사개시 요건이 포괄적으로 규정된 행정조사는 근거법령을 개정하여 요건을 구체적으로 규정하도록 하였다. 'ㅇㅇ사업 안전관리를 위하여', '이법 ㅇㅇ조 위반 여부 등의 확인을 위하여', '법령에 적합한 시설 설치·유지·관리 확인을 위하여' 등으로 조사 목적·대상·내용을 구체적으로 명시하도록 하였다. 다만 사건·사고 대응 및 주요정책 수립을 위한 참고조사 등 사전에 요건을 특정하기 어려운 조사는 포괄적 요건을 유지하도록 하였다.

셋째, 사전통지 예외 요건을 '증거인멸 우려, 지정 통계조사'로 제한적 적용하고, 그 외의 50건의 행정조사는 7일전 사전통지 절차를 준수하도록 하였다. 행정조사기본법 17조(사전통지 예외)는 미리 통지 시 증거인멸의 우려가 있는 경우, 지정통계 작성을 위한 조사의 경우, 조사대상자의 자발적인 협조로 실시되는 조사의 경우에 예외를 인정하고 있다. 행정조사기본법에 따라 조사개시 7일전까지 서면 통지하도록 하였다. 또한 전통시장·상점가 점포경영 실태조사(중기부)의 경우 조사당일 협조공문 등을 통해 조사 참여를 요청하였으나 행정조사기본법에 따라 7일 전까지 사전통지를 하도록 하였다. 다만 사전통지 시 증거인멸 등으로 인하여 조사의 실효성이 저해될 수 있는 조사는 사전통지 예외를 허용하였다.

한편 정부는 행정조사의 관리를 강화하겠다는 방침이다. 첫째, 2018년부터 행정조사 신설을 위한 법령 제·개정 시 규제심사 단계에서 행정조사 적정성 심사를 실시하도록 하였다. 행정조사 근거, 요건, 기존 행정조사와 중복여부, 조사절차 준수 여부 등을 엄격하게 검토 후 신설여부 결정하게 된다. 둘째, 2018년부터 '불편·부당 행정조사 신고센터'를 설치·운영(규제개혁신문고내)하여, 국민들의 행정조사 불편 신고 시 규제개선과 동일하게 '부처답변 → 소명 → 개선권고'의

3단계 검토(3심제)를 하도록 하였다. 그리고 부처가 제출한 '행정조사 운영계획'에 대한 연말 확인·점검을 강화하고, 규제개혁에 대한 평가 시 행정조사 정비·관리실적을 반영하도록 하였다. 향후 격년 주기로 기존규제 전수에 대한 점검·정비를 계속할 예정이다.

2. 입법동향과 입법적 개선방안

1) 입법 동향

「행정조사기본법」은 개인 혹은 기업을 대상으로 실시하는 모든 조사활동에서 피조사자의 권익 보호 등을 위하여 지켜야 할 포괄적 원칙을 규정하고 있으나, 법률이 제정된 이후 사회·기술 변화에 맞추어 개정이 이루어지지 못하고 있을 뿐만 아니라 피조사자의 권익 보호 기능도 미흡하다는 지적이 있었다. 이에 사회·기술 변화에 맞추어 피조사자의 권익을 더욱 두텁게 보호하여 국민 중심 행정조사 절차의 합리화를 도모하고자 입법 개정안을 제출하였다.[3] 국회가 입법적으로 개정 혹은 보완해야 할 사항으로 제시한 법률안의 내용은 다음과 같다.

2) 개정 방안

(1) 행정조사기본법의 적용 확대

행정조사기본법의 적용 제외사항인 조세·금융 감독기관의 감독·검사·조사 및 감리에 관한 사항, 공정거래위원회의 법률위반 행위 조사에 관한 사항을 삭제하여 행정조사기본법에 따라 적용받도록 하자는 것이다(제3조 제2항, 제6호·제7호 삭제 등).

(2) 비밀유지 의무 확대

행정조사기본법의 조사원에 대하여 조사권 남용 금지 및 비밀유지 의무를 부

---

3 이하의 1)−6)의 개정안에 대해서는 행정조사기본법 일부개정 법률안(김종석 의원 등 12인), 2019.
    3. 13. 참조.

여하고, 의무 위반 시 2년 이하의 징역 또는 2천만 원 이하의 벌금에 처하도록
한다(안 제4조의2 및 제30조 신설).

(3) 행정조사 연기와 확대

출석·진술요구서, 보고요구서·자료제출요구서 및 현장조사 문서에 행정조사
의 연기신청을 할 수 있다는 사실과 그 방법을 규정하도록 한다. 그리고 자발적
협조에 따른 행정조사의 경우 행정조사를 거부할 수 있다는 사실과 그 방법 등
을 기재하도록 규정한다(안 제9조제1항, 제10조제1항·제2항).

(4) 이의신청

보고요구 또는 자료제출요구가 절차를 위반하거나 다른 법령에서 보호되는
권리 또는 이익을 침해한다고 인정되는 경우에는 해당 행정기관의 장에게 이의
신청을 할 수 있고, 행정기관의 장은 이의신청을 받은 날부터 7일 이내에 결정
하여 그 결과를 조사대상자에게 지체 없이 통지하도록 한다(안 제10조제3항부터 제
5항까지 신설).

(5) 영치와 손실보상

행정기관이 조사를 위하여 시료를 채취할 때 시료의 소유자 등에게 서면으로
확인을 받을 의무를 규정하고, 자료 등을 영치하는 경우 반환에 따른 확인서를
교부하도록 하며 영치 행위로 조사대상자에게 피해를 입혔을 때는 행정기관이
그 손실을 보상하도록 한다(안 제12조제2항 및 제13조제5항 신설 등).

(6) 개별 조사 계획

유사 또는 동일한 조사대상에 대하여 행정조사를 하려는 행정기관의 장 또는
개별 조사 계획을 실시하려는 행정기관의 장은 다른 법령에 따라 조사권한을 보
유한 행정기관의 장에게 공동조사를 요청할 수 있도록 하고, 개별 조사 계획에
대한 의견을 묻도록 한다(안 제14조제2항 및 제16조제3항 신설).

(7) 자료제출 대상 확대와 반환

현행법에 따르면 행정기관의 장은 조사대상자에게 장부·서류나 그 밖의 자

료 제출을 요구할 수 있고, 현장조사의 경우에는 조사대상자 또는 그 대리인의 입회 하에 자료·서류·물건 등을 영치할 수 있으나 그 외의 경우 행정조사 과정의 물건 제출에 관한 규정이 없다. 이에 행정기관의 장이 행정조사에 관계가 있다고 인정할 수 있는 것에 한하여 물건의 제출을 요구할 수 있도록 하고, 이 경우 제출요구서를 미리 발송하도록 하며, 행정조사의 목적이 달성된 경우 등에는 그 물건을 즉시 반환하도록 할 필요가 있다고 한다.

또한 이동통신 단말장치 등 개인정보 및 사생활 보호의 필요가 있는 것으로서 대통령령으로 정하는 물건의 제출을 요구하는 것은 금지하되 물건의 제출 없이는 행정조사의 목적을 달성할 수 없다고 판단되는 경우 등 특별한 사유가 있는 경우 예외적으로 허용하도록 함으로써 공정한 절차에 따라 행정조사가 이루어지도록 한다(법안 제10조의2 신설).[4]

3. 형사적 절차와 대응방안

1) 재판의 현황과 쟁점

(1) 범죄사실 인지 및 입증 자료의 한계

기술유출 사건은 고도의 기술적 내용이 범죄의 대상이므로 조사관은 해당 첨단기술에 대한 충분한 이해가 있어야 한다. 또한 대부분의 정보 및 증거자료가 디지털화되어 있기 때문에 정보통신기술에 대한 깊은 이해도가 필요하다. 신기술의 경우 기술의 중요성이나 가치에 대한 평가가 곤란하고, 범행 수법의 고도화로 초기단계에서의 기술침해 행위를 적발하기 어려운 상황이다. 따라서 산업기술 및 연구성과물 유출 등 보안사고 발생을 인지하였을 때에는 사전에 수립된 기술유출 대응 계획에 따라 신속하게 조치를 취하여야 한다. 중소기업벤처부의 기술유출 사고 감지 시간분석에 의하면 중소기업의 경우 기술유출 사고 발생 후에 1년 이상의 시간이 지나서야 알게 되었다는 응답이 29.4%에 달한다.[5]

---

4 행정조사기본법 일부개정 법률안(최교일 의원 등 10인), 2019. 5. 28.
5 김재수, "기술유출 시나리오 설계를 위한 기술유출 행위 위험도 분석 연구", 중앙대학교 대학원 박사 논문, 2019. 8.

부정경쟁방지법에서 '영업비밀'이라 함은 공연히 알려져 있지 않고 독립된 경제적 가치를 가지는 것으로서, 비밀로 관리된 생산방법·판매방법 기타 영업활동에 유용한 기술상 또는 경영상의 정보를 말한다. 따라서 영업비밀로 인정되기 위해서는 비공지성, 경제적 유용성, 비밀관리성의 요건을 모두 충족하여야 한다. 그런데 기술유출사건에 대하여 판결에서 보듯이 피고인들은 법정에서 유출된 자료의 영업비밀 여부에 대해 집중적으로 다툰다. 그리고 그 주장내용도 유출된 자료가 이미 일반에 공개된 것이고, 독립된 경제적 가치가 없으며, 피해회사에서 비밀관리가 없다는 등 영업비밀의 요건 전부에 대해 다툰다. 특히 피혐의자들이 수사단계에서는 유출된 자료가 영업비밀이라는 사실을 인정한 경우에도 정작 법정에서는 영업비밀에 해당하는지 여부를 다투는 경우가 대부분이다. 따라서 수사과정에서 영업비밀 여부와 관계없이 피혐의자들이 법정에서 영업비밀의 모든 요건을 다툴 것이라는 전제하에 유출 자료의 비공지성, 경제적 유용성, 비밀관리성 충족 여부를 세밀히 검토한 후 각 요건에 대한 충분한 증거를 확보해야 한다.

　　피혐의자들은 영업비밀 관련 자료가 피의자의 주거지 컴퓨터 등에서 발견되더라도 집에서 업무를 수행하기 위하여 백업을 해둔 것이라는 취지의 주장을 하면서 범행을 부인하는 경우가 많다. 피혐의자가 범의를 부인하는 경우에는 결국 간접증거 또는 정황증거를 충분히 확보하여 이를 입증할 수 밖에 없다. 따라서 피해회사를 상대로 피혐의자가 집에서도 업무를 수행할 필요가 있었는지, 압수된 자료들이 피혐의자의 업무수행과 관계가 있는지, 컴퓨터에 저장된 시점에도 관련 업무를 수행하고 있었는지 등을 확인할 필요가 있다. 통상 퇴직을 하는 경우 수개월 전부터 전직 업체를 알아보고 신변을 정리하므로 인력 중개업체 등에 확인하여 이력서를 제출한 시점, 헤드헌터와 면접을 한 시점을 확보하고, 전직업체에 지원서를 제출한 시점, 입사 면접을 한 시점 등을 확인할 필요도 있다. 수사단계에서는 순순히 범행을 자백한 피혐의자라도 법정에서는 범행을 부인하면서 수사기관에서의 자백이 공포심, 유혹 등에 의한 자백이라고 주장하는 경우가 자주 있다. 특히 기술유출 사건의 경우 피의자들이 경제력 있는 대형 회사의 연구원 또는 회사 운영자들이어서 대형 로펌을 변호인으로 선임하는 경우가 많다. 변호인들은 피의자 신문 조서의 증거능력과 자백의 임의성, 신빙성 등을 쟁점화하고 있다.

(2) 재판기준과 기술유출의 특성[6]

2017년도 검찰처분내역[7]에 의하면 부정경쟁방지법 위반 혐의자의 87%가 기소유예, 공소권 없음, 무혐의처분을 받았다. 중소벤처기업부, 특허청은 비밀유지각서·전직금지약정서 표준 양식 배포, 보안컨설팅 운영, 기술임치제도 등 중소기업의 영업비밀 관리를 위한 제도를 다수 운영하고 있다. 그러나 이러한 제도들을 이용하여 영업비밀 관리를 했던 기업들도 실제 영업비밀 침해를 당하는 경우, 법원으로부터 영업비밀로 인정받지 못하는 경우가 많다. 퇴사자는 영업 비밀을 침해하는 경우 퇴사전 대용량으로 파일을 다운로드받거나, 메일로 발송하거나, 경쟁회사와 메일로 연락을 하므로 이러한 자료를 반드시 확보해야 한다.

그러나 법원의 영업비밀 침해 혐의자에 대한 메일 수색영장의 요건은 매우 엄격하여 메일을 제목 등으로 특정하여 극히 일부 메일에 대해서만 영장이 발부되기 때문에 증거확보가 어려운 것이 현실이다. 법원은 근로자의 직업선택의 자유, 개인정보보호를 중시하는 경향이 강하기 때문에 피해기업으로 기본적인 인적관리가 어렵고, 피해가 발생했을 때 무거운 입증책임을 부담하게 된다. 개인이 증거 수집을 하기도 어려울 뿐만 아니라, 어렵게 증거 수집을 하더라도 법원이 영업비밀의 비밀관리요건을 엄격하게 취급하기 때문에 영업 비밀로 인정받기어렵다. 해당 기업이 비밀관리요건을 충족시킨다고 하더라도 기업의 비용과 노하우가 투하된 기술을 근로자의 지식·경험으로 해석하고 영업비밀로 보지 않는 경우가 많다. 엄격한 법원의 판례기준이 완화되지 않는 한 비밀 관리성과 관련하여 법률이 개정된 사실만으로는 기업의 영업비밀 인정요건이 완화되었다고 보기 어렵다.

재판의 장기화도 문제이다. 검찰은 A 사건에서 2012년 6월, 국가가 전체적으로 엄청난 경제적 타격이 예상된다며 3명을 구속하고 나머지 3명을 불구속 기소했다. 해당기업도 양벌규정에 따라 함께 기소하였다. 그리고 확정판결이 나오기까지 8년이 걸렸다.[8] 그러나 부정한 목적이 있다고 볼 수 없다는 점과 불법적인 용도로 사용했다는 증거가 부족하다고 하여 무죄를 선고하였다.

---

6 중소기업 기술보호를 위한 공동 학술대회, 2019(김지영 변호사 발표문 인용)
7 영업비밀수사실무자료 p.34(서울중앙지검 이치현 검사)
8 http://news.zum.com/articles/46481352(이투데이 기사). 대법원 2015도464.

(3) 양형 문제

최근 3년간 기술유출 재판 결과[9](2015~2017년)는 집행유예(54.4%), 벌금 (34.9%), 징역(2.9%), 무죄(6.8%), 선고유예(1.0%)로 이루어졌다. 이와 같이 형사처벌이 어려웠던 이유는 중소기업이 기술 개발에만 치중하고 영업비밀로서의 관리는 부재하였다고 할 수 있으며 특히 퇴사 시 영업비밀 유출행위는 단순유출로 판단하여 취득, 사용, 공개에 해당이 되지 않았으나 2019. 7. 9. 자로 개정된 부정경쟁방지 및 영업비밀보호에 관한법률 제18조①항 나항, 다항에 의해서 처벌받을 수 있게 되었다.

첨단기술 유출사건은 그 결과가 매우 중대하여 엄정하게 대처할 필요가 있음에도 법원에서는 피고인들이 거의 대부분 초범이고, 고학력자로서 전도유망한 인재들인 점 등을 고려하여 온정적인 판결을 하는 경향이 있다. 따라서 수사단계에서부터 충분한 양형자료를 확보하여 수사기록에 편철하고, 공판단계에서 피해자로 하여금 유출기술의 중요성, 범죄 피해의 심각성 등에 대하여 증언할 기회를 제공함으로써 죄질에 상응한 처벌이 이루어질 수 있도록 할 필요가 있다. 특히 유출된 기술의 중요성에 관한 자료뿐만 아니라 언론에서 기술유출범죄의 심각성을 강조하거나 기술유출사범에 대한 처벌이 솜방망이에 그쳐 문제가 있다는 취지의 언론보도 기사 등을 수사기록에 편철하여 판사로 하여금 냉정한 입장에서 적정한 형량을 선고하도록 유도할 필요가 있다.

2) 기술침해 대책과 개선방안

(1) 전문가 양성

산업보안조사는 일반 형사사건 조사와 달리 명백한 증거를 확보하여야 하는 고도의 전문성을 필요로 하는 조사이다. 조사활동에는 변호사 등 법률가뿐만 아니라 디지털 포렌식 전문가 등 첨단과학 분야의 종사자들이 있어야 효과적인 조사활동이 이루어질 수 있다. 현재 정보·수사기관에는 산업보안 조사를 수행할 전문인력이 부족하므로 인력 양성이 시급하다. 검찰·경찰 등 정보수사기관 관계자들은 최소한 국가공인자격 산업보안관리사 자격증을 취득하도록 하여야만 한다.

---

9 경찰청 자료

경찰청은 산업보안전문인력 양성을 위하여 기술유출수사분야 근무 조사인력에 대해 산업보안 관리사 자격 취득을 지원하고 있다. 대학 차원에서 보면 대학에서의 "산업보안학과" 확대와 함께 전문적인 산업보안인력 양성을 위한 대학원 지원제도가 정부의 적극적인 정책의지로 더 확대되고 있다. 산·학·연·관이 산업보안 전문인력의 양성과 활용에 적극 나서야 한다.

(2) 징벌적 손해배상 제도

기술유출 수사 시 가해기업에 대한 형사 처벌 뿐만 아니라 외국처럼 민사 손해배상 책임을 대폭 강화해야만 한다. 2011년 하도급법에서 3배 이상 배상제도가 도입된 이후 현재까지 특허법, 부정경쟁방지법, 대중소기업 상생법 등을 포함한 16개 법률에 명시되어 있다. 하지만, 현재까지 실적이 저조하다. 단 1건만 1.5배 배상이 인정된 사례가 있을 뿐이다.

2019년 개정된 산업기술보호법에서는 국가핵심기술을 무단 도용하거나 유출하면 최대 3배까지 배상토록 한 징벌적 손해배상제도가 도입되었다. 향후 국내 기술보호에 큰 도움이 될 것으로 기대한다.

(3) 화이트칼라 기술범죄 대책

산업보안 범죄혐의자는 연구원, 전문적 기술보유자, 경영상의 핵심인력들이다. 전형적 화이트칼라 범죄로서 범행에 대한 죄의식이 결여되어 있으며, 범행 대상은 고도로 축적된 고부가가치의 지식재산권이다. 범행과 증거인멸이 용이하고 한 번의 클릭으로 영업비밀의 복사, 증거파일의 삭제가 가능하다. 특히 수사보안이 지켜지지 않으면 증거인멸이 용이하다. 그 결과 곧바로 기업의 존망 위기와 국부의 유출로 이어진다. 화이트 칼라에 의한 범죄행위는 지능적이고 교묘한 방법을 동원하여 행하기 때문에 보안위험의 감지가 매우 어렵다. 따라서 화이트 칼라 조직 구성원이 행하는 행위를 심층적으로 분석하여 이에 대비하는 전략이 필요하다.

(4) 유출기법의 첨단화 대응

기술유출은 절도나 절취와 같은 전통적인 수법은 물론 데이터, 설계도 등 기술자료 원본 파일을 복제한 후 이메일·메신저나 초소형 고용량 저장장치 등을 이용하는 등 유출기법이 첨단화 고도화되고 신속하게 이루어지고 있다. 초동조치의 신속성과 적절성 여부에 따라 유출 공개행위를 차단할 수 있거나 2차적인 유출 피해를 줄일 수 있으며 재발 방지 차원에서 실행하는 법적인 대응방안도 다르게 하여야만 한다.

(5) 외국 수사기관과 공조체계 확립

해외와 연계된 기술유출사건은 대상자가 외국인이거나 내국인의 장기간 해외 도피시 처벌에 제약이 있는 등 사법처리에 어려움이 많다. 중국 등 기술유출 대상국들은 혐의자에 대한 신병처리 요구에도 자국인 보호 차원에서 증거 불분명이나 대상자 소재 파악 불분명 등의 사유로 수사에 비협조적인 경우가 다반사이다. 그러므로 일반적으로 기술유출 사건에서 외국인 혐의자에 대해서는 기소중지 등으로 종결 처리되고 있는 것이 현실이다. 점점 전문화·조직화·국제화 되어가는 해외기술유출 범죄에 효과적으로 대응하기 위해서는 국제협력 네트워크를 강화하는 등 외국 수사기관과의 공조수사체제를 더욱 활성화하여야 한다.

4. 보안정책과 제도 개선방안

1) 제도개선의 필요성

산업스파이에 의한 산업기술의 유출이 기업에 미치는 경제적인 영향은 유출된 기술 및 정보의 가치에 비례한다. 중요한 가치의 기술 및 정보가 유출되면 ① 해당 기술로 인해 발생할 수 있는 세계시장 선점기회와 경영상의 이윤창출 기회 상실 등 피해를 입을 수 있다. ② 연구개발(R&D)에 많은 시간과 예산을 투입했지만, 그 성과물이 경쟁기업 등에 유출되면 기업혁신에 부정적인 영향을 미친다. ③ 기술유출 사건이 발생하면 대외 신뢰도가 떨어지고 평판이 나빠져서 고객이나 거래처를 잃을 수 있어 경영이 악화될 수 있다. 이외에도 기업은 핵심 기술 및 정보가 유출로 인하여 다양한 치명적인 영향을 입을 수 있다.

따라서 기업·연구기관·대학 등 산업기술 관련 대상기관에서 산업기술 유출 및 침해 등 보안사고가 발생하였을 경우, 민·형사적 대응조치가 완료되면 제도적인 재발방지 활동이 필요하다. 산업기술의 유출 및 침해는 부단한 노력이 없는 한 언제든 또 발생할 가능성이 있으므로 보안사고 및 대응과정에 대한 내용을 육하원칙에 따라 문서화하여 추후 유사 사고가 발생하지 않도록 회사 보안정책 및 프로세스에 반영하여야 한다.

기술유출 사고분석 및 평가를 통하여 기술유출 사고 발생과 관련된 관리적·기술적 보안시스템을 재검토하는 등 과정을 통한 제도적 개선이 필요하다. 주요 제도적 개선방안으로는 보안정책 및 보안규정 개정, 보안업무추진계획 수립, 보안점검 및 보안감사 수행, 보안교육 등을 들 수 있다.

2) 보안정책 및 보안규정의 개정

기업이 영속성을 가지고 발전하기 위해서는 연구개발을 거쳐 신제품을 생산·판매하여 이윤을 창출하여야 한다. 그리고 그러한 이윤창출 구조가 지속되도록 핵심자산을 보호하는 체계적인 보안활동이 필요하다. 따라서 기술유출 사건이 유사 또는 동일한 유형으로 계속 발생하고 있다면 보안정책을 검토하여 개선하여야 한다.

보안정책의 개선을 통하여 기업이 핵심 기술자산과 영업비밀을 어떻게 분류하고 어떤 방식으로 어느 수준에서 보호할 것인가를 결정하여야 한다. 보안정책은 CEO 등 경영진과 보안책임자(CSO)가 기업의 비즈니스적 경영상황과 취약한 보안환경 등을 고려하여 합리적이고 실질적인 방향으로 결정하는 것이 바람직하다. 그리고 보안정책을 반영하여 보안업무규정을 제정 또는 개정하여야 한다. 제정된 보안업무 규정은 전 임직원에게 배포하여, 규정에 따라 보안업무를 수행할 수 있도록 교육 등으로 보안의식을 높여가야 한다.

보안관리 규정은 기업의 정보자산을 보호하기 위한 가장 기본이 되는 것이므로 보안규정 제·개정 시에는 다음과 같은 사항을 고려하여야 한다.[10] ① 내용이 모호해서는 안 되며, 표현이 정확하여야 한다. ② 선언적이기 보다는 구체적인 실행이 가능하여야 한다. ③ 보안관리 규정은 주기적으로 개정하여야 하며, 개정이 되었을 경우 모든 임직원에게 그 내용을 공지하여야 한다. ④ 보안규정을 적용함에 있어 만들어지는 지침과 절차의 경우에도 임직원들이 그 내용을 인지할 수 있도록 조치하여야 한다.

---

10 산업통상자원부, 한국산업기술보호협회, 산업기술보호지침 및 매뉴얼, 2017. 2. p.111

3) 보안업무추진계획 수립

기업·연구기관·대학은 자체 보안정책 및 보안업무규정에 따라 중·장기 보안업무추진계획을 수립·시행하고 있는데, 보안업무추진계획에는 실무수행단계에서 기관 전체를 대상으로 보안점검을 실시하여 보안 취약점 및 대책방안을 반영하여야 한다.

매년 작성하는 연간보안업무추진계획은 중·장기 보안업무추진계획을 토대로 분야별 보안업무 추진목적에 따라 월별 보안업무세부추진계획을 작성하여 추진한다. 보안업무추진계획에는 기술유출 보안사고 처리결과를 토대로 취약점을 분석하여 '기술유출 보안사고 발생 시 대응방안'을 포함하고 있어야 한다. 특히 대상기관은 국내외 기술유출 및 연구결과물 유출사례를 조사·분석하여 국가핵심기술 및 영업비밀, 연구개발 결과물 등의 유출사고에 대비하는 구체적 보안사고 대응계획(지침) 또는 대응매뉴얼을 마련하고 있어야 한다. 대상기관은 산업기술 유출 사고가 발생하였을 경우 각 분야별 담당자가 대응절차 및 매뉴얼에 따라 신속하고 정확하게 대응함으로써 피해를 최소화할 수 있다.

TIP ▌**보안사고 대응계획의 수립**

① 침해예방계획: 평소 산업기술의 유출 침 침해를 막기 위하여 지켜야 할 사항들이 포함되어야 하며, 모든 임직원은 그러한 침해예방계획이 잘 지켜 나갈 수 있도록 서로 교육하고 감독하여야 한다.

② 사고조치계획: 산업기술이 침해(유출 포함)되었을 경우를 예상하여 부서 및 인력별로 조치해야 할 사항을 미리 규정하여두고, 사고 발생 시 조치에 따라 대응함으로써 빠른 시간에 처리가 가능하도록 한다.

③ 복구계획: 조치 중 복구와 관련된 내용을 따로 규정함으로써 업무의 정상화를 위하여 우선적으로 노력할 사항들을 확인할 수 있도록 한다.

---

4) 보안점검 및 보안감사

보안점검은 평상시 보안업무의 추진계획에 따라 보안업무가 잘 수행되고 있는지 이행상태를 확인하는 보안활동이다. 보안점검은 점검주기에 따라 일일점검·월간점검·분기점검 및 불시점검 등이 있으며, 기업의 보안환경에 따라 취약한 부문을 주기적으로 점검토록 하고 보안책임자는 체크리스트를 작성한 후 보안점검을 실시한다. 다만, 새로운 취약점이 발견되거나 이상 징후가 감지된 경우에는 수시점검을 실시한다. 이때 점검대상, 점검기간, 점검방법 등을 명확히 하고 점검 후 평가 및 사후조치를 하며 그 결과를 보관한다.

주요 점검내용은 점검주체와 목적에 따라 다르나 일반적으로 보안규정 및 지침 위반사항, 보호대상 정보자산의 분류 및 관리상태, 연구실 또는 사무실 보안상태, 보안점검 지적사항에 대한 시정조치 상태, 기타 새로운 취약점 발굴 등의 내용으로 점검을 실시한다. 보안점검 결과 보안위규 사항으로 지적된 내용에 대한 원인을 분석하여 대책을 제시하고, 유사한 지적 사항이 반복되는 경우에는 문제점을 분석하여 근본적인 예방대책을 강구하여야 한다. 보안위규자 및 우수자에 대한 상벌관계를 명확하게 시행하여 임직원의 자발적인 보안참여를 유도하는 것이 바람직하다.

보안감사는 기업차원에서 핵심자산에 대한 보안대책의 적절성, 실질적인 보안관리 이행실태 등을 확인함으로써 새로운 취약점과 정책적인 개선사항을 발굴하는 보안활동이다. 보안감사는 정기 또는 비정기로 실시하며, 사전 계획에 따라 준비된 상태에서 실시하므로 보안점검에 비하여 충분한 시간을 가지고 심도 있게 실시할 수 있다. 다만, 보안사고가 발생하였을 경우에는 보안감사를 실시하여 유출 과정 및 원인을 분석한 뒤 개선 조치를 한다.

보안감사 감사계회서 작성 → CEO 또는 CSO 승인 → 보안감사 실시 → 감사결과보고서 작성 및 보고 → 보안위규자 및 보안우수자 상벌조치 → 감사결과 교육 및 홍보 등의 절차로 수행한다. 보안위규자 및 우수자에 대한 상벌사항도 명확히 하여야 하며, 감사결과 도출된 취약점에 대해서는 시정조치 결과를 반드시 확인하여야 한다.

5) 보안교육 및 훈련

산업기술유출 사고의 원인 및 분석결과를 보안정책 및 보안규정에 반영하였을 경우, 개선된 보안정책과 강화된 보안업무 규정, 관리적·기술적 보안 개선사항 등은 전 임직원을 대상으로 교육을 실시하여 보안의식을 높여주어야 한다. 보안교육은 산업기술보호법 제19조(산업기술보호교육) 제1항에서 "산업통상자원부장관은 산업기술의 유출방지 및 보호를 위하여 대상기관의 임·직원을 대상으로 교육을 실시할 수 있다."고 규정할 정도로 산업기술 보호에 중요한 역할을 담당하고 있다.

정보수사기관에 적발된 산업기술의 유출주체는 인력스카우트에 의한 전·현직 직원에 따른 기술유출이 80%(전직 60.8%, 현직 19.6%) 이상을 차지[11]하고 있는 것으로 나타나고 있는데, 이것은 기업이 보안시스템을 구축하고 보안을 강화한다고 하더라도 결국 기술을 유출하는 것은 사람이라는 것을 나타내고 있다. 따라서 산업스파이에 의한 기술유출 방지대책뿐만 아니라 내부 임직원을 대상으로 보안교육 및 훈련을 실시하여야 한다. 기술유출 사고사례 등을 통하여 기술유출 행위는 범죄가 될 수 있음을 인식하도록 경고하는 한편, 임직원들이 보안규정을 준수하도록 의식을 높여 보안문화를 조성하는 것이 필요하다.

기술유출 방지 관련 교육 대상은 신입사원, 재직중인 임직원, 퇴직(예정)자, 청소원 등 자사의 전 임직원은 물론 협력업체의 파견 임직원, 위탁 연구원, 정기 및 임시 출입(방문)자 등 모든 관계자를 대상으로 실시한다.

산업기술 보호를 위한 교육은 연간 보안교육 계획을 통하여 계획적·체계적으로 시행하여야 한다. 기업의 보안교육은 1회성이 아니라 매년 분기 또는 반기에 주기적으로 실시하여야 하기 때문에 사전에 충분히 계획을 검토하여 내용을 다르게 반영하도록 한다. 보안교육의 효과를 얻기 위해서는 교육 목적과 대상에 따라 교육방법과 내용을 다르게 편성하여 중복되지 않도록 한다.

6) 산업보안 조사관제 도입[12]

(1) 조사관 모집

신입조사관은 기업의 산업보안을 담당하는 부서에서 공개채용을 통하여 채용한 후에 필요한 교육을 통해 산업보안조사 인력으로 양성할 수 있다. 이때에 신

---

11 국가정보원, 홈페이지 참조.
12 이 부분은 한국산업보안연구학회, 산업보안학, 박영사, 2019, pp.349-352 부분을 재인용하였음.

입조사관 후보에 대한 자질 등에 대한 사전 스크리닝이 필요하다. 산업보안조사관이 되려면 기본적으로 아래와 같은 조건을 갖추어야 한다.

인내력	독립적인 결정력
체세술	합리적인 의심
행동분석력	직감
법률적 지식	에너지
커뮤니케이션 능력	연기력
오픈 마인드	정보분석력
긍정적 사고방식	창의성
성실성	

아무리 후천적인 교육과 훈련이 중요하다 하더라도 타고난 감각 또한 무시할 수 없기 때문이다. 학업성적이 단순히 우수한 사람보다는 현장 적응력이나 감각이 뛰어난 사람이 조사관의 업무를 잘 해낼 수 있다. 그러므로 신입조사관의 자질 등을 평가할 수 있는 적성검사 시스템이 필수적이다.

경력 조사관은 주로 입사 전에 국가 정보, 수사기관에 근무했던 사람들로 주로 경제나 산업정보 관련 사건을 많이 다루어본 베테랑 기관요원을 중심으로 그밖의 필요에 따라 변호사, 변리사, 회계사, 기자 등의 경력을 가진 사람들로 기업의 인재상에 맞게 경력직 공개채용 또는 스카웃하게 된다. 외국의 보안 관련 회사나 부서에는 이러한 경력의 소유자들이 근무하는 것이 일반적이다. 국내 일부 대기업에서도 이러한 차원에서 경력직 전직 기관요원들을 채용하지만 그 숫자에 있어서 아주 극소수이며 주로 고위직 출신들을 로비용으로 기용하는 사례가 많다.

(2) 산업보안 조사관 교육

산업보안조사관에 대한 교육에 있어서 가장 중요한 것으로는 산업보안에 대한 전반적인 이해가 필요하고 산업보안이 추구하는 목적이 국가형사사법기관이 추구하는 목적과 어떻게 다른지를 정확히 알아야 한다. 산업보안조사는 국가사법기관이 행하는 범죄수사와는 달리 산업체의 자산보호와 손실방지 그리고 범죄로부터 산업을 보호하는 일체의 활동에 초점을 맞추어야 한다. 그러므로 산업보안 조사관의 교육 프로그램 역시 전 분야에 걸쳐 이루어야 한다. 그리고 해외에서 시작한 유사한 프로그램에 대한 이해도 필요하다. 아래는 미국 ASIS의 산업보안과 관련된 기업조사 교육 프로그램 구성이다.[13]

조사절차
산업현장의 범죄 경향 및 조사 그리고 성공적인 조사에 대하여 관찰한다. 또한 6가지 방법과 7가지 조사 단계에 대하여 알아본다.

진실규명
성공적인 진실규명에 대한 특성을 알아보고 어떻게 서류작업을 하고 결과에 대한 보고를 하는지 알아본다. 증거 관리와 운영에 대한 여러 방법에 대해서 알아본다.

조사방법
6가지 다른 조사방법을 자세히 알아보고 어떻게 사용되는지 본다. 그리고 인터뷰에 있어서 4가지 요소에 대해 알아본다. 그리고 어떻게 상대가 부인하지 못하게 하고 진술서를 받아내는 지 알아본다.

프로젝트 운영 및 케이스 스터디
프로젝트 팀의 역할과 멤버들의 책임에 대하여 알아본다. 조사윤리에 대하여 알아보고 어떻게 절차에 영향을 끼치는지 알아본다. 정확한 기록과 전문적인 보고서 작성법에 대하여 배운다.

소송을 피하는 조사방식
현대적인 조사방식과 관련된 법적인 문제를 알아본다. 직장 내 조사와 진실규명을 하는 과정에서 일어날 수 있는 잠재적인 법적 책임 문제에 대하여 알아본다. 그리고 어떤 절차와 계획으로 그러한 법적 책임 문제를 회피할 수 있는지 알아본다.

응용전략
여러 가지 다른 형태의 직장 내 위법행위에 대하여 알아본다. 직장 내 폭력과 약물중

---

13 ASIS. (https://www.asisonline.org/store/program_detail.xml?id=109314763)

독 문제에 대한 예방과 통제 전략을 알아본다. 사례 공부를 통하여 가장 효과적인 조사방법을 강구하고 어떻게 사용되는지 알아본다.

향상된 결과

모든 세션을 한꺼번에 연결한다. 그리고 최상의 방법을 강구하며 벤치마킹을 통하여 조사능력을 향상시킨다.

(3) 산업보안 조사관 관리

산업보안 조사관에 대한 관리는 독립적인 산업보안 담당부서에서 하여야 한다. 대부분의 기업들에서는 보안부서를 법무, 총무, 인사, 관리팀 같은 부서의 하위 부서로 편재하여 지휘 감독하고 있는데, 이는 전문성을 배제한 잘못된 지휘체계이며 산업보안을 책임지는 부서는 전문성을 가진 최고보안책임자(CSO)나 최고경영자(CEO)를 직속으로 운영·관리하는 것이 올바르다. 그 이유에 있어서 가장 중요한 것이 산업보안 문제와 관련된 신속한 의사결정 및 판단인데 보안부서가 힘이 없는 위치에 있다면 여러 가지 사고에 즉각적으로 대처할 수 없기 때문이다.

산업보안조사를 담당하는 조사관들은 일반직 직원들보다 더 높은 직업 윤리 기준을 필요로 하고 그러한 수준을 유지하기 위해서는 명확하게 확립된 규정 및 절차 그리고 정기적인 교육훈련이 필요하다. 이러한 세 가지 측면이 준비되어 있지 않은 상태에서 산업보안조사관으로 인한 문제가 발생하면 거기에 대한 책임은 해당 부서에서 전적으로 지게 된다. 외부의 산업보안조사 활동을 하는 전문업체의 경우에는 그로 인한 법적 책임은 무한하다. 산업보안조사관은 특히나 조사활동 함에 있어서 피조사자와의 관계에 있어서 이익충돌(conflict of interest)를 피하여야 한다. 이런 문제를 피하기 위해서는 관련 법률에 대한 업데이트와 정기적인 직무 교육이 이루어져야 한다.

(4) 산업보안 조사관 평가

산업보안조사관에 대한 평가는 조사결과를 토대로 얼마나 기업의 이익을 고려하여 잘 처리하였는지를 기준으로 하는 것이 바람직하다. 즉 조사를 통하여 회사가 입을 수 있는 피해를 얼마나 방지하였는지 또는 피해 규모를 얼마나 줄였는지에 대한 평가가 있어야 할 것이다. 그리고 피해를 복구할 수 있는 범죄에 대해서는 잃어버린 유형 자산에 대하여 얼마만큼의 회수가 있었는지를 평가할 수 있다.

제2절   **기술침해조사와 제도 개선방안[14]**

1. 영장주의와 기술침해조사

1) 헌법상 주거의 자유와 영장주의

헌법 제16조는 "모든 국민은 주거의 자유를 침해받지 아니한다. 주거에 대하여 압수나 수색을 할 때에는 검사의 신청에 의하여 법관이 발부한 영장을 제시하여야 한다."라고 규정하고 있다. 헌법 제12조 제3항의 영장주의는 적법절차원칙에서 도출되는 원리로서, 형사절차와 관련하여 체포·구속·압수·수색의 강제처분을 함에 있어서는 사법권독립에 의하여 신분이 보장되는 법관이 발부한 영장에 의하지 않으면 안 된다는 원칙이다. 따라서 영장주의의 본질은 강제처분을 함에 있어서는 중립적인 법관이 구체적 판단을 거쳐 발부한 영장에 의하여야만 한다는 데에 있다.[15] 이러한 영장주의는 사법권독립에 의한 신분이 보장되는 법관의 사전적·사법적 억제를 통하여 수사기관의 강제적인 압수·수색을 방지하고 국민의 기본권을 보장하기 위한 것이다.[16] 헌법 제12조 제3항의 영장주의에 관한 위와 같은 헌법재판소 결정의 취지는 헌법 제16조의 영장주의를 해석하는 경

---

14 제2절의 기술침해조사와 제도개선방안은 김민배, '하자있는 행정조사와 행정행위의 효과 — 일본의 판례와 학설을 중심으로 — ', 행정법학 제17호, 한국행정법학회, 2019를 바탕으로 내용을 수정하여 인용하였음.

15 헌재 2012. 5. 31. 2010헌마672.

16 헌재 2004. 9. 23. 2002헌가17등.

우에도 마찬가지로 고려되어야 한다.

헌법 제12조 제3항은 "체포·구속·압수 또는 수색을 할 때에는 적법한 절차에 따라 검사의 신청에 의하여 법관이 발부한 영장을 제시하여야 한다. 다만, 현행범인인 경우와 장기 3년 이상의 형에 해당하는 죄를 범하고 도피 또는 증거인멸의 염려가 있을 때에는 사후에 영장을 청구할 수 있다."라고 규정함으로써, 사전영장주의에 대한 예외를 명문으로 인정하고 있다. 이와 달리 헌법 제16조 후문은 "주거에 대한 압수나 수색을 할 때에는 검사의 신청에 의하여 법관이 발부한 영장을 제시하여야 한다."라고 규정하고 있을 뿐 영장주의에 대한 예외를 명문화하고 있지 않다.

그러나 헌법 제16조에서 영장주의에 대한 예외를 마련하지 않았다고 하여, 주거에 대한 압수나 수색에 있어 영장주의가 예외 없이 반드시 관철되어야 함을 의미하는 것은 아닌 점, 인간의 존엄성 실현과 인격의 자유로운 발현을 위한 핵심적 자유영역에 속하는 기본권인 신체의 자유에 대해서도 헌법 제12조 제3항에서 영장주의의 예외를 인정하고 있다. 신체의 자유에 비하여 주거의 자유는 그 기본권 제한의 여지가 크므로, 형사사법 및 공권력 작용의 기능적 효율성을 함께 고려하여 본다면, 헌법 제16조의 영장주의에 대해서도 일정한 요건 하에서 그 예외를 인정할 필요가 있다. 또한 주거공간에 대한 압수·수색은 그 장소에 혐의사실 입증에 기여할 자료나 피의자가 존재할 개연성이 충분히 소명되어야 그 필요성을 인정할 수 있는 점, 헌법 제12조 제3항 단서에서 현행범인 체포나 긴급체포의 경우에 사전영장원칙의 예외를 둔 것은 그 체포의 긴급성에 비추어 사전에 압수·수색·검증영장을 발부받을 것을 기대하기 어렵기 때문이며, 또한 체포영장 발부 이후 혐의사실 입증에 기여할 자료나 피의자가 존재할 개연성이 충분히 소명되어 압수·수색영장을 발부받은 경우에도 그 자료나 피의자가 계속 그 장소에 존재하지 않는 한 그 집행의 실효성을 기대할 수 없게 되므로, 체포영장이 발부된 경우에도 영장 없이 그 장소에 대한 압수·수색을 하여야 할 긴급한 상황은 충분히 발생할 수 있다. 더불어 헌법 제16조가 주거의 자유와 관련하여 영장주의를 선언하고 있는 이상, 그 예외는 매우 엄격한 요건 하에서만 인정되어야 하는 점 등을 종합하면, 헌법 제16조의 영장주의에 대해서도 그 예외가 인정된다. 다만 ① 그 장소에 범죄혐의 등을 입증할 자료나 피의자가 존재할 개연성이 소명되고 ② 사전에 영장을 발부받기 어려운 긴급한 사정이 있는 경우에만 제한적으로 허용될 수 있다고 보는 것이 타당하다.[17]

따라서 개인의 주택에 대한 출입조사의 경우에는 형사적 제재가 수반되는 경우와 수반되지 않는 경우를 구별하여야 한다. 산업기술보호법상의 기술유출침해행위와 관련한 제15조의 조사는 영장주의를 적용할 것인지가 문제이다. 헌법상 주거의 자유와 조사에 의한 자료 등의 증거능력 등에 비추어 영장이 필요하다. 그러나 사업장이나 영업소에 대한 출입검사 내지 현장조사는 개인의 주거공간에 대한 조사의 경우보다는 폭넓게 예외를 인정할 수 있다. 결국 개인의 재산에 대한 출입조사나 현장조사에 있어서 영장주의를 적용할 것인지의 여부는 산업보안조사가 달성하려는 공익과 침해되는 개인의 사익을 비교 형량하여 결정하여야 한다.

2) 영장제도와 행정조사

그렇다면 형사절차에서 적용되는 영장제도가 행정조사에도 적용되는가. 전통적으로 법위반에 대한 조사는 수사기관의 형벌에 의한 제재를 목적으로 하는 수사와 일반 공무원의 행정적 제재를 목적으로 하는 행정조사로 구분되어 있다. 그런데 현대 행정의 복잡성 및 전문화로 인하여 특별사법경찰권에 의한 수사권이 확대되고 조세범 처벌절차법 등처럼 행정조사권이 강화되고 있다. 행정조사에 대하여 영장주의가 적용되는가에 관한 학설도 다양하게 주장되고 있다.[18]

이에 관하여 학설들은 행정조사로 국민의 권익침해 가능성도 형사사법권 행사 못지않으므로 행정조사가 형사소추절차가 아니라는 이유만으로 영장주의를 배제할 수는 없으니 영장을 필요로 하나 영장을 기다려서는 적시에 적정한 조사를 할 수 없는 경우에는 예외가 인정된다는 견해,[19] 헌법에서 압수나 수색을 할 경우 영장을 요구하고 있으므로 행정조사를 위한 압수 또는 수색의 경우에도 영장이 필요하다는 견해,[20] 헌법 제16조에서 영장주의를 규정하고 있으므로 행정조사에도 영장주의가 적용되어야 하지만 행정조사의 목적을 달성하기 위한 불가

---

17 헌재 2018. 4. 26. 2015헌바370 등, 판례집 30-1상, 563[헌법불합치].
18 최정학. 공정거래위원회 조사절차 정비방안, 민주법학 65호, 2017, pp.1-126.
19 김동희, 행정법 I, 박영사, 2015, p.503.
20 김남진·김연태, 행정법 I, 법문사, 2011, p.451.

피성이 인정되는 합리적인 사유가 있을 경우에 한하여 예외를 인정하자는 견해,[21] 행정조사가 형사소추를 동시에 추구하는 경우에만 영장이 필요하나 긴급을 요하는 경우에는 영장주의의 예외를 인정하자는 견해,[22] 행정조사가 결과적으로 형사소추의 자료수집과 직결되거나 실질적으로 직접적 혹은 물리적 강제와 동일시 되는 경우에 원칙적으로 영장이 필요하다는 견해[23] 등이 있다. 행정조사에 대한 영장주의가 적용되는가에 대해서는 절충설이 다수의 입장이다. 행정조사의 본래 목적인 자료나 정보의 수집 등에는 영장주의가 적용되지 않지만 형사적 제재를 염두에 두고 있는 경우에는 영장주의의 예외[24]가 아닌 한 위법하다는 것이다.

그러나 기술유출 침해에 대한 제15조의 조사는 제14조의 위법행위에 대한 조사이고, 이 경우는 대부분 형사적 처벌을 전제로 하고 있다. 절충설에 의하면 형사적 제재와 연관되는 산업보안조사는 영장이 필요하다. 문제는 기술침해 행위에 대한 정보나 자료의 수집 그리고 수사로서의 성격을 지닌 조사의 경계를 설정하기 쉽지 않다는 점이다. 결국 기술침해행위에 대한 조사의 경우 어느 단계에서 영장이 필요한가와 모두 영장이 필요한가 하는 점은 다른 문제다. 기술침해 행위에 대한 산업보안조사와 영장주의는 개별적 사안으로 판단할 문제이다.

2. 조사와 수사

1) 조사와 단속

경찰행정이나 질서행정 분야에서 단속은 다음과 같은 개념을 그 요소로 하고 있다. ① 경찰행정에 위험을 의미하는 행정법령의 구체적인 위반혐의나 의심의 존재 ② 그 혐의나 의심을 해명하여 사후 강제집행이나 제재적 행정처분을 위

---

21 홍정선, 행정법원론(상), 박영사, 2012, p.437.
22 류지태·박종수, 2011, p.414.
23 김철용, 행정법1, 박영사, 2012, p.298.
24 예외적 사유로 동의, 긴급상황, 수급권자의 적격여부확인, 명시의 법리 등을 들고 있다. 전학선, 행정조사와 사법부의 행정지원, 유럽헌법연구 제15호, 2014, p.303.

한 자료나 정보를 수집·축적하기 위한 행정조사 ③ 혐의나 의심이 사실로 확인될 경우 법규위반과 법익침해상태의 중단을 위한 즉시강제의 가능성을 들수 있다.[25]

경찰이나 질서행정기관에 의한 행정단속은 행정법령 구체적인 위반의 혐의나 의심이 존재하는 경우 그것을 판단하고, 집행하기 위한 조사로서의 성격을 지니고 있다. 행정조사법에서 말하는 행정조사와는 공통점과 차이점이 있다. 행정작용을 위한 정보 등의 수집이나 축적이라는 점은 공통적이다. 그러나 행정단속은 위반사실의 확인을 통하여 향후 제재를 가할 것을 목적으로 하는 동시에 즉시강제나 행정상 제재를 염두에 두고 있다는 점에 차이가 있다.[26]

행정조사기본법은 강제적·임의적 협력에 따른 행정조사를 모두 포함한다. 행정조사는 반드시 위법이라는 요소를 필요로 하는 것이 아니다. 하지만 단속개념의 중심은 예방목적에 있다. 행정상 단속이 행정조사와 다른 점은 정보나 자료의 수집 그 자체가 종국적 목적이 아니라 위법사실 적발 시 행위자와 종사자가 준수 사항을 지키고 있는지 여부를 조사하는 것이다. 즉, 행정상 단속은 위법사실의 확인에 주된 목적이 있다.

행정단속에 관련한 기본법은 없다. 행정단속에도 행정조사의 특성을 내포하고 있다는 점을 고려하면 행정조사기본법이 일반법의 성격을 갖는다고 할 수 있다. 그러나 개별법령에서는 행정단속의 근거를 찾을 수 있다. 경찰관직무집행법에 제5조(위험발생의 방지), 제6조(범죄의 예방과 제지), 제7조(위험방지를 위한 출입) 등을 규정하고 있다. 위해 방지 내지 위생관리 등을 목적으로 업소 출입·검사·수거 등의 조치(식품위생법 제22조)나 위생지도 및 개선명령규정(공중위생관리법 제10조), 자료제출요구, 출입 후 질문 및 물품수거규정(약사법 제69조)과 의약품회수조치와 긴급한 때 관계 공무원에게 공중위생을 위하여 물품회수·폐기하게 할 수 있는 규정(약사법 제71조), 도로교통법상의 음주운전 단속[27] 등도 행정단속의 근거 법령이다.

---

25 이기춘, "행정법상 행정단속에 관한 연구", 법학논총 33(1), 전남대학교 법학연구소, 2013. 4., p.298. : 295−325.
26 김용주, "행정조사와 특별사법경찰관리의 수사의 경계획정", 경찰학연구 14(4), 2014. 12, pp.77−119. : 89.
27 김광수, 경찰조사의 현안과 쟁점, 토지공법연구 87집, 2019, pp.395−397.

행정상 단속이나 행정 조사의 경우 상대방인 국민의 임의적 협력을 통한 방식이 가장 효과적이다. 그러나 단속이라는 개념 안에는 법규위반과 법익침해의 의심이 존재할 때 그것을 적발하여 통제한다는 관념이 내재되어 있다. 경찰행정에서 단속은 침익적 행정의 성격을 지닌다. 경찰행정에서 위법사실의 확인은 자료수집이나 물건의 수거 등에 의해서 행하여지는 강제적 성격을 지니고 있다.

그러나 단속의 규정이 있다고 해서 영장주의나 기본권침해의 예외에 해당하는 것이 아니다. 예를 들면 '출입'에 대한 규정을 단순히 경찰관이 법률에 규정된 장소에 들어가 그 장소에 체재하며 장소내부에 있는 사람, 물건 또는 상태를 둘러보는 것에 그치는 것으로 해석하는[28] 경우 경찰관의 출입은 단속을 위한 사전행위일 뿐이지 위법·적법의 행위를 적발하는 권한과 기능을 부여받은 것이 아니다. 행정상 단속을 엄격히 해석하고자 하는 입장은 국민의 기본권이 침해되는 것을 방지하고자 하는 데 중점을 두고 있다. 물론 개별 법령에서 단속의 근거를 부여하는 경우도 있다. 풍속업의 규제에 관한 법률 제9조 제1항은 단순한 출입을 넘어 종사자가 법규상 준수사항을 지키고 있는지를 검사하게 할 수 있다. 즉, 행정상 단속이 가능하다.[29]

사실상 단속개념의 핵심이 예방목적에 있다는 점을 감안하면 산업기술보호법상의 조사는 전통적인 행정조사보다는 단속의 성격에 가깝다. 행정상 단속은 정보나 자료의 수집 그 자체가 종국적 목적이 아니라 위법사실의 확인에 주된 목적이 있다. 제15조에 의한 조사는 사실상 단속의 성격보다 강하다. 위법사실의 확인뿐만 아니라 처벌을 염두에 두고 있기 때문이다. 더욱이 제15조의 조사는 경찰작용의 성격을 지닌 특성 때문에 기본권 침해의 우려가 있다.[30] 그러한 우려를 해소하기 위해서는 법률의 근거가 있어야 하며 법률유보원칙이 적용되어야 한다. 따라서 제15조는 행정조사기본법의 적용대상이 아니며, 조사권한의 발동에 의해 수집된 증거나 진술 등이 추후 재판절차에서 유죄의 증거능력을 지니기 위한 입법적 보완이 필요하다.

---

28 손재영, 경찰관직무집행법 제7조에 따른 위험방지를 위한 출입에 있어서 출입의 개념, 공법연구 제 39 집 제2호, 한국공법학회, 2010, p.524.
29 이기춘, 앞의 논문, p.308.
30 김혁, 경찰의 풍속업소 출입 및 단속에 고나한 연구, 경찰학연구, 2014, pp.29 – 51.

2) 고발권과 수사

일반적으로 행정조사와 수사는 구별한다. 둘은 그 대상과 목적에서 차이가 있다. 수사는 수사기관이 공소제기에 필요한 증거를 수집하는 활동이고, 행정조사는 행정기관이 정책이나 행정작용에 필요한 자료 등을 수집하는 활동이다.[31] 즉 '피의자 수사'는 피의자의 구속, 체포, 수색, 검증, 신문 등을 포함하는 개념이다. 그 중 수색은 물건 또는 사람을 발견하기 위하여 사람의 신체나 물건 또는 주거 기타 장소에 대하여 행하는 대물적 강제처분을 말한다. 수사기관이 피의자를 체포하기 위하여 필요한 때에는 영장 없이 타인의 주거 등에 들어가 피의자를 찾는 행위를 할 수 있다는 의미로서, "피의자 수사"는 '피의자 수색'을 의미한다.[32]

특별사법경찰관리는 특수 분야의 수사를 담당하는 사법경찰관리로 철도공안, 식품의약품, 관세, 출입국관리, 환경, 위생 등의 특별한 분야에 대한 「사법경찰관리의 직무를 수행할 자와 그 직무범위에 관한 법률」에 의하여 정해진다. 특별사법경찰관리는 행정형법분야에서 담당 공무원들의 전문성 활용과 일반사법 경찰관리의 수사 부담을 경감시키기 위하여 도입된 제도로 수사 분야가 한정될 뿐 그 권한 및 의무는 일반적인 사법경찰관리와 동일하여 수사의 진행과정은 형사소송법에 의한 통제를 받는다.

그런데 행정조사를 하는 경우 행정조사기본법, 행정절차법, 개별 행정법규에 의해 조사를 진행하므로 영장주의 내지 미란다 원칙과 같은 적법절차의 적용이 문제된다. 행정조사는 수사가 아니므로 형사소송절차를 따르지 않게 되고, 피조사자도 형사절차가 아닌 단순히 행정적 제재로 인식하여 조사를 거부하지 않고, 조사에 적극 협조한다. 그런데 특별사법경찰관리가 검사에게 전속고발을 하거나 직접 수사를 개시하면, 수사기관은 행정 기관이 조사단계에서 확보한 각종 자료에 의하여 손쉽게 수사를 진행할 수 있다. 사안에 따라서는 행정조사를 진행하였던 공무원을 참고인으로 조사하여 각종 자료를 보강할 수도 있다. 이것은 영장 주의나 미란다 원칙 등 형사소송상의 각종 피의자를 위한 방어권 보장 장치

---

31 최정학. 공정거래위원회 조사절차 정비방안, 민주법학 65호, 2017, p.117.
32 헌재 2018. 4. 26. 2015헌바370 등, 판례집 30－1상, 563[헌법불합치].

를 회피하고 무력화하여 피의자로 전환된 피조사자에게 불측의 손해를 발생시킬 수 있다는 문제가 있다.

한편 출입국관리법 제102조 제3항에서는 "지방출입국·외국인관서의 장은 조사 결과 범죄의 정상이 금고 이상의 형에 해당할 것으로 인정되면 즉시 고발하여야 한다.", 관세법 제312조에는 "관세청장이나 세관장은 범죄의 정상이 징역형에 처해질 것으로 인정될 때에는 제311조 제1항에도 불구하고 즉시 고발하여야 한다.", 그리고 독점규제 및 공정거래에 관한 법률 제71조에서는 "공정거래위원회는 제66조 및 제67조의 죄 중 그 위반의 정도가 객관적으로 명백하고 중대하여 경쟁 질서를 현저히 저해한다고 인정하는 경우에는 검찰총장에게 고발하여야 한다."고 규정하고 있다.

그런데 고발하도록 되어 있는 행정조사의 결과가 문제될 수 있다. 행정조사 과정에서 수집된 각종 자료는 비록 수사단계에서 형사소송법에 따른 정한 진행 및 기본권 보장 원칙에 따라 수집한 것이 아니기 때문이다. 따라서 법정에서 피조사자인 피고인이 행정조사 관련내용에 대한 증거능력을 부정할 수 있다. 물론 피고인이 증거를 인정하거나 비진술 증거인 경우 증거능력이 인정될 수 있지만 이것은 영장주의가 무력화될 수 있다는 문제가 있다. 수사기관의 입장에서 보면 행정조사과정에서 수집한 자료를 넘겨받아 그에 기초하여 수사를 진행하면 처음부터 수사를 시작하는 것에 비하여서 그만큼 유리한 입장에서 수사를 진행할 수 있다. 그러나 피의자로 전환된 피조사자는 그만큼 불리한 입장에서 수사를 받아야 한다.

행정조사는 수사가 아니므로 형사소송절차를 따르지 않는다. 피조사자도 형사절차가 아닌 단순한 행정적 제재로 인식하여 조사를 거부하지 않고, 적극 협조하게 된다. 그러나 제15조에 의한 기술침해행위 조사는 단순한 행정조사가 아니다. 따라서 제17조의 실태조사와 달리 제15조의 산업보안조사는 형사적 절차 준수를 염두에 두어야 한다. 결국 형사소송법에서 인정되는 각종 기본권 보장을 위한 제도적 장치들은 산업보안조사의 어느 단계에서부터 적용할 것인가를 검토하여야 한다.[33]

---

33 이재구·이호용, 수사로 활용될 수 있는 행정조사의 법적 쟁점, 법학논총 제35집 2호, p.420.

3) 조사와 적법절차의 준수

행정조사도 헌법상의 적법절차원칙을 준수하고 이의신청, 공청회, 진술기회부여, 이유부기 등 행정절차와 관련된 적법절차 원칙들도 준수하여야 한다. 하지만 형사소송상의 적법절차는 아니므로 형사 절차와 같은 실질적인 피조사자의 방어권 보장 장치 규정이 미흡하다는 점이 문제로 지적되고 있다. 행정조사기본법에서는 현장조사에 있어 조사원이 가택·사무실 또는 사업장 등에 출입하여 현장조사를 실시하는 경우 조사목적, 조사기간과 장소, 조사원의 성명과 직위, 조사범위와 내용, 제출자료 등이 기재된 현장출입조사서 등을 조사대상자에게 발송하여 조사에 대한 준비와 방어를 할 수 있도록 규정하고 있다.

그런데 산업보안조사를 피조사자의 권익침해라는 관점에서 보면 고발 이후의 수사와 별개의 것이 아니라 수사와 연속선상의 것으로 볼 수 밖에 없다. 결국 산업기술보호법상 기술침해 행위에 대한 조사는 사실상의 수사의 개시로 보아야 한다. 그리고 법 위반에 대한 조사를 받는 당사자의 감정과 불안은 모두 같으므로 조사개시 시점부터 형사절차상 인정되는 적법절차 원칙이 반영된 방어권을 적극 보장할 필요가 있다고 한다.[34] 그러나 제15조에 의한 산업보안조사가 일종의 수사개시에 해당한다고 해도 제15조에 의한 조사가 곧 수사는 아니므로 형사절차상 적법절차 원칙을 똑같은 수준으로 적용할 수는 없을 것이다. 산업기술보호법 제15조가 행정조사기본법의 적용 예외대상인 동시에 어느 단계에서부터 형사소송법의 적용대상으로 할 것인가에 대한 법률적 근거가 필요하다. 국민의 권익과 직결되는 문제이므로 그 예외를 인정하는 경우에도 법률유보의 원칙이 적용된다.

---

34 박혜림, "수사단계의 적법절차 원리에 대한 고찰" - 사실상 수사로서의 행정조사를 중심으로 -, 법학논총 제20집 제2호, 조선대 법학연구원, 2013, p.596. ; 송진경, "압수 수색으로서 실질적 의미를 가지는 행정조사에 있어서 영장주의의 준수필요성에 대한 소고", 법과정책 제20집 제3호, 제주대 법과정책연구소, 2014, p.111 - 136.

3. 조사와 진술거부권

1) 진술거부권과 헌법

헌법 제12조 제2항은 "모든 국민은 고문을 받지 아니하며, 형사상 자기에게 불리한 진술을 강요당하지 아니한다."고 규정하여 국민의 기본권으로 보장하고 있다.[35]

헌법 제37조 제2항은 국민의 모든 자유와 권리를 그 본질적 내용을 침해하지 않는 범위 내에서 법률로써 제한할 수 있도록 규정하고 있으나 실제로 제한의 대상이 되는 기본권은 성질상 제한이 가능한 기본권에 한한다. 양심과 신앙의 자유처럼 인간 내심의 작용을 그 내용으로 하는 것은 그 권리의 자연권적, 초국가적 성격으로 인하여 법률로써도 제한할 수 없는 기본권이다. 또한 헌법 제12조 제2항의 진술거부권은 비록 양심 및 신앙의 자유 등과는 그 성격이 다르지만 그 성질상 국가안전보장이나 질서유지 및 공공복리 등을 이유로 법률에 의한 외부적인 제약을 가하기에는 적당치 못한 기본권의 범주에 속한다고 보아야 한다.

왜냐하면 진술거부권 역시 인간의 내심적 작용과 밀접한 관계가 있을 뿐더러 헌법 제12조 제2항이 진술거부권을 보장하는 것은 자백이나 증언을 강요하는 데서 초래되는 고문·협박 등의 가혹행위로 인한 인권침해행위를 방지하기 위한 것이다. 또한 고문·협박 등에 의한 자백강요는 인간의 존엄과 가치를 근원적으로 훼손하는 것이므로 어떠한 경우에도 허용되어서는 아니되기 때문이다. 만약 공공복리 등을 이유로 하는 진술거부권 제한을 인정한다면 진술거부권은 매우 허약해질 것이다.[36]

한편 헌법 제12조 제2항과 형사소송법 제283조의2[37]는 피고인에게 진술거부

---

35 헌재 1990. 8. 27. 89헌가118, 판례집 2, 222[한정합헌].

36 진술거부권을 무기평등의 원칙이나 방어권의 보장에서 보기도 한다. 최정학 앞의 논문, p.124. 헌재 1990. 8. 27. 89헌가118, 판례집 2, 222[한정합헌]. 변정수 재판관의 반대의견.

37 형사소송법 제283조의2(피고인의 진술거부권) ① 피고인은 진술하지 아니하거나 개개의 질문에 대하여 진술을 거부할 수 있다. ② 재판장은 피고인에게 제1항과 같이 진술을 거부할 수 있음을 고지하여야 한다.

권을 보장하고 있으므로, 진술거부권의 행사를 피고인에게 불리한 증거로 사용하여서는 안된다. 그리고 헌법 제12조 제7항과 형사소송법 제310조는 피고인의 자백이 불리한 유일의 증거인 때에는 이를 유죄의 증거로 삼지 못하게 하여 자백에 대한 보강증거를 요구함으로써 자유심증주의를 제한하고 있다.

헌법상의 기본권을 침해하거나 형사소송법상의 효력규정을 위반하여 수집한 증거는 형사소송법 제309조(자백배제법칙), 제317조(진술의 임의성), 제308조의2(위법수집증거 배제법칙),[38] 형사소송법 제310조의2 내지 제316조(전문법칙) 등에 의하여 증거능력이 없다. 이는 증명력의 합리적인 판단에 지장을 초래할 수 있는 증거들을 처음부터 증명력 판단의 대상에서 제외함으로써 자유심증주의를 간접적으로 억제하는 효과를 가진다.[39]

형사소송법은 당사자의 신청에 의한 증거조사를 원칙으로 하고(제294조), 피고인으로 하여금 증거조사의 결과에 대하여 의견을 제시할 수 있게 하고(제293조),[40] 당사자들로 하여금 증거조사에 대하여 이의신청을 할 수 있도록(제296조 제1항) 규정함으로써 법관의 자의적인 증거조사를 방지하여 합리적 심증형성을 도모하고 있다.

그렇다면 형사소송법상의 진술거부권을 행정조사에도 인정할 것인가. 진술거부권을 규정하지 않은 것은 법치국가적 인식이 결여된 채 행정편의만을 중시한 입법으로 진술거부권 위반에 해당한다는 입장,[41] 헌법 제12조에 진술거부권은 형사절차에 관련된 것으로 질문이 행정조사 및 형사책임추급의 두 가지 목적이 동시에 행사되는 경우에만 진술 거부권이 인정된다는 입장,[42] 법령상 진술 또는 신고의무가 명백히 형사적 목적과 관련이 없는 경우와 실질에 있어서 형사책임의 증거획득을 목적으로 부과된 경우로 구별하고, 전자에 대해서는 진술거부권이 문제되지 않으나 후자에 대해서는 조사의 결과가 형사절차상 증거로 사용될

---

38 형사소송법 제308조의2 (위법수집증거의 배제) 적법한 절차에 따르지 아니하고 수집한 증거는 증거로 할 수 없다.

39 헌재 2009. 11. 26. 2008헌바25, 판례집 21 – 2하, 510[합헌].

40 형사소송법 제293조 (증거조사 결과와 피고인의 의견) 재판장은 피고인에게 각 증거조사의결과에 대한 의견을 묻고 권리를 보호함에 필요한 증거조사를 신청할 수 있음을 고지하여야 한다.

41 김영조, "행정조사에 관한 연구", 경희대박사학위논문, 경희대대학원, 1998, p.78.

42 박윤흔·정형근, 행정법강의(상), 법문사, 2009, p.542.

예정이므로 진술거부권을 보장하여야 한다고 보는 입장[43] 등이 있다.

문제가 되는 것은 산업보안조사 시 진술거부권을 고지해야 할 의무가 있는가이다. 관세법 제312조에는 "관세청장이나 세관장은 범죄의 정상이 징역형에 처해질 것으로 인정될 때에는 제311조 제1항에도 불구하고 즉시 고발하여야 한다."고 규정되어 있다. 그런데 '범죄의 정상이 징역형에 처해질 것인지'는 조사개시 시점에서는 알 수 없다. 고발여부도 조사결과에 좌우된다. 그러므로 진술거부권을 고지하지 않고 조사를 진행한 후 행정기관이 전속 고발권을 행사하여 수사가 개시되는 경우에서야 진술거부권을 고지하게 되며, 결국 피조사자는 방어권을 행사할 기회를 보장받지 못한다.

그러므로 피조사자의 권익보호와 피조사자의 방어권을 적극 보장하기 위해서 산업보안조사를 개시하자마자 진술거부권을 고지하는 것이 타당하다.[44] 또한 조사자의 입장에서도 법정에서 증거능력이 부인될 수 있어, 피조사자의 관점에서 진술거부권 고지를 접근할 필요가 있다.[45] 결론적으로 산업기술보호법 제15조에 의한 조사 시 진술거부권을 어떻게 어느 단계에서 누가 고지할 것인가에 관한 규정을 보완할 필요가 있다.

2) 위법한 질문검사권

행정조사는 일반적으로 행정기관의 정보수집으로 시작된다. 그리고 행정청의 증거자료의 수집, 증거의 평가, 경험법칙을 통한 요건사실의 인정, 기타 법령의 해석적용을 거쳐서 처분에 이르게 된다. 즉 행정조사는 해당 공무원이 행하는 일련의 판단과정 모두를 의미한다고 할 수 있다. 조사 대상자의 사업장 등에 출입하여 행하는 현장조사뿐 아니라 현장조사를 위한 신고서의 분석과 보유정보의 대조, 그리고 사전 준비조사 등의 내부조사도 포함된다.

공무원은 행정조사와 관련하여 필요가 있을 때에는 조사의 방법으로서 사람

---

43 박지현, "행정상 진술거부권과 그 제한", 민주법학 제33권, 민주주의법학연구회, 2007, p.292.

44 이재구·이호용, p.425. ; 백상진, 수사절차와 관련된 행정조사의 통제방안에 관한 연구, 한국경찰학회보, 2016, p.124.

45 정한중, "행정조사와 진술거부권 고지의무", 외법논집 제38권 제2호, 한국외대 법학연구소, 2014, p.63.

에 대한 질문, 물건의 검사, 물건의 제시·제출의 요구를 할 수 있는 질문조사권을 갖고 있다.[46] 한편 공무원의 질문에 답변하지 않거나 허위답변을 하거나 검사 등의 실시를 거부하고 방해하거나 기피한 자, 물건의 제시 또는 제출 요구에 대한 정당한 이유가 없이 이에 응하지 않고 또는 허위 기재 또는 기록을 한 장부 서류 등을 제출한 자는 징역 또는 벌금에 처하도록 하고 있다.[47]

일반적으로 질문검사에 대해서 상대방은 이를 수인할 의무를 진다. 질문·검사의 상대방은 그것이 적법한 질문·검사인 경우에는 답변할 의무가 있다. 다만 상대방이 질문검사를 수인하지 않을 경우에는 그 이상 직접적·물리적으로 의무의 이행을 강제할 수는 없다. 즉, 상대측의 뜻에 반하는 영업장 등을 출입하여 각종 물건을 검사하는 것과 같은 강제조사를 할 수 없다. 하지만 질문에 대한 불응이나 검사의 거부·방해 등에 대해서는 형벌이 부과되도록 되어 있기 때문에 심리적인 위축효과를 가져올 수 있다고 한다.[48]

행정행위가 적법한가 여부를 판단하는 경우 해당 요건사실의 인정방법이나 적법절차의 준수여부 등도 함께 검토하여야 한다. 질문·검사가 위법하게 행하여졌을 경우에 이것에 근거한 처분이나 행정행위가 위법인가에 대하여서는 견해의 대립이 있다. 우선 행정행위란 상대적으로 독립된 제도이므로 조사의 위법이 당연히 행정행위의 위법성을 구성하지 않는다는 견해도 있다. 그러나 질문·검사가 상대방의 뜻에 반하여 검사를 강행한 경우와 같이 현저하게 위법성을 가지는 경우는 이에 기초한 행정행위는 위법하게 된다는 것이 타당하다.[49] 행정조사와 행정행위가 전체적으로 하나의 과정을 구성하고 있는 경우 적법절차의 관점에서 행정조사에 중대한 하자가 존재할 때에는 당해 행정조사를 거쳐 이루어진 행정행위도 하자를 지닌다고 할 수 있다.[50]

산업보안조사의 한 형태인 질문검사가 사회통념상 상당성의 한도를 넘어, 상대방으로 하여금 수인의 한도를 넘어 남용이 된 경우에는 비록 외형상 조사가 이

---

46 일본 국세통칙법 제74조의2.

47 일본 국세통칙법 제128조. 山口地裁 昭和57年10月7日判決. 森 文人,「調査手続の違法と課税処分の関係について」,『税務大学校論叢』第91号, 平成30年6月, pp.139－140.

48 金子 宏,『租税法(第22版)』, 弘文堂, 2017, p.906 ; 김민배, 앞의 논문, p.232.

49 金子 宏, 前揭, pp.914－915 ; 京都地判 平成7年3月27日.

50 塩野 宏, 前揭, p.290.

루어진 것처럼 보이지만 실질적으로는 해당 조사가 이루어지지 않은 것이 된다. 따라서 조사를 하지 않고 이루어진 처분이 되며, 권한의 남용이 되게 된다. 따라서 그러한 조사에 기초한 행정행위는 취소하거나 무효로 하는 것이 타당하다.[51]

4. 조사와 위법수집증거 배제의 원리

1) 독수과실의 원리

형사소송법 제308조의2는 적법한 절차에 따르지 아니하고 수집한 증거를 증거로 할 수 없도록 규정하고 있다. 식품위생법 제22조 제1항의 경찰행정조사는 향후 수사기관에 고발을 예정하고 있어 사실상 수사로 볼 수 있다. 행정조사의 결과물이 수사기관에 이첩되어 형사소추를 위한 증거자료로 활용되는 경우라면 그 실질에 상응하는 정도로 헌법과 형사소송법이 정하는 적법절차 원리에 따라야 한다. 실제로는 수사권이 없는 식품위생 단속 공무원이 고발을 예정한 상태에서 범죄소명자료 확보를 위해 진술거부권을 고지하지 않은 채로 피조사자에게 진술서 작성을 요구하였다면, 위법한 증거수집이다.

'독수과실의 원리'는 위법하게 수집된 증거에 의하여 발견된 제2차 증거의 증거능력을 배제하는 이론이다.[52] 위법수집증거배제법칙과 자백배제법칙의 실효성을 확보하기 위한 제도이다. 위법한 경찰행정조사를 통해 수집된 증거자료를 바탕으로 수사기관이 수사에 착수하였다면, 그러한 수사에서 파생된 증거는 증거로서의 증거능력을 가지는가. 영장없이 수집한 조사자료를 바탕으로 수사기관이 수사에 착수하거나, 진술거부권을 고지하지 아니한 채 작성된 자인서를 기초로 참고인의 진술이나 물적 증거를 확보하였다면 이러한 수사자료는 증거능력을 인정받을 수 있는가. 원칙적으로는 독수과실의 원칙을 적용하여야 할 것이지만, 경찰행정조사과정에 있어 절차적 위법의 정도가 2차 증거를 부정할 정도에 이르지 않을 정도로 경미하다면 제한적으로 증거능력을 인정할 수는 있다고 한다.[53]

---

51 松沢智, 『租税手続法－租税正義実現のために－』, 中央経済社, 1997, p.228.
52 신동운, 신형사소송법, pp.1248-1251.
53 오명신, "警察行政調査와 搜査의 區別 － 告發을 豫定한 行政調査와 犯罪搜査와의 關係", 경찰학연

판례는 수사권이 없는 조사공무원의 수사는 위법하고, 그에 기하여 이루어진 수사 자료는 증거가 될 수 없다고 판시하였다.[54]

2) 위법 수집증거 배제원칙

형사절차에 있어서의 위법수집 증거배제 법칙이란 범죄 사실의 인정을 위한 증거로서 수집된 증거가 위법한 절차에 의해서 수집된 것인 경우에 일정한 요건 아래에서 형사소송에서 유죄를 입증하기 위한 증거로서 이용하는 것을 배제하는 것이다. 형사소송 절차에서는 위법 수집절차로 수집한 증거에 대해서는 그 위법 내용에 의하여 증거 배제 법칙을 인정한다. 배제법칙의 근거는 헌법의 적법절차 조항이다.

형사절차에 있어서 위법하게 수집된 증거가 배제되는 이유는 다음과 같다. ① 증거수집 과정이 위법 무효라면 그 증거 조사도 무효화하여야 한다는 것 ② 위법한 증거수집 행위에 의한 권리침해에 대한 구제가 필요하다는 것 ③ 위법으로 수집된 증거를 소송절차에 사용하는 것은 적법절차에 반한다는 것 ④ 수사기관에 의한 위법한 채증 수집 등을 억제할 필요가 있다는 것이다. 즉, 증거물의 증거가치와 무관하게 위법 수집된 증거물의 증거능력을 부정하고, 위법수사에 의하여 침해하며 피고인의 권리를 회복하거나 위법수사를 억제하려는 것이다.

헌법상 적법절차의 보장은 직접적으로는 형사절차에 관한 것이다. 하지만 행정절차에 대하여 그것이 형사절차가 아니라는 이유만으로 보장 범위 밖에 있다고 판단하는 것은 타당하지 않다. 행정조사 절차에도 적법절차의 보장을 원칙적으로 행하여야 한다는 것이다. 절차규제를 위반한 하자있는 행정조사에 의하여 취득한 자료를 행정기관이 이용하는 것은 적법절차의 보장에 반하는 것이다.

3) 조사에 대한 적용가능성

형사소송법에서는 헌법에 정한 영장주의 등을 위반하여 수집한 증거는 증거

구 14(1), 2014. 3., pp.167 – 191. ; p.186.
[54] 2012. 11. 29. 대판 2012도1745.

능력을 갖지 않는다고 해석하고 있다. 그 근거는 실정법에는 없지만 공정한 절차에 따라서만 공정한 결과가 생긴다는 공정절차의 사상과 위법조사를 억제하기 위해서는 형사벌이나 손해배상에 의한 것보다 증거능력을 부정하는 것이 가장 효과적이라는 사고를 반영한 것이다. 이러한 생각은 형사소송에서 발전하여온 것이지만 형벌을 기반으로 강제하는 질문검사권의 행사에 대해서도 이를 부정하여야 할 이유는 없다는 것이다. 그러므로 사회적으로 도저히 시인할 수 없는 방법으로 수집된 증거는 증거능력을 갖추지 않는다고 해석하여야 하며, 이를 바탕으로 행정처분을 한 경우에는 그 자체가 위법이라고 여겨야 한다.[55]

물론 행정조사가 행정처분 결정의 선행절차라 하더라도 조사결과 얻은 자료가 행정처분의 내용결정에 무관한 경우에는 조사절차의 위법은 행정처분에 승계되지 않는다고 보아야 한다. 하지만 법적으로 필요한 공무원 신분증의 제시가 없었다거나 간접강제인 출입검사제인데도 즉시강제 출입을 하는 등 위법한 출입검사가 행하여진 경우 그에 기초한 행정처분에는 어떤 영향을 미치는가. 이 경우 위법한 조사에 의하여 취득한 자료를 행정처분 결정의 근거로 사용할 수 없다. 행정조사의 공정한 절차는 절차적 인권보장과도 관련된 것으로서 중대한 하자가 있는 행정조사는 취소 혹은 무효의 사유가 된다는 것이다.[56]

그러나 수사절차의 위법이 영장주의 정신을 몰각하는 정도로 중대한 경우에는 해당 절차에 의하여 얻은 증거의 증거능력이 부정되지만 해당 수사에 근거하는 처분이 위법이 되는 것은 아니라는 입장도 있다. 헌법상 절차의 적법성이 가장 강하게 요청된 수사 절차에서도 예외적으로만 위법수집 증거의 증거능력이 부정된다는 점을 내세운다. 그러므로 절차의 적법성 요청이 수사 절차보다 약한 행정행위나 처분에서 조사절차의 위법이 바로 처분이나 행정행위의 위법을 가져오는 것은 아니라는 것이다. 예외적으로 해당 위법 조사절차에 의하여 얻은 자료의 증거능력이 행정행위의 하자를 판단할 때에 부정되는 경우가 있을 뿐이라는 입장이다.[57]

위법한 행정조사의 결과인 자료를 배제하려는 논리에는 행정기관이 사실인정

---

55 南 博方, 『行政法』, 有斐閣, 2012, p.123 ; 김민배, 앞의 논문, p.236.
56 兼子仁, 『行政法総論』, 筑摩書房, 1983, p.137.
57 加藤就一, 「課税処分取消訴訟における立証責任(下)」, 『判タ653号』, 1988, p.38.

에 이용할 수 있는 자료를 제한하려는 것과 연계되어 있다. 위법한 증거수집 행위에 대한 권리구제 차원에서도 위법한 증거를 배제하는 것이 권리를 침해당한 자에게는 효과적인 권리구제 방안이기 때문이다. 또한 헌법상 적법절차의 요청은 산업보안조사에도 적용되어야 한다. 하자있는 산업보안조사에 의하여 취득한 자료를 이용할 수 없게 함으로써 행정기관의 위법한 조사활동에 대한 억제력을 기대할 수 있다. 결론적으로 중대한 하자를 가진 조사에 의하여 얻은 자료는 이용할 수 없다는 논리가 타당하다. 특히 공서양속 위반이나 형벌법규에 저촉되는 산업보안조사는 취소사유나 무효사유가 된다. 그래야만 헌법상의 적법절차의 정신에 부합하게 되며, 행정쟁송 등을 통해 조사 대상자가 실효적인 구제를 받을 수 있을 것이다.

5. 기술침해조사 제도의 보완과 시사점

조사에 대하여 각국의 제도는 일치하지 않는다. 각 국가마다 역사적 경험, 제도설계, 운영방식, 처벌 규정 등에 차이가 있기 때문이다. 산업보안조사제도의 조사와 관련하여 비교법적 차원에서 검토할 수 있는 것은 미국의 공정거래위원회(FTC)의 근거법률인 미국의 독점금지법, 독일의 행정절차법과 경쟁제한금지법, 일본의 독점금지법 등이다. 국내법의 차원에서 보면 세무조사를 위한 조세범 처벌법과 조세범 처벌절차법, 그리고 공정거래법과 공정거래위원회 회의 운영 및 사건절차 등에 관한 규칙과 유사한 성격을 갖고 있다. 특히 미국, 독일, 일본의 관련법령과 제도는 물론 비교법적인 차원에서 조세범 처벌과 관련한 행정조사와 공정거래위원회의 행정조사에 대해 연구할 필요가 있다. 향후 각국의 행정조사 제도를 참고하여, 제15조의 기술침해행위에 대한 조사 절차와 방식 등을 구체화할 필요가 있다.

현재 산업기술보호법 제15조에 의한 기술유출행위에 대한 조사는 같은 법 제17조의 실태조사와 달리 행정조사기본법의 적용대상에서 제외된다고 할 수 있다. 따라서 기술침해에 대한 산업기술보호법 제15조의 조사는 행정조사기본법의 적용제외대상임을 명시하고, 관련 내용을 구체화할 수 있도록 위임근거를 입법적으로 보완하여야 한다. 다른 한편 제15조에 의한 산업보안조사의 경우 영장주의, 진술거부권, 증거수집 등 형사소송법과 관련한 형사적인 절차를 어느 단계에서 어떻게 인정할 것인가를 구체적으로 검토하여야 한다. 이를 토대로 산업보안조사의 절차, 기법, 가이드라인 등 실무적 매뉴얼을 작성하고, 시행할 필요가 있다.

제3절 산업보안 조사인력 및 조사전문성 도입

1. 조사인력 양성의 필요성

사회적 흐름과 시대적 요구에 따라 다양한 분야의 지식과 경험을 복합적으로 활용할 수 있는 창의적·융합적 인재의 양성이 점차 요구되며, 최근 국가적 보안 이슈로 부상한 산업기술유출과 기업자산에 대한 보호가 점차 중요하여짐에 따라 국내 대학에서도 산업보안학과가 개설되어 전문보안인력의 양성을 도모하고 있다. 산업 및 융합보안학과 학사과정이 개설되어 본격적인 인력양성에 힘쓰고 있다. 그러나 아직 산업보안학과를 대표할 만한 공통 표준커리큘럼에 대한 합의는 이루어지지 않고 있어 공통 커리큘럼의 수립을 통해 산업보안 학문과 학과의 발전을 위한 연구가 반드시 필요하다.

산업보안조사는 일반 형사사건 조사와 달리 명백한 증거를 확보하여야 하는 고도의 전문성이 필요한 조사활동이다. 이러한 활동에는 법적인 지식과 첨단과학 분야의 지식이 있어야 효과적으로 조사활동을 실시할 수 있다.

국가정보원, 검찰청, 경찰청 등과 같은 정보수사기관과 대·중소기업을 포함한 민간기업에서는 산업보안 조사를 수행할 전문 인력의 양성이 시급하다. 최근 대학원에도 정부의 지원으로 산업보안 양성을 위한 지원정책이 수행되고 있는 점은 매우 고무적이다. 향후에도 산업기술보호를 위한 전문 인력 양성과 전문교육과정 개발을 적극 지원하여야 한다. 특히 산업현장에 필요한 산업보안 전문 인력 양성을 위하여 IT, 항공, 해양, 자연과학, 공학, 경영학, 법학, 의학 등 산업보안분야 융합 커리큘럼 및 교과목 개발을 지원하여야 한다.

민·관·학계에서는 산업보안 책임자 양성을 위한 채용 연계형 대학원 석사과정을 지원할 필요가 있다. 또한 국가핵심기술 보유 중소·중견기업 및 연구기관을 우선 대상으로 산업보안 관련 대학원 과정 이수자에 대한 채용연계 지원 사업을 확대하여 추진하여야 한다. 보안책임자(CSO)의 보안역량을 제고하기 위하여 실무교육을 강화할 필요가 있다. CSO 전문교육과정을 중소·중견기업 지역별 거점과 연계한 기술 분야별 현장 맞춤형 전문교육과정으로 특화하여, 산업보안이 현장에서 바로 적용될 수 있도록 하여야 한다.

2. 조사인력 양성방안

1) 교육과정

국내 산업보안학과에서는 산업보안 전문인력을 양성하기 위하여 다음과 같은 교육목표를 두고 있다. 산업자산 보호를 목표로 하는 제반활동의 교육을 위한 산업보안의 개념과 목적에 따라 중앙대에서는 기술적 정보보호 영역에 한정되어 있는 교육체계에서 벗어나 조직경영의 일부로서 경영·관리·물리보안에 대한 보호교육과 보안리더를 양성한다. 또한 한세대학교는 인적·물적 보안의 고도화, 법학, 범죄학, 경영학, 정보보안의 총체적 이해와 통합적 해결능력을 갖춘 융합형 인재양성을 교육목표로 두고 있다.

극동대 또한 다차원적인 인적, 기술적, 물리적 해결방법에 관한 이론적 지식 바탕의 통합적 해결능력을 갖춘 융합형 인재양성을 교육목표로 산업보안학과의 경우 인적·물적·기술적 보안과 관리·경영에 대한 지식을 바탕으로 보안활동과 이슈를 해결할 수 있는 통합적·융합적 인재양성을 공통적인 목표로 두고 있다.

성신여대의 경우 정보보안 및 정보처리의 전문적 지식과 경호, 범죄, 수사학을 융합함으로써 이론과 실무가 겸비된 종합산업보안전문가를 양성하는 데에 그 목표를 두고 있다. 동국대의 경우 급변하는 정보통신 범죄 관련, 보안 및 경호분야의 전문가를 양성을 교육목표로 하여 융합보안학과의 경우 경호, 범죄, 정보보호와 관련한 융합적 인재양성을 공통적 교육목표로 두고 있음을 알 수 있다.

특히 경호·범죄의 경우 물리적 보안이라는 영역에서 다루어지는 개념으로써 물리적·기술적 보안에 대한 융합적 인재의 양성이라는 교육목표로 정리할 수 있다.

이처럼 산업보안의 개념적 정의와 목표, 학과의 교육목표에 따라 '산업보안의 주체가 되는 국가·기업·기관이 보유한 인적·물적 자산의 총체적 보안활동 수행 전문가 양성'을 위하여 산업보안학과의 교육과정이 이루어져야 한다. 이러한 방향성에 따라 구체적으로 ① 보호대상(자산), ② 보호방법(물리적, 기술적, 관리적)에 따른 세부적인 교육과정이 제시되어야 하며, 그 역량과 자원에 따른 보안활동이 이루어질 수 있도록 전문가로써의 역량을 확보하여야 한다.

산업보안 커리큘럼 분석을 위하여 국내 각 대학 '보안'과 관련한 학과의 현황 정보를 이용하여 대학 알리미 서비스 검색을 실시하였다. 이후 산업보안 관련 학과별 명칭에 따라 기술적, 물리적, 관리적 보안을 기준으로 보안의 분야를 구분하였으며, 학교별 홈페이지를 참조하여 교육과정에 대한 자료를 수집하였다. 관리적 보안의 경우 경영, 정책, 법과 관련 있는 학과로써 보안과의 연관성이 부족하여 물리적, 관리적 보안관련 학과를 중심으로 분석대상을 선정하였다.

이에 따라 국내 대학에서 운영 중인 산업보안 외 융합보안, 사이버보안, 정보보안, 물리보안 등 산업보안 관련 34개 학과의 1,369개 커리큘럼 내용을 분석하였으며, 대상학과와 과목은 [표9－2]와 같다.

산업보안 관련학과의 커리큘럼 분석은 총 34개 학과 1,347개 교육과정을 대상으로 실시하였으며, 산업보안 3개 학과에서 106개 교육과정, 융합보안 2개 학과에서 61개 교육과정, 사이버보안 10개 학과에서 426개 교육과정, 정보보안 15개 학과에서 625개 교육과정, 물리보안 4개 학과에서 130개 교육과정으로 구분하였다.

그리고 5개 분야 34개 학과 1347개의 교과과정의 분석을 통하여 각 분류별 교육과목의 공통점과 차이점, 특징을 다음과 같이 정리하였다.

표 9-2

분류	학교명	학과	과목	계
산업보안(3)	중앙대학교 한세대학교 극동대학교	산업보안학과 산업보안학과 산업보안학과	32개 45개 29개	106개
융합보안(2)	성신여자대학교 동국대학교	융합보안공학과 융합보안학과	35개 26개	61개

사이버보안(10)	광주대학교	사이버보안경찰학과	38개	426개
	건양대학교	사이버보안공학과	38개	
	영산대학교	사이버보안전공	42개	
	이화여자대학교	사이버보안전공	45개	
	경일대학교	사이버보안학과	52개	
	배재대학교	사이버보안학과	53개	
	아주대학교	사이버보안학과	55개	
	영남이공대학교	사이버보안학과	36개	
	안동과학대학교	사이버보안과	32개	
	김포대학교	사이버보안과	35개	
정보보안(15)	위덕대학교	경찰정보보안학과	34개	625개
	동신대학교	융합정보보안전공	31개	
	상명대학교	정보보안공학과	42개	
	제주국제대학교	정보보안공학과	36개	
	국민대학교	정보보안암호수학과	44개	
	경남대학교	정보보안전공	63개	
	신라대학교	정보보안전공	51개	
	동서울대학교	정보보안전공	55개	
	경동대학교	정보보안학과	67개	
	대전대학교	정보보안학과	30개	
	서원대학교	정보보안학과	42개	
	우석대학교	정보보안학과	30개	
	부천대학교	컴퓨터정보보안과	55개	
	청암대학교	컴퓨터정보보안과	27개	
	한국복지대학교	컴퓨터정보보안과	18개	
물리보안(4)	경기대학교	시큐리티매니지먼트학과	26개	130개
	용인대학교	경호학과	22개	
	대구예술대학교	경호보안전공	54개	
	열린사이버대학교	경찰보안학과	28개	
합계(34)			1347개	

2) 교육과정 분석

(1) 산업보안

산업보안 학과들의 경우 공통적으로 전공필수·전공기초과목으로 산업보안학개론과 산업보안범죄, 프로그래밍 과목을 선정하고 있으며 산업보안 개론, 법,

경영, 범죄, 수사, 데이터분석, 물리보안, 사이버보안, 보안평가, 컨설팅, 윤리, 실무(인턴쉽)과정으로 과목이 구성되어 사이버, 물리, 관리, 경영, 수사 등 보안활동 전반에 대한 융합적 과목으로 편성되어 있다는 특징을 나타내고 있다.

다만 같은 산업보안학과임에도 불구하고 교육과목의 편성에 있어 극동대는 법, 윤리, 데이터분석 관련 교육과목이 없고 사이버보안과 실무과목의 편성비중이 높았으며, 한세대의 경우 법학과 사이버 보안과목에 비중을 두고 R&D보안과 방산보안이라는 새로운 보안영역을 다루고 있었다. 중앙대는 과목별 비중이 가장 균등하게 구성되었다는 과목의 비중과 중점적 교육방향의 차이를 나타내었다.

(2) 융합보안

융합보안학과의 경우 융합, 산업보안, 정보보호의 기초적 개론과목과 포렌식, 시스템, 네트워크, 웹보안 등 정보보호 관련과목과 수사, 조사, 평가 및 컨설팅 과목이 공통적으로 구성되어 있었다. 성신여대의 경우 경영, 정책, 관리, 물리보안 등의 경영·관리과목이 포함되어 있었고, 동국대의 경우 범죄와 관련된 형법, 형소법, 경찰학 등의 공경비 관련 물리보안 과목이 구성되어 있다는 차이점을 나타내었다.

(3) 사이버보안과 정보보안

사이버보안과 정보보안은 정보자산의 보호를 위한 동일한 목적을 가지고 소프트웨어보안, 네트워크보안, 보안프로그래밍, 포렌식 과목을 대부분 공통적으로 포함하고 있었다. 이에 따라 웹·서버 보안 전문가, 컴퓨터 소프트웨어보안 전문가와 같이 세부 과정을 구분하여 과정에 따라 다른 전공과목을 이수하는 로드맵을 설정하고 있었다. 이는 사이버·정보보안 과목의 하위분류로서 웹보안, 네트워크보안, 소프트웨어보안 등 다양한 침입경로에 따른 대응과 관제서비스를 제공하고 있다는 것을 의미하며, 같은 전공 내에서도 다른 분야와 교육과목이 구분되어 분야의 차별성을 두고 있다는 특징을 나타내었다.

(4) 물리보안

물리보안 관련학과들의 경우 무도, 호신술, 체력육성, 소방·방재, 응급처치,

사격, 범죄, 경호·경비 과목을 공통적으로 구성하고 있었으며 민간경비론, 범죄학, 경호학개론 등 물리보안 관련 법과 전공개론의 영역의 기초지식을 제공하기 위한 과목을 필수적으로 편성하고 있었다. 이는 물리보안의 영역이 인적·물적 대상에 보안서비스를 제공하기 위한 과목을 중점으로 이루어져 있다는 특징을 나타냈다.

3. 산업보안 관련학과 교육과정 발전방안

산업보안 관련학과들은 각자의 학문분야에서 중점적인 교과과정을 편성하고 있다. 기술적, 물리적, 관리적 보안이라는 포괄적 관점에서 볼 때 융합적인 보안 시스템 구축과 활동이 이루어질 수 있도록 이를 보완할 수 있는 교과목 체계를 구성할 필요가 있다. 특히 학사과정 중 개론중심의 과목의 중요성을 강조하여 대학, 전문대학의 관점에서 기초적인 산업보안 인력을 양성할 수 있는 기초 커리큘럼을 다음과 같이 선정하였다.

표 9-3

구분	체계	교육과정
산업보안 교육과정 (73)	물리적 (21)	산업보안론, 산업보안 윤리와 인권 범죄학개론, 산업범죄수사론 산업범죄 예방론, 디지털포렌식 사이버테러범죄, 산업범죄 심리학 산업보안 범죄론, 산업범죄 프로파일링
		민간경비론 민간조사론, 위기관리론 보안수준측정 및 평가 경호학개론, 소방학개론 시설안전기획론 경호경비산업론 재해손실보호 경호무도 테러학개론

기술적 (29)	정보보호시스템 네트워크 설계 및 실습 정보데이터분석 데이터통신기술 침입탐지시스템 데이터베이스 서버구축 및 운영관리 운영체계 암호화 프로그래밍 파일시스템 IT개론 컴퓨터구조 컴퓨터개론 커널인터페이스 컴퓨터네트워크	
	정보보안개론, 시스템보안 기업IT보안의 이해, 정보보호관리체계 네트워크 보안개론, 해킹대응 데이터베이스보안, 산업보안 범죄 산업보안개론, 암호학개론 데이터통신 보안 프로젝트 개인정보보호세미나	
관리적 (18)	산업보안관리, 보안컨설팅 보안데이터분석, 보안통계학 기술경영과 보호, 산업보안 거버넌스와 경제	
	산업보안법 개론, 산업보안 소송법 개인정보보호법, 산업보안 계약실무 지식재산법, 정보통신 관계 법규 산업기술 및 영업비밀보호법, 산업보안 관계 국제법규 산업보안 형사법, 법학입문 산업보안 판례 연구, 산업보안 계약법	
실무 (5)	산업보안세미나 산업보안관제실무 산업보안프로젝트 보안장비실무 산업보안진로탐색	

출처 : 한국산업기술보호협회, 2016. 연구자료 및 각 대학 홈페이지 교과과정을 연구자가 재구성.

1) 물리적 보안

물리적 보안은 산업보안론, 범죄학개론, 산업범죄예방론, 사이버테러범죄, 산업보안 범죄론, 심리학, 디지털포렌식 등을 통하여 산업보안범죄에 대한 이해와 분석방법에 대한 지식을 습득하고 산업범죄수사론, 프로파일링을 통하여 산업범죄의 조사와 예측, 예방기법을 활용·실시할 수 있도록 구성하였다. 또한 산업보안의 지식을 악용하지 않도록 산업보안 윤리와 인권과목과 민간경비론, 경호경비산업론, 위기관리론, 시설안전기획론, 재해손실보호, 경호학개론, 소방학개론 등을 통하여 민간 물리보안 시장의 동향과 재해, 재난, 범죄상황 속에서 이의 예방 및 대응을 위한 경비원의 운용·배치에 관한 원칙과 방법을 배우고 민간조사론, 보안수준 측정 및 평가로 시설 및 자산의 취약점을 분석, 보완할 수 있도록 과목을 구성하였다.

2) 관리적 보안

관리적 보안의 경우 보안관리, 데이터분석, 통계학, 거버넌스 과목을 통하여 보안자원과 정보를 효율적으로 수집·관리하는 방법에 대한 지식을 습득하고, 보안시스템을 구축할 수 있도록 보안컨설팅을 배우며, 방어적이고 수동적인 기존의 보안체계에서 보안을 통한 새로운 가치 창출을 위하여 기술경영과 보호과목으로써 혁신적 보안경영을 할 수 있도록 과목을 편성하였다. 산업보안법개론, 개인정보보호법, 지식재산법, 산업기술 및 영업비밀 보호법, 정보통신 관계 법규, 산업보안 관계 국제법규, 법학입문, 판례연구를 통하여 법학의 이해와 구분 및 해석이 가능하도록 하며 산업보안의 전반적인 법적 침해에 관한 지식을 습득하게 하고 산업보안 계약법, 계약실무, 산업보안 형사법, 소송법을 통하여 계약부터 진행까지 기술유출의 예방, 침해사항에 대응할 수 있는 과목으로 구성하였다.

3) 기술적 보안

기술적 보안은 이론과목인 IT개론, 컴퓨터개론과 이를 기반으로 기술적 보안에 관한 사항으로써 운영체계, 컴퓨터구조, 커널인터페이스, 데이터베이스, 데이터통신기술, 컴퓨터네트워크, 네트워크 설계 및 실습, 정보보호시스템, 정보데이터분석, 침입탐지시스템, 서버구축 및 운영관리, 암호화 프로그래밍 등으로 구성하여 컴퓨터 및 네트워크를 통한 외부로부터의 불법적인 접근방법에 대한 이해와 대응이 가능하도록 과목을 구성하였다. 또한 정보보안개론, 기업IT보안의 이해, 네트워크보안개론, 산업보안개론, 산업보안범죄, 암호학개론 등의 이론 과목과 데이터베이스보안, 데이터통신보안, 개인정보보호, 시스템보안, 정보보호관리체계, 해킹 대응 데이터 기반의 침입에 대한 정보를 보호하고 체계를 구축하는 과목을 중심으로 구성하였다.

4) 실무과목

마지막으로 실무과목은 학사과정 중 필수적으로 경험이 필요한 보안장비 실무, 관제 실무과목과 3·4학년을 대상으로 한 세미나, 진로탐색을 통한 취업준비, 그리고 산업보안 프로젝트를 통하여 학사과정 중 습득한 내용을 실습하고 응용할 수 있도록 과목을 구성하였다.

5) 융합학문의 발전방향

융합학문으로써 출발한 산업보안학은 관련 자격제도와 학과의 신설, 산업계의 요구에 따라 발전하고 있으며, 전문성 확보를 위한 다양한 연구를 진행하고 있다. 앞서 제시된 물리적·기술적·관리적 산업보안 교육과정은 국내 산업보안 관련 학과들의 방향성과 교육목표에 따라 기본적으로 제시되어야 할 부분으로 편성하였다. 특히 전문인력 양성과 보급을 위한 체계적이고 통합적인 교육체계의 구축을 시작으로 관련 분야의 전문성 확보와 더불어 자격검정제도 개선, 전문가 배치·편성 등의 법·제도적 기반을 단계적으로 마련함으로써 산업보안의 체계적 시스템 정착을 목표로 한다. 현재 국내 산업보안학과의 경우 기술보호와 산업보안조사 및 산업보안교육 등의 업무를 수행하는 데 있어 전문성을 제고하고자 표준 커리큘럼과 유사하거나 동일한 내용으로 교육과정을 구성하고 있다는 측면에서 앞으로의 산업보안학과의 신설이나 기존 보안관련학과의 융·복합적

커리큘럼 구성에 있어 기초적인 자료로 활용이 되기를 기대한다. 따라서 다음과 같은 몇 가지 발전방안을 제시하고자 한다.

기본적으로 현재 산업보안 관련학과에서 제시하고 있는 세부적인 교과과정의 편성에 있어 융·복합적 학문의 트렌드와 통합적 학문체계 구축이라는 특성에 따라 '교육과정의 통합'을 이루어야 할 필요가 있다. 과거에는 교육목표에 따른 세부적인 교육과정이 하향식(top-down)의 형식으로 이루어졌다면, 반대로 융·복합학은 상향식(bottom-up) 방식을 통하여 교육과목을 통합할 필요가 있다. 예를 들어 기존의 민간경비론, 경호학개론, 위기관리론과 같은 과목들을 '물리보안론'이라는 과목으로 편성하여 더욱 넓은 의미를 갖는 교육과목의 편성을 이루어야 할 것이다. 특히 이러한 통합적 교육과목의 편성은 대학에서 전공이수학점 제한에 따라 물리적, 기술적, 관리적 과목에 대한 세부적 과목의 전체를 이수할 수 없다는 측면에서 다양한 학문을 다루는 융·복합학적 학문의 특성상 필수적으로 이루어야 할 필요가 있다.

교육과정의 통합 과정 이후에는 산업보안학의 과목들을 국가직무능력표준 (NCS)에 들어갈 수 있도록 편성하고, 산업보안 전문가 중에서도 세부적인 과목과 분류에 따른 표준화된 교육과정을 정립하여야 한다. 이 과정에서 통합 교육 과목과 현장 간 직무연관성의 차이(gap)를 최소화하도록 하여 산업보안학과의 커리큘럼을 정립하고, 대학 졸업 후 산업현장에 투입된 졸업생들이 전문가로서 즉각적으로 활동할 수 있도록 체제를 확립하여야 한다. 또한 현재 산업기술보호협회에서 평가·발급하고 있는 국가공인 산업보안 관리사 자격증과 연계된 시험 과목의 편성이 함께 논의되어야 할 것이다.

이후에는 관련 직무와 지식, 현장경험을 모두 갖춘 산업보안 전문 인력의 틀을 구축하기 위하여 교육과정과 경력, NCS, 산업보안 전문가 자격증의 통계적 분석을 시행함으로써 산업보안 전문자격제도의 개선과 자격을 갖춘 전문 강사를 양성과 보급하여야 한다. 이처럼 산업보안 학문과 사업 및 보안평가, 자문 등 영역의 구분 없이 산업보안의 전 영역에서 활동할 수 있는 전문가를 양성할 수 있는 순환적 시스템을 구축하여 각계각층에 산업보안 전문가가 활동할 수 있도록 전반적인 환경을 조성할 필요가 있다.

마지막으로 민·관·학계에서는 산업보안 관련 전문가가 실질적으로 기업사회에서 산업보안업무를 수행할 수 있도록 산업보안 전문가 채용을 위한 노력들이 필요하다. 이를 위하여 '산업보안 취업박람회' 및 '기업경영자 및 보안책임자 (CSO)의 취업세미나'등과 같이 국가핵심기술 보유 대·중소기업과 국가전반의 기업보안, 산업보안조사자 채용을 위한 연계지원사업과 설명회를 지속적으로 이루어야 한다. 채용과 더불어 보안역량 제고와 전문성 강화를 위한 실무교육과 각각의 기업과 국가기관의 지원으로 지역별·분야별·업종별 현장 맞춤형 CSO전문교육과정을 개설하여 산업보안이 현장에서 적용되고 산업보안조사자의 전문역량을 제고하여야 한다.

:: 참고문헌
| Rreference

단행본

(사)한국산업보안연구학회, 산업보안학, 2019.

강영숙, 탐정학개론, 진영사, 2016.

고송우, 약물남용 관련검사와 국제기준 및 국내현황, 식약청, 2003.

국가정보포럼, 국가정보학, 박영사, 2006.

김 신, 행정부담 감축을 위한 행정조사의 개선에 관한 연구, 한국행정연구원, 2013.

김남진·김연태, 행정법Ⅰ, 법문사, 2011.

김대훈·장항배·박용익·양경란, 스마트 기술로 만들어 가는 4차 산업혁명, 박영사, 2018.

김도창, 일반행정법론(상), 청운사, 1992.

김동희, 행정법Ⅰ, 박영사, 2014.

김민배 외, 산업기술 유출방지 및 보호에 관한 법률의 제도적 정착을 위한 연구 보고서, 산업자원부 한국산업기술재단, 2018.

김민배 외, 산업기술의 유출 방지 및 보호지원에 관한 비교법적 연구, 인하대학교, 2004.

김민배 외, 행정법1, 한국방송통신대학교 출판부, 2004.

김민배 편역, 기술정보 등의 적절한 관리의 나아갈 방향에 관한 연구회 보고서, 명문미디어 아트팩, 2009.

김민배, 미국의 행정조사제도와 연방거래위원회의 조사절차, 한국산업보안연구, 제9권 제2호, 2019, pp.55 – 85.

김민배, 산업기술보호법, 명문, 2011.

김영조, 행정조사에 관한 연구, 경희대학교 박사학위논문, 1998.

김유환, 현대행정법강의, 법문사, 2019.

김재수, 기술유출시나리오 사례 및 위험도분석 연구, 중앙대학교 박사학위논문, 2019.

김철용, 행정법1, 박영사, 2010.

나영민, 탐정제의 도입방안에 관한 연구, 연세대학교 석사학위 논문, 2005.

다니엘 라즈·백제현·다니엘 래리, (포렌식 전문가와 법률가를 위한)디지털 포렌식, 서울 : 비제이퍼블릭, 2012.

딜로이트 안진회계법인, 포렌직 업무의 이해, 새빛에듀넷, 2008.

류지태·박종수, 행정법신론, 박영사, 2011.

박윤흔·정형근, 행정법강의(상), 법문사, 2009.

사법연수원, 형사증거법 및 사실인정론 : 법률실무과목, 사법연수원 출판부, 2018.

산업통상자원부·한국산업기술보호협회, 산업기술보호지침 및 매뉴얼, 2017.

신동운, 신형사소송법, 법문사.

신종익·임상준, 행정조사의 실태와 개선방안 – 규제개혁 차원의 접근을 중심으로 – , 한국
　법제연구원, 2004.

신현구, 산업보안관리실무, 진영사, 2019.

안동현, 민간조사업과 관련기관의 바람직한 관계정립 방안에 관한 연구, 연세대학교 행정
　대학원 석사학위논문, 2007.

안병구, 기업의 참여형 보안문화 프레임워크 개발 연구, 중앙대학교 박사학위논문, 2019.

이동환·표창원, 경찰의 범죄정보 수집 및 분석 체계화 방안, 형사정책연구원 연구총서,
　2005.

이윤호, 범죄학, 박영사, 2007.

이윤호, 현대사회와 범죄의 이해, 삼경문화사, 2004.

이재상·조균석, 형사소송법, 박영사, 2015.

이재호, 미러링 스피치, 미다스북스, 2015.

이치현, 영업비밀수사실무자료, 서울중앙지검.

이형근, 심리학 기반 수사면담 및 진술. 행동분석입문, 2013.

장정범, 민간조사제도의 도입방안에 관한 연구, 연세대학교 법무대학원 석사학위논문,
　2010.

정승연 김수연, 공정거래위원회 조사제도 개선방안 연구, 한국경제연구원, 2014.

정지덕, 한국 시큐리티 산업 발전을 위한 공인탐정제도 도입방안, 용인대학교 박사학위논
　문, 2017.

정해상, 과학수사와 범죄＝모든 범죄는 증거를 남긴다, 서울 : 일진사, 2018.

중소기업청, 중소기업 기술유출 대응매뉴얼, 2007.

지식경제부, 산업보안실무, 2010.11.

최환용·장민선, 국민 중심의 행정조사 관련 법제 개선방안 연구, 한국법제연구원, 2016.

통계청, 한국표준산업분류, 2018.

특허청, 우리기업의 영업비밀 등급 분류 가이드, 2017.

한국산업보안연구학회, 산업보안학, 박영사, 2019.

한국형사정책연구원, 범죄 피해조사란 무엇인가, 1991.

한상훈, 산업스파이에 대한 형사법적 대응방안, 한국형사정책연구원, 2000.

한현희·차정도·고대영·양해용·Hayes, Darren Richard, 컴퓨터 포렌식 수사 기법: 디
　　지털 포렌식 전문가의 강력한 수사 기법 및 사례 연구, 서울: 에이콘, 2017.

홍정선, 행정법특강, 박영사, 2014.

학술자료

강수진, 진술거부권의 고지 대상으로서의 "피의자"의 의미, 안암법학, Vol.38, 2012.

고종국, 영상 빅데이터 분석기술 동향, 전자통신동향분석, 제29권 제4호, 2014년, pp.24 –
　　25.

국무조정실, 국민불편 부담경감을 위한 행정조사 혁신방안, 2017.

권영준·남재현·조민정, 개인신용평가에서의 비금융정보의 경제적 효과, 한국경제연구,
　　제29권 제2호, 2011, pp.81-107.

김경태·이규민·강구민, 디지털 증거 인증시스템(DAS)을 통한 진정성 입증에 관한 연구,
　　형사법의 신동향 제64호, 대검찰청, 2019, pp.71 – 108.

김광수, 경찰조사의 현안과 쟁점, 토지공법연구, 87집, 2019, pp.395 – 397.

김동률·이훈, 피의자신문과정에서 실체적 진실의 왜곡가능성, 한국공안행정학회보, Vol.
　　25(4), 2016, pp.61 – 82.

김두식, 진술거부권을 고지하지 않고 얻은 자백의 증거능력 배제 근거, 법학연구, Vol.43,
　　2015, pp.327 – 350.

김민배, 미국의 행정조사제도와 연방거래위원회의 조사절차, 한국산업보안연구, 제9권 제
　　2호, 2019, pp.55 – 85.

김민배, 하자있는 행정조사와 행정행위의 효과 – 일본의 판례와 학설을 중심으로 –, 행정
　　법학, 제17호, 2019, pp.215 – 247.

김민배, 행정조사제도의 실무적 절차와 쟁점 – 일본의 독점금지법상 조사절차를 중심으로 –,
　　法學研究 第22輯 第4號, 2019, pp.147 – 183.

김민지·권도연, 경찰 신문 기법과 자백에 대한 일반적인 인식, 한국심리학회지: 법,
　　Vol.5(2), 2014, pp.43 – 62

김성원, 행정기관의 정보수집과 정보의 제공, 원광법학, 31(3), 2015, pp.1 – 18.

김성진·이춘산, 자백증거의 증거능력에 관한 법해석론적 고찰, 중앙법학, Vol.17(3), 2015, pp.275 – 305.

김시업, 수사면담 시 라포의 구성 – 네 가지 라포형성 기법을 사용해서 – , 한국심리학회지 : 문화 및 사회문제, 제19권 제3호, 2013, pp.487-506.

김신·최진식, 행정부담 감축을 위한 행정조사 개선방안 연구, 현대사회와 쟁점, 2015, pp.303 – 305.

김영조, 미국 행정법상 행정조사의 법리에 관한 고찰, 토지공법연구, 한국토지공법학회, 2004.

김용주, 행정조사와 특별사법경찰관리의 수사의 경계획정, 경찰학연구14(4), 2014, pp.77 – 119.

김종구, GPS 추적장치를 이용한 수사의 적법성 – 미연방대법원 판례의 변천과 관련하여 – , 법학논총, 제34집, 2015, pp.163-188.

김종식, 민간조사(탐정)제도의 도입은 시대적 요청, 한국민간조사학술연구소, 제1호, 2013.

김준래, 첨단기술 해결사, '디지털 포렌식', 사이언스타임즈, 2017.

김충식, 효율적인 신문기법에 관한 실증적 고찰, 한남법학연구, Vol.1, 2013.

김태호, 행정법상 비례의 원칙, 공법연구, Vol.37(4), pp.89 – 116.

김혁, 경찰의 풍속업소 출입 및 단속에 관한 연구, 경찰학연구, 14(1), 2014, pp.29 – 51.

김현숙, 수사절차와 위치추적 – U.S. v. Jones 판결(2012)과 개정 위치정보보호법을 중심으로 – , 경찰법연구, Vol.10(1), 2012, pp.181 – 204.

노명선·백명훈, 디지털 포렌식, 고시계사, 2017.

노재철, 중소기업기술유출 방지를 위한 인적·노무관리상의 문제점과 개선방안, 법학연구, 20(2), 2017, pp.89 – 128.

문규석, 국제법상 산업스파이에 관한 연구, 성균관법학 제17권 제3호, 성균관대학교, 2005.

박장수·이임영, 정보보호 : 단일 정보유출 시나리오를 이용한 개별 보안솔루션 로그 분석 방법, 컴퓨터 및 통신시스템, 4(2), 2015, pp.65 – 72.

박준석, 산업보안 분야의 인재양성을 위한 교육과정 개선방안, 한국산업보안연구, 9(1), pp.141 – 163.

박지현, 행정상 진술거부권과 그 제한, 민주법학 제33권, 2007.

박혜림, 수사단계의 적법절차 원리에 대한 고찰 – 사실상 수사로서의 행정조사를 중심으로 –, 법학논총, 제20집 제2호, 2013.

백강진, 피고인의 진술거부권, 법조, Vol.60(2), 2011.

백상진, 수사절차와 관련된 행정조사의 통제방안에 관한 연구, 한국경찰학회보, 제18권 제1호, 2016, pp.109 – 138.

손재영, 경찰관직무집행법 제7조에 따른 위험방지를 위한 출입에 있어서 출입의 개념, 공법연구, 제39집 제2호, 2010.

손지영·김주석, 디지털 증거의 증거능력 판단에 관한 연구, 대법원 사법정책연구원, 2015.

송진경, 압수 수색으로서 실질적 의미를 가지는 행정조사에 있어서 영장주의의 준수필요성에 대한 소고, 법과정책, 제20집 제3호, 2014, pp.111 – 136.

신이철, 형사법상 함정수사의 허용한계와 합리적 통제, 경찰학연구, 2018, Vol.18(2), pp.253 – 281.

신종익·임상준, 행정조사의 실태와 개선방안 – 규제개혁 차원의 접근을 중심으로 –, 한국법제연구원, 2004.

신현구, 우리나라 산업보안의 연혁적 고찰과 발전방안, 한국산업보안연구, 제9권 1호, 2019, pp.35 – 67.

심희기, 위법(범의유발형)한 함정수사에 기초한 기소의 절차법적 효과, 고시연구, Vol.33(3), 2006, pp.106 – 112.

안동현, 민간조사업과 관련기관의 바람직한 관계정립 방안에 관한 연구, 연세대학교 행정대학원 석사학위논문, 2007.

양문승, 경찰과 교정기관간 범죄정보 유통시스템 구축에 관한 연구, 형사정책, Vol.10, 1998.

양소남·장현석·박소연·이상훈, 범죄피해자 전담경찰관의 직무수행 경험에 관한 질적 연구, 한국경찰학회보, 70권, 2018, pp.157 – 193.

오명신, 경찰행정조사와 수사의 구별 – 고발을 예정한 행정조사와 범죄수사와의 관계 –, 경찰학연구, 14(1), 2014, pp.167 – 191.

원용기(Yongki Won), 디지털 증거의 계층화 연구, 형사법의 신동향 제59호, 대검찰청, 2018, pp.143 – 182.

이관희·김기범, 디지털증거의 증거능력 인정요건 재고(再考), 디지털포렌식연구, Vol.12(1), 2018, pp.93 – 106.

이기춘, 행정법상 행정단속에 관한 연구, 법학논총, 33(1), 2013, pp.295-325.

이부하, 평등원칙 심사기준에 관한 헌법적 고찰-헌법재판소 결정을 분석하며-, 법과
정책연구, 2018, Vol.18(2), pp.581-604.

이예슬, 우선적 세무조사 대상자 선정에 관한 구 국세기본법(2006. 12. 30. 법률 제8139
호로 개정되기 전의 것) 제81조의5 제2항의 해석, 법원도서관 대법원 판례해설 제100
호, 2014.

이완규, 진술거부권 행사와 증거이용금지 및 피의자 신문권과의 관계, 형사판례연구,
Vol.19, 2011, pp.389-440.

이원상, 디지털 증거의 증거능력, 법학논총, Vol.28(3), 2016, pp.605-638.

이재구·이호영, 수사로 활용될 수 있는 행정조사의 법적 쟁점-실무자의 관점에서-, 법
학논총, 제35 집 2호, 2018, pp.415-441.

이재상, 범죄정보획득을 위한 특수수사기법들에 대한 형사소송법적 고찰, 경성법학,
Vol.9, 2000.

이창무, 산업보안의 개념적 정의에 관한 고찰, 산업보안연구학회논문지, 2(1), 2011,
pp.73-90.

이현희, 경찰의 범죄정보관리시스템 개선방안, 한국공안행정학회보, Vol.20, 2005, pp.2-29.

임철희, 함정수사, 형사법연구, 30, 2018, Vol.30(4), pp.135-168.

장항배, 세계 보안 엑스포(SECON) 2018, 산업기술 및 영업비밀 보호 세미나, 킨텍스 제
1전시장, 2018.

전자통신연구소, 디지털 포렌식 기술 및 동향, 전자통신동향분석, 제22권 제1호, 2007.

전학선, 행정조사와 사법부의 행정지원, 유럽헌법연구, 제15호, 2014.

정세종, 경찰내사의 활성화방안에 관한 연구, 한국경찰학회보, Vol.30, 2011.

정영철, 행정절차법의 미래 방향, 공법연구, Vol.45(4), pp.123-151.

정영호, 스파이 앱(Spy Application) 범죄 사례연구 및 대응방안, 범죄수사학연구,
Vol.1(1), 2015, pp.133-152.

정익래·홍도원·정교일, 디지털 포렌식 기술 및 동향, 전자통신동향분석, 제22권 제1호,
2007.

정한중, 행정조사와 진술거부권 고지의무, 외법논집, 제38권 제2호, 2014.

조길형, 미국의 정지 및 신원확인규정에 대한 이해, 경찰학연구, 제11권 제2호, 2011,
pp.301-329.

조용순, 산업기술의 유출방지 및 보호에 관한 법률 2019년 개정 주요내용, 2019 한국산업보안연구학회 추계 학술대회 자료집, 2019.10.

조인현, 진술거부권 행사 피고인의 양형 가중 문제 고찰, 형사정책, 31, Vol.26(2), 2014, pp.223－254.

중앙일보, 취업서류조작 백태, 2018.10.28.

천진호, 최신판례분석 : 검사 작성 피의자신문조서의 진정성립의 입증방법으로 그 밖의 객관적인 방법－대법원 2016. 2. 18. 선고 2015도16586 판결－, 법조, Vol.65(8), 2016.

최정학, 공정거래위원회 조사절차 정비방안, 민주법학, 65호, 2017.

최진혁, 산업보안의 제도적 발전방안 연구 : 미국 사례를 중심으로, 한국경호경비학회지, 22, 2010, pp.197－230.

최환용·장민선, 국민 중심의 행정조사 관련 법제 개선방안 연구, 한국법제연구원, 2016.

편집부(편집자), 거짓말탐지기 검사결과의 증거능력, 고시계, Vol.63(9), 2018, pp.158－162.

한국경제, 홍석환의 인사 잘하는 남자, 2018.6.4.

한국인터넷진흥원, 침해사고대응팀(CERT) 구축/운영 안내서, KISA 안내·해설 제2010－13호. 2017.

한상암, 민간조사업 관리감독의 실효성 제고 방안, 민간조사업(탐정) 도입 관련 학술세미나, 국회정책세미나, 2015.

한현희·차정도·고대영·양해용·Hayes, Darren Richard, 컴퓨터 포렌식 수사 기법 : 디지털 포렌식 전문가의 강력한 수사 기법 및 사례 연구, 서울 : 에이콘, 2017.

허인석, 영미법계 수사기관의 신문기법과 자백의 증거능력, 형사법의 신동향, Vol.19, 2009, pp.195－282.

황태정, 전과기록의 이용,관리와 형실효법의 문제점, 형사정책, 18권2호, 2006, pp.559－594.

국외문헌

Chacha Bhoke Murungu, Subpoena Ad Testificandum and Duces Tecum : An Examination of the Jurisprudence of the Special Court for Sierra Leone, DOI : https://doi.org/10.1017/CBO9781139248778.031, 2014, pp.406−422.

CHARLES A. SENNEWALD, JOHN K. TSUKAYMA, SECURITY INVESTIGATION, Butterworth−Heinemann, 2010.

Charles P. nemeth JDLIM, Private Security and the Investigation Process, Second Edition, Butterworth Heinemann(USA), 2001.

Chung, TJ., Policing Internet Fraud : A study of the tensions between private and public models of policing fraudulent activity in cyberspace, Lexington : Lambert Academic Publishing, 2009.

Daniel J. Hill & Stephen K. McLeod, The Concept of Entrapment, Criminal Law and Philosophy, 12(4), DOI : 10.1007/s11572−017−9436−7, 2018, pp.539−554.

Eric Shepherd and Andy Griffiths, Investigative Interviewing−The Conversation Management Approach−, oxford, 2013.

Inbau, F., Reid, J., Buckley, J & Jayne, B., Criminal Interrogation and Confessions. Sudbury : Jones and Bartlett Publishers, 2004.

James N. Gilbert, Criminal Investigation, Prentice Hall, 2017.

Nolan&Goodman−Delahunty, Legal psychology in Australia, London : Law Book Company, 2015, p.122.

Paul Ekman, Telling Lies : Clues to Deceit in the Marketplace, Politics, and Marriage (Revised Edition), W. W. Norton, 2009.

Paul Ekman, Wallace V. Friesen, Phoebe Ellsworth, Emotion in the Human Face : Guidelines for Research and an Integration of Findings, Elsevier, 2013.

Richard J. Pierce, Sidney A. Shapiro and Paul R. Verkuil, Administrative Law and Process, The Foundation Press, Inc., 1985, pp.431−432.

Robert D. McCrie, Security Operations Management, 2001.

Sans(2001). "Interesting in learning more about security?", http://www.sans.org/ reading_ room/whitepapers/incident/developing−computer−forensics−team_628

Schwab, K, The Fourth Industrial Revolution, Currency, 2017.

Williams, J., Governability Matters : The private policing of economic crime and the challenge and the challenge of democratic governance. Policing and Society. 15(2), 2007, pp.187－211.

加藤就一, 課税処分取消訴訟における立証責任(下), 判タ653号, 1988, pp.33－47.

兼子仁, 行政法総論, 筑摩書房, 1983.

高田昭正, 先行手続の違法と証拠排除, 立命館法学, 2012年5・6号, pp.398－428.

橋本直樹, 瑕疵ある行政調査に関する考察, 法政論叢, 48巻2号, 2011, pp.166－184

金子宏, 租税法(第22版), 弘文堂, 2017.

南 博方, 行政法, 有斐閣, 2012.

藤原静雄, 行政調査論の現状と課題―行政情報管理の視点を踏まえて―, 筑波ロー・ジャーナル, 5号, 2009, pp.177－192.

白取祐司, 刑事訴訟法, 日本評論社, 平成22年.

福家俊朗, 現代行政法入門(1), 法律文化社, 平成2年.

北野弘久, 現代税法の構造, 勁草書房, 1972.

濱西隆男, 行政調査 私論(下), 自治研究, 76巻3号, 第一法規, 平成25, pp.66－82.

森 文人, 調査手続の違法と課税処分の関係について, 税務大学校論叢, 第91号, 平成30年6月, pp.113－271.

杉原康雄, 被告人の権利, 憲法Ⅲ人権(2), 有斐閣, 1981.

小島建彦, 税務調査, 租税法講座―租税行政法―, ぎょうせい, 1975.

小早川光郎, 調査・処分・証明―取消訴訟における証明責任問題の一考察―, 行政法の諸問題(中), 有斐閣, 平成2年.

松井幸夫, 行政手続と令状主義および黙秘権――川崎民商事件, 別冊ジュリスト憲法判例百選[第6版], 2013.11, pp.258－259.

松沢智, 租税手続法―租税正義実現のために―, 中央経済社, 1997.

須藤陽子, 行政調査に関する一考察 ―警察権の分散と規制的予防的行政活動の導入―, 立命館法学, 2008年4号, pp.905－929.

櫻井 敬子, 橋本 博之, 行政法, 弘文堂, 2016.

塩野宏, 行政調査, 行政過程とその統制, 有斐閣, 昭和64年.

宇賀 克也, 行政法概説, 有斐閣, 2017,

田中二郎, 新版 行政法 上, 弘文堂, 1974.

酒卷匡, 憲法38条1項と行政上の供述義務, 松尾浩也先生古稀祝賀記念論文集(下), 有斐閣, 1998.

曽和敏文, 行政調査論再考(一), 法経論叢 4巻2号, 1987, pp.33−71.

曽和俊文, 質問検査権をめぐる紛争と法, 租税行政と権利保護, ミネルヴァ書房, 1995.

인터넷자료

KT경제경영연구소(www.digieco.co.kr), 2012.

경찰청(www.police.go.kr).

구글 위키백과(ko.wikipedia.org).

국가정보원(http://www.nis.go.kr). 2019.1

국립국어원(http://stdict.korean.go.kr).

군사안보지원사령부(http://www.dssc.mil.kr/main.do?cmd＝main). 2019.11.

네이버, 21세기 정치학대사전, 2019.

네이버, 국어사전, 2019.

네이버, 두산백과, 2019.

대·중소기업·농어업협력재단(https://www.win−win.or.kr), 2019.11.

대검찰청(http://www.spo.go.kr). 2019.1.

미국 법무부(https://www.justice.gov/agencies/chart).

미국 양형선고위원회(https://www.ussc.gov/guidelines/2018−guidelines−manual−annotated).

미국 연방거래위원회(https://www.ftc.gov).

미국 지적재산권센터, 2011, (http://www.ice.gov/iprcenter, 2011).

방위사업청(http://www.dapa.go.kr). 2019.1.

중소벤처기업부(https://www.mss.go.kr). 2019.1.

중소벤처기업부(www.mss.go.kr), 2017.

특허청(http://www.kipo.go.kr). 2019.1.

플로리다 주 면허국(www.fdacs.gov), The Private Investigative Industry.

한국산업기술보호협회(http://www.kaits.or.kr). 2019.1.

한국산업보안연구학회(www.kais.or.kr), 2019.

한국지식재산보호원(http://www.koipa.re.kr), 2019.11.

구윤희, 전세계 기업 77퍼센트가 데이터손실 경험있다, 아이뉴스24, 2011. 6. 10., http://news.inews24.com/php/news_view.php?g_serial=580853&g_menu=020200.

김해원, 종업원배경조사, 신용평가, 신원조회시 조심할점들, 2018, https://www.ksvalley.com/news/article.html?no=5086.

정보화사회실천연합(https://www.cisp.or.kr/archives/13927), 안전불감증이 부른 구멍난 보안, 2016.12.7.

ASIS(https://www.asisonline.org/store/program_detail.xml?id=109314763).

ASIS, Trends in Proprietary Information Loss Survey Report, 2007, http://www.asisonline.org/newsroom/surveys/spi2.pdf.

CIA-U.S. Central Intelligence Agency, The World Factbook, 2007, https://www.cia.gov/library/publications/the−world−factbook/index.html. Downloads of current edition in various sizes of ZIP files available from https://www.cia.gov/library/publications/download.

https://www.justice.gov/atr/public−documents.

https://www.disability−benefits−help.org/glossary/chief−administrative−law−judge.

https://www.law.cornell.edu/wex/subpoena_duces_tecum.

https://federal−lawyer.com/responding−civil−investigative−demand−cid.

https://www.law.cornell.edu/wex/preliminary_injunction.

https://www.gesetze−im−internet.de/vwvfg/

https://www.gesetze−im−internet.de/owig_1968/BJNR004810968.html.

https://www.gesetze−im−internet.de/stgb.

https://www.gesetze−im−internet.de/gwb.

https://epub.ub.uni−muenchen.de/9179/1/9179.pdf.

https://www.anwalt24.de/lexikon/bussgeldverfahren.

http://www.jftc.go.jp/dk/guideline/unyoukijun/shinsashishin.html.

http://www.jftc.go.jp/houdou/panfu_files/dokkinpamph.pdf.

http://www.jftc.go.jp/houdou/pressrelease/h27/dec/151225_2.html.

https://www.ftc.gov/system/files/545a_fair−credit−reporting−act−0918.pdf.

https://www.researchgate.net/publication/312213876_Surveillance_Theory_and_its_Implications_for_Law.

https://www.cms.gov/Outreach−and−Education/Medicare−Learning−Network−
MLN/MLNProducts/Downloads/HIPAAPrivacyandSecurity.pdf.

https://rm.coe.int/guide−to−investigative−interviewing/16808ea8f9.

https://www.anacapasciences.com/company/index.html.

Investopedia(https://www.investopedia.com/terms/h/hart−scott−rodino−antitrust−
improvements−act−of−1976.asp).

NACIC Report, 1995, http://www.ncix.gov/publications/reports/fecie_all/FECIE_ 1995.
pdf.

NACIC Report, 2000, http://www.ncix.gov/publications/reports/fecie_all/fecie_ 2000.
pdf.

ONCIX, CI Reader:An American Revolution into the New Millennium. Office of the
National Counterintelligence Executive, [Author(s) unknown despite use of first
person singular pronouns ; date of publication unclear], 2001, http://www.ncix.
gov/issues/CI_Reader/index.html.

판결자료

대법원 2007. 12. 13. 선고 2007도7257 판결.

대법원 2012. 11. 29. 2012도1745.

대법원 2013. 3. 14. 선고 2010도2094 판결.

대법원 2013. 7. 26. 선고 2013도2511 판결.

대법원 2015도464.

대법원 2016. 10. 27. 선고 2016두41811 판결

대법원 2017. 3. 16. 선고 2014두8360 판결.

서울북부지법 2006. 4. 13. 선고 2006노95.

헌재 1989. 9. 8. 선고 88헌가6 결정.

헌재 1990. 8. 27. 89헌가118, 판례집 2, 222.

헌재 1990.11.19. 선고 90헌가48 결정.

헌재 1992. 12. 24. 92헌가8 결정.

헌재 1994. 12. 29. 선고 94헌마201 전원재판부 결정.

헌재 1997. 10. 30. 96헌마94, 판례집 9−2, 531.

헌재 1998. 2. 27. 97헌바79, 판례집 10−1, 153, 158.

헌재 1999. 5. 27. 98헌바70, 판례집 11-1, 633, 644.

헌재 2002. 10. 31. 2001헌바59, 판례집 14-2, 486, 497-498.

헌재 2004. 9. 23. 2002헌가17 등.

헌재 2005. 4. 28. 선고 2004헌바65 결정.

헌재 2007. 10. 4. 2006헌바91 참조.

헌재 2008. 3. 27. 2004헌마654, 판례집 20-1상, 375, 383-384.

헌재 2009. 11. 26. 2008헌바25, 판례집 21-2하, 510[합헌].

헌재 2009. 2. 26. 2008헌마370, 공보 149, 514, 521-522

헌재 2012. 5. 31. 2010헌마139 등.

헌재 2012. 5. 31. 2010헌마672.

헌재 2014. 9. 25. 2012헌마1029, 판례집 26-2상, 578.

헌재 2015. 11. 26. 2014헌마145, 판례집 27-2하, 365, 375.

헌재 2015. 6. 25. 2012헌 마494, 판례집 27-1하, 539, 547.

헌재 2016. 3. 31. 2014헌마581 등, 판례집 28-1상, 491, 501.

헌재 2018. 4. 26. 2015헌바370 등, 판례집 30-1상, 563.

京都地判 平成7年3月27日

広島高松江支判 平成5年12月22日

大阪高判 平成10年3月19日

大阪地裁 昭和59年11月30日

大阪地判 平成2年12月20日

東京地裁 昭和48年8月8日

東京地裁 昭和61年3月31日

東京地判 昭和48年8月8日

山口地裁 昭和57年10月7日

仙台地裁 平成16年11月29日

神戸地判 昭和51年11月18日

最高裁 昭和27年3月28日

最高裁 昭和47年11月22日

最高裁 昭和51年7月9日

最高裁 昭和53年9月7日 第一小法廷判決
最高裁 平成16年1月20日
最三小判 昭和63年12月20日
最三小判 平成8年3月5日
最二小判 昭和61年6月27日

집필자 약력

박준석 (1장, 8장, 9장)
(사)한국산업보안연구학회 7대 회장
용인대학교 경호학과 교수
한국경호경비학회 8대, 9대 회장
한국국가안보국민안전학회 회장
(사)한국안전교육정책연구소 이사장

김민배 (1장, 3장, 4장, 9장)
現 인하대학교 법학전문대학원 교수
인천연구원 원장
한국산업보안연구학회 회장
산업기술보호위원회 위원
국가정보원 산업기밀보호센터 자문위원
방위사업청 자문관

이재원 (5장)
現 LG디스플레이 기업보안실장
서울지방경찰청 지역산업보안협의회 위원
LG디스플레이 보안분석팀장

강원선 (2장, 7장)
동국대학교 경찰사법대학원 겸임교수
(주)한국테러방지시스템 부사장
(사)한국산업보안연구학회 이사
수원지방검찰청 첨단산업보호 수사자문위원
한국산업기술보호협회 중소기업기술지킴센터장

안병구 (5장)
융합보안학 박사
한국기업보안협의회 3대 회장
한국산업보안연구학회 부회장
코오롱인더스트리(주) 산업보안팀장

이재균 (2장, 9장)
중앙대학교 융합보안학 박사
중앙대학교 산업보안학과 교수
한국산업기술보호협회 전문위원
한국산업보안연구학회 이사

강구민 (7장)
워싱턴주립대 로스쿨 연구원(Post-Doctoral Fellow)
주시애틀 총영사관 법률자문위원
수사기관 디지털포렌식 수사전문위원
특검 디지털포렌식 수사팀장
성균관대학교 과학수사학과 초빙교수

김재수 (5장)

중앙대학교 융합보안학 박사
한국기업보안협의회 회장
SK하이닉스 IT보안팀장
신한DS 정보보안기획팀장
LG전자 본사 정보보안팀장
국방부 국군기무사령부 육군 소령 예편

이영일 (6장)

한국산업보안연구학회 감사
한국사회안전범죄정보학회 부회장
동국대 경찰사법대학원 겸임교수
중앙대 산업보안학 객원교수
국가안보전략연구원 연구위원

산업보안조사론

초판발행	2020년 8월 31일
지은이	박준석·김민배·이재원·강원선·안병구·이재균·강구민·김재수·이영일
펴낸이	안종만·안상준
편 집	최은혜
기획/마케팅	장규식
표지디자인	박현정
제 작	우인도·고철민
펴낸곳	(주) **박영사**
	서울특별시 종로구 새문안로3길 36, 1601
	등록 1959. 3. 11. 제300-1959-1호(倫)
전 화	02)733-6771
f a x	02)736-4818
e-mail	pys@pybook.co.kr
homepage	www.pybook.co.kr
ISBN	979-11-303-0978-1 93350

29,000원